LA

PSYCHOLOGIE ANGLAISE

CONTEMPORAINE

(ÉCOLE EXPÉRIMENTALE)

PAR

TH. RIBOT

Agrégé de philosophie, docteur ès lettres.

TROISIÈME ÉDITION

PARIS

LIBRAIRIE GERMER BAILLIÈRE ET Cie

108, BOULEVARD SAINT-GERMAIN, 108

Au coin de la rue Hautefeuille

1881

LA
PSYCHOLOGIE ANGLAISE
CONTEMPORAINE

A LA MÊME LIBRAIRIE

OUVRAGES DU MÊME AUTEUR :

L'HÉRÉDITÉ ; étude psychologique sur ses phénomènes, ses lois, ses causes, ses conséquences. 1 vol. in-8. 1873. 10 fr.

LA PHILOSOPHIE DE SCHOPENHAUER. In-18. 1874. 2 fr. 50

LA PSYCHOLOGIE ALLEMANDE CONTEMPORAINE (école expérimentale). 1 vol. in-8. 1879. 7 fr. 50

LES MALADIES DE LA MÉMOIRE. 1 vol. in-18. 1881. 2 fr. 50

HERBERT SPENCER ; PRINCIPES DE PSYCHOLOGIE. 2 vol. in-8, traduits par Th. Ribot et A. Espinas. 1874. 20 fr.

Coulommiers. — Typographie Paul BRODARD.

Quand parut la première édition de cet ouvrage, la psychologie anglaise contemporaine était à peu près inconnue en France. Depuis, elle s'est répandue dans le public où il semble qu'elle a rencontré moins d'adversaires que d'amis. On a reconnu généralement que l'auteur de ces essais, avait réussi à en donner une exposition claire et exacte. Les Anglais, meilleurs juges que nous sur ce point, n'ont pas trouvé l'ouvrage indigne d'être traduit et ils n'y ont relevé que quelques erreurs de détail qui ont été soigneusement corrigées.

Cette édition a été mise au courant des travaux publiés en Angleterre depuis quatre ans. Elle diffère donc de la première édition française et de la traduction anglaise. On a ajouté et retranché.

Les principales additions consistent dans les études sur Hartley, sur les rapports de la morale de Stuart Mill avec la doctrine de l'association, sur les récentes publications de Bain et de Lewes, sur les naturalistes qui se rattachent à l'Ecole, etc., etc. En ce qui concerne Herbert Spencer l'exposition a été faite d'après sa nouvelle *Psychologie*.

Paris, mars 1875.

INTRODUCTION

I

Si l'on demande ce que la philosophie a été à l'origine, il est aisé de le dire : elle était la science universelle. Il est plus difficile de répondre, si l'on recherche ce qu'elle sera. Cependant l'étude du passé et quelques inductions fondées sur l'histoire permettent peut-être de le pressentir. A l'origine, elle a pour objet l'universalité des choses, le Tout; et elle est une comme son objet. En dehors d'elle, nulle idée de sciences distinctes et indépendantes. Elle ressemble à ces organismes rudimentaires où la division physiologique du travail ne s'est pas encore opérée. Le travail lent et continu de la vie, une tendance naturelle vers le progrès, fera sortir de la philosophie les sciences, de l'embryon les organes. Suivons dans le passé la marche de ce développement : elle pourra éclairer pour nous l'avenir et le laisser entrevoir.

Le premier rameau qui se soit détaché du tronc commun, pour vivre de sa vie propre, est la science des nombres et des grandeurs : les mathématiques. Encore confondue avec la philosophie dans l'École pythagoricienne, deux siècles plus tard, elle en est nettement séparée. Platon n'admettait pas qu'on fût philosophe sans avoir été géomètre, mais la géométrie se passait dès lors de la philosophie. Cela s'explique par la nature des mathématiques. Entre toutes les sciences, il n'y en a pas qui ait moins à s'inquiéter des faits et de l'expérience. Si, à l'origine, elles furent empiriques, ce qui est très-probable, du moins elles ne tardèrent pas à s'élever jusqu'aux notions abstraites qui leur servent de base et à trouver leur vraie méthode. Dès le IIIe siècle avant Jésus-Christ, il y avait donc en Grèce un ordre de sciences précises, rigoureuses, reconnues telles, et parfaitement distinctes des recherches philosophiques. C'est le premier exemple de cette émancipation des sciences particulières que nous allons voir continuer.

Il devait s'écouler bien des siècles avant qu'une science nouvelle revendiquât son autonomie. La philosophie ancienne, qui atteint son plus haut degré avec Platon et Aristote, reste encore, ou à peu près, la science universelle; la métaphysique y fait suite à la physique, la politique à la morale, les essais de physiologie se mêlent aux essais de psychologie (*Timée*, *De anima*) ; elle est encore la science de tout ce qui est; elle étudie l'homme, la nature et Dieu. Elle reste telle au moyen âge : en dehors d'elle, il n'y a que les mathématiques et ce qui s'y rattache ; et des *arts*, comme la médecine et l'alchimie. Mais voici une science nouvelle qui grandit, aidée du calcul et de l'expérience, qui accumule des faits et cherche des lois, qui observe au lieu de raisonner, et qui bientôt se sent assez forte pour affirmer son indépendance : c'est la physique. Cette émancipation fut lente et progressive. Ici les faits sont plus près de nous et mieux connus; nous pouvons les suivre, Galilée en rompant avec Aristote est encore un « philosophe. » Il se vantait d'avoir consacré « plus d'années à la philosophie que de mois aux mathématiques ; » sa doctrine, au jugement de l'Inquisition, est déclarée « absurde en philosophie. » Pour Descartes, la philosophie est un « arbre dont la métaphysique est la racine et la physique le tronc. » Sa physique comme celle de Newton est exposée sous le titre de *Principia philosophiæ.* L'enseignement philosophique qui, par nature, ne peut suivre que de loin les travailleurs et inventeurs, comprit la physique jusqu'à la fin du XVIIIe siècle. La scission ne fut donc pas brusque ; elle s'est accomplie cependant parce qu'elle était inévitable. Quand le domaine d'une science est activement exploité, quand il n'y a pas en elle un coin qui n'ait été remué ou exploré, quand elle connaît son but et ses moyens, elle ne relève plus que d'elle-même; elle a conquis ses droits à l'indépendance par le succès.

Mais dès lors la philosophie ne peut dire qu'elle a pour objet tout ce qui existe : l'homme, la nature et Dieu. La physique et les sciences qui s'y rattachent lui enlèvent la nature; lui restera-t-il au moins l'homme et Dieu ?

Une science toute humaine, cultivée d'abord par les philosophes, un peu au hasard, mais dont l'importance ne leur a jamais échappé, c'est la science du langage. Platon en donne une esquisse dans son *Cratyle.* On sait que les Epicuriens et les Stoïciens, deux écoles de décadence pourtant, avaient beaucoup écrit sur ce sujet. Chez les modernes, il suffit de rappeler les noms de Leibniz, Locke, Condillac et leurs disciples. Il y a moins d'un siècle, la science en était là, quand la découverte du sanscrit permit à la linguistique de trouver sa voie, sa méthode, de s'affirmer comme science indépendante. Depuis elle a amassé des faits, constaté des lois, classé les langues, déterminé des racines : elle avance toujours dans son analyse quasi-chimique des mots; elle a son vocabulaire, ses parties distinctes, sa phonétique, sa morphologie, etc. Quant à son indépendance, elle s'en montre singulièrement jalouse. Elle ne veut rien avoir de commun avec la métaphysique ; elle s'en défend comme d'un crime. Voilà donc cette fois une science purement humaine détachée du tronc commun.

Dans ces derniers temps la morale aussi a réclamé son indépendance. Constituer la théorie des droits et des devoirs de l'homme, sans rien demander non-seulement à la religion, mais à la philosophie; poser la morale à titre de science première, et qui ne relève que d'elle-même; l'affranchir de la nécessité préalable d'une doctrine métaphysique dont elle ne serait que la conséquence : telle est la tâche qu'ont poursuivie quelques contemporains. Elle n'a manqué ni de partisans ni d'ennemis. Sans rechercher ce que vaut cette tentative, constatons du moins à titre de fait que la morale, elle aussi, ne s'effrayerait pas d'être indépendante et de se constituer un domaine à part.

Ce serait ici le lieu de montrer dans la psychologie les mêmes tendances, de faire voir que ses plus récentes transformations l'ont affranchie du joug métaphysique et qu'elle réclame, elle aussi, son autonomie. Mais la suite de ce travail exposera longuement ce débat.

Est-il nécessaire de faire remarquer que la physiologie est indépendante de la philosophie ? D'abord elle n'y a jamais beaucoup tenu (1). Elle est née surtout de l'expérience. Elle a été moins une science particulière sortant de la science générale, qu'une science naissant d'un art. La médecine, qui a existé partout et toujours, n'a pu se passer de l'étude du corps vivant. Aussi la physiologie a été un moyen d'abord, en attendant qu'elle devînt une science ayant son but en elle-même. Elle ressemble par là à la chimie, née de certaines inventions pratiques et des recherches mystérieuses du moyen âge sur la transmutation des métaux, mais qui ne restera pas non plus tout à fait étrangère à la philosophie, comme le prouve le nom de philosophie hermétique si souvent employé pour désigner ces recherches. L'imagination populaire d'ailleurs confond volontiers le philosophe avec l'alchimiste; elle le plaçait au milieu des livres, des fourneaux et des cornues dans un de ces réduits obscurs qu'a peints Rembrandt.

En résumé donc, toutes les sciences particulières qui existent aujourd'hui sont sorties d'une double source : de la philosophie et de l'art. Ces dernières dont l'origine est la plus humble ne sont ni les moins solides ni les moins fécondes. En comparant les faits accumulés par l'expérience, elles ont pu éliminer les accidents, dégager ce qui est fixe et permanent et en tirer des lois, c'est-à-dire arriver à la connaissance précise et « à ce caractère essentiel de la science qui est de prévoir. » Quant à l'indépendance des sciences qui sont sorties déjà ou tendent à sortir de la philosophie, nous l'avons vue se produire naturellement, par un travail continu et inconscient, et la scission résulter

1. Aristote cependant a fait beaucoup pour l'anatomie et la biologie. Et parmi les prédécesseurs d'Hippocrate, son savant traducteur nomme les φυσιολόγοι.

de la nature même des choses. Une science exacte et positive ne peut point se borner à des affirmations vagues; elle doit prouver et vérifier ses assertions, c'est-à-dire peser les plus minutieux détails; un chimiste ne craindra pas de consacrer plusieurs années à l'étude d'un seul corps simple et de ses composés, un zoologiste à celle de quelque humble infusoire que le microscope seul découvre. Pour le progrès de la science, il faut, comme on dit de nos jours, se spécialiser. Mais par suite de cette analyse infinie, toute science particulière devient un monde. En effet, la grandeur est chose relative. Si la chimie est peu dans la totalité des connaissances humaines, elle est immense comparée à une simple étude de l'azote et de ses composés. Comment s'étonner dès lors qu'elle suffise à ses nombreux travailleurs et qu'ils ne cherchent rien au delà de son horizon? Et il en est de même partout. Il y a plus; ce travail intérieur qui scinde aussi la philosophie en sciences particulières, scinde aussi les sciences particulières en sous-sciences, la physique par exemple en thermologie, optique, acoustique; la biologie en physiologie, histologie, etc... Dans ce travail de décomposition qui n'a point de limites assignables, chaque pas dans l'analyse éloigne de plus en plus de l'unité primitive.

II

Et maintenant que reste-t-il à la philosophie après ces appauvrissements successifs? Quelles sont ses prétentions, ses limites, son objet?

Si l'on examine avec quelque attention le sens divers

qu'on donne au mot philosophie dans le langage courant, les discussions ou les livres, on sera frappé de la diversité des acceptions auxquelles il se prête, et de la confusion qu'il peut produire. Un homme qui décrit, analyse et classe les phénomènes de la pensée comme MM. H. Spencer et A. Bain, est appelé philosophe. Celui qui règle les mœurs, pose des prescriptions, propose un idéal de conduite, l'est également. Met-on la logique au niveau des découvertes récentes des sciences, comme M. Stuart Mill; disserte-t-on sur les attributs de Dieu, sur les causes premières, on vous décerne le même titre. A une théorie comme celle de l'unité des forces physiques qui établit leurs corrélations et transformations, on reconnaît à juste titre une haute portée philosophique. Voilà des significations bien diverses auxquelles on pourrait en ajouter d'autres. D'où cette confusion? il nous semble qu'en voici la source. On peut entendre par philosophie deux choses fort différentes : celle qui est, celle qui tend à être : la première consistant en un assemblage assez incohérent de quatre ou cinq sciences, la seconde offrant une signification précise, rationnelle, ayant un objet bien déterminé, et des limites posées par l'expérience.

Dans le sens ordinaire du mot voici ce que c'est que la philosophie. C'est une étude qui part de l'âme humaine et de ses diverses manifestations; qui par la faculté de raisonner est conduite à la logique; par la faculté de vouloir et d'agir conformément à une loi est conduite à la morale et de là remonte à la cause première de toute chose, à Dieu : elle se complète par quelques recherches métaphysiques sur l'essence de l'âme, la nature de la certitude et les principes fondamentaux de la morale. En vérité, est-ce là *une* science ayant *un* objet? Si vous demandez à la physique, à l'astronomie, à la chimie, à l'anthropologie quel est leur objet, elles ne seront pas embarrassées de répondre. Mais la philosophie a-t-elle un objet ou plusieurs objets ou des parties d'objets? En voici un tout d'abord, c'est Dieu, dont nulle autre science ne s'occupe. Faut-il y ajouter l'homme? Non pas tout l'homme assurément, dont la physiologie, l'anatomie, les sciences biologiques, en un mot, ont pris pour elles une partie. Est-ce une portion de l'homme : son âme? Ceci est encore fort contestable. L'histoire dans son sens large, l'esthétique, la science du langage, la jurisprudence, l'économie politique même, pourraient en réclamer leur part. Il se trouve donc que l'objet de la philosophie, c'est Dieu, plus une certaine partie de l'homme; un objet, plus une fraction d'objet. Comment dès lors prétendre au titre de science première et universelle? Comment surtout arriver à l'*unité?* Elle ne serait possible tout au plus qu'avec la solution idéaliste, pour qui Dieu, Nature, Histoire, tout n'a de réalité que dans la pensée humaine.

Voilà ce qu'est actuellement la philosophie. Mais que tend-elle à devenir? Si l'on admet, et les faits nous y contraignent, que les sciences particulières se détachent d'elle une à une dans la suite des temps, à des intervalles très-variables; si l'on accorde que cette rupture se produit naturellement par l'accumulation des faits, le travail incessant de l'analyse et la nécessité de se spécialiser; si l'on remarque enfin que la psychologie, chez quelques contemporains, est déjà presque indépendante, que la morale voudrait l'être, et que la logique n'est qu'une partie de la psychologie, on entrevoit pour un avenir plus ou moins lointain la possibilité de scissions nouvelles, et d'un nouvel appauvrissement de la philosophie, en apparence au moins. Son incohérence actuelle nous paraît tenir à ce qu'elle contient, outre la science générale, des sciences particulières qui sont regardées comme une partie intégrante d'elle-même. Elle ressemble à ces êtres qui se reproduisent par division ou fissiparité, et qui, à certains moments, présentent trois ou quatre individus encore soudés au tronc commun.

III

Pour bien comprendre, au reste, ce que la philosophie tend à devenir par le progrès des connaissances humaines, examinons ce qui se produit dans les sciences particulières lorsqu'elles s'en détachent.

Supposons les mathématiques cultivées par les philosophes, non à titre de science spéciale, mais comme faisant partie de la philosophie ; voici ce qui arriverait : comme le propre des esprits philosophiques, c'est de placer avant tout les questions de principes, ils commenceront par examiner les axiomes, discuter la légitimité de la méthode, rechercher ce que c'est que la quantité, la mesure, le temps, l'espace, au risque de ne se croire jamais assez sûrs pour commencer. Ils pourront même se perdre en systèmes bizarres sur les nombres, comme les pythagoriciens et Platon. Les mathématiciens agissent différemment. Ils ne s'inquiètent point de concilier Newton avec Leibniz, ni Locke avec Kant, sur la nature du temps et de l'espace, ils acceptent les axiomes sans les discuter, sur la seule garantie du sens commun ; mais ils marchent. Leur science n'a donc pu se constituer et se développer qu'à cette condition : laisser au début tout un ensemble de questions non résolues et abandonnées aux discussions des philosophes.

De même dans la physique. Avant Galilée, elle n'est qu'une métaphysique avec quelques faits grossièrement expliqués en plus. On distingue à peine l'une de l'autre dans Aristote ; elles se font suite ; elles se supposent mutuellement et se complètent. Qu'est-ce que la matière? Qu'est-ce que la nature? Comprend-elle la *matière* et la *forme?* Qu'est-ce que le mouvement? Est-il divisible à l'infini? Qu'est-ce que la puissance, et qu'est-ce que l'acte? Le monde extérieur existe-t-il? Que valent nos sens? peut-on se fier à eux? Ce sont là autant de questions que le physicien néglige. Il accepte la foi du sens commun au monde matériel et aux sens, qui nous le révèlent ; il s'inquiète des faits et de leurs lois, non de l'essence ; il contrôle le témoignage des sens sans le discuter. Toutes les recherches sur les raisons dernières des choses, il les renvoie à la philosophie, qui les résout, si elle peut. La chimie elle-même, qui descend par l'analyse jusqu'aux derniers éléments, ne sort point cependant de l'étude des causes secondes.

Dans la science du langage, la question chère aux philosophes est celle d'origine. Posée dès le temps de Démocrite, elle a encore été débattue de nos jours par l'école théologique de de Maistre et de Bonald. Mais en se constituant définitivement comme science particulière, la linguistique l'a écartée ; et quoiqu'elle paraisse plutôt obscure qu'insoluble, cette recherche est bannie de l'étude positive des langues. Le linguiste accepte à titre de faits l'existence de divers idiomes et dialectes, il les classe, en suit et en explique la filiation ; mais les questions d'origine lui semblent téméraires, au moins prématurées.

L'étude des faits économiques, malgré des préjugés puissants, en France surtout, gagne chaque jour en importance. Les dissentiments des économistes n'empêchent point la science de se faire peu à peu, et de détruire par des raisons solides de prétendus axiomes de sens commun. Mais l'économie politique s'en tient aux faits, et quoiqu'elle suppose des principes philosophiques, elle ne les discute pas. Locke, dans son *Essai sur le gouvernement civil*, ne séparait pas encore cette science des autres manières d'être de la vie sociale ; avec Boisguillebert elle prit une position plus distincte; enfin Quesnay et Smith lui constituèrent un domaine indépendant, et depuis, cette indépendance à l'égard de la métaphysique s'est accrue de jour en jour.

Il serait aisé de continuer cette épreuve sur diverses autres sciences, de montrer que la biologie, par exemple, ne s'inquiète que des manifestations de la vie; mais qu'elle écarte résolûment toutes les théories sur sa *nature* ou son *origine*, qu'elle les place en dehors de la connaissance scientifique, que le vitalisme, l'animisme, l'organisme, etc., ne sont pour elle que des systèmes ingénieux qui s'entrevalent parce que rien ne les vérifie.

Ce qui peut sembler plus fâcheux pour la philosophie, c'est que du jour où une science se débarrasse des recherches métaphysiques, le progrès s'opère en elle presque aussitôt. Telles les mathématiques avec Archimède et Euclide, l'astronomie avec Keppler et Kopernik, la physique avec Galilée, Huyghens, Newton, la chimie avec Lavoisier, la biologie avec Bichat et les contemporains, la science du langage avec Bopp et Max Muller. Et cependant il n'y a pas lieu de s'étonner; il y en a des raisons très-claires, d'abord parce que le génie qu'on dépensait à résoudre l'insoluble et à chercher l'introuvable s'économise au profit des recherches purement scientifiques; ensuite parce que le but de la science est changé, et que l'on subordonne les théories aux faits et non plus les faits aux théories : les systèmes passent, les expériences demeurent.

Ainsi donc partout et toujours les sciences particulières ayant un objet spécial, ne se constituent qu'en laissant à leur début un ensemble de questions non résolues. A rigoureusement parler, elles n'ont point de commencement, elles débutent au hasard, comme elles peuvent; on ne sait ni d'où elles viennent, ni où elles vont; en revanche on sait ce qu'elles sont. Pour qui les juge en philosophe, leur point de départ est ruineux, mal établi, non discuté; mais si la philosophie les condamne, l'expérience les absout. Et la logique de même, en montrant qu'elles doivent procéder ainsi. Nous pouvons comprendre maintenant, par ce qui précède, à quelles conditions les sciences particulières encore adhérentes à la philosophie pourront s'en rendre indépendantes. Il leur faudra partir de quelque postulatum, de quelques vérités rationnelles ou expérimentales, ne point s'arrêter aux questions de principes et laisser à la philosophie ces discussions. La morale, par exemple, ne recherchera pas ce que c'est que le bien en soi. La psychologie ne se demandera point ce que c'est que l'âme : elles s'interdiront toute excursion dans la région des causes premières. C'est la condition absolue de leur existence comme sciences exactes et capables de progrès. Ceux qui ont reproché à ces tentatives d'émancipation, de manquer de fondement, qui ont dit à la morale et à la psychologie : « Il est antiphilosophique de chercher à vous passer d'une métaphysique préalable; votre début est arbitraire, vos data sont affirmés, non discutés; vous n'êtes point fixés sur les principes, » comment n'ont-ils pas vu que c'était là une nécessité logique et que les sciences qui discutent tout ne résolvent rien, et que les débats sur les principes empêchent d'arriver jamais aux conséquences? Comment n'ont-ils pas vu que leur reproche devait s'adresser tout aussi bien à la géométrie, à la physique, à la chimie, en un mot à toutes les sciences actuellement constituées? Opposeront-ils cette difficulté toute gratuite que ce qui est possible pour l'étude de la nature ne l'est pas pour celle de l'homme; qu'on peut se passer des premiers principes quand on étudie la matière et ses propriétés, mais qu'on ne le peut quand il s'agit de l'âme et de ses manifestations? Cette assertion serait non-seulement dénuée de faits, mais en contradiction avec les faits. Car au nombre des sciences qu'on appelle *morales*, c'est-à-dire qui ont pour objet des manifestations de la pensée et de la volonté humaines, ne place-t-on pas la science du langage, le droit, l'économie politique, qui s'interdisent le plus possible, et chaque jour davantage, toutes les discussions métaphysiques?

IV

Nous pouvons entrevoir, à présent, ce que la philosophie tend à devenir et quelle transformation l'évolution continue des sciences lui fera subir invinciblement. Universelle à l'origine, dans l'avenir elle sera universelle encore, mais d'une autre manière. Autrefois, elle contenait tout, principes et conséquences, causes et faits, vérités générales et résultats. Actuellement elle présente le singulier spectacle d'une science universelle par certains côtés, particulière par certains autres. Plus tard elle ne contiendra que les spéculations générales de l'esprit humain sur les principes premiers et les raisons dernières de toutes choses. *Elle sera la métaphysique, rien de plus.* Ce qui occupera alors les philosophes et ce qui constituera leur domaine propre, ce sera cet inconnu sur lequel chaque science s'établit et qu'elle abandonne à leurs disputes. Il y aura encore là une source éternelle de discussions et de recherches : et comme elles s'étendront à tout l'ensemble des connaissances humaines, à toutes les sciences nées ou à naître, la philosophie restera universelle. Ce n'est pas tout. Le progrès des sciences particulières les conduit nécessairement à des généralisations de plus en plus larges, appuyées sur les faits, mais qui souvent les dépassent : telles sont les hypothèses qui expliquent tant de phénomènes, résument tant de lois, ont résisté à tant de vérifications, que ce sont presque des vérités démontrées. Ce seront là d'autres matériaux pour la philosophie future. La loi de l'attraction universelle et celle de la corrélation des forces nous laissent entrevoir ce que les sciences peuvent découvrir par l'accumulation des faits, le calcul et la rigueur des méthodes. Supposez en chimie quelque découverte analogue. Admettez que l'on dérobe à la vie quelques-uns de ses mystères et que la biologie trouve aussi son Newton. Laissez-nous espérer dans les phénomènes de la pensée quelque généralisation qui les rattache, par exemple, à ceux de la vie, que l'histoire nous livre en partie au moins son secret. Ajoutez toutes les grandes vues d'ensemble que nous ne pouvons pressentir, tout ce que nous révéleront des sciences encore à naître : pense-t-on qu'alors la matière manquera aux esprits philosophiques, c'est-à-dire préoccupés du général. Et que l'on ne dise point qu'il y a contradiction à prétendre que le progrès des sciences les ramène à la philosophie, après avoir soutenu plus haut qu'il les en détache. C'est là une double nécessité qui résulte de la nature même des choses et qui se comprend facilement. Toute science se constitue par un double mouvement d'analyse et de synthèse. Elle n'arrive à la connaissance précise, exacte, vérifiée, qu'en descendant toujours vers l'infiniment petit ; elle distingue, sépare, divise, cherche les exceptions et les différences. Mais un amas de faits bien constatés n'est pas une science : il reste à saisir les rapports, à grouper les ressemblances, à induire les lois, à rechercher le général. Au total donc il y aura dans la philosophie deux ordres de problèmes, identiques au fond : ceux d'où naissent les sciences, et ceux qui en résultent. Elle sondera éternellement cette double ignorance. L'ensemble des connaissances humaines ressemble ainsi à un grand fleuve coulant à pleins bords, sous un ciel resplendissant de lumière, mais dont on ignore la source et l'embouchure, qui naît et meurt dans les nuages. Les esprits audacieux n'ont jamais pu ni éclaircir ce mystère ni l'oublier. Il y a toujours quelques intrépides pour se lancer résolûment dans cette région inaccessible, d'où ils reviennent aveuglés, saisis de vertige, et racontant des choses si étranges que le monde les tient pour hallucinés.

La philosophie ainsi entendue restera-t-elle une science? Mais comment le serait-elle, si tout ce qui est scientifiquement connaissable lui est enlevé ; si partout où il y a des faits à observer, des lois à rechercher, des rapports à calculer, quelque science particulière se constitue un domaine propre, n'abandonnant à la philosophie que ce qu'elle ne peut résoudre? Comment y aurait-il science là où il n'y a ni mesure ni vérification possibles? La métaphysique est un dépôt de vérités en dehors et au-dessus de toute démonstration, parce qu'elles sont le fondement de toute démonstration : il est déterminé négativement par l'action réunie de toutes les sciences qui éliminent ce qui les dépasse. La métaphysique d'ailleurs est subjective, et la science doit être objective. Ce qui est démontré, constaté, formulé en lois, est invariablement acquis, indépendant des lieux et des époques. Les vérités mathématiques sont les mêmes pour un Hindou et pour un Grec, pour un Italien et un Anglais. La science ne reflète pas le génie d'une race, elle est l'œuvre d'un esprit impersonnel. Il n'y a point une physique française opposée à une physique anglaise : ce qui était vrai pour Galilée l'était aussi pour Ampère et Faraday. Et cela doit être puisque les affirmations de la science sont vérifiables, puisqu'elle façonne l'esprit humain sur la nature au lieu de façonner la nature d'après les conceptions arbitraires de l'esprit humain. En métaphysique c'est le contraire : l'œuvre est personnelle; elle porte le caractère d'un individu ou au moins d'une race. Elle est locale et éphémère, car l'individu communique à son œuvre sa fragilité.

On a dit ingénieusement « que les métaphysiciens sont des poëtes qui ont manqué leur vocation » (1). Plus on y pense et plus le mot paraît juste. Quand la philosophie sera devenue ce qu'elle doit être, qu'il n'y aura plus en elle que

1. M. Vacherot : *La Métaphysique et la Science*, t. I, p. 6. Il combat d'ailleurs cette opinion.

du général, des abstractions, des idées, qu'elle sera complétement en dehors des faits, alors il apparaîtra clairement aux yeux de tous qu'elle est une œuvre d'art plutôt que de science : poésie ennuyeuse et mal écrite pour les uns, élevée, puissante, vraiment *divine* pour les autres.

Comment ne pas pressentir déjà cette vérité qui n'est un paradoxe que pour ceux qui s'arrêtent aux apparences ? Si vous n'êtes point l'un de ces esprits grossiers qui ne conçoivent rien au delà de la plus vulgaire réalité, si vous cherchez quelque chose sous les faits ou au delà des faits, vous entrez dans un monde idéal. Le poëte le conçoit à l'image du nôtre, mais plus beau, plus harmonieux ; la vie y est plus pleine et plus largement savourée : il y contemple des formes visibles et palpables, concrètes, vivantes, plus réelles pour lui que la réalité. Pour le métaphysicien, il est tout autre. C'est la région des vérités abstraites, des lois, des formules, accessible seulement à l'esprit pur, le domaine mystérieux de l'impalpable et de l'invisible où règnent les principes de toutes choses comme les Mères du second *Faust* « qui trônent dans l'infini, éternellement solitaires, la tête ceinte des images de la vie, actives, mais sans vie. » Tous deux créateurs à leur manière : l'un parce qu'il sait manier les couleurs, les mots, les formes pittoresques qui donnent aux idées le vêtement et la vie ; l'autre parce qu'il croit avoir saisi les ressorts cachés qui font mouvoir le monde, les formules fécondes qui traduisent les lois de l'univers et d'où le flot des phénomènes s'échappe comme d'une source indéfectible. De là ces constructions philosophiques qui ressemblent à de grands poëmes. De là vient qu'à l'ordinaire la métaphysique et la haute poésie se touchent, se confondent quelquefois comme dans le *Paradis* de Dante. Toutes deux reflètent également le génie d'un peuple. Dans l'Inde, la *Bhagavad-gita* est l'épisode d'une épopée. Le cartésianisme réservé et peu subversif au fond, chez qui, suivant la remarque de Ritter (*Histoire de la phil. moderne*, t. Ier), « domine évidemment la pensée de la limitation de notre savoir », ressemble à la poésie sobre et mesurée du XVIIe siècle. La Logique de Hégel confine au Faust. Qui fut plus poëte que Platon et Plotin? Il nous faudrait parcourir l'histoire entière de la métaphysique pour montrer combien elle ressemble à la poésie. Toutes deux se sont partagé ces âmes fougueuses de la Renaissance, dont Giordano Bruno reste le type accompli. Et soutenir, comme Hégel (*Gesch. d. phil.*, p. 194, t. II), « que les mystiques ont seuls connu la vraie manière de philosopher, » n'est-ce pas dire que la métaphysique est d'autant plus haute qu'elle ressemble plus à une effusion ou à une rêverie? Ceux même qui semblent n'avoir rien du poëte, comme Aristote, arrivent d'emblée aux conceptions saisissantes : celle d'un monde qui dans ses dernières profondeurs aspire au bien, est attiré par l'amour, mû par un Newtonisme métaphysique. Un grand poëte, H. Heine (*de l'Allemagne*), a dit du plus sec des métaphysiciens : « La lecture de Spinoza nous saisit comme l'aspect de la grande nature dans son calme vivant : c'est une forêt de pensées hautes comme le ciel, dont les cimes fleuries s'agitent en mouvements onduleux, tandis que leurs troncs inébranlables plongent leurs racines dans la terre éternelle : On sent dans ses écrits flotter un souffle qui vous émeut d'une manière indéfinissable : on croit respirer l'air de l'avenir. » Les métaphysiciens sont donc des poëtes qui ont pour but de reconstituer la synthèse du monde

Ces grandes épopées cosmogoniques disparaîtront-elles? L'expérience tant de fois faite de leur insuffisance les condamne-t-elle sans retour? La philosophie continuera-t-elle à donner de la poésie pour de la science, à revêtir ses fictions de formules indéchiffrables, et à annoncer au monde pour la centième fois qu'elle a trouvé le mot de son énigme? Pourquoi non? Beaucoup pensent de nos jours que l'esprit humain doit renoncer à ses recherches comme à des jeux d'enfance. Cela ne semble ni désirable ni possible. Si le positivisme se bornait à dire que la métaphysique ne peut être prise au sérieux comme science, puisqu'elle affirme sans pouvoir vérifier ni démontrer, il faudrait fermer les yeux à l'évidence pour y contredire. Quand il s'attache à éliminer toute métaphysique des sciences expérimentales, il rend encore un service, puisqu'il ne fait que suivre les règles d'une bonne méthode, en séparant le connaissable de l'inconnaissable, en nous empêchant de tout sacrifier aux hypothèses, de plier les faits aux théories et *de lâcher la proie pour l'ombre*. Mais condamner toutes les recherches sur les raisons dernières comme une illusion dangereuse et vaine, considérer comme perdu le temps qu'on y consacre, vouloir en guérir l'esprit humain comme d'une infirmité chronique, c'est en réalité l'amoindrir. L'importance des recherches ne se mesure pas au succès. Chercher sans espoir n'est ni insensé, ni vulgaire; on peut entrevoir, sinon trouver. La vraie noblesse de l'intelligence humaine est moins dans les résultats qu'elle obtient que dans le but qu'elle se propose, et dans les efforts qu'elle ose tenter pour l'atteindre. L'expérience est beaucoup, elle n'est point tout. Et qui prouvera d'ailleurs que les faits valent mieux que les idées, et les découvertes que les recherches? La philosophie restera comme une tentative éternelle sur l'inconnu. Elle ne trouvera point le dernier mot des choses, et c'est heureux; car on peut dire sans paradoxe, que si la métaphysique donnait tout ce qu'elle promet, mieux vaudrait la forcer au silence. Supposez résolues toutes nos questions sur Dieu, la nature, et nous-mêmes, que resterait-il à faire à l'intelligence humaine? Cette solution serait sa mort. Tous les esprits curieux et actifs seront sur ce point de l'avis de Lessing : « Il y a plus de plaisir à courir le lièvre qu'à le prendre. » La philosophie entretiendra leur activité par son magique et décevant mirage. Ne dût-elle rendre à l'intelligence d'autre service que de la tenir toujours en éveil, que de l'élever au-dessus d'un dogmatisme étroit, en lui montrant ce mystérieux *au delà* qui dans toute science l'entoure et la presse, elle l'aurait servie assez.

V

Abordons maintenant l'objet propre de cette étude : la Psychologie ; tout ce qui précède n'avait pour but que de nous y préparer. Notre dessein est de montrer que la psychologie peut se constituer en science indépendante, de rechercher à quelles conditions elle le peut, et de voir si chez plusieurs contemporains cette indépendance n'est pas déjà un fait accompli. Au premier abord, je le sais, cette proposition peut paraître inacceptable. La psychologie n'est-elle pas la base de la philosophie, et son objet d'étude le plus constant sinon le plus ancien? Comment les séparer? Il y a là une équivoque qu'il faut résoudre. La psychologie, comme toute science, comme la physique, comme la chimie ou la physiologie, renferme des questions dernières, transcendantes, celles de principes, de causes, de substances : qu'est-ce que l'âme, d'où vient-elle, où va-t-elle ? Ce sont là des discussions purement philosophiques. Mais dans la psychologie il y a autre chose. Il y a des faits d'une nature spéciale, difficiles à observer, plus difficiles encore à classer, mais qui n'en constituent pas moins la partie la plus solide et la plus indiscutable de la science.

C'est l'étude pure et simple de ces faits qui peut constituer une science indépendante. Je vois au reste que depuis Wolf l'on distingue communément une psychologie expérimentale qui ne s'occupe que des phénomènes et une psychologie rationnelle qui ne s'occupe que de la substance. Mais tandis que, suivant Wolf et ceux qui le suivent, ces deux études sont les parties complémentaires d'un même tout, selon nous cette psychologie expérimentale seule constitue toute la psychologie, le reste étant de la philosophie ou métaphysique, et par conséquent en dehors de la science.

Ceci posé, nous nous proposons dans ce qui va suivre d'examiner la conception courante de la psychologie particulièrement en France et de voir à quels résultats elle conduit. Nous rechercherons ensuite en quoi consiste et comment procède la psychologie purement expérimentale. Nous essayerons enfin d'en esquisser les divisions.

VI

Ouvrons les traités de psychologie les plus accrédités pour y chercher une définition de cette science. « La psychologie, dit Jouffroy (1), est la science du principe intelligent, de l'homme, du moi. » « La psychologie est cette partie de la philosophie qui a pour objet la connaissance de l'âme et de ses facultés étudiées par le seul moyen de la conscience. » (*Dict. des scienc. phil.*, art. *Psychol.)*

Une première critique qu'on peut faire de ces définitions c'est qu'elles confondent deux choses fort différentes, les phénomènes psychologiques et leur substratum ; ou, comme dirait Kant, les phénomènes et les noumènes. Sans rechercher ici si nous avons une connaissance quelconque des choses en soi, au moins faut-il accorder qu'elle est très-vague, puisque personne ne s'accorde sur ce point, et qu'elle n'est point scientifique, puisqu'elle échappe à toute vérification. Je n'ignore pas que dans ces dernières années on a répété après Maine de Biran et Jouffroy « que l'âme se connaît, se saisit immédiatement. » Mais outre que ces psychologues ont dépensé vingt ou trente ans d'étude avant de découvrir cette *connaissance immédiate* (ce qui peut paraître assez surprenant), leur *découverte* ne semble pas nous avancer beaucoup ; car quand on a longtemps et scrupuleusement cherché ce que c'est que cette essence intime ainsi révélée, on n'arrive à trouver que les expressions vagues « d'activité absolue, » « d'esprit pur en dehors du temps et de l'espace : » d'où l'on peut conclure que le plus net de notre connaissance consiste encore dans les phénomènes. Le tort de la définition courante, c'est donc de confondre deux choses essentiellement distinctes : des faits psychologiques avec des spéculations ontologiques. Et de

1. *Mélanges philosoph.*, p. 191, 3e édit. Il s'efforce même d'établir que la psychologie est la science de l'homme tout entier, la physiologie ne s'occupant que de l'animal.

là vient qu'on a si souvent laissé l'étude des faits qui est féconde, pour la construction des théories qui est stérile et l'observation lente et sûre pour le procédé hardi et ruineux de l'hypothèse.

Ce n'est pas tout. On nous dit que la psychologie est la science de l'âme *humaine*. C'est là s'en faire une idée bien étroite et bien incomplète. La biologie s'est-elle jamais définie la science de la vie *humaine?* La physiologie a-t-elle jamais cru, sinon dans son enfance, qu'elle n'avait que l'homme pour objet? N'ont-elles pas considéré, au contraire, comme leur appartenant en propre tout ce qui est organisé et manifeste la vie, l'infusoire aussi bien que l'homme? Or, à moins d'admettre l'opinion cartésienne des bêtes machines, qui n'a plus de partisan que je sache, il faut bien reconnaitre que les animaux ont leurs sensations, leurs sentiments, leurs désirs, leurs plaisirs et leurs douleurs, leur caractère, tout comme nous; qu'il y a là un ensemble de faits psychologiques qu'on n'a aucun droit de retrancher de la science. Ces faits, qui les a étudiés? les naturalistes et non point les psychologistes. Si nous allions plus loin, nous pourrions montrer que la psychologie ordinaire, en se restreignant à l'homme, n'a pas même embrassé tout l'homme, qu'elle ne s'est point souciée des races inférieures (noires, jaunes), qu'elle s'est contentée d'affirmer que les facultés humaines sont identiques en nature et ne varient qu'en degré, comme si la différence de degré ne pouvait pas être telle souvent, qu'elle équivaut à une différence de nature; que dans l'homme elle a pris les facultés toutes constituées et qu'elle ne s'est occupée que rarement de leur mode de développement; de sorte qu'en dernière analyse, la psychologie, au lieu d'être la science des phénomènes psychiques, a pris simplement pour objet l'homme adulte, blanc et civilisé.

Après avoir vu comment la psychologie entend son objet, voyons comment elle comprend sa méthode. Elle consiste tout entière dans la réflexion ou observation intérieure. Assurément, personne ne croit plus que nous à la nécessité de ce mode d'observation : elle est le point de départ, la condition indispensable de toute psychologie, et ceux qui l'ont nié, comme Broussais et Aug. Comte, ont si bien pris le contre-pied de toute évidence et donné si beau jeu à leurs adversaires, que leurs plus fidèles disciples ne les ont pas suivis jusque-là. Il est certain que l'anatomiste et le physiologiste pourraient passer des siècles à étudier le cerveau et les nerfs sans se douter de ce que c'est qu'un plaisir ou une douleur, s'ils ne les avaient point ressentis. Rien ne remplace sur ce point le témoignage de la conscience, et il faut toujours en revenir à ce mot d'un anatomiste : « Nous ressemblons devant les fibres du cerveau à des cochers de fiacre qui connaissent les rues et les maisons, mais sans savoir ce qui se passe au dedans. » Il est certain aussi que les objections faites à cette méthode d'observation ont été fort bien discutées. Mais est-il vrai que l'observation intérieure est la méthode *unique* de la psychologie? qu'elle révèle tout, suffit à tout? Prise au sens rigoureux, cette doctrine conduirait à l'impossibilité de la science. Car si ma réflexion m'avertit de ce qui se passe en moi, elle est absolument incapable de me faire pénétrer dans l'esprit d'un autre. Il faut pour cela un procédé plus compliqué. Nous causons : un homme qui assiste à notre entretien n'y prend part que d'un air distrait, il place quelques mots avec effort, il sourit d'un air forcé : j'en *conclus* qu'il est en proie à quelque peine cachée. Je pourrai même en deviner la cause, si j'ai l'esprit pénétrant, si cet homme et ses antécédents me sont connus. Mais cette découverte psychologique est une opération très-complexe où l'on peut trouver ce qui suit : observation extérieure, perception de signes et gestes, interprétation de ces signes, induction des effets aux causes, inférence, raisonnement par analogie. Elle n'a de commun, avec l'observation intérieure, que cette aptitude à mieux connaître autrui, qui vient de ce qu'on se connaît mieux soi-même. Ainsi de deux choses l'une : ou bien la psychologie se borne à l'observation intérieure, et alors étant complétement individuelle, elle est comme enfermée dans une impasse et n'a plus aucun caractère scientifique ; ou bien elle s'étend aux autres hommes, cherche des lois, induit, raisonne, et alors elle est susceptible de progrès ; mais sa méthode est en grande partie objective. L'observation intérieure seule ne suffit donc pas à la plus timide psychologie.

Un autre défaut de la méthode ordinaire c'est qu'elle a conduit, comme elle le devait, à l'abstraction. Elle a été cause que les philosophes ont étudié les phénomènes de l'esprit plutôt en logiciens qu'en psychologues, plutôt en raisonneurs qu'en observateurs. L'une de ses principales conséquences a été la doctrine courante des facultés.

On peut dire, à beaucoup d'égards, qu'elle est utile, nécessaire. La psychologie a des faits à classer comme la physique ou la botanique : elle sépare ceux qui diffèrent, réunit ceux qui se ressemblent, et forme ainsi des groupes ; à chaque groupe elle attribue un nom, qui, comme les termes chaleur, magnétisme, lumière, désignent les *causes inconnues* de phénomènes connus. Mais le danger presque inévitable de cette méthode, c'est de personnifier les causes, de les ériger en entités distinctes et indépendantes : on oublie que ce ne sont que des abstraits, des formules commodes pour l'exposition de la science, qui n'ont de valeur que si on les ramène aux concrets d'où elles sont tirées ; que c'est là qu'est toute leur valeur, toute leur réalité. L'histoire de l'ancienne physique, embarrassée de formes substantielles et de causes occultes, montre assez combien les meilleurs esprits cèdent au penchant de réaliser des abstractions. De là, en psychologie, un premier résultat qui consiste à substituer une étude verbale (celle des facultés) à une étude réelle (celle des phénomènes). Un second résultat, c'est de faire naître des questions vaines, factices, comme celle-ci : La conscience est-elle une faculté distincte ? Les discussions sur le libre arbitre pourraient bien être de cette nature ; le problème n'étant peut-être inextricable que parce qu'il est mal posé (1). Ainsi, on perd en disputes oiseuses le temps qu'on devrait mettre à observer, et au lieu d'observateurs impartiaux, il se forme des partis poussant à outrance leurs hypothèses, éternellement en lutte, parce qu'ils combattent pour des chimères, et qu'on ne peut ni tuer, ni emprisonner des fantômes. Un troisième résultat, c'est de dissimuler l'unité de composition des phénomènes psychologiques. La vie mentale a ses degrés et pour ainsi dire ses étages ; il n'y a pour les séparer que des limites vagues que la doctrine des facultés donne comme fixes et absolues. Ad. Garnier fait remarquer très-justement

1. Voy. sur ce point *Bain*, ch. IV, § 5, ci-après.

que pour attribuer des faits à des causes diverses, il faut que les faits soient non-seulement différents mais indépendants des phénomènes très-différents, opposés même, comme l'ascension des gaz à la chute des corps, pouvant avoir une cause identique. Mais ce caractère d'indépendance, on le cherche vainement dans les phénomènes psychologiques ; on les voit se confondre, se mêler et se supposer réciproquement.

L'un des philosophes, dont nous comptons parler ici, M. Samuel Bailey, a fait une critique vive et quelquefois piquante de la phraséologie inexacte qui est inhérente à la méthode des facultés, qui les érige en entités distinctes de l'homme lui-même.

« On a représenté, dit-il, les facultés agissant comme « des agents indépendants, donnant naissance à des idées « et se les passant mutuellement, et faisant entre elles « leurs affaires. Dans cette espèce de phraséologie, l'es- « prit apparaît souvent comme une sorte de champ dans « lequel la perception, la mémoire, l'imagination, la rai- « son, la volonté, la conscience, les passions produisent « leurs opérations, comme autant de puissances alliées « entre elles ou en hostilité. Parfois l'une de ces facultés « a la suprématie et les autres sont subordonnées ; l'une « usurpe l'autorité et une autre cède, l'une expose et les « autres écoutent ; l'une trompe et l'autre est trompée. « Cependant l'esprit ou plutôt l'être intelligent lui-même « est complétement perdu de vue au milieu de ces trans- « actions où il ne paraît avoir aucune part. D'autres fois « on nous montre ces facultés traitant avec leur proprié- « taire ou maître, lui prêtant leur ministère, agissant « sous son contrôle ou sa direction, lui fournissant de

« l'évidence, l'instruisant, l'éclairant par leurs révéla-
« tions, comme si lui-même était détaché et à part
« des facultés qu'on dit qu'il possède, commande et
« écoute (1). »

On peut faire les mêmes remarques sur les sens : les *organes* des sens sont sans doute distincts de l'esprit ; mais les sens eux-mêmes ne le sont point. Quand un homme voit ou entend, c'est lui, c'est l'être conscient qui voit ou entend. Dire que les sens voient et entendent c'est en faire des entités, tandis que dans la réalité il y a simplement des affections mentales produites.

Hobbes, Locke, Leibnitz, Hume ont plus d'une fois critiqué ce langage inexact sans parvenir eux-mêmes à l'éviter. M. Bailey cite de nombreux exemples à l'appui. Entre tous, Kant serait le plus coupable, si M. Cousin n'avait écrit. Suivant le philosophe allemand, la majeure d'un syllogisme se rapporte à l'entendement, la mineure au jugement, la conclusion à la raison.

« Ainsi, dit M. Bailey, l'être intelligent, comme un mo-
« narque constitutionnel, gouverne régulièrement par le
« moyen de ses ministres : l'Entendement étant le Secré-
« taire d'État au Département de l'intérieur, la Faculté de
« Juger étant le *Chief Justice of the Commonpleas*, et la
« Raison le *First Lord of the Treasury* (ou premier mi-
« nistre). »

Est-il possible d'éviter toujours ces expressions ? Non, certes, et je n'ai pas, continue M. Bailey, plus d'objections à faire aux termes de « faculté » dans les occasions ordinaires qu'à l'habitude qu'a l'un de mes amis de mesurer

1. Bailey. *Letters on philosophy of human mind.* t. I, l. 3.

les distances avec une exactitude suffisante par le nombre de ses enjambées. Mais l'investigation méthodique des faits de conscience demandant autant d'exactitude et de précision que n'importe quelle recherche de physique ou de mathémathiques, la méthode des facultés lui ressemble à peu près, comme le calcul de mon ami ressemble à un plan trigonométrique dressé avec soin.

Il ne serait pas plus raisonnable d'abandonner les termes raison, mémoire, volonté, etc., que les mots peu, beaucoup, quelques. Mais que penserait-on d'un statisticien qui, au lieu de nous dire que, dans un certain pays, chaque mariage donne en moyenne quatre enfants, et que les trois cinquièmes de la population savent lire et écrire se bornerait à nous révéler que les mariages produisent *quelques* enfants et que les gens qui lisent sont *nombreux*. Ce qui importe, c'est la détermination quantitative.

Une critique des « opérations imaginaires, » dont M. Cousin fait à peu près tous les frais, conduit l'auteur à conclure : « que la prédominance de ces faits imaginaires dans « les écrits métaphysiques (psychologiques), montre que « l'humanité en est dans la philosophie mentale à cette pé- « riode où, en physique, on parlait de transmutation des « métaux, d'élixir de vie, d'influence des étoiles, d'exis- « tence d'une légèreté substantielle, d'une horreur de la « nature pour le vide et autres choses semblables (1). »

1. Bailey. *Letters on philosophy of human mind.* Letter V.

VII

La psychologie, entendue dans son sens ordinaire, est donc une étude plus occupée d'abstractions que de faits, fondée sur une méthode subjective et remplie de discussions métaphysiques. Voyons maintenant ce que peut être la psychologie conçue comme science indépendante.

Nous avons vu que dans tout ordre de connaissance, lorsque le nombre des faits et des observations accumulés est assez grand, il se produit, par la nature même des choses, une tendance à l'autonomie, et que la nouvelle science laissant à la métaphysique le soin de discuter ses premiers principes, se constitue sur des bases qui lui sont propres, d'une solidité suffisante pour son but, quoique souvent ruineuse pour qui les examine en philosophe.

En un mot, étude constante des faits et séparation d'avec la métaphysique : telles sont les conditions de l'indépendance.

Y a-t-il assez de matériaux accumulés pour constituer une psychologie expérimentale? Ils sont si nombreux, qu'il ne s'est encore trouvé personne pour les classer, les réduire et les ordonner en système. Les progrès des sciences physiques et naturelles, de la linguistique et de l'histoire ont révélé des faits inattendus, suggéré des aperçus tout nouveaux, à ceux du moins qui n'ont point de goût pour une psychologie immobile et scolastique : études sur le mécanisme des sensations, sur les conditions de la mémoire, sur les effets de l'imagination et de l'association des idées, sur les rêves, le somnambulisme, l'extase, l'hallucination, la folie et l'idiotie, recherches jusqu'ici inconnues sur les rapports du physique et du moral, conception nouvelle de la nature morale (psychologique), de l'humanité résultant de l'étude approfondie de l'histoire et des races, les langues nous offrant comme une psychologie pétrifiée.

Enfin, dans ces dernières années (1), on s'est efforcé de soumettre les actes psychologiques au contrôle précis de la mesure. Voilà en deux mots ce qui se trouve dans des milliers de livres, mémoires, observations ou expériences; une masse immense de faits qui attend encore son Keppler ou son Newton. Rapprochez maintenant par la pensée toutes ces données expérimentales du peu que l'antiquité nous a laissé sur ce sujet. (Aristote : *Traité de l'âme*, *de la sensation*, *de la mémoire*, *du sommeil*, etc.) Puis rapprochez la psychologie ontologique de nos jours, de la métaphysique de Platon et d'Aristote. Où est le progrès?

La psychologie tend-elle à se séparer de la métaphysique? Au lieu de décider la question, j'aime mieux mettre quelques faits sous les yeux du lecteur. Au XVIIe siècle la science de l'âme s'appelle métaphysique. Il n'y a point d'autre mot dans Descartes, Malebranche et Leibniz. Locke et Condillac parlent le même langage. Cependant le mot psychologie, inventé par l'obscur Goclenius, devient le titre d'un ouvrage de Wolf. Les Encyclopédistes, tout en continuant à se servir du mot métaphysique, en limitent le sens. « Locke, dit d'Alembert, dans le Discours préliminaire de l'Encyclopédie, réduisit la métaphysique à ce qu'elle doit être en effet, la physique expérimentale de l'âme. » Les Écossais l'emploient avec réserve et préfèrent l'expression de

1. Expériences de MM. Helmholtz, Hirsch, Donders, Wundt, Marey, etc.

« philosophie de l'esprit humain. » Enfin, le mot psychologie devient d'un usage courant, presque vulgaire en France, en Allemagne et en Angleterre. Si l'on remarque de plus que, dans ces deux derniers pays, la psychologie est cultivée comme science indépendante et expurgée de toute métaphysique, par des écrivains qui non-seulement n'ont fait aucune profession explicite de positivisme, mais sont même en désaccord complet avec cette doctrine sur plusieurs points, on accordera, je pense, que cette autonomie est plus qu'une simple tendance, qu'elle est à beaucoup d'égards un fait accompli (1).

La psychologie dont il s'agit ici sera donc purement expérimentale : elle n'aura pour objet que les phénomènes, leurs lois et leurs causes immédiates; elle ne s'occupera ni de l'âme ni de son essence, car cette question étant au-dessus de l'expérience et en dehors de la vérification, appartient à la métaphysique. S'il peut sembler paradoxal que la psychologie qui est la science de l'âme ne s'en occupe point, on doit remarquer que la biologie et la physique ne s'occupent pas davantage de la vie et de la matière, que tant qu'elles en ont fait l'objet propre de leur étude, leurs progrès ont été nuls; et que la psychologie ne s'est enrichie que de faits d'expérience, sa métaphysique n'ayant peut-être pas fait un pas depuis Aristote. Cette psychologie sera-

1. « Quelques écrivains ont remarqué la prédominance énorme des recherches psychologiques depuis Spinosa jusqu'à Fichte, mais la raison de cette direction philosophique n'a pas été reconnue, que je sache. Le fait est évident; et la liaison de la prédominance de la psychologie avec la décroissance de l'ontologie demande une explication; d'autant plus que la psychologie n'occupait que peu l'attention dans les écoles de l'antiquité et du moyen âge. Je pense que l'importance acquise par la psychologie, spécialement dans ce qui traite de l'origine et du but des facultés humaines, a été le résultat naturel de la même tendance objective qui a rendu prépondérante la méthode inductive. » (Lewes, *History of Philosophy*, t. II, p. 225.)

t-elle spiritualiste ou matérialiste? Nous répondons que cette question n'a point de sens et qu'autant vaudrait la poser à propos de la physique expérimentale. Le spiritualisme et le matérialisme impliquent une solution de la question de substance, laquelle est réservée à la métaphysique. Il est possible que le psychologue tout en se livrant à ses recherches incline à l'une des deux solutions ou à toute autre, comme le physiologiste peut incliner au mécanisme ou à l'animisme, mais ce sont là des spéculations personnelles qu'il ne confond pas avec la science. La psychologie aura aussi sa métaphysique comme les autres sciences, tout en restant parfaitement distincte. C'est la rendre incomplète sans doute, mais le progrès est à ce prix. Si la psychologie veut être à la fois une psychologie et une métaphysique, elle ne sera ni l'une ni l'autre. Elle ressemblera en cela aux autres sciences qui toutes éliminent les questions d'origine et de fin, les renvoyant à la métaphysique. C'est pour les discuter que la philosophie existe.

La méthode à employer est à la fois *subjective* et *objective*. Les discussions entre ceux qui ne veulent admettre que l'observation intérieure, comme Jouffroy, et ceux qui ne reconnaissent que l'observation extérieure, comme Broussais, ressemblent à ces combats indécis après lesquels chacun s'attribue la victoire. Les premiers montrent triomphalement leurs analyses et mettent au défi leurs adversaires de deviner sans l'aide de la réflexion ce que c'est que sentir, désirer, vouloir, abstraire. Les seconds répliquent que le dialogue du moi avec le moi ne peut durer longtemps et qu'ils aiment mieux cultiver le terrain fertile de l'expérience. Des deux parts, c'est ne comprendre la question qu'à demi : chacune de ces deux méthodes a besoin de l'autre

Dans l'étude qui va suivre sur M. Herbert Spencer (chap. II) nous verrons comment elles se complètent réciproquement, la méthode subjective procédant par analyse et la méthode objective par synthèse; la méthode intérieure étant la plus nécessaire, puisque sans elle on ne sait pas même de quoi on parle, la méthode extérieure étant la plus féconde, puisque le champ de son investigation est presque illimité.

Mais en quoi consiste cette méthode objective? A étudier les états psychologiques au dehors, non au dedans, dans les faits matériels qui les traduisent, non dans la conscience qui leur donne naissance. L'expression naturelle des passions, la variété des langues et des événements de l'histoire sont autant de faits qui permettent de remonter jusqu'aux causes mentales qui les ont produits : les dérangements morbides de l'organisme qui entraînent des désordres intellectuels; les anomalies, les monstres dans l'ordre psychologique, sont pour nous comme des expériences préparées par la nature et d'autant plus précieuses qu'ici l'expérimentation est plus rare. L'étude des instincts, passions et habitudes des divers animaux nous fournit des faits dont l'interprétation (souvent difficile) permet, par induction, déduction ou analogie, de reconstruire un mode d'existence psychologique. Enfin la méthode objective, au lieu d'être personnelle comme la simple méthode de réflexion, emprunte aux faits un caractère impersonnel, elle se plie devant eux, elle moule ses théories sur la réalité. Entre autres avantages, je n'en veux signaler que deux : elle introduit dans la psychologie l'idée de progrès, elle rend possible une psychologie comparée.

L'idée de progrès, d'évolution ou de développement, qui est devenue prépondérante de nos jours dans toutes les sciences qui ont un objet vivant, a été suggérée par la double étude des sciences naturelles et de l'histoire. Les idées scolastiques sur l'immutabilité des formes de la vie et l'uniformité des époques de l'histoire ont fait place à une conception contraire. La doctrine du vieil Héraclite est revenue, mais confirmée par l'expérience de vingt siècles : tout coule, tout change, tout se meut, tout devient. Physiologie, linguistique, histoire religieuse, littéraire, artistique, politique : tout dépose en faveur du développement. Cette idée sans laquelle on n'a plus de la vie et de l'histoire qu'une conception erronée, par une bizarrerie inexplicable, est restée absente de la psychologie ordinaire. Et pourtant il n'est point possible que les effets varient sans cesse, et que la cause reste immobile. L'histoire étant le résultat de deux facteurs : l'activité humaine et la nature où elle se déploie, il faut bien que la source du changement soit dans l'une ou l'autre, et comme elle n'est point dans la nature (1) il faut la chercher dans l'âme humaine et dans ses tendances dynamiques. Si l'on prétend que le psychologue doit écarter toutes ces variations accidentelles pour arriver à la condition dernière et absolue de l'activité mentale, alors on transforme une étude concrète en une étude abstraite, on substitue une entité à une réalité; on ressemble au zoologiste qui prendrait pour base de ses recherches le type idéal de l'animalité. On traite les phénomènes psychologiques comme la mécanique pure traite les corps, les mouvements et les forces. On imite Spinoza sans le dire. « J'analyserai les actions et appétits des hommes comme s'il était ques-

1. La nature y contribue pour sa part, mais à titre d'occasion, de *stimulus*. Voir sur ce point Herder et mieux encore Buckle, *Civilisation en Angleterre*, t. I.

tion de lignes, de plans et de solides. » *Ethiq.* III. pro-
lég. (1).

D'où ce résultat, sinon de l'emploi exclusif de la méthode subjective qui dans les faits psychologiques ne peut saisir le développement? La même méthode rendait impossible toute tentative de psychologie comparée : car s'il n'y a point d'autres procédés à suivre que la réflexion, on ne peut étudier les phénomènes psychiques des diverses races animales. Il est vrai que la méthode d'observation intérieure étant strictement personnelle, dès qu'on en applique les résultats aux autres hommes, on la viole ; on procède objectivement et le pas le plus décisif est fait. Mais d'autres préjugés, qu'il est inutile d'examiner ici, s'opposaient à ce qu'on étendît cette étude aux animaux. Il en est résulté une lacune énorme dans la science. Le physiologiste qui n'aurait soumis à ses expériences que des vertébrés, refuserait de reconnaître chez les autres animaux les fonctions propres à l'animal parce qu'elles y sont plus simples et plus obscures. Mais les naturalistes modernes ont su retrouver les fonctions fondamentales jusque chez les derniers mollusques et protozoaires. Les actes sont moins nombreux, moins compliqués, mais la fonction ne disparaît pas pour cela. Ainsi, tandis que chez la presque totalité des animaux, la digestion se fait à l'intérieur du corps dans un organe spécial, parfois, comme chez l'hydre, l'être semble transformé tout entier en estomac ; chez d'autres, l'acte se produit au dehors, entre de nombreux appendices qui servent à la fois de bouche et de bras. Tous les naturalistes sont d'accord pour reconnaître qu'aucune étude

1. Il est certain que l'élimination de ce qui est variable et accidentel est nécessaire pour constituer la science et déterminer les conditions générales ; mais il faut alors que l'étude statique soit complétée par une étude dynamique, comme on le verra ci-après.

n'a été plus féconde pour eux que celle de l'anatomie et de la physiologie comparées, que la connaissance des organismes rudimentaires fait, mieux qu'aucune autre, comprendre les organes et les fonctions. Rien de semblable n'a été tenté, accepté du moins, dans la psychologie ordinaire : l'idée d'une méthode comparative commence à peine à poindre. Si elle gagne quelques partisans, la suite pourra montrer ce qu'elle vaut et ce qu'elle donne. Mais quand même cette psychologie inférieure ne devrait éclairer en rien notre connaissance de l'homme, elle n'en resterait pas moins indispensable, puisqu'il est clair que la psychologie doit embrasser *tous* les phénomènes psychologiques.

Ainsi entendue, elle perdra ce caractère abstrait qui la fait ressembler si souvent à la logique. C'est à celle-ci en effet qu'il appartient de procéder *in asbtracto;* de prendre l'esprit tout constitué, adulte, et d'en étudier le mécanisme : elle ne peut et ne doit s'attacher qu'au fond invariable (1), tandis que la psychologie étudie les phénomènes et les facultés dans leur origine, leur développement, leurs transformations. La psychologie doit se garder aussi de la morale, car il est tout différent de constater ce qui est et de prescrire ce qui doit être, de s'en tenir aux faits ou de chercher un idéal. Le psychologue diffère du moraliste, comme le botaniste diffère du jardinier. Pour l'un il n'y a point de végétaux bons ou mauvais ; ils sont tous également un objet d'étude ; pour l'autre il y a des plantes nuisibles ou para-

1. V. sur ce point Cournot. *Idées fondamentales*, t. I, § 213 et sq. L'auteur distingue deux ordres de sciences : celles qui se rattachent aux idées d'ordre et de forme; et celles qui étudient les fonctions de la vie et font un usage perpétuel de l'idée de force. Les premières servent de base aux secondes. Ainsi la logique s'oppose à la psychologie, etc... L'obscurité de l'idée de force rend compte de l'infériorité de ces dernières sciences.

sites qu'il faut extirper et brûler ; sa justice expéditive s'inquiète plutôt de condamner que de connaître. Les préoccupations morales ont nui plus fréquement qu'on ne pense à la psychologie, en empêchant de voir ce qui est.

VIII

La psychologie, comprise dans son sens large, embrassant tous les phénomènes de l'esprit chez tous les animaux et les considérant non pas seulement sous leur forme adulte, mais dans les phases successives de leur développement, offre un champ immense, presque sans bornes, aux recherches. Dès lors n'est-il pas frappant de voir combien sont sommaires les traités de psychologie les plus accrédités jusqu'ici? Retranchez les digressions historiques, et qu'en restera-t-il le plus souvent ? On sera encore plus frappé de cette brièveté si l'on compare les œuvres psychologiques aux travaux si amples, si chargés de détails des naturalistes. D'où cette différence, sinon de la méthode employée ? l'une colligeant les faits avec une patience infatigable, notant les exceptions et les différences ; l'autre se bornant à une esquisse vague et à quelques formules abstraites. Cependant le principe qui dans les êtres animés sent, agit, veut et pense, n'a-t-il pas des variétés presque infinies qui ne se révèlent qu'à une minutieuse investigation? Peut-on croire qu'une âme humaine est plus courte à décrire qu'une plante ?

Comme le résultat inévitable du progrès dans toute science c'est d'y produire la division et la subdivision du travail, on peut bien prévoir qu'une psychologie étendue, vraiment complète se scindera en plusieurs branches, qu'il se formera en elle des sous-sciences qui pourront devenir un objet spécial d'études. Il y aurait témérité à indiquer d'avance ces divisions; mais peut-être en peut-on prévoir quelques-unes.

M. John Stuart Mill, dans les pages substantielles qu'il a consacrées à la méthode en psychologie (1), après avoir montré que cette science a pour objet « les uniformités de successions, » fait remarquer que l'on peut concevoir un cas intermédiaire entre la science parfaite et son extrême imperfection. Telle est la théorie des marées : quand on ne considère que les causes générales de ce phénomène, on peut le prédire avec certitude; mais les circonstances locales ou accidentelles (comme la configuration des côtes ou la direction du vent) le modifient de façon à rendre inexacts les résultats du calcul général. « La science des marées n'est pas encore une science exacte, non par une impossibilité radicale tenant à la nature, mais parce qu'il est très-difficile de constater avec précision les uniformités dérivées. — La science de la nature humaine est du même genre. »

M. Stuart Mill divise les études psychologiques en deux grandes classes : d'une part celles qui sont *expérimentales*, d'autre part celles qui sont *déductives*.

La psychologie expérimentale, fondée sur l'observation, constate des faits d'où elle tire des lois et « constitue la partie universelle ou abstraite de la philosophie de la nature humaine. »

La psychologie déductive, qui constitue l'éthologie ou science du caractère, suppose la précédente. Elle recherche

1. *Système de logique*, liv. VI, ch. I, III, IV et V.

comment les lois générales des faits psychologiques, par leurs combinaisons, leurs croisements, produisent telle variété de caractère individuel ou national.

Si nous essayons maintenant, d'après ces indications, de tracer les divisions d'une psychologie vraiment scientifique, voici ce qu'elle semble devoir contenir.

On peut comprendre d'abord sous le nom de *psychologie descriptive* l'étude des phénomènes de conscience, sensations, pensées, émotions, volitions, etc., considérés sous leurs aspects les plus généraux. Cette étude, qui doit servir de point de départ et de base à toutes les autres, est la seule qui ait été cultivée jusqu'ici par les psychologistes. Il est clair, d'ailleurs, que la psychologie générale doit profiter de toutes les découvertes dues aux parties subordonnées. Elle se compléterait, d'abord par une *psychologie comparée* dont nous avons essayé plus haut d'indiquer l'objet et de montrer l'importance ; ensuite par une étude des anomalies ou monstruosités, qu'on pourrait appeler *Psychologie morbide*. Il est inutile de s'arrêter à démontrer combien l'étude des déviations est utile pour l'intelligence complète des phénomènes; mais ce qui est remarquable, c'est l'insouciance de la psychologie sur ce point. A part la *Lettre sur les aveugles,* de Diderot, qui ne tient pas ce qu'elle promet, les pages de D. Stewart sur James Mitchell (*Élém. de la phil. de l'esprit humain,* t. III) et quelques observations éparses, la psychologie a complétement fermé les yeux sur les anomalies et exceptions. Ce sont les physiologistes qui ont tiré de la curieuse histoire de Laura Bridgmann les conclusions qu'elle comportait : conclusions totalement contraires à la doctrine de la sensation transformée et qui, fondées sur les faits, n'avaient point le caractère vague des arguments ordinaires. Un sourd, un aveugle, un homme originairement privé de quelque sens n'est-il pas un sujet tout préparé pour l'observation, et auquel peut s'appliquer l'un des procédés les plus rigoureux de la méthode : la Méthode de différence. Les études sur la folie, bien incomplètes encore, ont-elles été stériles jusqu'ici?

Si nous allons maintenant de la psychologie *abstraite* à la psychologie *concrète;* si, laissant l'analyse pour la synthèse, nous recherchons non plus les lois générales, mais les lois dérivées ; si nous essayons de déterminer comment ces lois, par leurs croisements, déterminent les variétés psychologiques, nous rencontrons une science nouvelle, celle du *caractère,* ou, comme l'appelle M. Mill, l'Éthologie. On comprend que la psychologie ordinaire, avec son peu de goût pour les faits et sa tendance habituelle vers l'abstraction, ait complétement négligé cette étude. La Phrénologie et la Crânioscopie, qui ont avorté, en ont mieux compris l'importance. La science des caractères constituerait une psychologie pratique, ou appliquée, dont l'utilité pour l'éducation, la conduite de la vie, la politique même, est évidente. Sans doute cette *science* tiendra toujours beaucoup de la nature de *l'art;* mais ne sera-t-elle point d'une exactitude suffisante pour en légitimer l'emploi? Les naturalistes ont découvert certaines corrélations organiques sur lesquelles ils se fondent pour restituer un animal à l'aide de quelques fragments. Ils savent qu'il y a un rapport entre le pied et la mâchoire, qu'une dent de carnassier indique une charpente osseuse, par conséquent un squelette, un axe cérébro-spinal, etc., etc. Ne pourrait-on arriver de même à découvrir des *corrélations psychologiques?* Supposons que par une accumulation d'expériences sûres et variées on en soit venu à constater, par exemple, que telle manière de sentir suppose elle-même telle variété d'imagination, qui suppose elle-même telle façon de juger et de raisonner, qui suppose telle manière de vouloir et d'agir, etc., etc, que cette détermination soit aussi précise que possible, on pourrait à l'aide d'un seul fait reconstituer un caractère, puisque le problème se réduirait à ceci : Étant donné un membre de la série, retrouver la série tout entière.

On accordera que cette hypothèse n'est nullement chimérique, si l'on veut bien remarquer que les esprits pénétrants opèrent cette reconstitution par instinct, par une intuition rapide et sûre, quoiqu'elle n'ait rien de scientifique ; qu'il existe un art particulier qu'on appelle la connaissance des hommes. La question est de savoir si cet *art* ne peut pas devenir une *science ;* c'est-à-dire si au lieu d'être livré à l'arbitraire, il ne peut pas être formulé en lois applicables à un très-grand nombre de cas et vérifiées le plus souvent. Quand on y sera parvenu, l'Éthologie sera constituée.

Il semble qu'on pourrait distinguer une Éthologie des *individus*, une Éthologie des *peuples* et une Éthologie des *races*.

L'Éthologie individuelle, la plus importante et la plus concrète des trois, rechercherait les différences psychologiques qui résultent de la différence de sexes et des tempéraments. Elle déterminerait les caractères psychologiques qui distinguent ces diverses tournures d'esprit que nous désignons sous les noms de poëte, géomètre, industriel, homme de guerre, etc., etc., ramenant ainsi son étude à celle d'un certain nombre de types. Parmi les psychologistes, je ne connais que Dugald-Stewart qui ait tenté ce travail (Appendice à sa *Philos. de l'Esprit humain*, t. III) dans des essais très-incomplets et surtout très-vagues, dont la diffusion n'est pas le moindre défaut.

L'Éthologie des peuples et des races puiserait ses matériaux dans la linguistique et l'histoire. Il est d'ailleurs aisé de voir que l'Éthologie ne se confond nullement avec l'histoire. Il est aussi différent de déterminer le caractère d'un peuple et de raconter son histoire, que de faire le portrait d'un homme et de tracer sa biographie. L'histoire d'un peuple et la biographie d'un homme ne se composent pas seulement de ce qui vient d'eux, mais aussi de l'action des circonstances extérieures sur eux. L'Éthologie élimine ce dernier élément et n'en tient compte qu'autant qu'il sert à mieux pénétrer le caractère. L'Éthologie ne se proposerait point d'ailleurs une étude simplement statique des caractères, elle essayerait de déterminer les phases qu'ils parcourent et de les suivre dans leur évolution.

Tel pourrait être, à s'en tenir aux phénomènes, et sans parler de la métaphysique de la psychologie, le cadre d'une division de cette science. Mais tant qu'elle ne se sera pas subdivisée, il lui sera impossible d'embrasser tout son domaine, et contente d'avoir constaté quelques lois générales, elle s'en tiendra à la brièveté et à la maigreur des traités ordinaires. Quand on considère cependant l'immense variété des faits et des questions qu'elle renferme, la tâche semble inépuisable, des perspectives infinies s'ouvrent devant le chercheur, et l'on trouve qu'il y a tant à faire, qu'on ose dire que rien n'est fait.

Il semble que le mieux à souhaiter pour la psychologie c'est qu'elle entre dans cette période de désordre apparent et de fécondité réelle, où chaque question est étudiée à part et creusée à fond. Une bonne collection de monographies et de mémoires sur des points spéciaux serait peut-être le meilleur service que l'on puisse maintenant rendre aux études psychologiques. Tout cela sans doute n'est pas une science ; mais sans cela il n'y a pas de science. Cette méthode n'aurait pas seulement l'avantage de substituer aux tendances actuelles des tendances meilleures, aux généralisations hypothétiques l'étude des faits, elle offrirait aussi une tâche à la portée de tous. Dans ce travail de détail, chacun en prend à sa mesure et selon ses forces. Beaucoup ne sauraient être architectes, qui pourront bien tailler leur pierre. Cent travailleurs se consumeront peut-être sur quelque point obscur. Qu'importe si un résultat reste acquis ? La science acceptera leur œuvre et oubliera leur nom. Elle prendra son vrai caractère : l'impersonnalité. *Multi pertransibunt, sed augebitur scientia.*

IX

Il ne nous reste plus maintenant que quelques mots à dire sur le but de cet ouvrage. Depuis Hobbes et Locke, l'Angleterre est le pays qui a fait le plus peut-être pour la psychologie. De nos jours, il s'y est produit deux courants de doctrines : d'une part, l'École *a priori* représentée par sir W. Hamilton, le Dr Whewell, M. Mansel, M. Ferrier (1), etc... ; d'autre part l'École *a posteriori* (*association-*

1. M. Ferrier, professeur de morale et d'économie politique à l'Université de Saint-André, a publié des *Institutes of Metaphysics* en trente-trois propositions : « l'un des plus remarquables livres de notre temps, » dit M. Lewes (un positiviste), « mais qui ressemble à un obélisque solitaire dans la plaine

psychology) qui compte parmi ses adhérents les deux Mill, MM. Bailey, Herbert-Spencer, Bain, Lewes et bon nombre d'autres. Une étude complète de la psychologie anglaise contemporaine devrait comprendre nécessairement ces deux écoles. Nous n'essayerons de faire connaître que la seconde. Comme par la célébrité des noms qui la représentent, par son accord avec les tendances générales du siècle, par sa mise en harmonie avec les découvertes les plus récentes des sciences physiques et naturelles, par l'originalité de ses recherches et de ses résultats, elle semble tenir le premier rang, et qu'en France d'ailleurs elle est ignorée, ou à peu près, il nous a semblé qu'il ne serait pas inutile d'essayer d'en faire connaître les doctrines; et que ce travail de *pure exposition* ne déplairait ni à ceux qui les repoussent ni à ceux qui les acceptent.

immense et nue. » Il est remarquable que M. Ferrier distingue très-bien la psychologie expérimentale de la psychologie métamorphosée en métaphysique : « Au cas, dit-il, où l'on pourrait penser que la psychologie n'a pas été assez « épargnée dans cet ouvrage, on fera remarquer que ce n'est qu'autant que « la psychologie se risque à traiter la question fondamentale de la connaissance « et à s'introduire dans la région de la *prima philosophia* qu'on l'a critiquée « et qu'on a montré son insuffisance. Dans sa sphère propre, c'est-à-dire la « recherche des opérations mentales comme la mémoire, l'association des « idées, etc., les travaux de la psychologie ne doivent être en rien dédaignés.» *Institutes of metaphysics*, 2e édit., p. 116.

LA

PSYCHOLOGIE ANGLAISE

HARTLEY

Dans une étude sur la psychologie anglaise contemporaine, Hartley ne peut figurer qu'à titre de précurseur. Il est juste pourtant de consacrer quelques mots à celui que Stuart Mill appelle « le premier père de l'Association. » D'ailleurs, en marquant le point de départ de l'École, on en comprendra mieux l'évolution.

Ce fut en 1749, que Hartley, alors médecin à Londres, publia ses *Observations on Man, his frame, his duty, his expectations*. Dix-huit ans auparavant, il avait donné une esquisse de sa doctrine dans un opuscule ayant pour titre *Conjecturæ quædam de sensu, motus et idearum generatione* (1). Cette doctrine peut se ramener à deux proposi-

1. Le grand ouvrage de Hartley fut traduit en français dès 1755, par M. Jurain, professeur au collége de Reims; plus tard, en 1802, par Sicard. Ces deux traductions ne sont ni exactes, ni complètes, ni fidèles. — Quant aux *Conjecturæ*, elles ont été réimprimées en 1837 par le docteur Parr, dans ses *Metaphysical Tracts by English philosophers of the 18th century* (42 pages). Cet opuscule contient 22 propositions qui renferment en substance toute la

tions principales, dont l'une est le fondement de la physiologie, l'autre, le fondement de la psychologie. Ce sont :

1° La *théorie des vibrations* par laquelle Hartley explique les phénomènes nerveux et tous les phénomènes physiques en général.

2° La *théorie de l'association* qui explique le mécanisme de l'esprit et tous les phénomènes psychologiques sans exception.

Hartley déclare qu'il a emprunté la théorie des vibrations à Newton qui, en terminant ses *Principia* et ses *Quæstiones opticæ,* suggère quelques hypothèses sur la nature des sensations et des mouvements ; sa théorie de l'association, à Locke, « ainsi qu'à quelques penseurs très-pénétrants » qu'il se dispense de nommer (1).

Il serait inutile d'insister sur la physiologie de Hartley. Elle est pleine d'erreurs ou bien dépassée dans ce qu'elle contient de vrai. Rappelons seulement que par sa théorie des vibrations, il s'est mis en opposition avec les hypothèses courantes de son époque. Au XVIIIe siècle, la plupart des phénomènes physiques s'expliquaient par des fluides : la chaleur, la lumière, l'électricité, le magnétisme et même les actions vitales. On voyait, dans les nerfs, des tubes creux traversés par un « fluide nerveux. » Hartley rejetant toutes ces hypothèses n'admet partout que des vibrations. Les phénomènes lumineux, caloriques, électriques, tout

partie psychologique des *Observations*. La phrase par laquelle il commence : « *Liceat huic de lithontriptico dissertationi nonnulla subnectere,* » etc., donne lieu de croire qu'il faisait suite à quelque publication médicale de Hartley. En terminant il se défend fortement de l'accusation de matérialisme : « *Lubens agnosco etiam subtilissimum ratiocinium ex materiæ motibus et modificationibus nil nisi ejusdem motus et modificationes educere posse.* »

1. On peut présumer qu'il s'agit de Hume. D'ailleurs un opuscule anonyme publié à Lincoln, en 1747, sous ce titre : *An enquiry into the origin of human appetites and affections, shewing how each arises from association; written for the use of the young gentlemen at the Universities*, contient déjà une formule très-nette de la loi d'association, de « l'union inséparable » et des « latent impressions. » Cette dissertation a été rééditée par le docteur Parr.

aussi bien que les actions nerveuses, sont produits par des corps qui vibrent. « Les objets extérieurs, par leurs impressions sur nos sens, causent d'abord dans les nerfs, ensuite dans le cerveau, des vibrations de parties médullaires (1) très-petites et, pour ainsi dire, infinitésimales. » Ces vibrations « consistent en ondulations de particules très-ténues, analogues aux oscillations du pendule ou aux tremblements des molécules d'un corps sonore. » C'est donc sous la forme purement mécanique d'une ondulation que les impressions cheminent le long des nerfs. Aussi Hartley, contrairement à Boerhaave qui en faisait des tubes, n'hésite pas à les considérer comme pleins.

L'animal ne peut donc ni sentir ni se mouvoir, s'il ne se produit des vibrations dans ses nerfs, sa corde spinale et son cerveau. Mais les sensations ont la propriété de durer quelque temps, même quand leur cause extérieure a disparu. « Lorsqu'elles ont été souvent répétées, elles laissent certaines traces ou images d'elles-mêmes que l'on peut appeller idées simples. » (Prop. 8.) Ce n'est pas tout; la vibration, c'est-à-dire le fait purement physiologique, en se répétant laisse dans le cerveau une tendance à se reproduire sous forme de vibrations beaucoup plus faibles que Hartley appelle des *vibrationcules*, et qui sont à ses yeux « des miniatures de la vibration. » Ainsi, en résumé, la vibration produit d'abord la sensation, puis la vibrationcule qui, à son tour, produit les *images*.

Tels sont les seuls éléments à l'aide desquels Hartley construit sa psychologie. Les formes les plus complexes sortent de ces données toutes simples en vertu d'une association formulée dans les deux propositions suivantes :

Lorsque des vibrations A, B, C, etc., ont été associées

1. Prop. 4. Une des erreurs physiologiques de Hartley consiste à attribuer le rôle essentiel dans le système nerveux, à la substance blanche.

un nombre de fois suffisant, elles se lient aux vibrationcules correspondantes *a, b, c,* etc., de telle façon qu'une vibration A toute seule suscitera *b, c,* etc., formant le reste de la série.

Lorsque des sensations A, B, C, etc., ont été associées un nombre de fois suffisant, elles se lient aux idées correspondantes *a, b, c,* etc., de telle façon qu'une sensation A toute seule suscitera *b, c,* idées du reste de la série.

En définitive, c'est de l'association primitive des vibrations que tout dérive, puisque seule elle rend possible celle des sensations, des vibrationcules, des idées.

Reste à parler des mouvements. Hartley les explique de la même manière. Il en distingue deux espèces qu'il appelle *automatiques* et *volontaires ;* les premiers dépendent des sensations ; les seconds, des idées.

Les mouvements automatiques, qui répondent à peu près à ceux que, de nos jours, on appelle *réflexes* (mouvements du cœur, des poumons, etc.), dépendent, suivant Hartley, de vibrations qui viennent du cerveau. Mais les vibrations motrices, tout comme les vibrations sensorielles, produisent par la répétition des vibrationcules, qui sont la source des mouvements « semi-volontaires » et des mouvements volontaires. Pour que ce passage ait lieu de l'automatique au volontaire, il faut que les mouvements s'associent non-seulement entre eux, mais avec une sensation ou une idée. Ainsi se forme cet état mental que nous appelons volonté et qui est en réalité « une somme de vibrationcules composées. » Si l'on chatouille la main d'un enfant, il réagit, sans pouvoir rien de plus, puis après un certain nombre d'essais infructueux, il devient maître de ses mouvements ; l'automatisme se transforme en volonté.

Les traits fondamentaux de la doctrine de Hartley se réduisent donc aux propositions suivantes :

A la vibration simple correspond la sensation simple.

Aux vibrations associées correspond la sensation composée.

A la vibrationcule correspond l'image ou idée simple.

Aux vibrationcules associées correspond l'idée complexe.

Aux vibrations motrices correspond le mouvement automatique.

Aux vibrationcules motrices, associées entre elles et avec une sensation ou une idée, correspond le mouvement volontaire.

A l'aide de ces principes, Hartley explique les sensations, les sentiments, la mémoire, l'imagination, le langage, le jugement et la liberté.

Il ne s'agit pas ici d'entrer dans les détails, ni de montrer comment les états complexes de l'esprit peuvent se former par la juxtaposition et la fusion finale des états simples. Les successeurs de Hartley, dont nous allons parler, ont repris cette embryologie physiologique, sous une forme tellement supérieure à la sienne, qu'il serait oiseux de nous y attarder.

Hartley a eu le mérite de formuler clairement le principe fondamental de la future école : Tout s'explique par les sensations primitives et la loi d'association. En d'autres termes, les états de l'esprit les plus complexes ou les plus abstraits, les notions dites *a priori*, les idées les plus étrangères en apparence à l'expérience, les sentiments les plus raffinés ; tout, sans exception, est réductible par l'analyse aux sensations primitives, qui associées et fondues de mille manières, par suite des combinaisons qu'elles forment, des métamorphoses qu'elles subissent, deviennent méconnaissables au sens commun.

En revanche, on ne peut pas dire que Hartley ait été très-heureux dans les explications de détail. Il n'entre pas assez à fond dans cette chimie intellectuelle. Tandis que ses successeurs n'ont pas craint de s'attaquer aux idées si embarrassantes de temps, d'espace, etc., et de les résoudre en associations d'états primitifs de conscience, Hartley méconnaît ou esquive ces difficultés. On trouve chez lui trop d'explications verbales et trop peu de faits. Son livre est clair, bien composé ; mais par ses subdivisions en propositions et en corollaire, il rappelle plutôt la méthode d'un mathématicien que celle d'un physiologiste. Très-préoccupé de donner à son exposition un bel ordre géométrique, il néglige trop souvent des détails qui seraient frappants et probants. On retrouve dans son livre l'influence de Newton et du XVIIe siècle qui aimait tant à procéder *more geometrico*. De là, chez Hartley, une clarté et une simplicité souvent toute artificielle. On s'étonne parfois de l'ingénuité de ses explications et l'on comprend par cette lecture combien le raisonnement, s'il n'est à chaque instant appuyé par l'expérience et la confrontation avec les faits, est impuissant tout seul à débrouiller l'inextricable lacis des phénomènes psychiques.

Hartley, James Mill, et à beaucoup d'égards Stuart Mill représentent, comme nous le verrons, une première période, pendant laquelle l'École de l'Association n'adopte pas nettement la méthode biologique, et continue la tradition du XVIIIe siècle. Il n'en faut pas moins reconnaître que, outre qu'il a posé la loi d'association, Hartley a devancé sur un point important les théories de ses contemporains. En rapprochant, sur la foi d'une hypothèse d'ailleurs, la vibration nerveuse de la sensation, il pose les premières bases d'une explication nouvelle du rapport physique et du moral, qui consiste à tout réduire, en dernière analyse, à l'association d'un état de conscience et d'un mouvement; nous la verrons se produire dans la deuxième période de notre École.

M. JAMES MILL

« Le sceptre de la psychologie, dit M. Stuart Mill (1), est décidément revenu à l'Angleterre. » On pourrait soutenir qu'il n'en est jamais sorti. Sans doute, les études psychologiques y sont maintenant cultivées par des hommes de premier ordre qui, par la solidité de leur méthode, et ce qui est plus rare, par la précision de leurs résultats, ont fait entrer la science dans une période nouvelle; mais c'est plutôt un redoublement qu'un renouvellement d'éclat. Depuis Locke, et même avant lui, l'étude empirique des faits de conscience a toujours été en faveur chez les Anglais : aucun peuple n'a fait autant pour la psychologie considérée indépendamment de toute métaphysique. Si l'on veut bien, en effet, jeter les yeux sur les trois ou quatre peuples de l'Europe moderne, qui seuls ont eu un développement philosophique, à part l'Allemagne qui est apte à tout (2), quoiqu'elle aime surtout la métaphysique, on

1. *Revue d'Edimbourg*, octobre 1859. Réimprimé dan sles *Dissertations and Discussions*, T. III, p. 97.

2. Parmi les ouvrages de l'Allemagne contemporaine où la psychologie est plus ou moins considérée comme « une science naturelle, » on peut citer

verra qu'en Italie la psychologie expérimentale est pauvre, presque nulle, parce que cette race imaginative, légère, tout en dehors, y répugne d'instinct; qu'en France elle tourne vite à la logique, parce que nous aimons trop peu l'observation patiente, les exceptions, les faits accumulés, et que nous aimons trop les compartiments, les divisions et subdivisions, l'ordre, la symétrie, les formules brèves et tranchantes. En Angleterre, elle est naturelle; elle est le résultat tout simple de cette disposition à la vie intérieure, au reploiement sur soi-même d'où sont sortis la poésie et le roman intimes. L'école anglaise contemporaine continue donc une tradition non interrompue qui, par Brown, se soude à l'école écossaise, et par James Mill, rejoint Hartley et Hume : elle tient surtout de ces derniers.

Comme notre étude a pour objet les contemporains, nous ne remonterons pas au commencement du XIXe siècle. Comme elle n'a pour objet que l'école expérimentale, nous laisserons en dehors des noms illustres, Hamilton, Mansel, Ferrier, etc., plus métaphysiciens d'ailleurs ou logiciens que psychologues.

James Mill semblerait exclu par la date de sa mort (1836). Mais quelques contemporains semblent reconnaître en lui un précurseur. Une édition nouvelle de son *Analyse des phénomènes de l'Esprit humain* vient de paraître (1) enrichie d'amples notes critiques par M. John Stuart Mill, son fils, et M. Bain, complétée en ce qui concerne la linguistique par un philologue, M. André Findlater, et en ce qui touche à l'érudition, par M. Grote.

Wundt : *Vorlesungen ueber die Menschen und Thierseele*, *Grundzüge de physiologischen Psychologie*; Waitz : *Lehrbuch der Psychologie, als Naturwissenschaft*; Fechner : *Elemente der Psychophysik*; Lotze : *Medicinische Psychologie*, et les psychologues de l'école de Herbart : Drobisch, Wolkmann, etc.

1. Mars 1869.

Ce livre sur lequel, à notre connaissance, il n'existe en France aucune étude, est curieux par sa date. Il est de ceux qui sont à la fois trop neufs et trop peu neufs pour obtenir un grand succès. C'est une œuvre de transition qui n'est bien comprise qu'*après*. Net, lucide, méthodique, bien composé, l'ouvrage pèche peut-être par défaut d'ampleur, par insuffisance de développement. Or, l'opinion ne comprend une doctrine et surtout ne l'accepte qu'à force de l'entendre répéter. Les travaux contemporains, dirigés dans le même sens, mais moins concis et plus au courant des sciences, semblent lui avoir donné une valeur rétrospective.

Replacée dans son temps, l'Analyse procède beaucoup plus de Hartley que de l'école écossaise. Chez lui, nulle déclamation, nul recours à l'éloquence ; il dit avec Hobbes : « *philosophia vera, orationis non modo fucum, sed etiam omnia fere ornamenta ex professo rejicit.* » Point d'appel aux préjugés ni au sens commun ; point d'explications par des facultés que l'on invente pour se tirer d'embarras. Il redoute surtout le « mystique » et le « mystérieux. » Son explication des phénomènes de l'esprit est très-simple — trop simple ; car on y retrouve quelquefois plutôt le logicien que le psychologue. Il réduit tout à des sensations, des idées et des associations d'idées. Dans le monde psychique, il n'y a qu'un fait, la *sensation ;* qu'une loi, l'*association.*

Quelle est sa méthode ? Il ne le dit nulle part ; mais presque toujours il procède subjectivement. Par là il tient au XVIIIe siècle. On ne trouve chez lui aucune trace d'une psychologie comparée. Il est aussi de ce siècle par sa tendance à ne considérer les phénomènes que dans un esprit adulte et chez un peuple civilisé.

Portant l'esprit pratique de sa nation dans les études

psychologiques, il pense avec raison que l'éducation serait plus éclairée et plus systématique, si la psychologie était meilleure ; et qu'une bonne analyse des phénomènes de l'esprit doit servir de base à trois traités pratiques : une Logique pour nous conduire au vrai, une Morale pour régler nos actions, un Traité d'éducation pour développer l'individu et l'espèce.

Au moins aussi connu comme historien et comme économiste que comme philosophe, James Mill a laissé une *Histoire de l'Inde britannique,* qui est considérée comme une œuvre vigoureuse et pénétrante, et des *Principes d'économie politique,* inspirés de Smith et de Ricardo, qui sont aux yeux des juges compétents un livre solide, un peu difficile par excès de concision, « trop abstrait peut-être pour être d'une utilité populaire. »

Les *Mémoires* de John Stuart Mill, récemment traduits par M. Cazelles, nous donnent une idée nette de l'homme, de ses habitudes, de son milieu. Nous y renverrons le lecteur.

Au début de sa vie philosophique, la doctrine de Hartley s'empara fortement de son esprit. Il s'est appliqué à la compléter et l'étendre ; il est, comme le dit M. Stuart Mill dans la préface aux œuvres de son père (1), le second fondateur de la psychologie de l'association. « Je suis loin de penser, ajoute son fils, que les exemples profonds d'analyse, contenus dans cet ouvrage, sont tous heureux, ou que l'auteur n'a rien laissé à corriger et à compléter à ses successeurs. Cet achèvement a été surtout l'œuvre de deux penseurs distingués de la génération présente, le professeur Bain et M. Herbert Spencer, dans les écrits desquels la psychologie de l'association a atteint un développement encore plus élevé... Les corrections à faire à l'ouvrage pro-

1. P. XV, t. I.

viennent principalement de deux causes. Premièrement, l'imperfection de la physiologie à l'époque où il a été écrit..... secondement... une certaine impatience du détail. Il avait un penchant, et c'était là une bonne partie de sa force, à saisir les traits les plus larges d'un sujet, les lois suprêmes qui gouvernent et relient les phénomènes... Par suite, à ce qu'il me semble, dans sa recherche de simplification et réduction des phénomènes mentaux à d'autres plus élémentaires, il a été quelquefois plus loin que je ne pourrais le suivre. »

Nous pensons que la plupart des lecteurs qui voudront bien parcourir l'analyse suivante seront de l'avis de M. Mill.

CHAPITRE I

Sensations et idées.

I

Tous ceux qui ont lu les *Essais* de Hume se rappellent que ce philosophe explique tout par trois choses : l'impression, l'idée et la liaison des idées (1). Le phénomène primitif est l'impression, ou, comme on dit d'ordinaire, la sensation ; l'idée en est une copie affaiblie ; puis les idées s'associent, s'unissent, et il en résulte des phénomènes complexes ou agrégats. M. James Mill n'admet de même que des *sensations*, des *idées* et des *associations d'idées*.

Il classe nos sensations sous huit titres : Odorat, ouïe, vue, goût, toucher, sensations de désorganisation dans quelque partie du corps, sensations musculaires, sensa-

1. Voir en particulier 2e et 3e *Essais*.

tions du canal alimentaire. Comme nous le verrons ci-après, les psychologues contemporains réduisent en général les trois derniers groupes à deux : sensations musculaires, sensations organiques ; les premières qui ont rapport aux muscles et qui nous révèlent la tension ou l'effort; les secondes qui ont rapport au bon et au mauvais état des organes. Mais il est important de remarquer, que notre auteur a vu plus clair que l'École écossaise (1), qui s'en tenant aux cinq sens traditionnels, n'a pu aboutir qu'à une analyse tronquée des sensations. Et de là pour elle l'impossibilité d'une explication quelque peu scientifique de la perception extérieure. Comment l'aurait-elle pu, ayant négligé l'analyse du sens musculaire, celui qui nous révèle la résistance, c'est-à-dire la sensation fondamentale de l'extériorité? Aussi James Mill n'est-il que juste, quand il dit « qu'il n'y a aucun élément de la conscience qui demande plus d'attention que celui-là; quoique jusqu'à ces derniers temps il ait été déplorablement complétement oublié. »

C'est une particularité de notre constitution que quand nos sensations cessent par l'absence de leurs objets, quelque chose reste. Après avoir vu le soleil, si je ferme les yeux, je ne le vois plus, mais je puis encore y penser. Ce qui survit ainsi à la sensation, je l'appelle « une copie, une image de la sensation, quelquefois une représentation ou une trace de la sensation. » Cette copie c'est l'*idée* (2).

La faculté générale d'avoir des sensations s'appelle la sensation : la faculté générale d'avoir des idées est appelée par l'auteur l'*Idéation*. Comme l'idée est la copie de la sensation et qu'il y a huit groupes de sensations, il y a huit groupes d'idées dont il est aisé de trouver des exemples (3).

1. Celle de Reid. D. Stewart et leurs contemporains.
2. *Analysis*, etc., t. I, ch. II, p. 52.
3. M. John Stuart Mill, note 24, fait remarquer que l'idée étant la copie de la sensation, on peut se demander s'il n'y a pas aussi une copie de la copie,

Nous connaissons les sensations simples et ces sentiments secondaires qui en sont les images. Ce sont les deux états de conscience primitifs. C'est de là que résultent toutes ces combinaisons dont les variétés sont innombrables : elles se produisent par l'*association des idées*.

Chez tous les philosophes qui nous occupent ici, le phénomène de l'association est considéré comme l'une des lois les plus générales de la psychologie, et même comme le fait fondamental, auquel ils s'efforcent de tout ramener dans notre vie mentale. Cette doctrine qui porte, en Angleterre, le nom générique de « Psychologie de l'Association » (*Association-Psychology*), dans James Mill n'en est encore qu'à son début; mais appuyée sur les travaux antérieurs de Hume et de Hartley, elle se présente déjà chez lui sous une forme nette et arrêtée, comme on en va juger.

L'association est un fait si général que notre vie entière consiste en une suite de sentiments (*train of feelings*). Peut-on y découvrir un ordre? Remarquons d'abord que l'association se produit, soit entre des *sensations*, soit entre des *idées* (1).

L'association entre les sensations doit avoir lieu conformément à l'ordre établi entre les objets de la nature, c'est-à-dire selon un *ordre synchronique* ou selon un *ordre successif*. L'ordre synchronique ou d'existence simultanée est l'ordre dans l'espace; l'ordre successif, ou d'existence antérieure et postérieure, est l'ordre dans le temps. Le goût d'une pomme, sa résistance dans ma bouche, la solidité de la terre qui me porte, etc. : association synchronique. Je

ou une idée d'idée. Mon idée de Périclès ou d'une personne existante que je n'ai jamais vue, correspond à un objet réel existant ou ayant été existant dans le monde de la sensation : cependant, comme mon idée est dérivée non de l'objet, mais des paroles d'une autre personne, mon idée n'est pas une copie de l'original, mais une copie de la copie d'un autre : c'est une idée d'idée.

1. Tome I, ch. III.

vois lancer une bombe, je la suis de l'œil, je la vois tomber, causer des dégâts : association successive.

Comme nos idées dérivent, non des objets eux-mêmes, mais de nos sensations, nous devons attendre par analogie que leur ordre dérivera de celui des sensations, et c'est ce qui arrive le plus souvent. « *Nos idées naissent ou existent dans l'ordre où ont existé les sensations dont elles sont les copies.* » Telle est la loi générale de l'association des idées.

Quand les sensations se sont produites simultanément, les idées s'éveillent aussi simultanément ; quand les sensations ont été successives, les idées naissent successivement (1).

Les causes qui renferment l'association semblent se résoudre à deux : la vivacité des sentiments associés et la fréquence de l'association.

L'association a lieu non-seulement entre des idées simples, mais aussi entre des idées complexes, qui se fondent ensemble de façon à composer une idée qui paraît simple. Telles sont nos idées de la plupart des objets familiers ; l'idée de mur est une idée complexe résultant des idées déjà complexes de brique et de chaux.

Hume avait dit, comme on le sait, que nos idées s'associent d'après trois principes : la contiguïté dans le temps et l'espace, la ressemblance et la causalité. L'auteur, qui n'admet que le premier principe, contiguïté dans l'espace (ordre synchronique), et contiguïté dans le temps (ordre successif), s'efforce d'y ramener les deux autres : essai de simplification qui, au jugement de M. John Stuart Mill, « est peut-être le moins heureux de tout l'ouvrage. » (Note 35.)

1. Dans les tribunaux, dit l'auteur, on a remarqué que les témoins oculaires et auriculaires suivent toujours dans leur récit l'ordre chronologique, c'est-à-dire l'ordre de leurs sensations ; tandis que ceux qui inventent suivent rarement cet ordre.

II

Avant d'aborder l'imagination et la mémoire qui sembleraient devoir suivre immédiatement, nous rencontrons une étude sur les mots, les parties du discours, l'acte de dénommer en général (*naming*), qui nous paraît la partie la plus vieillie du livre.

Il est remarquable que les psychologues anglais contemporains, qui ont si largement profité des plus récents progrès de la physiologie, n'ont rien emprunté à la linguistique. Elle est pour eux comme oubliée (1). On peut soutenir qu'elle n'est encore ni assez mûre ni assez bien coordonnée; mais il est incontestable qu'elle aura beaucoup à nous révéler sur la constitution et surtout le développement de l'âme humaine. Elle deviendra un des éléments de cette méthode objective et inductive qui tend à prévaloir en psychologie. Maupertuis, dans ses *Réflexions philosophiques sur l'origine des langues*, parlait de l'utilité d'étudier les langues des sauvages « qui sont conçues sur un plan d'idées si différent du nôtre. » On l'a fait, et l'on peut bien croire que la philologie comparée nous révélera sur le mécanisme de l'âme et ses variations, des choses bien autrement intimes et délicates que la physiologie.

Depuis Aristote qui disait : « Nous ne pensons pas sans images, et ce sont des images que les mots, » jusqu'au groupe presque contemporain des idéologues, l'école sensualiste a compris de tout temps l'importance du langage. James Mill est de leur école sur ce point; sa grammaire générale ressemble à celle de Condillac ou de Destutt de Tracy. Ses autorités sont Horne Took et Harris. Une lon-

1. Exceptons M. Morell, dont nous parlons ci-près.

gue exposition de doctrines bien dépassées depuis l'époque où écrivit l'auteur, serait inutile ici. Quelques mots suffiront.

Après avoir parlé, dit-il (1), des états de conscience simples, nous devons passer aux états complexes. Mais tous ceux-ci impliquent, en quelque manière, le « procédé de dénommer. » Il faut donc voir d'abord en quoi consiste cet « artifice. » Il consiste à « inventer » des signes ou marques que nous imposons aux sensations et aux idées. « Les « noms substantifs sont des marques d'idées ou de sensa- « tions; les noms adjectifs sont des marques mises sur les « noms substantifs ou des marques sur des marques, dans « le but de limiter la signification du substantif, et au lieu « de marquer une grande classe, de marquer une subdivi- « sion de cette classe. » Ex. : homme grand. Le verbe est aussi une marque sur une marque.

Ces diverses sortes de marques rendent possibles la *prédication ou affirmation.* « J'ai le nom de l'individu, *Jean,* « et le nom de la classe, *homme;* je puis juxtaposer mes « deux noms, *Jean, homme.* Mais cela ne suffit pas pour « effectuer la communication que je désire faire; que le « mot homme est une marque de l'idée dont Jean est une « marque, et une marque d'autres idées avec celles-là, à « savoir : celles dont Jacques, Thomas, etc., sont des mar- « ques. Pour exécuter complétement mon dessein, j'invente « une marque qui, placée entre mes marques *Jean* et « *homme,* fixe l'idée que je veux exprimer, » et je dis : « Jean est homme. » Dans toutes les langues, le verbe qui dénote l'existence a été employé pour répondre au dessein d'ajouter la copule dans l'affirmation.

La méthode de l'auteur, qui est celle du XVIIIe siècle, est

1 Tome I, ch. IV, p. 127 à 223.

inacceptable sur plusieurs points, et aujourd'hui généralement repoussée. Elle a le premier défaut d'expliquer artificiellement les choses naturelles, de croire à trop de régularité dans la marche de l'esprit humain, de ne point faire une place assez large à sa spontanéité. Elle n'a point le sentiment de ce qui est primitif, de cette époque lointaine où les sens et l'imagination prédominaient, et où l'âme ne saisissait que les choses vivantes et concrètes (1). Elle traite le langage à la manière de la logique et non de la psychologie. Un second défaut, c'est que ces explications sont tout au plus applicables à la famille des langues aryennes On ne voit point comment la théorie des « marques de marques » s'appliquerait aux langues agglutinatives ou monosyllabiques.

Aussi M. A. Findlater (note 53) fait d'importantes réserves au nom de la philologie comparée. Cette théorie de l'affirmation, dit-il, est conforme aux phénomènes de la famille de langues connues sous le nom d'Indo-Européennes. Les logiciens, en fait, en traitant ce sujet, n'ont jamais considéré que le grec, le latin et les langues modernes littéraires de l'Europe. On pouvait donc présumer que cette théorie ne s'appliquerait pas à des langues d'une structure tout à fait différente. Le procédé mental doit, sans doute, être le même dans toutes ; mais les moyens sont nouveaux et sans précédents. Si les naturalistes avaient voulu construire un type de l'organisme animal, sans avoir jamais vu autre chose que des vertébrés, leur théorie serait certainement insuffisante dans sa généralité. De même la théorie courante de l'affirmation, considérée à la lumière d'une science de plus en plus profonde de l'organisme du discours, semble attacher une importance exagérée à une

1. Voir sur ce point Renan : *De l'origine du langage;* Max Müller, *Science du langage*, tome II, principalement.

puissance d'affirmation, présumée inhérente aux verbes, et particulièrement aux verbes de l'existence. C'est un fait bien connu maintenant, que dans les langues monosyllabiques que parle un tiers de l'humanité, il n'y a point de distinction entre les parties du discours. Le verbe substantif manque dans beaucoup de langues. Chez les Malais, les Javanais et dans la presqu'île de Malacca, ce sont des pronoms ou particules indéclinables qui tiennent lieu du verbe *être*. La faculté affirmative appartient si peu au verbe exclusivement, que les pronoms et les articles expriment très-souvent l'affirmation, comme le prouvent d'amples exemples, empruntés particulièrement aux langues agglutinatives.

Quant aux autres verbes, la grammaire comparée ne trouve aucune trace d'un verbe substantif, entrant dans leur structure. C'est maintenant une doctrine acceptée en philologie, que la racine d'un verbe est de la nature d'un nom abstrait, *et que ce nom devient un verbe simplement par l'addition d'un affixe pronominal* (1). Et M. Findlater conclut que si cette analyse du verbe est correcte, l'affirmation de l'existence ne trouva pas d'expression dans les premières périodes du langage : *la copule réelle liant le sujet avec le prédicat était la préposition contenue dans le cas oblique de l'affixe pronominal.*

1. Findlater, d'après Garnett, donne l'exemple d'une déclinaison et d'une conjugaison en Wotiak, au moyen d'affixes pronominaux :

pi-i — fils de moi	*bera-i* — parole de moi	(je parle).
pi-ed — fils de toi	*bera-d* — parole de toi	
pi-ez — fils de lui	*bera-z* — parole de lui	
pi-mi — fils de nous	*bera-my* — parole de nous	
pi-dy — fils de vous	*bera-dy* — parole de vous	
pi-zy — fils d'eux	*bera-zy* — parole d'eux.	

III

Après cette excursion dans le domaine de la philologie, nous rentrons dans l'analyse purement psychologique avec l'imagination et la mémoire.

La conscience est le nom de nos sentiments pris un à un ; l'imagination est le nom d'une suite de sentiments ou idées. « Les phénomènes classés sous ce titre sont expliqués par les philosophes modernes d'après les principes de l'Association. » Dugald Stewart a donné au mot imagination un sens technique, sans qu'on en puisse retirer aucun avantage ; il le restreint au cas où l'esprit crée, forme de nouvelles combinaisons.

L'imagination consiste donc en une suite d'idées ; mais grande est la diversité de ces suites. Elles sont autres chez le marchand occupé d'achat et de ventes que chez le légiste occupé de juges, de clients, de témoins ; autres chez le médecin que chez l'homme d'État ; autres chez le soldat que chez le métaphysicien. L'auteur fait ressortir ingénieusement le caractère par lequel les associations d'idées du poëte diffèrent de toutes les autres en paraissant leur ressembler. « Les idées du poëte sont les idées de tout ce qu'il y a de plus frappant dans les apparences visibles de la nature, et de tout ce qu'il y a de plus intéressant dans les passions et affections des hommes. Il n'est donc pas étonnant que ces suites d'idées agréables aient attiré à un degré particulier l'attention, et que dans les premiers âges, alors que la poésie était toute la littérature, elle ait paru mériter un nom particulier plus que des suites d'idées d'une autre classe... Dans le cas de l'avocat, la suite d'idées amène à une décision favorable au parti qu'il défend ; elle n'a rien d'agréable en elle-même. Tout le plaisir dérive du but. La même chose a lieu pour le marchand. Le but du mathématicien et du physicien c'est la recherche de la vérité; leurs suites d'idées sont dirigées vers cet objet et sont, ou ne sont pas, une source de plaisirs selon que le but est ou n'est pas atteint. Mais le cas du poëte est complétement différent. *Sa suite d'idées* est sa *propre fin*. Elle est tout entière agréable, ou le but est manqué (1). »

La mémoire, de l'avis de tous ceux qui l'ont étudiée, est une faculté complexe (2). En quoi la résout-on? Suivant l'auteur, elle ne contient que des idées et des associations d'idées.

D'abord, il est certain que les idées en constituent la partie fondamentale car nous ne nous en rappelons rien que par une idée, et pour qu'il y ait mémoire, il faut qu'il y ait idée.

Mais comment se produit l'idée qui fait partie de la mémoire? par association. Il est aisé de le prouver. Nous avons été lié avec une personne à qui nous n'avons point pensé depuis longtemps ; une lettre d'elle, une remarque qu'elle aimait faire et qui est répétée à notre oreille ; ce sont là des circonstances associées avec l'idée de la personne et qui nous la remettent en mémoire. De même quand nous essayons de nous rappeler quelque chose, nous parcourons diverses séries d'idées, avec l'espoir que l'une ou l'autre nous suggérera l'idée que nous cherchons.

Jusqu'ici donc nulle difficulté. Dans la mémoire, il y a des idées et ces idées sont liéesentre elles par l'association. Mais la même chose se produit dans l'imagination où il y a aussi des idées liées entre elles par l'association. Et cependant la mémoire n'est pas la même chose que l'imagination. Il y a donc dans la mémoire tout ce qu'il y a dans l'imagi-

1. Chap. VII
2. Chap. X.

nation, avec quelque chose de plus. Quel est cet élément additionnel ?

Remarquons d'abord qu'il y a deux cas dans la mémoire : le cas où nous nous rappelons des sensations, le cas où nous nous rappelons des idées. Je me souviens d'avoir vu Georges III prononcer un discours à l'ouverture du Parlement : mémoire de sensations. Je me souviens d'avoir lu le récit de la séance où Napoléon Ier ouvrit, pour la première fois, les Chambres françaises : mémoire d'idées.

Dans l'un et l'autre cas, la reconnaissance du souvenir, comme appartenant au passé, est une idée très-complexe qui consiste en ces trois principaux éléments : 1° un état de conscience actuel que nous appelons le moi se souvenant; 2° un état de conscience que nous appelons le moi qui a perçu ou conçu ; 3° les états de conscience successifs qui remplissent l'intervalle entre ces deux points. Ainsi, suivant l'auteur, nous parcourons rapidement par la pensée la série des états de conscience, intermédiaires entre le moment du souvenir et le moment où l'événement s'est produit, et c'est par ce mouvement rapide qu'un fait nous apparait comme passé, et par suite que la mémoire diffère de l'imagination. Tout se réduit donc à une association d'idées, puisqu'il n'y a que l'idée du moi présent (le moi qui se souvient), l'idée du moi passé (le mot dont on se souvient), et l'idée d'une série d'états de conscience qui remplissent l'intervalle.

Cette explication de la mémoire est simple et ingénieuse, malheureusement elle n'est pas sans difficulté. La différence entre l'imagination et la mémoire continuera probablement, dit M. John Stuart Mill (note 94), à embarrasser encore longtemps les philosophes. Sans chercher si, comme le veut l'auteur, nous répétons réellement dans la pensée, quoique brièvement, toute la série intermédiaire ; expliquer la mémoire par le moi, ressemble fort à expliquer une chose par cette chose même. Car quelle notion pouvons-nous avoir du moi sans la mémoire ? « Le fait de se rappeler, c'est-à-dire d'avoir une idée combinée avec la croyance que la sensation correspondante a été actuellement sentie *par moi,* cela semble être le fait vraiment élémentaire du moi, l'origine et la base de cette idée. »

Nous passons maintenant aux opérations qui nous donnent les notions abstraites et générales : la classification et l'abstraction.

La classification est le procédé de l'esprit par lequel nous réunissons les objets de nos sens et de nos idées en certains agrégats appelés classes (1). Mais en quoi consiste ce procédé par lequel formant les individus en classes, séparant tels et tels des autres, « nous les considérons sous une certaine idée d'unité comme étant quelque chose en elles-mêmes. » Il a été considéré comme une chose « mystérieuse, » il a été « expliqué mystérieusement, » exposé dans un « jargon mystique, » et a causé des siècles de combats entre les réalistes et les nominalistes. M. James Mill l'explique uniquement par le moyen du mot et de l'association des idées ; voici comment :

« Le mot *homme* est d'abord appliqué à un individu ; il est d'abord associé à l'idée de cet individu et acquiert la faculté d'en éveiller l'idée. Il est ensuite appliqué à un autre individu et acquiert la faculté d'en éveiller l'idée ; et ainsi de suite jusqu'à ce qu'il ait acquis la faculté d'éveiller un nombre infini de ces idées, indifféremment. Qu'arrive-t-il ? C'est que toutes les fois qu'il se présente, il éveille un nombre infini d'idées de ces individus ; et comme il les éveille en

1. Chap. VIII.

2. M. James Mill discute en s'appuyant sur Harris la controverse de Platon et d'Aristote sur les Idées. Ce passage, qui se ressent fort des connaissances imparfaites de l'époque sur l'antiquité, donne lieu à une ample et très-instructive note de M. Grote, p. 271 à 287.

combinaison étroite, il en forme une espèce d'idées complexe. » « De là résulte que le mot *homme* n'est ni un mot répondant à une simple idée, ce qui était l'opinion des réalistes ; ni un mot ne répondant à aucune idée, ce qui était l'opinion des nominalistes ; mais un mot éveillant un nombre infini d'idées, par les lois irrésistibles de la sensation et en formant une idée très-complexe et indistincte, mais non pas intelligible pour cela. »

C'est dans le but de dénommer, et de dénommer avec une plus grande facilité, que nous formons des classes : et c'est la ressemblance qui, quand nous avons appliqué un nom à un individu, nous conduit à l'appliquer à un autre et à un autre, jusqu'à ce que le tout forme un agrégat, lié par le commun rapport de l'agrégat à un seul et même nom.

La grande particularité de cette théorie, comme le fait remarquer M. Grote en le regrettant, c'est qu'elle n'emploie ni même ne nomme l'abstraction. Elle ne voit dans la classification qu'un nom commun, associé à un agrégat indéfini et indistinct d'individus concrets semblables. C'est là une nouveauté. Mais les philosophes antérieurs « qui pensaient que l'abstraction est renfermée dans la classification avaient raison à mon avis, ajoute M. Grote, si nous considérons la classification comme une grande opération. Un agrégat de concrets n'est ni suffisant pour constituer une classe dans le sens scientifique, ni utile dans la marche du raisonnement. Il nous faut en outre *une manière particulière de considérer l'agrégat* (phrase que M. James Mill traite de mystérieuse, mais qu'il est difficile de changer contre des termes plus intelligibles), il faut qu'un ou plusieurs éléments d'une idée complexe soient séparés du reste : ce qui a reçu le nom d'Abstraction. »

Ce dernier procédé, considéré comme subsidiaire par l'auteur, est défini par lui, comme par tout le monde : l'acte de séparer une partie de ce qui est contenu dans une idée complexe, pour en faire un objet qu'on considère en lui-même (1). Réduite presque entièrement à un procédé de *notation* au moyen des mots, l'abstraction ne nous paraît pas traitée selon son importance. La psychologie de l'association est en général plus préoccupée des moyens par lesquels l'esprit ajoute ses idées et les forme en couples ou en amas, que des procédés de décomposition qu'il leur applique. Cependant l'esprit emploie non-seulement l'addition, mais la soustraction. S'il compose, il décompose ; s'il réunit les semblables, il désagrége les dissemblables. Comment? aucune réponse claire sur ce point.

IV

Nous allons voir l'association des idées employée par l'auteur de *l'Analyse*, pour expliquer divers états de conscience qu'il comprend sous le nom commun de croyance (2).

Il est difficile de traiter séparément de la mémoire, de la croyance, et du jugement; car une partie de la mémoire est contenue dans le terme croyance, tout comme une partie du jugement. Les divers cas de croyance peuvent se classer sous trois titres : croyance aux événements ou aux

1. I, ch. IX, p. 294.

2. Nous réunissons dans le tableau suivant les diverses formes de la croyance classées et expliquées par l'auteur.

croyances ayant pour objet:

I. *Des faits réels.*	actuels	présents aux sens.	Ex. : Voici une rose.
		non présents aux sens.	Ex. : L'église Saint-Paul existe.
	passés		Ex. : J'ai vu brûler tel théâtre.
	futurs		Ex. : Il fera jour demain.
II. *Le témoignage.*			Ex. : Le grand incendie de Londres.
III. *La vérité des propositions*	identiques :		Ex. : l'homme est un animal raisonnable.
	non identiques :		Ex. : L'homme est un animal.

existences réelles ; croyance au témoignage ; croyance à la vérité des propositions.

I. La croyance aux événements ou existences réelles peut avoir pour objet le *présent*, le *passé*, le *futur*.

1° Commençons par la croyance qui a pour objet un fait présent.

Voici un premier cas : c'est celui où le fait est actuellement et immédiatement présent à mes sens. Je crois que voilà une rose. Cette croyance implique d'abord la croyance en mes sensations, et croire en mes sensations, c'est purement et simplement un autre mot pour dire avoir des sensations. Mais croire aux objets externes, ce n'est pas simplement croire à mes sensations présentes. C'est cela et quelque chose de plus. C'est ce quelque chose qui est l'objet de notre recherche. En voyant une rose, j'ai la sensation de couleur ; mais j'ai de plus celle de sa distance, de sa figure ou forme. Ces idées qui sont dues au toucher sont associées à celle de couleur. Il peut s'y associer encore d'autres comme celle d'odeur, de goût, de résistance. Mon idée de rose est donc formée par la fusion de plusieurs idées, entre lesquelles une ou deux sont prédominantes (la couleur et la figure). — Maintenant mes sensations je les considère comme un *effet* et je crois à quelque chose qui en est la *cause* ; et c'est à cette cause, non à l'effet, qu'est approprié le nom d'objet. « A chacune des sensations que « nous avons d'un objet particulier, nous joignons dans « notre imaginatien une cause, à ces diverses causes nous « joignons une cause commune à toutes et nous la mar- « quons du nom de *substratum* (1). » En résumé nous éprouvons des groupes (*clusters*) de sensations ; ces sensations éveillent l'idée d'antécédents (les qualités), celles-ci

1. Tome I, p. 351.

éveillent l'idée d'un antécédent commun à toutes les qualités (le substratum), et le substratum avec ses qualités nous l'appelons *l'objet* (1). Ainsi donc dans notre croyance aux objets externes deux choses : d'abord un groupe d'idées fondues en un tout par l'association ; ensuite l'idée d'un antécédent (cause) de ce tout.

Cette croyance implique donc une théorie de la cause laquelle est très-simple chez l'auteur : soit un fait B et un antécédent A ; si leur association nous est donnée comme inséparable, et l'ordre de leur association comme constant, nous dirons qu'A est cause de B.

Voici un second cas : c'est celui où le fait n'est pas actuellement présent à mes sens. Je crois que Saint-Paul, que j'ai vu ce matin, existe encore ; ce qui équivaut à dire que si l'on plaçait moi ou l'un de mes semblables dans un certain endroit de Londres, nous aurions la sensation de l'église Saint-Paul. Cette croyance implique le souvenir dont la nature a été examinée sous le titre de la mémoire ; ensuite une extension dans l'avenir des faits passés : on l'étudiera ci-après.

2° La croyance qui a pour objet un fait passé se ramène à la mémoire. Quand je dis que je me rappelle l'incendie du théâtre de Drury-Lane ; dire que je me *rappelle* cet événement et que j'y crois, c'est dire la même chose : ce sont deux états de conscience indiscernables.

3° La croyance qui a pour objet les faits futurs est le fond de ce procédé de l'esprit qu'on nomme induction. L'auteur pense qu'on peut la résoudre aussi dans une simple association. « L'anticipation du futur par le moyen du « passé, bien loin d'être un phénomène *sui generis*, est ren- « fermée dans une des lois les plus générales de l'esprit

1. Tome II, p. 100.

« humain. » Quand donc Dugald Stewart et d'autres l'érigent en objet d'admiration, en prodige, en chose qui ne rentre sous aucune loi générale et qu'ils nous disent qu'ils ne peuvent la rapporter qu'à un instinct; ce qui équivaut à dire, à rien du tout — le terme instinct dans tous les cas ne signifiant que notre ignorance — ils ne montrent que leur impuissance à ramener les phénomènes de l'esprit à la grande loi compréhensive de l'association. Ils semblent avoir eu une très-inexplicable et très-antiphilosophique aversion pour admettre cette loi, dans son sens large; comme si cette simplicité en vertu de laquelle on trouve qu'une loi est renfermée dans une plus haute, et celle-ci dans une plus haute, et ainsi de suite, jusqu'à un petit nombre qui paraissent tout renfermer, ne devait pas se retrouver dans le monde de l'esprit, comme dans celui de la matière (1).

Quoi qu'on puisse penser de l'explication qui va suivre, il faut du moins reconnaître que l'auteur a très-nettement vu qu'une théorie de l'induction est au fond une théorie de la cause.

Nous ne pouvons, dit-il, avoir une idée du futur, parce que, strictement parlant, le futur est une non-entité; et on ne peut pas avoir une idée de rien. Quand nous parlons du futur, nous parlons en réalité du passé. Je crois qu'il fera jour demain, qu'il y aura des voitures dans les rues de Londres, que la marée se fera sentir à London-Bridge, etc. Ce sont là des idées du passé. « Notre idée du futur et notre idée du passé, c'est la même chose, avec cette différence qu'il y a rétrospection dans un cas et anticipation dans l'autre. » Qu'est-ce que cette anticipation?

La loi fondamentale de l'association consiste en ce que

1. Tome I, p. 376, 377.

quand deux choses ont été frequemment trouvées ensemble, l'une rappelle l'autre. Entre ces conjonctions habituelles, il n'y en a aucune qui nous intéresse plus que celle de l'antécédent et du conséquent. Mais parmi les nombreux antécédents et conséquents qui forment la matière de notre expérience, quelques-uns se présentent dans un ordre constant, d'autres dans un ordre variable. Ainsi j'ai vu le corbeau voler de l'est à l'ouest tout aussi bien que de l'ouest à l'est. Au contraire une pierre mise en l'air ne va pas aussi bien de bas en haut que de haut en bas, elle suit une direction invariable. De là une association d'idées dont l'ordre est invariable aussi.

Ainsi l'idée de tout fait éveille l'idée d'un antécédent constant (qui le produit) et l'idée de conséquents constants (qu'il produit). Cette grande loi de notre nature nous montre immédiatement de quelle manière notre idée du futur est produite. La nuit a été toujours suivie par le matin. L'idée de nuit est suivie par celle de matin; l'idée de matin par celle des événements du matin (les voitures dans les rues de Londres) et de toute la journée. Voilà l'idée de demain à laquelle succède un autre demain, et un nombre indéfini de ces « demains » compose l'idée complexe de l'avenir.

Mais, me dit-on, c'est là l'*idée* de demain et non la croyance à demain : Dites-nous ce qu'est cette croyance? Je réponds que non-seulement vous avez l'idée de demain, mais que vous l'avez d'une manière *inséparable*. Or c'est à ce cas d'association d'idées indissoluble, et à aucune autre chose, que vous appliquez le nom de croyance.

II. Il n'y a pas lieu de s'arrêter longtemps à la croyance au témoignage. Elle se ramène aussi à l'association. En effet, je remonte des paroles (écrites ou parlées) de mes semblables aux faits et idées qu'elles représentent : ce qui est une association. Puis notre croyance aux faits est fondée sur notre propre expérience; et cette forme de croyance a été déjà expliquée (1).

III. Une troisième classe de croyances est celle à la vérité des propositions, « en d'autres termes des vérités verbales. » Le procédé par lequel est produite cette croyance s'appelle le *jugement*. La proposition est la forme de l'affirmation. « L'affirmation consiste essentiellement à appliquer deux marques sur la même chose. Ex. : L'homme est un animal raisonnable. »

« Ou bien on applique à la même chose des noms ayant l'un moins, l'autre plus d'extension : L'homme est un animal. »

Dans le premier cas, l'équivalence des deux mots est reconnue par l'association : *homme* et *animal raisonnable* sont deux mots pour un même état de conscience; ils s'associent comme marques à un même groupe d'idées.

Dans le deuxième cas, l'association est plus complexe, voilà toute la différence. Homme est le nom d'un groupe d'idées suggérées par association (Voir ci-dessus *Classification*); animal est aussi le nom d'un groupe, qui enferme et le premier groupe et d'autres encore.

Ainsi, sensations, idées, associations d'idées; le tout varié, compliqué, agrégé, croisé, groupé de mille manières : voilà tout le mécanisme de l'esprit humain.

1. Cette explication de la croyance au témoignage paraît assez peu satisfaisante. « La croyance au témoignage, dit M. Bain (note 106), dérive de la crédulité primitive de l'esprit, que l'expérience contraire laisse même souvent intacte. Il n'y a presque aucun fait de l'esprit humain mieux attesté que cette disposition primitive à croire tout témoignage. Jamais l'enfant ne met en doute ce qu'on lui affirme, tant que quelque force positive n'a pas développé en lui le côté sceptique. »

CHAPITRE II

Termes abstraits

I

« Quelques noms qui ont besoin d'une explication particulière, » est le titre d'un long chapitre de l'*Analysis* consacré aux notions obscures et discutées, de temps, espace, mouvement, etc. (1). « Sous ce titre modeste, dit M. John Stuart Mill, ce chapitre nous présente une série de discussions sur quelques-unes des questions les plus profondes et les plus embrouillées de toute métaphysique..... Le titre donnerait une notion très-incomplète de la difficulté et de l'importance des spéculations qu'il contient..... C'est presque comme si un traité de chimie était donné pour une explication des mots air, eau, potasse, acide sulfurique, etc. »

C'est donc une recherche sur l'origine et le mode de formation des idées les plus générales qu'il faut attendre sous ce titre, dont on doit remarquer aussi le caractère très-nominaliste. L'époque de transition à laquelle appartient l'ouvrage apparaît dans cette partie mieux qu'ailleurs : l'auteur hésite encore entre la méthode trop verbale du XVIIIe siècle et une analyse plus concrète qui sera celle de ses successeurs. On y trouve, à l'état d'ébauche et de solutions entrevues, bon nombre d'explications que les contemporains ont données d'une manière plus claire et plus complète.

L'un de ses principaux mérites, à nos yeux, c'est d'avoir

1. Chap. XIV, p. 1 à 176, tome II.

essayé de montrer que certains termes abstraits ne paraissent inexplicables que parce qu'ils sont trop éloignés des concrets d'où ils sont tirés. Peut-être, en effet, n'a-t-on pas assez remarqué que l'abstraction a ses degrés comme le nombre a ses puissances : *Rouge* est un abstrait, *couleur* est plus abstrait, *attribut* encore plus abstrait. Cette croissance dans l'abstraction, ici très-facile à constater, ne l'est pas toujours. Mais si la philosophie parvenait à noter d'une manière suffisamment précise les degrés ascendants de l'abstraction, comme l'arithmétique détermine les puissances croissantes d'un nombre; si elle parvenait, autant que le comporte la nature des choses, à faire pour la qualité ce qui a été fait pour la quantité; si elle parvenait à résoudre les plus hautes abstractions dans les abstractions inférieures, et celles-ci dans les concrets, il semble que bien des questions vaines et des difficultés factices disparaîtraient. Il y a çà et là quelques essais de ce genre dans notre auteur, mais bien incomplets. Or, tant qu'une vérification précise manquera, le sensualisme aura beau revendiquer en sa faveur la simplicité, la vraisemblance, et surtout ce caractère très-scientifique, d'éliminer tout surnaturel, la question restera toujours ouverte entre lui et ses adversaires.

II

Sous le nom de *termes relatifs,* l'auteur étudie les diverses idées de rapport. Leur caractère essentiel, c'est de n'exister que par couples ou paires, comme haut et bas, *semblable* et *dissemblable*, *antécédent* et *conséquent*. Ces couples nous sont suggérés par l'association (1).

1. La raison pour laquelle les termes relatifs sont donnés par couples, dit M. John Stuart Mill (note 3), n'est pas l'existence entre deux choses d'un

Sous le nom de *termes privatifs,* il examine les idées appelées d'ordinaire négatives.

Comme il est presque impossible, en restant exact, d'analyser une analyse, nous n'essayerons pas de suivre l'auteur dans son examen des idées de ressemblance et différence, antécédent et conséquent, position dans l'espace, ordre dans le temps, quantité, qualité, etc. Nous en retrouverons au reste la substance dans les philosophes suivants. Ainsi J. Mill semble avoir entrevu ce que MM. Bain et Spencer nous montreront plus tard très-clairement : c'est que le fait de conscience primitif consiste d'abord dans l'aperception d'une différence, ensuite dans l'aperception d'une ressemblance.

Restreignons-nous aux idées importantes d'espace, infini, temps et mouvement.

Espace. Remarquons d'abord que les termes concrets sont des termes connotatifs; les termes abstraits, des termes non connotatifs; c'est-à-dire que les termes concrets, tout en exprimant une ou plusieurs qualités qui est leur principale signification ou *notation*, connotent l'objet auquel les qualités appartiennent. Ainsi le concret « rouge » connote toujours quelque chose de rouge, comme une rose.

Or, comment se forme l'abstrait? Il se forme du concret et note précisément ce qui est noté par le concret, *mais en rejetant la connotation.* Ainsi, dans rouge enlevez la conno-

lien mystique qu'on appelle Relation, auquel on suppose une réalité vague et abstraite; mais une particularité très-simple dans le fait concret que les deux noms expriment. On dit qu'il y a un rapport entre deux objets, lorsqu'il y a un fait simple ou complexe saisi par les sens ou autrement, dans lequel tous deux figurent. Deux ou plusieurs objets, physiques ou intellectuels, sont en rapport l'un avec l'autre, en vertu de quelque état de conscience complexe où ils entrent tous deux, quand même cet état de conscience complexe se réduirait simplement à les penser ensemble. Par exemple, les faits *connotés* par le mot père et *connotés* aussi par le mot fils, forment une longue série de phénomènes dont père et fils sont des parties : de là vient qu'il y a un rapport entre eux. Sur la connotation voy. *Logique*, liv. I, chap. II.

tation, vous avez rougeur; dans chaud enlevez la connotation, vous avez chaleur. Rouge signifie quelque chose de rouge, rougeur signifie le rouge sans quelque chose.

Il y a la même différence entre l'étendu concret (1) et l'étendue abstraite. Ce qu'est l'étendu avec sa connotation, l'étendue l'est sans cette connotation. Nous avons donc à expliquer en quoi consiste cette connotation.

Quand nous disons étendu, signifiant quelque chose d'étendu, nous voulons dire l'une ou l'autre de ces trois choses : une ligne, une surface, un volume. Nous devons ces idées à diverses sensations parmi lesquelles il faut compter avant tout celles dues au toucher et à l'action musculaire. La sensation ou les sensations que nous marquons par le mot résistant, semblent être les seules qui soient connotées par le mot étendu. Ainsi la connotation essentielle du concret « étendu, » c'est résistant, et rien autre chose. Il est vrai que ceux qui jouissent de la faculté de voir, ne peuvent concevoir une chose étendue sans la concevoir colorée ; ils joignent par association aux qualités tactiles les qualités visuelles, qui même deviennent prédominantes. Mais chez l'aveugle-né, il n'existe que la sensation des qualités tactiles, c'est-à-dire de la résistance.

Maintenant nous pouvons bien comprendre ce que c'est que l'étendue dans tous ces cas. L'étendue linéaire est l'idée d'une ligne, moins la connotation, c'est-à-dire moins l'idée de résistance. L'étendue en superficie, c'est l'idée d'une surface, moins la connotation (résistance). L'étendue en solide, ou volume, c'est l'idée d'un volume, moins la connotation (résistance). Mais un volume sans la résistance, qu'est-ce? la place pour un volume. Mais cette place, qu'est-ce? une portion de l'*espace* ou plus exactement l'espace lui-même sans limite.

1. L'étendu (*extended*, c'est-à-dire l'objet étendu), opposé à l'*étendue*.

Infini. Dans l'idée d'espace est comprise l'idée d'infini. « Quand le mot infini n'est pas employé métaphoriquement, comme quand nous parlons des perfections infinies de Dieu (auquel cas il est non pas un nom d'idée, mais un nom pour un manque d'idées), il ne s'applique qu'au nombre, à l'étendue et à la durée. »

Nous augmentons les nombres en ajoutant un à un, un à deux, etc., et en donnant un nom à chaque agrégat. C'est l'association des idées qui constitue ce procédé. Le nombre est limité, par conséquent pas infini. Le nombre est la négation de l'infini, comme le noir est la négation du blanc. Le mot infini, dans ce cas, n'est qu'une marque pour cet état de conscience, dans lequel l'idée d'un de plus est intimement associée à tout nombre qui se présente. Infini, terme abstrait, c'est l'idée particulière sans la connotation.

Nous appliquons aussi ce mot l'étendue par le même procédé. Une étroite et irrésistible association d'idées nous fait concevoir l'accroissement continu d'une ligne, d'une surface, d'un volume. C'est là ce que nous appelons l'idée d'une étendue infinie, et que quelques-uns appellent idée *nécessaire ;* ce qui signifie simplement que l'idée d'une portion en plus s'éveille nécessairement, c'est-à-dire par association indissoluble, et que nous ne pouvons l'empêcher. »

L'idée d'infini, qu'on a appelée une idée simple, est en réalité une idée extrêmement complexe. Mais l'association qui en fait le fond est si étroite, qu'elle nous apparaît comme une *unité.*

Temps. Espace est un mot compréhensif, renfermant toutes les positions ou la totalité de l'ordre synchronique. Temps est un mot compréhensif, renfermant toutes les successions ou la totalité de l'ordre successif.

L'idée de temps est une idée de successions ; elle consiste

en cela, rien de plus. Rappelons-nous maintenant comment on peut changer un concret en un abstrait, en faisant disparaître la connotation, et appliquons cette doctrine aux cas de successions. Quand un homme se rappelle les particularités d'une bataille où il commandait, il y a une succession de sensations ou d'idées qui traverse son esprit. Dans cette succession, comme dans toutes, il y a toujours des idées présentes, d'autres passées, d'autres à venir. Enlevez la connotation de « quelque chose de présent, » de « quelque chose de passé, » et de « quelque chose de futur, » vous avez passé, présent, futur. Mais ces trois choses, c'est le *temps*. C'est un terme abstrait, enveloppant la signification de ces trois abstraits distincts.

Mouvement. Le mot mouvement est abstrait de « mouvant. » Ce que nous avons donc à chercher, ce sont les sensations sur lesquelles nous nous fondons pour appeler un corps « mouvant ; » le mouvement étant simplement le mouvant, moins la connotation.

Dans l'idée d'un corps mouvant, nous trouvons les éléments suivants : idée d'une ligne (car un corps se meut toujours selon une ligne droite ou autre), idée de succession. Toutes ces idées sont complexes ; quelques-unes très-complexes. Unies en une idée (mouvement), elles composent une des plus complexes de nos idées.

Il importe de remarquer que, quoique le plus souvent ce soit l'œil qui nous informe du mouvement, ce n'est pas cependant des sensations de la vue que l'idée de mouvement est dérivée. Ce n'est que par une association d'idées que nous nous imaginons *voir* le mouvement. Cette idée nous vient, comme celle d'étendue, *des sensations musculaires et tactiles*. L'aveugle-né a l'idée de mouvement, tout comme nous.

Nos idées d'étendue et de mouvement dérivent, sans

aucun doute, de l'action de notre propre corps. Je touche quelque chose, et j'ai la sensation de résistance, l'idée de résistance étant ce qu'il y a de fondamental dans tout agrégat auquel nous donnons le nom d'objet. Dans ce cas, il y a deux choses : l'objet touché, le doigt touchant. Autre cas : j'imprime une action à mon doigt, tout en touchant l'objet. Cette action implique certaines sensations ; je les combine avec l'objet et avec mon doigt, et j'ai ainsi deux idées : objet étendu, doigt mû.

Notre idée d'un corps qui se meut consiste dans une somme de sensations successives ; somme où l'état présent est joint, grâce à la mémoire, à tous les états antérieurs. Et lorsque nous nous sommes familiarisés avec l'application du terme *mû*, comme terme connotatif, à divers objets, il est aisé, dans les divers cas, de retrancher la connotation, et nous avons ainsi l'abstrait : *mouvement* (1).

CHAPITRE III

Sentiments et Volonté

I

Les doctrines de l'école expérimentale d'Angleterre sur la psychologie des sentiments, des émotions, des phénomènes affectifs en général, ne semblent pas aussi précises ni aussi complètes que sur la question des sensations et des idées. Les uns n'y touchent point ; d'autres, comme M. Herbert Spencer et M. John Stuart Mill, n'ont guère fait que

1. M. John Stuart Mill fait remarquer que cette explication se retrouve dans d'autres termes, mais identique quant au fond, chez MM. Bain et Herbert Spencer. Voir ci-après ces deux auteurs.

l'effleurer. Deux seuls ont essayé de la traiter à fond, notre auteur et M. Bain. L'étude de ce dernier, probablement la plus ample et la plus approfondie qui ait encore paru sur ce sujet, nous semble cependant la partie faible de son ouvrage (1).

D'où provient cette infériorité? Faut-il croire qu'il y a chez les philosophes une certaine tendance à négliger les phénomènes affectifs, et à s'inquiéter de la psychologie de l'esprit plus que de celle du cœur? Ne faut-il pas penser que c'est plutôt la complexité, l'hétérogénéité de ces phénomènes qui en rend l'analyse si difficile? Un jugement, un raisonnement, une conception abstraite, une association d'idées sont des faits naturellement simples et *surtout homogènes*. Mais une passion, un sentiment, une émotion, comprennent le plus souvent des éléments très-divers : d'abord des phénomènes physiologiques, variables selon l'organisation, le tempérament, le sexe, etc., mais qui n'en jouent pas moins un rôle prépondérant ; ensuite un état de plaisir ou de douleur qui est l'élément affectif proprement dit; enfin une idée, une connaissance; car le phénomène sensible ne peut absolument point être séparé et détaché de toute connaissance : une douleur enveloppe l'idée de ce qui la cause, une émotion implique la connaissance de son objet.

Évidemment l'idéal de la psychologie, ce serait de pouvoir expliquer tous les sentiments par une double méthode d'analyse et de synthèse; d'être en état de ramener une émotion très-complexe à une émotion plus simple, et de remonter ainsi graduellement jusqu'à un fait irréductible ; ou bien au contraire de partir des phénomènes affectifs les plus simples, et de montrer comment, par addition, se for-

1. Voir ci-après M. Bain, ch. III. Joignons-y M. Morell, d'après les travaux allemands.

ment des agrégats d'émotions de plus en plus complexes, et de reconstituer ainsi théoriquement la réalité. Mais nous sommes encore bien loin de cet idéal. Les émotions fondamentales irréductibles ne sont pas même déterminées. M. Bain les ramène à neuf. Nous verrons plus loin quelle est cette classification et ce qu'on peut en penser. M. Herbert Spencer, qui a été préoccupé surtout de la question de méthode, se place au point de vue de la psychologie comparée. Il voudrait qu'on déterminât d'abord les émotions les plus générales, celles qui sont communes à tous les animaux; puis celles qui nous sont communes avec les races inférieures; puis celles qui nous sont propres; puis l'ordre d'évolution de celles qui nous sont propres. Notre auteur, exclusivement préoccupé du point de vue humain, s'est attaché à montrer comment les émotions complexes résultent des émotions simples par association. La méthode reste donc la même, et c'est la doctrine de l'association qui fait encore le fond de l'étude sur les sentiments. Le mode d'exposition est également net, lucide, simple, peut-être simple à l'excès, ce qui est bien près de l'inexactitude; car, quoique la clarté et la simplicité soient des qualités éminemment philosophiques, quand on voit un auteur répondre à une question complexe par une formule nette, prétendre embrasser tous les phénomènes et éclaircir toutes les obscurités, il y a sagesse à se méfier de quelques erreurs.

L'exposition des conditions physiologiques des sentiments et des émotions manque dans l'ouvrage. On y chercherait aussi vainement une étude des appétits et des instincts, et le chapitre sur la volonté s'en ressent. Ce sont là, à notre avis, autant de lacunes qui peuvent s'expliquer en partie par l'époque où parut l'ouvrage. Les psychologistes postérieurs les ont largement comblées.

II

On a longtemps divisé, dit l'auteur, les phénomènes de la pensée en deux classes : facultés intellectuelles, facultés actives. Dans la première, les sensations et les idées sont considérées comme simplement existantes; dans la seconde, elles sont considérées comme excitant à l'action.

Nous avons vu que celles de la première classe peuvent se former en groupes plus ou moins complexes et qu'elles se succèdent suivant certaines lois. Celles de la deuxième classe sont également aptes à se former en groupes et à se succéder suivant certaines lois. Jusque-là donc les deux classes de phénomènes s'accordent. Il nous reste maintenant à rechercher les différences propres à la dernière (1).

Toutes nos sensations sont agréables, désagréables ou indifférentes. Nous souhaitons de prolonger les premières, de mettre fin aux secondes; quant aux troisièmes, nous ne cherchons ni à les prolonger ni à les abréger. L'auteur se borne à dire que les sensations indifférentes sont probablement les plus nombreuses, sans les étudier.

Plaisir et douleur, tels sont les deux faits primitifs. Mais ces faits ont des *causes*, et ces causes sont de deux sortes : prochaines, éloignées. La médecine amère que j'avale est la cause *immédiate* ou prochaine de ma sensation de dégoût. La sentence du juge est la cause *éloignée* de l'exécution d'un criminel.

Ce n'est pas tout. Nous avons vu que toutes les sensations peuvent être conservées et reproduites par l'esprit et que ces reproductions mentales des sensations s'appellent idées. De même toute sensation de plaisir et de douleur

1. Tome II, ch. XVI.

peut être reproduite par l'esprit, et il se forme ainsi des idées de plaisir et de douleur. Une idée de plaisir ou de douleur est un état de conscience très-net et connu de chacun. Mais l'idée d'un plaisir n'est pas un plaisir, et l'idée d'une douleur n'est pas une douleur. L'idée de se brûler la main ne cause pas une douleur, et l'idée de goûter du sucre ne cause pas un plaisir. L'idée d'un plaisir s'appelle *désir;* l'idée d'une douleur s'appelle *aversion.*

Les sensations agréables ou désagréables et les idées de ces sensations ne sont pas seulement actuelles. Elles peuvent se rapporter au passé, par la mémoire; à l'avenir par l'anticipation. Nous connaissons le mécanisme de la mémoire. Quant « à l'anticipation de l'avenir, elle consiste dans la même série d'associations, avec cette différence que, dans la mémoire, l'association des états de conscience qui convertit l'idée en mémoire va du conséquent à l'antécédent, c'est-à-dire à reculons; tandis que dans le cas d'anticipation, l'association va de l'antécédent au conséquent, c'est-à-dire en avant (1). »

Quand une sensation agréable est conçue comme future, mais sans qu'on en soit certain, cet état de conscience s'appelle *espoir;* si l'on en est certain, il s'appelle *joie.* Quand une sensation désagréable est conçue comme future, mais sans qu'on en soit certain, cet état de conscience s'appelle *crainte;* si l'on en est certain, il s'appelle *chagrin* (*sorrow*).

Une sensation agréable ou l'idée de cette sensation, jointe à l'idée de la cause qui la produit, engendre pour cette cause de l'*affection* ou amour. La sensation désagréable jointe à l'idée de sa cause, engendre pour cette cause de l'*antipathie* ou haine (2).

1. Tome II, ch. xx.

2. « L'amour n'est autre chose que la joie accompagnée de l'idée d'une cause extérieure. La haine n'est autre chose que la tristesse accompagnée de l'idée d'une cause extérieure. » Spinoza, Ethiq. III, prop. 13, scholie. Il n'est

Les causes de nos plaisirs et de nos douleurs sont, comme nous l'avons déjà vu, prochaines ou éloignées. Suivant la remarque de l'auteur, les causes immédiates sont de beaucoup les moins intéressantes. Ce paradoxe apparent est le résultat nécessaire d'une des lois les plus générales de notre nature : ces causes immédiates n'ayant jamais un champ d'opérations très-étendu, l'idée de ces causes n'est associée qu'avec un nombre limité de plaisirs ou de douleurs. Comparez, par exemple, une cause immédiate de plaisir, la nourriture, avec une cause éloignée, l'argent, vous verrez que ce dernier joue un rôle prépondérant, parce qu'il est un instrument propre à nous procurer presque tous les plaisirs. « Quand l'idée d'un objet est associée avec cent fois plus de plaisir qu'une autre idée, elle est naturellement cent fois plus intéressante. »

Aussi l'auteur s'est attaché presque uniquement à ces causes éloignées. Il les range sous trois titres :

1° Richesse, Pouvoir, Dignité et leurs contraires;

2° Nos semblables : parents, amis, concitoyens, etc.;

3° Les objets qualifiés de beaux et de sublimes.

On pourrait appeler, comme on le voit, ces causes éloignées de nos plaisirs et de nos douleurs : causes égoïstes, causes sociales, causes esthétiques. Examinons-les :

I. « Ce qu'il faut remarquer tout d'abord, c'est que la ri-
« chesse, le pouvoir et la dignité, ces trois grandes causes
« de nos plaisirs, s'accordent en ceci, qu'elles sont toutes
« des moyens de nous procurer les services de nos sem-
« blables, et qu'elles peuvent à peine contribuer à nos plai-
« sirs, d'une autre façon. Il est évident par suite que la

peut-être pas sans intérêt de comparer le 3° livre de l'*Ethique* avec l'analyse de J. Mill. Voir en particulier prop. 13, 14, 16, 17, 18 et 19 et l'Appendic de ce 3° livre.

1. Ch. XXI, tome II.

« grande source de nos plaisirs, ce sont les services de nos « semblables, puisque la richesse, le pouvoir et les digni-« tés, qui paraissent à la plupart des gens résumer les « moyens du bonheur humain, ne sont rien de plus que « les moyens de nous procurer ces services. C'est là un « fait de la plus haute importance possible pour la morale « et la philosophie. »

L'auteur n'a point de peine à montrer que la richesse est un moyen de nous procurer les services des autres en les rémunérant; que le pouvoir est un moyen de les plier sous notre obéissance par l'espoir ou la crainte; que les dignités enfin nous procurent leur respect, non pas seulement un respect extérieur, mais qui se traduit par leurs actions (1).

De là résulte une conséquence pratique. « La richesse, « la puissance et les dignités sont peut-être le plus remar-« quable exemple de ce cas extraordinaire d'association où « les moyens (moyens qui ne valent pour nous qu'en vue « de leur fin) non-seulement s'emparent de notre attention « plus que la fin elle-même, mais même la supplantent « actuellement dans notre affection... Combien peu d'hom-« mes semblent s'inquiéter de leurs semblables ! Combien « d'hommes dont la vie est absorbée complétement par la « poursuite de la richesse et l'ambition ! Combien d'hom-« mes chez qui l'amour de la famille, des amis, du pays, de « l'humanité, paraît complétement impuissant, quand il est « en lutte avec leur avarice ou leur ambition. C'est l'effet « d'une association erronée qui demande la plus grande « attention dans l'éducation et dans la morale (2). »

II. La richesse, la puissance et la dignité n'étant la

1. Tome II, ch. XXI, section 2
2. *Ibid.*

source d'affections si puissantes, qu'en vue de nos semblables, il serait étonnant que nos semblables eux-mêmes ne fussent pas pour nous une source d'affections. Nos semblables sont pour nous une cause de plaisirs, soit pris individuellement, soit pris en groupes. Amitié, Bonté, Famille, Pays, Parti, Humanité : tels sont les six titres un peu confus sous lesquels l'auteur les classe.

Son analyse a pour objet de montrer que nos sentiments les plus forts sont des agrégats, et que c'est de là qu'ils tirent leur force; qu'ils sont formés par la juxtaposition, ou pour mieux dire, par la fusion des sentiments simples; que l'affection étant le résultat d'un plaisir, une affection profonde résulte d'une grande somme de plaisirs ressentis. Pour mieux comprendre cette doctrine, supposez qu'un inconnu vous rende en passant un petit service; il vous cause un plaisir, et l'idée de ce plaisir fait pour vous de cet inconnu un objet d'affection — affection d'ailleurs très-légère, comme le plaisir causé. Mais si vous venez à mieux connaître cet homme; que son commerce, son esprit, son cœur, ses relations, soient pour vous la cause d'autant de plaisirs, et qu'ils soient répétés pendant de longues années, il se produira une affection solide, résultant d'une masse de sentiments d'affection résultant eux-mêmes d'une masse de sentiments de plaisirs. Tout s'explique donc en dernière analyse par des associations.

Au reste voyons comment l'auteur rend compte d'un de nos sentiments les plus généraux, l'amour des parents pour les enfants (1).

Il est bien connu d'abord que les plaisirs et les peines d'autrui nous affectent, c'est-à-dire s'associent avec les idées de nos plaisirs et de nos peines propres. Ce phéno-

1. Tome II, ch. XXI, section 2, § 3.

mène a été justement nommé sympathie (σύν, πάθος). Or l'enfant peut, comme toute autre personne, exciter en nous ces sentiments.

De plus un homme considère son enfant comme une cause, beaucoup plus certaine pour lui qu'aucune autre, de plaisirs et de douleurs. Il est pour lui un objet d'un grand intérêt, en d'autres termes, une suite d'idées intéressantes, c'est-à-dire d'idées de plaisirs ou de douleurs, s'associe avec l'enfant.

Sa vivacité et sa simplicité d'expressions, de tons, d'attitudes, lui donnent un pouvoir particulier d'exciter en nous la sympathie.

Comme l'enfant est, en outre, dans une parfaite dépendance à l'égard des parents ; qu'il faut sans cesse veiller à sa conservation, son idée est encore associée par là constamment avec celle de nos plaisirs et de nos peines ; sans compter qu'il s'éveille en nous une idée de puissance qui est toujours agréable.

Une autre source d'association agréable est celle-ci. C'est un fait d'expérience journalière que nous venons à aimer une personne à qui nous avons fait du bien fréquemment. Et cela est vrai non-seulement de nos semblables, mais même des animaux. Par ce seul fait qu'ils ont été l'objet d'actes de bonté répétés, ils deviennent un objet d'affection pour nous. L'idée de ces individus, unie à celle des plaisirs que nous ressentons, forment une idée composée, une affection.

Des faits décisifs prouvent que l'affection paternelle tout entière dérive de ces associations et autres semblables.

Toutes les fois qu'un homme est placé dans des circonstances qui produisent ces associations, il ressent l'affection paternelle, lors même que la parenté n'existe pas. Tel est le cas du père qui, ignorant l'infidélité de sa femme, aime le fils d'un autre, comme s'il était son fils.

Dans les familles très-pauvres et très-riches, les circonstances sont peu favorables à la formation de ces associations d'où résulte l'affection des parents.

Dans le cas d'extrême pauvreté (non pas de pauvreté modérée), les circonstances qui amènent à associer l'enfant avec des idées agréables, manquent ou bien sont neutralisées par la nécessité de travailler constamment, de s'occuper peu de lui, etc.

Dans le cas d'extrême opulence, l'attention des parents est distraite par les plaisirs, les obligations de société, etc. Comme ils s'occupent peu de l'éducation de l'enfant, ils ne peuvent associer à son idée que peu d'idées de plaisirs ou de peines. De là une affection imparfaite.

III. Les objets appelés beaux ou sublimes et leurs contraires sont pour nous une troisième cause de plaisirs ou de peines. Ces émotions esthétiques (1) se ramènent encore à une association. « Considérés en gros, le sentiment du beau et le sentiment du sublime paraissent parfaitement simples (2). C'est en se fondant sur ces apparences que des philosophes, même éminents, ont pensé qu'un sens particulier était nécessaire pour expliquer leur existence. Cette apparente simplicité est uniquement un exemple de ce mode d'association qui unit intimement plusieurs idées, qu'elles paraissent être non plus plusieurs idées, mais une seule. »

1. C'est l'habitude des philosophes anglais de comprendre, dans leur étude des phénomènes affectifs, celle des plaisirs et peines que nous causent le beau et le laid, le bien et le mal. Ils considèrent ainsi l'Esthétique et la Morale dans leur fondement psychologique. Le sentiment du Beau et le sentiment du Bien donnant lieu à des manifestations aussi variées et aussi importantes que celles des Beaux-Arts, des Mœurs, de la Législation, etc., on ne s'étonnera pas de l'importance qu'ils leur accordent. Mais ne devraient-ils pas en faire autant pour le sentiment religieux ? Or, notre auteur n'en parle pas. M. Bain, si complet d'ordinaire, ne lui consacre que deux pages. (*Emot. and Will*, ch. VI.) Les Allemands font cette étude. Voir Wundt, tome II, p. 218 à 311.

2. Tome II, ch. XXI, p. 250.

Un son, une couleur, un objet quelconque sont appelés *beaux* ou *sublimes*, selon les idées qu'ils éveillent en nous par association. Ainsi les sons qui s'associent avec des idées de puissance, de majesté, de profonde mélancolie sont en général sublimes : tels le mugissement d'une tempête, la chute d'une cataracte, le son de l'orgue. Des sons d'une autre nature produisent le sentiment du beau : une chute d'eau, le murmure d'un ruisseau, la clochette des troupeaux (1).

Le blanc nous plaît parce qu'il rappelle le jour et la lumière; le noir nous déplaît parce qu'il éveille l'idée de ténèbres. Ces associations varient d'ailleurs selon les pays, et n'ont rien d'absolu. En Chine, le blanc est la couleur du deuil, et conséquemment est loin d'être réputé beau. En Espagne, le noir plaît parce que c'est la couleur du vêtement des grands (2).

Voici une remarque plus fine et bien plus solide que celles qui précèdent. C'est que ceux qui n'associent aucune idée agréable avec des sons ou des couleurs ne sentent pas le beau. « Les enfants attendent longtemps avant de montrer aucune sensibilité à la beauté des sons. Et le commun des hommes est de même totalement indifférent à un grand nombre de sons, que nous appelons Beaux. Pour le paysan,

1. L'auteur qui s'appuie ici sur les théories d'Alison, ne dit pas en quoi consistent les associations qui éveillent le sentiment du Beau. Les exemples donnés paraissent plutôt rentrer dans l'*agréable*. M. John Stuart Mill, note 48, renvoie, pour l'étude de la question, à John Ruskin, qui fournit, dit-il, un témoignage inconscient en faveur de la théorie de l'association. Suivant l'esthéticien anglais, « nous appelons beaux ou sublimes les objets qui expriment une idée de ces idées : Infini, Unité, Repos, Symétrie, Pureté, Mesure, Adaptation à une fin. N'est-ce pas dire que les choses qui excitent l'émotion du Beau et du Sublime sont celles qui ont une association naturelle avec certaines idées profondément gravées en nous? La liste qui en est donnée ci-dessus, n'est ni exacte ni complète; mais cela importe peu pour l'ensemble de la doctrine.

2. Ne pourrait-on pas dire tout aussi bien qu'il est la couleur du vêtement des grands, parce qu'il plaît aux Espagnols?

le couvre-feu marque simplement une heure de la soirée, les clochettes d'un troupeau sont signe qu'il y en a un dans le voisinage, le bruit d'une cascade est le signe d'une chute d'eau. Donnez-lui les associations que les imaginations cultivées joignent à ces sons, et il en sentira infailliblement la beauté (1).

III

Quand l'idée d'une action émanant de nous (cause) s'associe à l'idée d'un plaisir (effet), il se produit un état d'esprit particulier, caractérisé par la tendance à l'action et qu'on appelle proprement *motif*. Un motif c'est l'idée d'un plaisir qu'on peut atteindre; un motif particulier c'est l'idée d'un plaisir particulier qu'on peut atteindre (*Fragm. on Mac-Kintosh,* note 49). Motif signifie donc pour l'auteur, but, fin, terme.

Non-seulement les plaisirs et les douleurs, mais aussi les *causes* de plaisir et de douleur, deviennent des motifs d'actions. Ces causes, en s'associant dans notre esprit avec les plaisirs et peines qu'elles produisent, deviennent d'abord agréables ou désagréables en elles-mêmes; ensuite, en s'associant avec ceux de nos actes qui peuvent les mettre à exécution, elles deviennent des motifs d'une très-grande force. C'est ainsi que la richesse, le pouvoir, les dignités, nos semblables, les objets beaux et sublimes qui, comme nous l'avons vu, sont devenus par association des *affections*, deviennent aussi des *motifs* (2).

« Nous pouvons expliquer maintenant les phénomènes classés sous les titres de sens moral, facultés ou affections morales. »

1. Tome II, p. 240, d'après Alison.
2. Ch. XXII, sect. 2.

Quoique plusieurs des psychologues qui nous occupent aient une tendance marquée à esquisser en passant un traité sur les mœurs, nous serons très-court sur ce point; car si la psychologie touche à la morale, la psychologie n'est pas la morale.

« Les actions d'où nous tirons quelque avantage ont été classées sous ces titres : prudence, courage, justice, bienfaisance, lesquels constituent la vertu parfaite. » L'auteur s'efforce de montrer que si nous approuvons, soit en nous, soit dans les autres, ces diverses manières d'agir, cette approbation est fondée sur une association d'idées qui se termine à un plaisir. Ainsi, nous appelons prudence ce qui produit un bien ou évite un mal; le courage est l'acte de braver le danger pour un bien prépondérant, etc. (1). Se plaçant ensuite au point de vue des conséquences pratiques, il demande que l'éducation s'attache à produire des associations d'idées, telles qu'il en résulte une vertu parfaite, et que la sanction populaire attache toujours le blâme et la louange aux actes qui les méritent.

« Dans l'état présent de l'éducation, la louange et le blâme sont distribués par la plupart des hommes d'une manière erronée, précipitamment, en général avec excès dans les petites circonstances, avec peu de souci de les appliquer justement. Le blâme est souvent infligé là où la louange est due, la louange est prodiguée là où il faudrait infliger le blâme. Quand l'éducation sera bonne, on reconnaîtra qu'aucun point de moralité n'est plus important que la distribution de la louange et du blâme, et aucun acte ne sera considéré comme plus immoral que de les mal appliquer. »

Les motifs nous conduisent à la volonté.

1. Le courage (dit M. Bain), que tous les siècles ont estimé et loué, implique en quelque mesure le sacrifice.

L'étude sur la volonté, très-suffisante à beaucoup d'égards, vaut surtout par les questions qu'elle entrevoit et la méthode qu'elle inaugure. A notre avis, quand on compare deux analyses de la volonté écrites dans un même esprit, mais à quelque trente ans de distance, celle de M. James Mill et celle de M. Bain; quand on voit combien la dernière l'emporte en richesse de faits observés, en précision, en exactitude descriptive, on ne peut s'empêcher de concevoir une bonne opinion de la méthode expérimentale en psychologie, — d'une méthode qui, prenant la tâche où les devanciers l'ont laissée, profite des résultats acquis, du progrès des années, des découvertes, en ajoute de nouveaux et accroît ainsi la science, au lieu de la recommencer toujours.

L'un des principaux mérites de l'auteur de l'*Analysis*, c'est d'avoir vu la nécessité d'étudier le développement du pouvoir volontaire (1). Il a compris combien est fausse l'idée d'une volonté naissant pour ainsi dire armée de toutes pièces, dont le premier acte serait de commander impérieusement et d'être instantanément obéie. Il a essayé d'en montrer, quoique d'une manière bien imparfaite, les premiers essais et les premières conquêtes. On peut lui reprocher des erreurs dans le choix de ses exemples, une confusion entre les actes volontaires et des actes purement réflexes, qu'une physiologie plus avancée eût évitée; mais ce qui est fondamental, c'est d'avoir aperçu la méthode.

L'auteur, sans être absolument muet sur la question du libre arbitre, l'effleure à peine : le mot n'y est pas même prononcé. Sans doute une « analyse des phénomènes de l'esprit humain » doit s'en tenir aux faits; mais la liberté, qu'on la considère comme vraie ou comme illusoire, est

1. Nous trouverons cette étude sérieusement faite dans M. Bain.

une question de fait aussi, et il n'est guère possible de la reléguer dans le domaine de la métaphysique.

Un seul passage (ch. XXIV, p. 328) effleure la question. L'auteur nous dit qu'une fausse conception de l'idée de cause a fort obscurci la controverse, sur cet état de l'esprit que nous appelons volonté. On considérait invariablement et avec raison la volonté comme la cause de l'action ; malheureusement, on considérait aussi toujours comme faisant partie de l'idée de cette cause, un élément qui s'est trouvé être tout à fait imaginaire. Dans la séquence d'événements appelée cause et effet, on imaginait une troisième chose appelée force ou puissance, qui n'était pas la cause, mais en émanait. « Un récent philosophe (1) a montré d'une manière incontestable que la cause et la puissance c'est tout un ; et par suite tout se réduit à rechercher « quel est l'état de l'esprit qui précède immédiatement une action. »

Nous n'analyserons point ce chapitre sur la Volonté, notre but étant surtout de faire connaître des *résultats* : nous les retrouverons avec plus d'ampleur dans M. Bain.

1. Le philosophe auquel l'auteur fait allusion, sans le nommer, est Thomas Brown, dans son *Inquiry into the Relation of cause and effect.*

M. JOHN STUART MILL

M. John Stuart Mill est bien connu en France. Sa réputation d'économiste, ses ouvrages sur la politique et les questions sociales, diverses traductions (1), une analyse de sa logique qualifiée par l'auteur (2) de « magistrale, » les attaques de ses nombreux adversaires : tout a contribué à répandre son nom. Il n'en est guère qui ait été cité plus souvent chez nous dans la polémique contemporaine. Malheureusement pour le philosophe, bon nombre de ceux qui en ont parlé, ne paraissent guère l'avoir connu que vaguement et de seconde main. Ils se sont contentés le plus souvent d'en faire un adhérent d'Aug. Comte et de le classer parmi les « positivistes : » ce qui est un moyen

1. Les principaux ouvrages de M. Stuart Mill sont : *Principes d'économie politique*, trad. par M. N. Dussart et Courcelles Seneuil ; *De la liberté; Du gouvernement représentatif*, traduits par M. Dupont White; *Système de Logique déductive et inductive*, trad. Peisse ; *Auguste Comte et le Positivisme*, trad. Dr Clémenceau ; *La Philosophie de Hamilton*, trad. par le Dr Cazelles ; *De l'assujettissement des femmes*, 1869, trad. par le même ; *Dissertations and Discussions*, 3 vol. 1867 ; *L'Utilitairianisme; L'Angleterre et l'Irlande*. — Stuart Mill, mort à Avignon, en mai 1873, a laissé une autobiographie intéressante, traduite par M. Cazelles sous ce titre : *Mes Mémoires*, 1874 ; des *Essais sur la Religion; Pensées sur le Socialisme* (en préparation).

2. *Etude sur Stuart Mill*, par H. Taine.

commode et expéditif de juger une cause sans l'entendre.

Le mot positivisme, dont on se sert si fréquemment de nos jours, est un terme très-vague sous son apparente précision ; il sert à désigner des manières de philosopher au fond assez différentes et à confondre avec les purs disciples de Comte des hommes qui ont nettement revendiqué, et plus d'une fois, l'indépendance de leur pensée.

A rigoureusement parler, il ne devrait y avoir qu'un seul positivisme, celui d'Auguste Comte, tout comme il ne peut y avoir qu'un vrai cartésianisme, celui de Descartes, ou qu'un vrai kantisme, celui de Kant. Mais puisque la doctrine de Comte, prise dans sa totalité, est, comme chacun le sait, assez incohérente, puisque sa religion et sa politique n'ont guère fait que fournir des armes à ses adversaires ou affliger ses admirateurs, on comprend qu'il se soit formé *un autre* positivisme que le sien. Ce positivisme, que l'on pourrait appeler orthodoxe, éliminant la partie subjective de l'œuvre du fondateur, s'en tient à quelques principes fondamentaux, rigoureusement fixés et qu'il déclare invariables : telles sont la suppression de toute recherche qui dépasse les phénomènes ; la loi des trois états théologique, métaphysique, positif ; la division des sciences en concrètes et abstraites, et la classification hiérarchique des sciences abstraites suivant leur ordre de complexité croissante et de généralité décroissante, savoir : mathématique, astronomie, physique, chimie, biologie, sociologie. Quiconque n'admet point ces principes et tout ce qui en découle logiquement, est rejeté de l'école comme dissident.

M. Mill est du nombre (1); s'il admet la loi des trois états (*Aug. Comte et le Positivisme*, p. 33), s'il élimine toute recherche transcendante, du moins il fait une très-

1. Voir sur ce point, Littré, *Revue des Deux-Mondes*, 15 août 1866, et son livre sur Aug. Comte, contenant des lettres à Stuart Mill.

importante réserve : « c'est que le mode positif de penser n'est pas nécessairement une négation du surnaturel. » Il rend ainsi au sentiment ou à la loi individuelle ce qu'il retranche à la science. Sur les questions d'origines, dit-il, le philosophe est libre de se faire l'opinion qu'il veut ; et ce n'est pas un de ces points où l'accord est nécessaire, « *mais c'est une méprise de M. Comte de ne jamais laisser de questions ouvertes.* » Quant à la classification des sciences, point capital dans l'école, M. Mill, tout en rendant justice à Aug. Comte, lui reproche son omission de la psychologie avec ce qui s'y rattache, logique, théorie du critérium, etc., son dédain pour l'économie politique ; enfin il juge qu'il a échoué dans son œuvre la plus ambitieuse, « qu'il n'a pas créé la sociologie » (*Ibid.*, pp. 70 et 130) qui, en l'absence d'une psychologie, ne pouvait être qu'imparfaite. Nous n'avons pas à entrer dans ce débat. Mais ne semble-t-il pas curieux qu'avec des dissidences aussi graves, M. Mill soit obstinément classé par l'opinion courante, en France du moins, parmi les positivistes ? D'où vient donc cette confusion ? Le voici :

Il y a une tendance générale, une méthode d'investigation, une façon de penser que l'on pourrait qualifier de scientifique ou même d'empirique, qui est commune à beaucoup de bons esprits du XIXe siècle. Elle consiste à circonscrire, aussi nettement que possible, le domaine de l'hypothèse, et à n'admettre comme objet de science que ce qui peut être observé, comme fait, ou formulé comme loi et *vérifié*. Ce mode de penser, qui est l'œuvre de plusieurs générations de savants et de philosophes, et auquel M. Mill donne pour promoteurs Bacon, Descartes, Newton, Hume, Kant, Bentham et même Hamilton, existait avant le positivisme et n'est en rien la création d'Aug. Comte (1). « La base

1. Nous trouverons ce point traité avec beaucoup plus de détail par M. Her-

« de la philosophie de M. Comte, dit notre auteur, ne lui « est nullement particulière. C'est la propriété générale du « siècle, quoiqu'elle soit loin encore d'être universellement « acceptée, même parmi les esprits méditatifs. La philo- « sophie positive n'est point une récente invention de « M. Comte, mais une simple adhésion aux traditions de « tous les grands esprits scientifiques, dont les découvertes « ont fait la race humaine ce qu'elle est. M. Comte n'a ja- « mais présenté sa doctrine sous un autre jour, mais par la « manière dont il l'a traitée, il l'a rendue sienne. »

Le positivisme est donc une forme de l'esprit scientifique moderne, mais il n'en est qu'une forme particulière; il n'est qu'un flot de ce grand courant; il est une espèce dans le genre. Tout ce que l'esprit scientifique suppose est dans le positivisme, mais avec quelque chose en plus, ce sont ces principes fondamentaux qui constituent le *credo* de l'École. Entre l'esprit positif et le positivisme, nous trouvons pour notre part autant de différence qu'entre l'esprit philosophique et la philosophie, c'est-à-dire entre ce qui demeure et ce qui passe. Mais comme le positivisme est très-catégorique dans ses négations, très-arrêté dans ses dogmes, très-net dans ses formules, il impose plus aux esprits que la méthode moins affirmative de l'esprit purement scientifique. De là la confusion ordinaire qui, si souvent, fait d'un savant ou d'un philosophe un positiviste malgré lui.

Au contraire, ce qui constitue à nos yeux un des principaux mérites de M. Mill, c'est cette liberté d'investigation, sans laquelle il n'y a pas d'esprit philosophique; c'est ce goût de la discussion et de la polémique qui lui fait mettre si haut la dialectique d'un grand idéaliste — de Platon

bert Spencer. V. ch. II, § 7. Voir aussi deux conférences de Huxley (*Revue des Cours scientif.* 17 juillet 1869 et 30 octobre 1869).

— qu'il prise surtout comme méthode de recherche (1); c'est cette largeur d'esprit qui accepte toutes les objections; cette bonne foi philosophique, avec laquelle il déclare nettement ce que vaut à ses yeux chacune de ses solutions, sans cacher ce qu'elle peut avoir d'insuffisant ou d'incomplet.

M. Littré reproche à M. Mill son point de vue psychologique et logique, opposé au point de vue objectif de l'école positive. Il lui reproche encore de définir la philosophie « la science de l'homme en tant qu'être intelligent, moral et social. » Pour nous qui n'avons à examiner ici que le psychologue, cela est d'un bon augure. Continuant la tradition de James Mill et de Brown, mais en y ajoutant les progrès d'un demi-siècle, ce sont eux qu'il reconnaît pour ses maîtres et non Auguste Comte, dont, par une illusion rétrospective, on a fait quelquefois son inspirateur. « La plus grande moitié de mon *Système de logique*, dit-il (2), comprenant toutes ses doctrines fondamentales, était écrite avant que j'eusse vu le *Cours de philosophie positive*. Ce livre doit à Comte plusieurs idées importantes; mais une courte liste épuiserait les chapitres et même les pages qui les contiennent. Quant à la doctrine générale (celle qui élimine les causes premières ou finales), elle m'était familière avant que je fusse sorti de l'enfance, grâce aux leçons de mon père qui l'avait apprise là où M. Comte l'avait apprise, c'est-à-dire dans la méthode des sciences physiques et les écrits des philosophes antérieurs. Et même depuis Hume cette doctrine a été la propriété commune du monde philosophique. Depuis Brown, elle est même entrée dans la philosophie populaire. »

1. Voir son article sur le *Platon* de Grote, dans les *Dissert. et Discuss.*, tome III.
2. *Examen de la philosophie d'Hamilton*, ch. XIV, p. 266, note 2.

Partisan déclaré de la psychologie de l'association, M. Mill n'a point exposé sa doctrine sous une forme systématique comme James Mill, H. Spencer ou Bain. Nous allons donc essayer de grouper les doctrines éparses dans la *Philosophie d'Hamilton* et les *Dissertations*, et de les exposer sous ces trois titres : la méthode en psychologie, la psychologie proprement dite, la théorie psychologique de l'esprit et de la matière.

CHAPITRE I

De la méthode en psychologie

I

En toute science, la méthode est capitale ; elle l'est d'autant plus que la science est moins avancée et plus hésitante dans sa marche. C'est le cas en psychologie, et il n'y a point de témérité à dire, que l'insuffisance de ses progrès a été le résultat inévitable de la méthode généralement employée. Puisque nous avons donc la bonne fortuue de trouver, dès le début, la question traitée par un logicien de profession, nous en pouvons parler à l'aise et essayer de ne rien oublier. M. Stuart Mill, qui fait remarquer justement combien la méthode des sciences morales et sociales est peu avancée, s'est attaqué résolûment à celle de la psychologie : il y revient à plusieurs reprises (1) et sa pensée ne laisse rien à désirer en clarté, sur ce point.

« La psychologie, dit-il, a pour but les uniformités de succession ; les lois soit primitives, soit dérivées, d'après lesquelles un état mental succède à un autre, est la cause

1. Voir *Logique*, tom. II, liv. VI, et *Dissert. and Discuss.*, tome III, p. 97.

d'un autre, ou du moins la cause de l'arrivée de l'autre. »

C'est une opinion commune que les pensées, sentiments et actions des êtres sensibles ne peuvent être l'objet d'une science, dans le même sens que les êtres et phénomènes du monde extérieur. Cette opinion repose sur une confusion : on confond toute science avec la science *exacte*. Mais on peut concevoir un cas intermédiaire entre la perfection de la science et son extrême imperfection. Par exemple, un phénomène peut résulter de deux sortes de causes : de causes majeures accessibles à l'observation ou au calcul ; de causes mineures, secondaires, qui ne sont pas constamment accessibles à une observation exacte ou même qui ne le sont pas du tout. En pareil cas, nous pourrons rendre compte de la partie principale du phénomène, mais il y aura des variations et modifications que nous ne pourrons complétement expliquer.

C'est ce qui arrive dans la théorie des marées. Il y a les causes majeures, l'attraction du soleil et de la lune ; tout ce qui en dépend peut être expliqué et prédit avec certitude pour une partie quelconque, même inexplorée, de la surface de la terre. Mais il y a aussi les causes secondaires, direction du vent, circonstances locales, configuration du fond de l'Océan, etc....., qui ont une grande influence sur la hauteur et l'heure de la marée ; et qui, dans la plupart des cas, ne peuvent être calculées ou prédites. Cependant, non-seulement il est certain que ces variations ont des causes agissant d'après des lois parfaitement uniformes ; non-seulement donc la théorie des marées est une science comme la météorologie, mais elle est plus utile que celle-ci dans la pratique. Car, on peut établir des lois générales pour les marées, et fonder sur ces lois des prévisions qui seront à peu près justes. C'est là ce qu'on entend ou ce qu'on devrait entendre quand on parle de sciences qui ne sont pas des sciences *exactes*. L'astronomie était déjà une science avant d'être une science *exacte*. Elle n'est exacte que depuis qu'elle explique non-seulement la direction des mouvements planétaires, mais encore leurs perturbations.

La science des marées n'est donc pas encore une science exacte, non par une impossibilité radicale tenant à sa nature, mais parce qu'il est très-difficile de constater avec précision les uniformités dérivées. « *La science de la nature humaine est du même genre*. Elle est bien loin de l'exactitude de notre astronomie actuelle ; mais il n'y a aucune raison pour qu'elle ne soit pas une science comme l'est celle des marées, ou même comme l'était l'astronomie, lorsque ses calculs n'embrassaient encore que les phénomènes principaux et non les perturbations. » Cette science a pour objet les pensées, sentiments et actions des hommes. Elle aurait atteint la perfection scientifique, idéale, si elle nous mettait en état de prédire avec certitude comment un individu pensera, sentira ou agira dans le cours de sa vie. Si nous pouvions tenir *toutes* les causes et circonstances qui agissent sur un individu, dès maintenant nous connaissons assez les lois primitives des phénomènes mentaux pour pouvoir prédire sa conduite dans un grand nombre de cas. Mais, en fait, nous n'avons jamais toutes les données nécessaires pour cette prédiction. « De sorte que, lors même que notre science de la nature humaine serait parfaite théoriquement, c'est-à-dire que nous pourrions calculer un caractère, comme nous pouvons calculer l'orbite d'une planète, d'après des data ; cependant, comme on n'a jamais tous les data, ni des data exactement semblables dans les différents cas, nous ne pourrions ni faire sûrement des prédictions, ni établir des propositions universelles. » Mais les généralisations approximatives ont une exactitude suffisante pour la vie pratique : ce qui n'est que probable, quand on l'affirme d'individus pris au hasard, est certain, quand on l'affirme du caractère et de la conduite des masses ; et là est l'utilité de la psychologie (1).

II

Ainsi le but de la psychologie est fixé : elle a pour objet les phénomènes de l'esprit. Son caractère est déterminé ; elle est (ou peut être) une science ; science non exacte, mais approximative et suffisante pour la pratique. Pénétrons maintenant dans la méthode (2).

Deux écoles complétement opposées, d'ailleurs, ont contribué à la faire dévier de la bonne voie : d'une part, Auguste Comte, et d'autre part, la métaphysique allemande. Voici ce que M. Mill dit du premier : « M. Comte revendique pour les physiologistes seuls la connaissance scientifique des phénomènes intellectuels et moraux. Il rejette totalement, comme un procédé sans vertu, l'observation psychologique proprement dite, la conscience interne. Il pense qu'il nous faut acquérir notre connaissance de l'esprit humain, en observant les autres. Comment pouvons-nous observer et interpréter les opérations mentales d'autrui, sans connaître préalablement les nôtres ? C'est ce qu'il ne dit pas. Mais il considère comme évident que l'observation de nous-mêmes par nous-mêmes ne peut nous apprendre que très-peu de choses sur les sentiments et rien au sujet de l'entendement : au fond, ce reploiement de l'esprit sur lui-même lui paraît impossible.

1. *Logique*, liv. VI, ch. III.
2. Voir sur ce point *Logique*, liv. VI, ch. IV, et *Aug. Comte et le positivisme*, trad. Clémenceau, p. 67.

« Il n'est pas nécessaire, ajoute M. Stuart Mill, de réfuter longuement un sophisme, dont le plus surprenant serait qu'il en imposât à quelqu'un. On y peut faire deux réponses : 1° on pourrait renvoyer M. Comte à l'expérience ainsi qu'aux écrits des psychologues, comme preuve que l'esprit peut non-seulement avoir conscience de plus d'une impression à la fois et même en percevoir un nombre considérable (six, d'après M. Hamilton), mais encore y prêter atttention ; 2° il aurait pu venir à l'esprit de M. Comte qu'il est possible d'étudier un fait par l'intermédiaire de la mémoire, non pas à l'instant où nous le percevons, mais dans le moment d'après : et c'est là, en réalité, le mode suivant lequel nous acquérons le meilleur de notre science sur les actes intellectuels. D'ailleurs, en fait, nous savons ce qui se passe en nous-mêmes, soit grâce à la conscience, soit grâce à la mémoire, par voie directe dans les deux cas et non pas (comme cela arrive pour ce que nous avons fait en état de somnambulisme) uniquement par leurs résultats. Ce simple fait détruit l'argument entier de M. Comte. Tout ce dont nous avons connaissance directement, nous pouvons l'observer directement (1). »

« Les successions des phénomènes mentaux ne peuvent être déduites des lois physiologiques de notre organisation nerveuse ; et nous devons continuer à chercher longtemps encore, sinon toujours, toute la connaissance réelle que nous pouvons en acquérir dans l'étude directe des successions mentales elles-mêmes. »

« Il existe donc une science de l'Esprit, distincte et séparée.

« Sans doute on ne doit jamais perdre de vue ni déprécier les rapports de cette science avec la physiologie. Il ne

1. *Aug. Comte et le positiv.*, loc. citato, p. 68, 69.

faut pas oublier que les lois de l'esprit peuvent être des lois dérivées des lois de la vie animale, et que par conséquent elles peuvent dépendre en dernière analyse des conditions physiques...... Mais, d'un autre côté, je regarde comme une erreur tout aussi grande en principe, et plus sérieuse encore en pratique, le parti pris de s'interdire les ressources de l'analyse psychologique, et d'édifier ainsi la théorie de l'esprit sur les seules données que la physiologie peut actuellement fournir. Si imparfaite que soit la science de l'esprit, je n'hésiterai pas à affirmer qu'elle est beaucoup plus avancée que la partie correspondante de la physiologie ; et abandonner la première pour la seconde me semble une infraction aux véritables règles de la philosophie inductive (1). »

Voilà donc l'observation directe établie nettement contre le positivisme (2). Voyons maintenant notre auteur aux prises avec l'école opposée, les métaphysiciens, allemands ou autres, ceux qu'il appelle, d'un terme général, les philosophes *à priori*.

Le débat entre le philosophe *à priori* et la philosophie *à posteriori*, dit-il (3), dépasse de beaucoup les bornes et la portée de la psychologie, et s'est concentré surtout sur le champ de l'ontologie. Je n'ai aucune intention de me professer partisan de l'une ou de l'autre ; toutes deux ayant beaucoup fait pour l'humanité ; toutes deux devant être nécessairement connues de quiconque aborde les questions philosophiques, chacune ayant beaucoup profité des criti-

1. *Logique*, loc. cit., trad. Peisse, p. 446.

2. Il est juste de reconnaître que les positivistes contemporains ne semblent pas adopter la doctrine d'Aug. Comte sur le point discuté ci-dessus, même les partisans déclarés comme MM. Littré et Lewes. Le débat actuel porte non sur la possibilité de la psychologie, mais sur son rang hiérarchique dans la classification des sciences. M. Stuart Mill veut la placer après la biologie et avant la sociologie. Les positivistes ne reconnaissent pas en elle une science première (ou abstraite) : ils la font rentrer dans la biologie.

3. *Dissert. and Discuss. On Bain's Psychol.*, tom. III, p. 97.

ques de l'autre. « En concentrant la question simplement sur le terrain de la psychologie, on trouve que la différence entre les deux philosophies consiste *dans les théories différentes qu'elles donnent des phénomènes complexes de l'esprit humain.* »

L'expérience n'est pas la propriété exclusive de l'une d'elles. Elles en dépendent toutes deux, quant à leurs matériaux. La différence fondamentale a rapport non aux faits eux-mêmes, mais à leur origine. On peut dire brièvement et en gros, que l'une des théories considère les phénomènes les plus complexes de l'esprit, comme étant les produits de l'expérience, tandis que l'autre les considère comme originels.

La psychologie *à priori* soutient que dans tout acte de pensée, même le plus élémentaire, il y a un élément qui n'est pas donné *à* l'esprit, mais qui est fourni *par* l'esprit en vertu de ses facultés propres. Le plus simple de tous les phénomènes, une sensation extérieure, a besoin, selon elle, d'un élément mental pour être une perception, et pour devenir ainsi, au lieu d'un état passif et fugitif de notre propre être, un objet durable extérieur à l'esprit. Les notions d'étendue, Solidité, Nombre, Force, etc., quoique acquises par les sens ne sont pas des copies d'impressions faites sur les sens, mais des créations des lois propres de notre esprit mises en action par les sensations. L'expérience, au lieu d'être la source et le prototype de nos idées, est elle-même un produit des forces propres de l'esprit, élaborant les impressions que nous recevons du dehors : elle contient un élément mental ainsi qu'un élément externe. L'expérience, qu'on invoque en vain pour rendre compte de nos lois mentales, n'est donc possible que par ces lois elles-mêmes. Or si l'expérience n'explique pas l'expérience, *à fortiori* elle n'explique pas les idées des choses morales, *supra*-sensibles : l'expérience en est l'occasion et non la source.

La psychologie *à posteriori*, au contraire, tout en reconnaissant l'existence d'un élément mental dans nos idées, tout en admettant que nos notions d'étendue, solidité, temps, espace, vertu, ne sont pas des copies exactes d'impressions faites sur nos sens, mais un produit du travail de l'esprit, ne considère pas cette production comme le résultat de lois particulières et impénétrables, dont on ne peut rendre aucun compte. Elle pense, au contraire, que cela est *possible*. Elle pense que l'élément mental est un fait, mais non un fait ultime. Elle pense qu'on peut le résoudre en lois plus simples et en faits plus généraux; et qu'on peut découvrir le procédé suivi par l'esprit dans la construction de ces grandes idées, en un mot qu'on peut en déterminer la *genèse*.

Fixons par un exemple la différence des deux Écoles en psychologie. Les transcendentalistes examinent nos idées d'espace et de temps ; ils trouvent que chacune contient en elle d'une manière indissoluble l'idée de l'infini. Naturellement nous n'avons aucune connaissance expérimentale de l'infini : toutes nos idées dérivées de l'expérience sont des idées de choses finies. Cependant il est impossible de concevoir le temps et l'espace autrement que comme infinis, et il est impossible de les dériver de l'expérience : ce sont des conceptions *nécessaires* de l'esprit. — Le psychologue *à posteriori*, de son côté, voit bien que nous ne pouvons penser le temps et l'espace autrement que comme infinis ; mais il ne considère pas cela comme un fait dernier. Il y voit une manifestation ordinaire d'une des lois de l'association des idées : — la loi que l'idée d'une chose suggère irrésistiblement l'idée d'une autre chose avec laquelle elle a été souvent trouvée intimement liée dans l'expérience.

Comme nous n'avons jamais eu aucune expérience d'un point de l'espace sans d'autres points au delà, ni d'aucun point du temps sans d'autres points qui le suivent, la loi d'association inséparable fait que nous ne pouvons penser aucun point du temps et de l'espace, quelque distant qu'il soit, sans imaginer immédiatement d'autres points plus éloignés. Cela explique leur caractère d'infini, sans rien introduire de « nécessaire. » Il se peut que le temps et l'espace aient des limites, mais dans notre condition présente nous sommes totalement incapables de les concevoir. Si nous pouvions arriver à la fin de l'espace, nous en serions sans doute avertis par quelque impression nouvelle et étrange de nos sens, mais dont nous ne pouvons, pour le présent, nous faire la plus légère idée.

L'exemple qui précède met dans tout leur jour les deux principales doctrines de la psychologie *à posteriori* la plus avancée :

1° Que les phénomènes les plus abstrus de l'esprit sont formés de phénomènes plus simples et plus élémentaires.

2° Que la loi mentale par le moyen de laquelle cette formation a lieu est la loi de l'association.

La forme la plus complète et la plus scientifique de la psychologie *à posteriori*, est celle qui considère la loi d'association comme le principe suprême. Son grand problème c'est de déterminer non pas jusqu'où cette loi s'étend, car elle s'étend à tout, — idées, émotions, désirs, volitions, etc. — mais combien de phénomènes mentaux elle est capable d'expliquer; et *comment* elle les explique. Sur cette partie du sujet, il y a, comme on le pense, des différences de doctrines, et la théorie, comme toute théorie dans une science incomplète, progresse incessamment (1).

1. *Loc. cit.*, p. 108.

Cette manière d'interpréter les phénomènes de l'esprit, continue M. Mill, a été souvent flétrie comme matérialiste. Pour voir combien l'accusation est juste, il suffit de se rappeler que l'idéalisme de Berkeley est l'un des développements de cette théorie. S'il y a du matérialisme à essayer de déterminer les conditions matérielles de nos opérations mentales, toutes les théories de l'esprit un peu compréhensives peuvent être taxées, en ce cas, de matérialisme. Nous ne saurons probablement jamais si l'organisation seule peut produire la pensée et la vie ; mais nous savons, à n'en pas douter, que l'esprit emploie un organe matériel. Or cela admis, quel matérialisme y a-t-il à suivre les explications physiologiques aussi loin qu'elles peuvent nous conduire. « Il est certainement vrai que la psychologie de l'association représente plusieurs des états mentaux supérieurs comme étant en un certain sens le développement des états inférieurs. » Mais dans d'autres cas semblables, comme le fait remarquer finement l'auteur, on a exalté précisément la sagesse et l'art merveilleux de la nature qui tire, dit-on, le meilleur du pire et le noble du bas. D'ailleurs, si ces parties, les plus nobles de notre nature, ne sont pas originelles, elles ne sont pas pour cela factices et non naturelles. Les produits sont tout autant une partie de la nature humaine que les éléments qui la composent. L'eau est tout aussi bien une substance du monde extérieur, que l'hydrogène et l'oxygène. « Ce n'est que pour les esprits vulgaires qu'un grand et bel objet perd son charme, en perdant quelque chose de son mystère, en dévoilant une partie du procédé secret par lequel la nature l'a enfanté (1). »

M. Stuart Mill demande d'ailleurs qu'on soit exigeant relativement aux explications fondées sur l'association :

1 *Loc citato*, p 111.

il ne faut pas se borner à des semblants d'analyse. Or, rien n'est plus utile pour pénétrer dans le fond et dans l'essence intime des faits complexes, que l'examen des exceptions et des cas rares. Les enfants, les jeunes animaux, les personnes privées de quelque sens, ceux qui nés aveugles ont recouvré la vue, les gens élevés dans la séquestration, comme Gaspard Hauser (1) : ce sont là de nombreuses sources d'information dont malheureusement on a fait très-rarement usage.

En résumé, deux sortes d'investigations tout aussi nécessaires pour l'étude des phénomènes de l'esprit que pour celle des phénomènes matériels : la première, dont la généralisation de Newton est le type le plus parfait, ramène les faits à des lois et celles-ci à d'autres lois plus générales; la seconde, dont l'analyse chimique est le type, s'applique non aux successions de phénomènes, mais aux phénomènes complexes eux-mêmes, et les résout en éléments simples, comme cela se fait en chimie pour tout corps composé. La première analyse les lois en lois plus simples, la seconde analyse les substances en substances plus simples (2).

III

Après avoir déterminé l'objet et la méthode de la psychologie, il nous reste à chercher s'il n'y a pas un *art* auquel cette science puisse servir de base; s'il n'y a pas quelque science dérivée, applicable à la vie pratique, qui suppose, comme science première, la connaissance générale des phénomènes de l'esprit. Toute science, dès qu'elle est solidement constituée, sort naturellement de la théorie

1. *Mémoires de l'Académie des Sciences morales*, tom. I, 1833
2. Stuart Mill, *Preface to James Mill's analysis*, p. 6.

pure pour amener des conséquences pratiques, soit qu'on les cherche, soit qu'on les trouve. Et rien ne démontre mieux, à notre avis, combien jusqu'ici la psychologie a langui dans l'enfance, que ce fait frappant qu'aucune application, qu'aucun art utile n'en est sorti. Il en fut ainsi de la physique et de la chimie pendant des siècles ; ainsi des sciences biologiques, dont les résultats ne sont encore qu'entrevus. Qui ne comprend cependant que si les lois fondamentales de l'esprit étaient découvertes, si les circonstances qui les modifient étaient connues, si nous tenions, en un mot, l'essentiel et l'accidentel, comme dans le cas des marées, cité plus haut par M. Mill ; si nous pouvions reconstituer par synthèse une situation psychologique, comme nous pouvons calculer une position astronomique ; si nous étions capables de prévoir ; qui ne comprend que ce serait là un secret important pour la connaissance des hommes, pour l'éducation, pour la politique, pour toutes les sciences morales et sociales, et que la psychologie serait leur base, comme la physique est celle des sciences de la matière ?

La possibilité de cet art, ou, si l'on veut, cette science dérivée, fondée sur la psychologie, est à peine entrevue par quelques esprits (1). Nous allons voir M. Mill en fixer la nature et la méthode. Disons tout de suite qu'il lui donne le nom d'*éthologie* ou *science du caractère*, et qu'il lui assigne comme procédé d'investigation la méthode déductive avec vérification (2).

La psychologie a pour objet les lois les plus générales de la nature humaine : l'éthologie a pour objet les lois dérivées. La psychologie s'occupe du genre, l'éthologie de l'es-

1. M. Bain a publié un volume sur ce sujet : *On the study of character including an estimate of phrenology.*
2. *Logique*, liv. VI, ch. v.

pèce et des variétés. « Le nom de psychologie, dit l'auteur, « désignant la science des lois fondamentales de l'esprit, le « nom d'éthologie sera celui de la science ultérieure, qui « détermine le genre de caractère, produit conformément « à ces lois générales par un ensemble quelconque de cir- « constances physiques ou morales. D'après cette défini- « tion, l'éthologie est la science qui correspond à l'art de « l'éducation, au sens le plus large du mot, en y compre- « nant la formation des caractères nationaux ou collectifs « aussi bien que des caractères individuels (1). » « L'étho- logie peut être appelée la science exacte de la nature hu- maine, » mais elle n'est exacte qu'à condition d'affirmer des *tendances,* non des *faits.* Elle déclare non que telle chose arrivera toujours, mais que l'effet d'une cause don- née sera tel, tant que cette cause opérera sans être contra- riée, par exemple : c'est une proposition scientifique, que la force musculaire *tend* à rendre les hommes courageux, mais non qu'elle les rend toujours tels ; que l'expérience *tend* à donner la sagesse, mais non qu'elle la donne tou- jours.

Tandis que la psychologie est entièrement ou principale- ment une science d'observation et d'expérimentation, l'é- thologie est une science entièrement déductive. Le rapport de l'éthologie à la psychologie est fort analogue à celui des diverses branches de la physique à la mécanique. Les prin- cipes de l'éthologie sont proprement les principes moyens, les *axiomata media* de la science de l'esprit. Ces principes se distinguent, d'une part, des lois empiriques résultant de la simple observation ; d'autre part, des hautes généralisa- tions. Comme Bacon l'a fait judicieusement observer, les *axiomata media* d'une science quelconque constituent la

1. *Ibid.*, § 4.

principale valeur de cette science. Car les généralisations inférieures, tant qu'elles n'ont pas été expliquées et réduites aux *axiomata media*, dont elles sont les conséquences, n'ont que la valeur précaire de lois empiriques : et les lois les plus générales sont *trop* générales et embrassent trop peu de circonstances, pour expliquer les cas individuels.

M. Stuart Mill montre fort clairement que la méthode déductive *avec vérification* est la seule applicable à l'éthologie. Les lois naturelles, dit-il, ne peuvent être déterminées que de deux manières : par la déduction ou par l'expérience. Les lois de la formation du caractère sont-elles abordables par la méthode expérimentale ? Evidemment non. En effet, cette méthode a deux procédés principaux : l'expérimentation, l'observation.

1° L'expérimentation est-elle possible ? Elle le serait tout au plus pour un despote de l'Orient. Mais quand même il oserait la tenter, cela n'avancerait guère. Il lui faudrait élever, depuis l'enfance jusqu'à la maturité, un certain nombre d'êtres humains, noter chaque sensation ou impression éprouvées par le sujet, ou noter les causes et ce qu'il en pense. Or, cela n'est pas possible, et cependant une seule circonstance, en apparence insignifiante, qu'on aurait négligée, suffirait à vicier l'expérience.

2° L'observation est-elle possible ? Mais s'il n'est pas possible de connaître avec quelque sûreté les circonstances influentes, lorsque nous les arrangeons nous-mêmes, *à fortiori* ne pouvons-nous les connaître dans les cas qui échappent à notre contrôle. Nous ne pouvons faire des observations *qu'en gros et en masse*, c'est-à-dire aboutir à des généralisations purement approximatives.

Reste donc la méthode déductive, celle qui part des lois. « Il existe des lois universelles de la formation du caractère, quoique le genre humain n'ait pas un caractère universel. Et puisque ce sont ces lois combinées avec les circonstances qui produisent la conduite de chaque être humain, c'est de ces lois que doit partir toute tentative rationnelle de construction d'une science concrète et pratique de la nature humaine (1). »

« L'éthologie est encore à créer, mais sa création est devenue enfin possible, bien qu'on n'ait encore fait systématiquement que très-peu de chose pour la créer. » Le progrès de cette science importante dépendra de l'emploi d'un double procédé.

1° Étant donnée telle circonstance particulière, en déduire théoriquement les conséquences éthologiques et les comparer avec ce que l'expérience commune nous apprend.

2° Faire l'opération inverse, c'est-à-dire étudier les divers types de la nature humaine; les analyser, noter les circonstances dans lesquelles ces types dominent, et expliquer les traits caractéristiques du type par les particularités des circonstances.

Il est à peine nécessaire, conclut M. Mill, de répéter que dans l'éthologie, ainsi que dans toute autre science déductive, la vérification *à posteriori* doit aller *pari passu* avec la déduction *à priori :* les conclusions de la théorie ne méritant confiance qu'autant qu'elles sont confirmées par l'observation. L'accord de ces deux genres de preuves est la seule base, suffisante pour les principes d'une science aussi enfoncée dans les faits, et relative à des phénomènes aussi complexes et aussi concrets que ceux de l'éthologie.

Ainsi une science générale, abstraite, fondée sur l'observation et l'expérience, ayant pour objet les phénomènes fondamentaux de l'esprit humain, — et une science par-

1. *Ibid.*, ch. v.

ticulière, ayant pour objet les variétés du caractère : telle est la tâche presque inépuisable, et presque entièrement neuve, que M. Mill assigne à la psychologie future.

CHAPITRE II

La Psychologie.

Nous rassemblons, sous les titres suivants : conscience, perception, association, idée de cause, vérités nécessaires, raisonnement, volonté, les principales études psychologiques de M. John Stuart Mill.

I

« Si le mot esprit veut dire quelque chose, il signifie ce qui sent. » Les phénomènes qui le manifestent sont les sensations, les idées, les émotions et les volitions (1). La conscience est une connaissance intuitive qui constitue le fond de nos états mentaux, lesquels n'existent que dans la conscience et par la conscience : avoir une idée, une sensation, c'est en réalité avoir conscience d'une idée, d'une sensation (2). Le verdict de la conscience est sans appel. Un scepticisme qui le discuterait (s'il y en a) ne serait point recevable; parce qu'en niant toute connaissance, il n'en nierait plus aucune. Mais il ne faut pas confondre les con-

1. *Logique*, VI, ch. IV, § 1er.
2. *An examination of sir William Hamiltons philosophy*, 3e édit. 1867 trad. par le Dr Cazelles, ch. VIII et IX. Nous trouverons ci-après, dans MM. H. Spencer et Bain, une théorie très-complète et très-remarquable de la conscience ramenée à deux actes primitifs : perception d'une différence, perception d'une ressemblance

naissances *intuitives*, et par conséquent sans appel, de la conscience, avec les raisonnements, inductions et interprétations des faits de conscience, qui sont faillibles et demandent vérification.

Y a-t-il, outre les phénomènes dont nous avons conscience, des modifications mentales inconscientes? Sir William Hamilton est probablement le premier des philosophes anglais qui ait pris parti pour l'affirmative, sans s'arrêter à ce prétexte spécieux qu'une action ou une passion inconsciente de l'esprit est inintelligible. Cette hypothèse de l'activité inconsciente, qui a gagné depuis beaucoup de terrain en Angleterre, en Allemagne (1) et en France, était appuyée par Hamilton sur trois sortes de faits.

1° Nous savons une science ou une langue, etc.; elles existent en nous à l'état latent, tant que nous n'en faisons pas usage.

2° Certains états anormaux, comme la folie, le délire, le somnambulisme, nous révèlent des connaissances ou des habitudes d'action que nous n'avions aucune conscience de posséder dans notre état normal.

3° Enfin, dans notre vie ordinaire, tout objet visible est composé de parties très-petites ou *minima visibilia*. Mais chaque *minimum visibile* est lui-même composé de parties plus petites, lesquelles, chacune à part, sont pour la conscience comme zéro. Il en est de même pour le *minimum audibile*. Enfin, certaines associations d'idées ne peuvent s'expliquer que par des associations intermédiaires qui se produisent sans conscience.

M. Mill, après avoir critiqué l'interprétation que Hamilton donne de ces faits, les explique par la physiologie : « Je ne suis pas éloigné, dit-il, de m'accorder avec Hamil-

1. Voir Wundt : *Vorlesungen ueber die Menschen und Thierseele*, 1863.

ton et d'admettre ses modifications inconscientes, mais sous la seule forme où je peux leur attribuer quelque sens précis, à savoir : des modifications inconscientes des nerfs (1). » Dans le cas du soldat blessé pendant la bataille et que le feu de l'action empêche de sentir sa blessure, l'hypothèse la plus probable, c'est que les nerfs de la partie blessée ont été affectés; mais que les centres nerveux, étant très-occupés d'autres impressions, l'affection n'atteint pas les centres, et que par suite la sensation n'a pas lieu. De même pour l'association latente : si l'on admet (ce que la physiologie rend de plus en plus probable) que tous nos sentiments, comme toutes nos sensations, ont pour antécédents physiques un état particulier des nerfs, on peut croire que l'association entre deux idées ne peut paraître interrompue, que parce qu'elle se continue physiquement, par des états organiques des nerfs dont la succession est si rapide, que l'état de conscience appropriée à chacun ne peut se produire (2).

II

Selon toute probabilité, la notion du moi et celle du non-moi ne se produisent pas dès le début. Nous n'avons la notion du non-moi qu'après avoir éprouvé nombre de sensations, selon des lois fixes et en groupes; et il n'est pas croyable que la première sensation que nous éprouvons,

1. *An examination*, ch. XV.

2. Nous renverrons à Leibniz ceux qui seraient tentés de trouver du matérialisme dans ce mode d'explication : « Tout ce que l'ambition fait faire à l'âme de César est aussi représenté dans son corps : il y a un certain état du corps qui répond même aux raisonnements les plus abstraits. » (Édit. Dutens, tome II, 49). Il est vrai que Leibniz ne dit pas que cet état du corps en est l'antécédent; ce qui eût été en désaccord avec son harmonie préétablie.

éveille en nous aucune notion d'un moi (1). L'opposition de ces deux termes, moi et non-moi, sujet et objet, esprit et matière, se réduit à l'opposition de la sensation considérée subjectivement, et de la sensation considérée objectivement. Il y a, d'une part, la série des états de conscience (dont la sensation fait partie) qui est le *sujet* de la sensation ; et, d'autre part, le groupe de possibilité permanente de sensation, en partie réalisé dans la sensation actuelle, et qui est l'*objet* de la sensation.

Parmi nos sensations, nous avons coutume de considérer les unes surtout subjectivement, les autres surtout objectivement. Dans le premier cas, nous les considérons principalement dans leur rapport à nos divers sentiments et, par conséquent, au sujet qui en est la somme. Dans le second cas, nous les considérons principalement dans leur rapport avec un ou plusieurs groupes de cette possibilité de sensation que nous appelons l'objet. « La différence entre ces deux classes de nos sensations répond à la distinction faite, par la majorité des philosophes, entre les qualités secondes et les qualités premières de la matière. »

Les qualités premières sont pour M. Mill la résistance, l'étendue et la figure. Ce sont les trois éléments principaux de tous les groupes ; partout où ils sont, il y a groupe ; tout autre élément du groupe se présente à notre pensée, moins pour ce qu'il est, que comme marque de ces trois éléments. Dans ce groupe de possibilités permanentes de sensation que nous appelons *objet*, la possibilité permanente de sensations tactiles et musculaires forme un groupe dans le groupe, une sorte de noyau intérieur, conçu comme plus fondamental que le reste, et dont toutes les autres possibilités de sensation renfermées dans le groupe semblent dé-

1. *An examination*, etc. p. 258, ch. XIII.
2. Pour plus de détails sur ce point, voir le ch. III, ci-après.

pendre. Ce noyau, considéré quelquefois comme cause ou substance, est notre conception finale de la matière, laquelle se réduit ainsi à la résistance, l'étendue et la figure.

Entre ces trois propriétés, la plus fondamentale est la résistance, qui nous est donnée par les sensations musculaires. Comme le sentiment de la résistance est invariablement accompagné de sensations tactiles, du contact de notre peau avec quelque objet, il en résulte, en vertu de la loi d'association inséparable, que les sensations de contact et de résistance deviennent indissolublement liées. Un objet qui touche notre peau, même sans pression et sans causer aucune réaction musculaire, est rapporté spontanément à quelque cause externe. Par l'association, nos sensations de toucher sont devenues *représentatives* des sensations de résistance, avec lesquelles elles coexistent habituellement ; comme les diverses nuances de couleurs et les sensations musculaires, qui accompagnent les divers mouvements de l'œil, deviennent représentatifs des sensations de toucher et de locomotion.

La seconde des qualités fondamentales du corps est l'étendue ; notion qui a été longtemps considérée comme irréductible par l'École intuitive de Reid et de Stewart, mais dont l'analyse psychologique de l'École expérimentale s'est efforcée d'expliquer l'origine. Nous laisserons à MM. Bain et Herbert Spencer le soin de nous l'exposer. M. Mill est en parfait accord avec eux et les cite fort longuement. Bornons-nous donc à résumer la doctrine en quelques mots.

La sensation de mouvement musculaire, non empêché, constitue notre notion de l'espace vide ; la sensation de mouvement musculaire empêché, notre notion de l'espace plein ou de l'étendue. L'idée d'espace dérive d'un phénomène qui est non pas synchronique, mais successif. Si on éprouve de la difficulté à le croire, c'est que l'œil contribuant à produire notre notion actuelle de l'étendue, en altère beaucoup le caractère, et nous empêche de reconnaître que la notion d'étendue a été successive à l'origine.

Pour pouvoir l'établir catégoriquement, il faudrait qu'il se trouvât un aveugle-né psychologue, comme il s'est trouvé des aveugles-nés géomètres et mathématiciens. Ses déclarations et interprétations seraient décisives. Mais si le cas ne s'est pas rencontré, nous en avons un analogue : c'est celui d'un aveugle-né que Platner, médecin philosophe du dernier siècle, soigna et interrogea (1). Or, Platner nous dit : « Cette observation m'a convaincu que le sens du toucher en lui-même est totalement incapable de nous apporter la représentation de l'étendue et de l'espace, et qu'il ne connaît pas même l'extériorité locale ; en un mot, qu'un homme privé de la vue n'a absolument aucune perception d'un monde extérieur, sauf l'existence de quelque chose d'agissant qui diffère de sa propre passivité... *aux aveugles-nés le temps tient lieu d'espace.* Voisinage et éloignement ne signifient dans leur bouche rien de plus que temps court ou temps long, que le plus ou moins grand nombre des sentiments intermédiaires, entre le premier et le dernier des sentiments éprouvés. »

En somme, l'idée d'espace est au fond une idée de temps, et la notion d'étendue ou de distance est celle d'un mouvement des muscles, continué pendant une durée plus ou moins longue.

1. Platner commença cette étude en 1785. On sait que, depuis plus d'un siècle, l'aveugle-né de Cheselden défraie tous les traités de psychologie. M. Mill, outre l'aveugle-né de Platner, en cite deux autres, l'un qui fut opéré par le Dr Franz de Leipzig en 1841 ; l'autre plus récemment et dont parle le professeur Fraser dans la *North British Review*.

III

Nous avons déjà vu l'adhésion complète donnée par M. Mill à la psychologie de l'association. La loi d'association est pour lui la plus générale qui régisse les phénomènes psychologiques. « *Ce que la loi de gravitation est à l'astronomie, ce que les propriétés élémentaires des tissus sont à la physiologie, les lois de l'association des idées le sont à la psychologie* (1). » Elle est le fait dernier, auquel tout se ramène ; le mode d'explication le plus général, et l'instrument le plus puissant de l'école expérimentale dans ses investigations psychologiques (2). Quoiqu'on ne trouve pas dans M. Mill une étude de l'association aussi élaborée que dans M. H. Spencer et surtout dans M. Bain, nous le verrons cependant ci-après réduire l'idée fondamentale de cause à une association inséparable et inconditionnelle, et fonder sur la cause, c'est-à-dire sur une association, toute la théorie du raisonnement.

La première des lois d'association, c'est que les idées semblables tendent à s'éveiller les unes les autres.

La seconde, c'est que quand deux impressions ou idées ont été éprouvées simultanément ou en succession immédiate, l'une tend à éveiller l'autre.

La troisième, c'est qu'une intensité plus grande de l'une de ces impressions ou des deux équivaut, pour les rendre

1. *Aug. Comte and positivism*, p. 53.

2. « Cette loi, dit M. Mill, qu'il incomberait à l'école *à priori* de prendre au sérieux, à ce qu'il semble, puisqu'elle est la base de la théorie rivale, est moins rejetée qu'ignorée par elle. Les philosophes les mieux informés de France et d'Allemagne en connaissent à peine l'existence, s'ils la connaissent. » M. Mill cite comme le seul ouvrage ayant paru en France, sur ce sujet, l'*Étude sur l'association des idées* de M. Mervoyer.

aptes à s'exciter les unes les autres, à une plus grande fréquence de conjonction (1).

La psychologie doit, maintenant ou plus tard, pouvoir expliquer au moyen des lois de l'association les phénomènes les plus complexes. Mais ce qui rend sa tâche très-difficile, c'est que l'action réunie des diverses causes produit quelquefois des combinaisons où il est difficile de retrouver les éléments constitutifs. En effet, lorsqu'un phénomène complexe est le résultat de plusieurs causes, il peut se présenter deux cas principaux : celui des lois mécaniques, celui des lois chimiques. Dans le cas de la mécanique, chaque cause se retrouve dans l'effet, comme si elle avait agi seule. L'effet des causes concourantes est précisément la somme des effets séparés de chacune. Au contraire, la combinaison chimique de deux substances en produit une troisième dont les propriétés sont complétement différentes de chacune des deux autres, soit séparément, soit prises ensemble.

Les lois des phénomènes de l'esprit sont analogues tantôt aux lois mécaniques, tantôt aux lois chimiques. Comme exemple de *combinaison* mentale, on peut citer la couleur blanche résultant de la succession rapide des sept couleurs du prisme devant notre œil. Au contraire l'idée d'une orange résulte réellement des idées simples de couleur, forme, goût, etc., parce qu'en interrogeant notre conscience, nous pouvons discerner tous ces sentiments dans notre idée. Il se présente donc des cas de chimie mentale où il est plus exact de dire que les idées simples *produisent* les idées complexes, que de dire qu'elles les *composent* (2). Aussi la connaissance des éléments constitutifs d'un fait complexe, en chimie psychologique, ne dispense pas plus

1. *Logique*, liv. VI, ch. IV, et liv. III, ch. VI.
3. *Logique*, liv. VI, ch. IV, et liv. III. ch. VI.

d'étudier le fait lui-même, que la connaissance des propriétés de l'oxygène et du soufre ne nous dispense d'étudier celles de l'acide sulfurique.

M. Mill (*Logiq.* III, 13. VI, 4) explique deux grandes variétés d'esprit par deux modes différents d'association.

Les associations *simultanées* (ou synchroniques) prédominent chez les personnes douées d'une vive sensibilité organique ; parce que c'est un fait reconnu que toutes les sensations ou idées éprouvées, sous une impression vive, s'associent étroitement entre elles. Or cette prédominance des associations synchroniques produit une tendance à concevoir les choses sous des formes concrètes, colorées, riches d'attributs et de détails : disposition d'esprit qu'on appelle l'imagination et qui est une des facultés du peintre et du poëte.

Les associations *successives* prédominent chez les personnes moins impressionnables. S'ils ont une haute intelligence, ils s'adonneront à l'histoire ou aux sciences plutôt qu'à un art. Le résultat de leur sensibilité médiocre sera vraisemblablement l'amour de la science ou de la vérité abstraite, et le défaut de goût et de chaleur.

Voyons maintenant la psychologie de l'association aux prises avec la notion de cause.

IV

Si la théorie de la conscience et de la perception extérieure est la base de toute psychologie, la théorie de la cause est la clef de toute philosophie : elle nous ouvre même des régions où nous n'avons pas à pénétrer. Bornons-nous à la psychologie. Aussi bien M. Mill déclare

« qu'il ne s'occupe pas de la cause première ou métaphysique de quoi que ce soit. » Ce n'est pas aux causes *efficientes* que j'aurai affaire, mais aux causes *physiques*, à des causes entendues uniquement au sens où l'on dit qu'un phénomène est la cause d'un autre ; ce que sont les causes premières ou même s'il y en a, c'est une question sur laquelle je n'ai pas à me prononcer. Pour certaines écoles, aujourd'hui fort en vogue, la notion de causalité implique une sorte de lien mystérieux ; et comme il ne peut exister entre deux faits physiques de lien de cette sorte, on en conclut la nécessité de remonter plus haut, jusqu'aux essences et à la constitution intime des choses pour trouver la *cause vraie*, celle qui n'est pas seulement suivie de l'effet, mais qui le *produit* (1) ; » mais M. Mill, comme on le pense, s'interdit cette excursion.

Dans son *Examen de la philosophie d'Hamilton* (2), il a critiqué avec vivacité la théorie de ce philosophe sur la causalité. Suivant Hamilton, l'idée de cause n'est pas un principe *sui generis* de notre intelligence : elle s'explique par l'impossibilité pour nous de concevoir quelque chose qui commence absolument. Elle se ramène à l'axiome :

Ex nihilo nihil, in nihilum nil posse reverti.

C'est parce que nous ne concevons pas que rien devienne quelque chose, que nous demandons toujours la cause de tout effet, c'est-à-dire ce dont l'effet tire son existence et n'est qu'une transformation. Or, si on examine cette doctrine de Hamilton, on verra que poussée à ses dernières conséquences, elle aboutirait à donner à tous les phénomènes un substratum éternel dont les causes et les effets ne seraient que des manifestations dans le temps : c'est-à-

1. *Logique*, liv. III, ch. v.
2. *An examination*, etc., ch. XVI, p. 340.

dire qu'elle est complétement opposée d'esprit et de tendances à l'empirisme, tandis que M. Mill ne reconnaît que des causes empiriques.

Les phénomènes de la nature, dit-il, sont les uns à l'égard des autres dans deux rapports distincts : simultanéité et succession (1). C'est à la catégorie des rapports de succession qu'appartient la causalité ; mais tout rapport de succession n'est pas un rapport de causalité ; il faut pour cela qu'il remplisse des conditions essentielles qui vont être déterminées.

Certains faits succèdent et, croyons-nous, succéderont toujours à certains autres faits. L'*antécédent invariable* est appelé la cause ; le *conséquent invariable* est appelé l'effet. Le rapport de cause à effet a lieu d'ordinaire entre un groupe d'antécédents et un groupe de conséquents, quoiqu'en général, par un procédé tout arbitraire, on mette à part un de ces antécédents sous le nom de cause, les autres étant appelés simplement des conditions. Ainsi un homme mange d'un certain mets et en meurt : on dit que ce mets est la cause de sa mort. Mais le vrai rapport de causalité est entre la totalité des antécédents (constitution particulière du corps, état de santé, état de l'atmosphère, etc.) et la totalité des conséquents (phénomènes qui constituent la mort). Dans le langage exact que doit parler la philosophie, la cause est donc « la somme des conditions positives et négatives prises ensemble, le total des contingences de toute nature que le conséquent suit invariablement, quand elles sont réalisées. »

Cependant cette définition de la cause n'est encore que partielle. Séquence invariable n'est pas synonyme de causalité; il faut que la séquence soit de plus inconditionnelle.

1. *Logique*, loc. cit.

Il y a des séquences aussi uniformes que possible qui ne sont pas pour cela considérées comme des cas de causalité : ainsi la nuit succède invariablement au jour, sans que personne probablement ait jamais cru que la nuit est cause du jour. C'est que cette succession n'est pas inconditionnelle ; la production du jour est soumise à une condition qui n'est pas l'antériorité de la nuit, mais la présence du soleil. « C'est là ce que veulent exprimer les auteurs quand ils disent que la notion de cause implique l'idée de nécessité. »

Nécessité signifie inconditionalité. La cause d'un phenomène peut donc être définie : *l'antécédent ou la réunion d'antécédents dont le phénomène est invariablement et inconditionnellement le conséquent.*

Mais dire qu'un cas de succession est nécessaire, inconditionnel, en d'autres termes, invariable dans tous les changements possibles de circonstances, n'est-ce pas reconnaître dans la causation un élément de croyance non dérivé de l'expérience ? Nullement ; c'est l'expérience elle-même qui nous apprend que telle succession est conditionnelle, et que telle autre ne l'est pas ; que la succession du jour et de la nuit, par exemple, est une succession dérivée, dépendant d'autre chose : en un mot, l'expérience, sans rien qui la dépasse, explique notre idée de la causalité (1).

Quant à la théorie qui voit dans notre activité volontaire la source unique de cette idée, et qui prétend même qu'elle nous révèle ce que c'est qu'une cause *efficiente*, M. Mill répond qu'il ne voit dans la volonté qu'une cause *physique* comme une autre ; qu'elle est cause de nos actions corporelles, de la même manière que le froid est cause de la

1. *Logique*, liv. III, ch. v, § 5.

glace, et l'étincelle de l'explosion de la poudre. La volition est l'antécédent, le mouvement de nos membres, le conséquent; mais nous n'avons pas directement conscience de cette séquence au sens dans lequel la théorie le veut. M. Mill, d'accord avec Hamilton, fait remarquer que « cette théorie est renversée par ce fait qu'entre le phénomène de mouvement corporel dont nous avons conscience, et l'acte interne de la détermination, dont nous avons également conscience, intervient une nombreuse série d'actes intermédiaires que nous ne connaissons pas du tout; qu'en conséquence, nous ne pouvons avoir conscience d'un lien de causalité entre les deux bouts de la chaîne, comme le prétend l'hypothèse (1). »

V

Ainsi donc cette idée fondamentale de la causalité, impliquée dans les actes les plus vulgaires comme dans la connaissance la plus haute, base de toute science, « racine cachée » de toute induction (c'est-à-dire de tout raisonnement, selon notre auteur) s'explique par l'expérience pure et simple; elle n'est que la succession invariable et inconditionnelle. M. Mill ramène de même à l'expérience les axiomes et les vérités nécessaires.

Remarquons d'abord qu'il y a deux sortes de propositions générales : les unes qui, de l'avis de tout le monde, naissent de l'expérience et ne la dépassent pas, n'étant que l'expérience généralisée (Exemple : Tous les hommes sont mortels); les autres, qui, bien que suggérées par l'expérience, semblent la dépasser par leur caractère de nécessité

1. *Logique*, liv. III, ch. v, § 9.

(Exemple : Deux parallèles sont partout équidistantes). Suivant M. Mill, ces dernières propositions ne sont ni des vérités *à priori*, comme le veulent les rationalistes, ni de purs mots, comme le veulent les nominalistes, et Hobbes à leur tête. Que sont-elles donc? Des propositions empiriques. Voici comment il l'établit (1) :

Les raisons que l'on fait valoir pour accorder à ces vérités une origine particulière se réduisent à deux : elles sont *à priori*, elles sont nécessaires.

Les axiomes ne sont pas *à priori;* ce sont des vérités expérimentales, des généralisations de l'observation. La proposition : deux lignes droites ne peuvent enfermer un espace, est une induction résultant du témoignage des sens. Sans doute l'expérience ne donne de cette vérité qu'une connaissance *actuelle*, et par là ne semble pas suffisante à fonder un axiome; mais, qu'on le remarque, l'imagination y supplée; nous nous formons une image mentale des deux lignes, et nous voyons que, dès qu'elles se rencontrent de nouveau, elles cessent d'être droites. C'est donc sur une prolongation et reproduction interne de l'expérience que reposent en définitive les vérités dites *à priori*.

Reste le caractère de nécessité. Qu'est-ce qu'une vérité nécessaire? C'est une proposition dont la négation est non-seulement fausse, mais encore inconcevable. Or, M. Mill rejette catégoriquement ce criterium de l'inconcevabilité (2). Il nie absolument qu'on puisse dire : telle chose n'est pas puisqu'elle nous est inconcevable. Et je n'ai, ajoute-t-il, qu'à ouvrir l'histoire des sciences pour justifier

1. *Logique*, liv. II, ch. v, vi, vii.

2. M. Mill a soutenu, à plusieurs reprises et sans varier aucunement, que la vérité d'une proposition n'est pas suffisamment établie par l'inconcevabilité de sa négative. Il combat sur ce point MM. Herbert Spencer et G. Lewes. Pour cette polémique, V. Mill, *Logique*, II, ch. vii; *An examination*, ch. xxv; Herbert Spencer, *Princip. of psychology*, tom. II, 7e par., ch. xi; *Essais*, tome II, 11, et Lewes, *Histor. of phil.* Prolégomènes, § 31 et suiv.

mon assertion. Bon nombre de propositions ont été tenues pour inconcevables, qui sont maintenant passées dans la science à l'état de vérités incontestées : ainsi l'existence des antipodes, ainsi l'existence de la gravitation, que les cartésiens repoussaient parce qu'ils jugeaient impossible un mouvement sans contact. L'inconcevabilité de la négative n'est qu'un cas d'association inséparable. Nous éprouvons la plus grande difficulté à lier pour la première fois deux idées; puis, par la répétition et l'habitude, elles s'associent si bien que leur désunion paraît inconcevable, même aux esprits éclairés.

Les axiomes sont donc des vérités expérimentales d'une évidence surabondante, qui ont l'expérience pour base et pour criterium de vérification. « Ils ne sont qu'une classe, la classe la plus universelle d'inductions de l'expérience, les généralisations les plus aisées et les plus simples des faits fournis par les sens et la conscience (1). »

VI

La discussion qui précède nous a conduits aux confins de la logique ; nous ne les dépasserons pas. Ce n'est pas qu'à nos yeux la barrière semble infranchissable ; elle est même un peu conventionnelle, vu que la logique rentre dans la psychologie, comme la partie dans le tout. Nous regrettons que M. Mill, avec sa grande autorité philosophique, n'ait traité nulle part des rapports de la psychologie et de la logique. Cette question n'est pas si oiseuse qu'il pourrait sembler d'abord ; car, déterminer nettement les rapports de deux sciences voisines, c'est préciser leur objet, par

1. *Logique*, II, VI, § 1.

suite leur méthode et par suite rendre possibles leurs progrès. Elle importe d'autant plus que la psychologie, qui est à peine constituée comme science indépendante, a été jusqu'ici absorbée tantôt par la métaphysique, tantôt par la logique, si bien qu'entre l'une, qui dissertait sur les substances et les causes premières, et l'autre, qui ne considérait les facultés humaines que *in abstracto*, la science des faits, la psychologie expérimentale étouffait ou végétait (1).

Si, nous plaçant au point de vue de l'école qui nous occupe (ou même de tout autre, pourvu qu'elle fasse une large part aux faits), nous recherchons les rapports de la psychologie à la logique, nous verrons que la logique n'est qu'un rameau détaché de la psychologie. En effet, celle-ci a pour objet les faits de conscience, leurs causes immédiates et leurs lois; elle doit les embrasser tous, tandis que la logique ne s'occupe que de la seule faculté d'inférer et de son mécanisme. De plus, la psychologie doit étudier nos facultés dans la série entière de leur évolution, dans leurs variations ethnologiques ou autres, tandis que la logique ne considère la faculté de raisonner que sous sa forme adulte, impersonnelle, scientifique, et rejette les exceptions. La psychologie est concrète, tandis que la logique même entendue à la façon moderne, c'est-à-dire dépouillée du formalisme scolastique, reste abstraite; le mécanisme du raisonnement lui important beaucoup plus que la matière à laquelle il s'applique. La logique n'est donc, à tout prendre, qu'une petite partie de la psychologie. Elle constitue cependant une science à part, et à juste titre, puisqu'elle peut être étudiée à part, et que, même en raison de la simplicité de son objet, elle est beaucoup plus avancée

1. Dans l'antiquité, il faut excepter Aristote, qui procède souvent en naturaliste et dont la psychologie est si étonnante pour l'époque.

que la psychologie. Nous laisserons donc la logique de côté, quoique nous ayons affaire ici à l'un des plus célèbres logiciens du XIXe siècle, et nous n'exposerons que sa théorie psychologique du raisonnement.

Sur ce point, l'opposition de l'empirisme et de l'idéalisme est remarquable. L'idéalisme, qui considère la déduction comme l'opération fondamentale, parce qu'elle part du général, ne voit dans l'induction qu'une opération qui s'y ramène. Pour l'empirisme, l'induction est tout, parce qu'elle part des faits et qu'elle est le procédé expérimental; la déduction la suppose et n'en est à beaucoup d'égards que la vérification. On ne s'étonnera donc pas de la prépondérance que M. Mill accorde au procédé inductif.

Pour raisonner, c'est-à-dire pour aller de ce qu'on sait à ce qu'on ne sait pas, il faut un point de départ, un fondement. Ce point de départ, dit M. Mill, est le particulier. « Inférer ou raisonner, c'est le procédé de l'esprit par lequel on part de vérités connues pour arriver à d'autres réellement distinctes des premières. » (*Logiq.*, II, ch. I.) On le distingue ordinairement en deux espèces : induction et syllogisme. Mais il y a une troisième espèce de raisonnement distincte des deux précédentes, « et qui, néanmoins, non-seulement est valide, mais encore est le fondement des deux autres. » C'est l'inférence, qui *va du particulier au particulier*.

Voyons d'abord ce premier mode de raisonnement. C'est à tort que les logiciens considèrent le *dictum de omni et nullo*, comme la base de tout raisonnement; en réalité, « toute inférence est du particulier au particulier. » « Non-seulement nous pouvons conclure du particulier au particulier sans passer par le général, mais nous ne faisons presque jamais autrement. » « Toutes nos inférences pri-

« mitives sont de cette nature. Dès les premières lueurs « de l'intelligence, nous tirons des conclusions, mais des « années se passent avant que nous apprenions l'usage « des termes généraux. L'enfant qui, ayant brûlé son doigt, « se garde de l'approcher du feu, a raisonné et conclu, « bien qu'il n'ait jamais pensé au principe général : « Le « feu brûle..... » il ne généralise pas; il infère un fait par- « ticulier d'un autre fait particulier. C'est aussi de la même « manière que raisonnent les animaux (1). » M. Mill croit que, quand nous tirons des conséquences de notre expérience personnelle, nous concluons plus souvent du particulier au particulier que par l'intermédiaire d'une proposition générale. « On a remarqué avec quelle admirable « sûreté les hommes doués d'un esprit pratique supérieur « adaptent les moyens à leurs fins, sans être en état de « donner des raisons satisfaisantes de ce qu'ils font. C'est « là une conséquence naturelle chez les hommes qui pos- « sèdent un riche fonds de faits particuliers et ont été « habitués à conclure de ces faits aux faits nouveaux, sans « se préoccuper d'établir les propositions générales corres- « pondantes. » Les propositions générales sont de simples registres des inférences déjà effectuées, et de courtes formules pour en faire d'autres (2). Nous y emmagasinons en quelque sorte nos expériences pour en user au besoin. Le raisonnement du particulier au particulier nous amène donc naturellement à l'induction.

L'induction, en effet, est le mode d'inférence qui va du particulier au général, du connu à l'inconnu. « Elle peut se définir une généralisation de l'expérience » (3), ou bien

1. *Logique*, II, ch. III, trad. Peisse.
2. *Ibid.*
3. Liv. III, ch. III.

encore « le moyen de découvrir et de prouver des propositions générales. » Son fondement n'est pas, comme l'ont prétendu les Écossais, notre croyance à l'uniformité du cours de la nature, vu que cette croyance est elle-même un exemple d'induction, et d'une induction qui n'est pas des plus faciles ni des plus évidentes, puisqu'il faut, avant d'y arriver, avoir conçu les uniformités particulières dont l'uniformité générale est la résultante et la synthèse. Quel est donc le fondement de l'induction? C'est l'idée de la causalité. « La notion de cause est la racine de toute la théorie de l'induction (1). » Nous avons déjà vu que la cause pour M. Mill, c'est l'antécédent invariable, et que le rapport de causalité c'est la succession inconditionnelle. Dès lors, si deux faits ou groupes de faits sont tels que l'expérience nous les ait montrés jusqu'ici (sans exception connue) dans un rapport de succession invariable et inconditionnelle, il en résulte que l'un des termes donne l'autre, auquel il est indissolublement lié; que si nous tenons la cause, nous pouvons inférer l'effet; que si nous connaissons l'effet, nous pouvons inférer la cause, et que le passage s'opère ainsi légitimement du connu à l'inconnu; que, d'ailleurs, l'uniformité des causes supposant celle des effets et réciproquement, nous passons ainsi du particulier au général. « Le procédé inductif est essentiellement une « recherche des cas de causation..... Si nous pouvions dé- « terminer exactement à quelles causes sont attribuables « tels effets, ou à quels effets, telles causes, nous posséde- « rions virtuellement la connaissance de tout le cours de la « nature. Toutes ces uniformités, qui sont de simples ré- « sultats de causation, seraient alors mises à nu et expli- « quées, et chaque événement individuel pourrait être prévu,

1. *Logique*, liv. III, ch. v, § 2.

« pourvu que nous eussions les données nécessaires.....
« Déterminer les effets de chaque cause et la cause de
« tous les effets, c'est la principale affaire de l'induc-
« tion (1). »

Par suite, la déduction se trouve rejetée à un rang secondaire. Tandis que certains logiciens y voient le type universel du raisonnement, et pensent que tout procédé discursif se réduit en dernière analyse à tirer les idées les unes des autres, M. Mill dit « que l'emploi du syllogisme n'est en réalité que l'emploi des propositions générales dans le raisonnement. » Or, une proposition générale n'est qu'un memorandum, une « condensation » d'une foule d'inférences tirées des cas particuliers. « On *peut* raisonner sans elles, et c'est ce qu'on fait dans les cas les plus simples ; elles ne sont nécessaires que pour faire avancer et progresser le raisonnement. » « Elles le simplifient, l'allégent et permettent d'en vérifier la validité (2). » M. Mill, d'ailleurs, tout en refusant de voir dans la déduction un procédé fondamental, lui fait la part belle, puisqu'il pense que diverses sciences n'ont fait peu de progrès jusqu'ici que parce qu'elles ont induit au lieu de déduire.

En somme, le raisonnement, à son plus bas degré, n'est, à proprement parler, qu'une association d'idées ; car on ne peut voir autre chose dans l'inférence du particulier au particulier. C'est parce que les idées de chandelle allumée, de doigt brûlé et de douleur se sont associées, que plus tard l'une rappelle l'autre (3). Le vrai raisonnement ne se

1. *Ibid.*, ch. VI.
2. *Logique*, liv. II, ch. III.
3. Leibniz appelait l'inférence du particulier au particulier une *conséculion empirique :* celle par exemple d'un Hollandais qui, en Asie, entre dans une taverne, et s'attend à ce qu'on lui serve de la bière comme en Hollande. *De anima Brutorum*, édit. Dutens, tome II.

produit que quand nous saisissons, au lieu de successions fortuites, des successions constantes et inconditionnelles, c'est-à-dire des rapports de causalité.

VII

M. J. Stuart Mill a traité à plusieurs reprises et avec étendue la question de la liberté (1). Est-il fataliste? est-il partisan du libre arbitre? ni l'un ni l'autre. Il pense que cette question est mal posée, et toute l'école qui nous occupe ici professe la même opinion en termes différents.

Le partisan de la nécessité dit : la volition est un effet; comme tout effet, il a sa cause; cette cause ce sont les motifs. Qui doute que si nous connaissions à fond le caractère d'une personne et toutes les circonstances qui agissent sur elle, nous puissions prédire avec certitude ses résolutions?

Le partisan de la liberté dit : d'abord, j'ai pour moi le sentiment intime de mon libre arbitre; ensuite mes projets, mes plans, les actes même les plus vulgaires de ma vie montrent que je ne suis pas esclave de la nécesssité, que je n'agis pas comme un automate, mais que je participe à mes actions.

Ces deux doctrines ont en partie tort et en partie raison. La confusion et le désaccord viennent d'une théorie erronée de la causalité qui considère le rapport de cause à effet comme *nécessaire*, qui imagine une contrainte mystérieuse exercée par l'antécédent sur le conséquent, laquelle ne pourrait en effet exister sans ruiner le libre arbitre. « Nous

1. *Logique*, liv. VI, ch. II, et *An examination*, etc., ch. XXV.

sommes certains que dans nos volitions cette contrainte mystérieuse n'existe pas. Nous sentons que nous ne sommes pas forcés, comme par un charme magique, d'obéir à un motif particulier..... Bien des gens ne croient pas et peu sentent dans la pratique que la causation n'est qu'une *succession invariable, certaine et inconditionnelle* : et il en est peu à qui la simple constance de la succession semble un lien assez fort pour une relation aussi spéciale que celle de cause à effet..... Ceux qui pensent que les causes traînent leurs effets après elles par un lien mystique, ont raison de croire que la relation entre les volitions et leurs antécédents est d'une autre nature. Mais les meilleures autorités philosophiques ne supposent plus maintenant que n'importe quelle cause exerce sur son effet cette coaction mystérieuse (1). » Le tort des nécessitariens, c'est d'entendre par la nécessité qu'ils reconnaissent dans nos actions plus qu'une simple uniformité de succession qui permet de les prévoir : ils ont au fond l'idée qu'entre les volitions et leurs causes il y a un lien beaucoup plus serré.

L'erreur dépend presque uniquement des associations suggérées par le mot nécessité, et on l'éviterait en s'abstenant d'employer, pour exprimer le simple fait de la causalité, un terme aussi complétement impropre que celui-là. Ce mot, en effet, implique beaucoup plus qu'une simple uniformité de succession, il implique *irrésistibilité*. S'il peut s'appliquer aux agents naturels qui sont pour la plupart irrésistibles, on voit combien son application aux mobiles des actions humaines est inexacte. « Il y a des successions physiques que nous appelons nécessaires, comme la mort, faute d'air ou de nourriture. Mais il y en a d'autres *qui, tout en étant aussi bien que les premières des cas de cau-*

1. *Logique*, trad. Peisse, tome II, p. 420.

sation, ne sont pas dites nécessaires, comme la mort par empoisonnement qu'un antidote ou l'emploi d'une pompe stomacale peut quelquefois prévenir. » Les actions humaines sont dans cette catégorie. En somme, la question ne pourra jamais être comprise, tant que ce terme impropre de nécessité n'aura pas été supprimé. « La doctrine du libre arbitre met en évidence précisément cette portion de la vérité que le mot nécessité fait perdre de vue, c'est-à-dire la faculté que possède l'homme de coopérer à la formation de son caractère. Elle a donné à ses partisans un sentiment pratique beaucoup plus approchant de la vérité que ne l'ont fait les nécessitariens (1). »

Ce n'est pas d'ailleurs que M. Mill fasse grand cas de la preuve si souvent tirée de la conscience de notre libre arbitre. Avoir conscience de notre libre arbitre, dit-il, ne peut signifier qu'une chose : avoir conscience, avant de m'être décidé, que je puis me décider dans l'un ou l'autre sens.

Mais on peut *in limine* critiquer l'emploi du mot conscience ainsi appliqué. La conscience me dit ce que je sens ou fais; mais elle ne me dit pas ce que je pourrai faire. La conscience n'a pas le don de prophétie. Nous avons conscience de ce qui est, non de ce qui sera ou peut être (2).

Mais cette conviction que nous sommes libres, — que ce soit d'ailleurs conscience ou croyance, — qu'est-elle ? Elle consiste, me dit-on, en ce que, quoi que je décide, je sens que j'aurais pu me décider d'une autre façon. Soit par exemple l'alternative d'assassiner ou de ne pas assassiner. On dit que si je me décide à assassiner, j'ai conscience que j'aurais pu m'abstenir. Mais, ai-je conscience que j'aurais

1. *Ibid.*
2. *An examination*, etc., p. 564, ch. XXV.

pu m'abstenir, si mon aversion pour le crime et ma peur de ses conséquences avaient été plus faibles que ma tentation? Si je choisis de m'abstenir, dans quel cas ai-je conscience que j'aurais pu choisir de commettre le crime? Dans le cas où mon désir d'assassiner aurait été plus fort que mon horreur du meurtre. Quand nous nous représentons par hypothèse ayant agi autrement que nous avons agi, nous supposons toujours une différence dans les antécédents de l'acte.

Objectera-t-on qu'en résistant, j'ai conscience de faire un effort, et que si la tentation dure longtemps, je suis aussi sensiblement épuisé par cet effort qu'après quelque exercice physique? — A cela M. Mill répond : que la bataille entre les motifs contraires n'est point décidée en un instant; que leur conflit peut durer quelquefois très-longtemps, et que quand il a lieu entre des sentiments violents, il épuise d'une façon extraordinaire la force nerveuse. Or, cette conscience de l'effort dont on parle, c'est la conscience de cet état de conflit. Le combat n'est pas entre moi et une puissance étrangère que je bats ou qui me bat; il est entre moi et moi-même, entre moi qui désire une chose, par exemple, et moi qui crains le remords. Le sentiment de l'effort (mot très-impropre ici d'ailleurs) est le résultat de la bataille : il vient des vaincus aussi bien que des vainqueurs.

On ne peut guère toucher au libre arbitre sans voir se poser l'objection de la responsabilité morale, qui sans lui ne peut subsister, dit-on. M. Stuart Mill l'a discutée (1).

Supposez, dit-il, deux races particulières d'êtres humains, — l'une ainsi constituée dès l'origine, que de quel-

1. *An examination*, etc., p. 570-590, trad. Cazelles, p. 560 et sq.

que façon qu'on l'élève et la traite, elle ne pourra s'empêcher de penser et d'agir de manière à être une bénédiction pour tous ceux qui en approchent; — l'autre d'une nature originelle si perverse, que ni éducation, ni châtiment n'ont pu lui inspirer quelque sentiment de devoir ni l'empêcher de mal faire. Quand même ni l'une ni l'autre de ces deux races n'auraient de libre arbitre, nous ne pourrions nous empêcher d'honorer les premiers comme des demi-dieux, et de traiter les autres comme des bêtes nuisibles, de les garder à distance ou même de les tuer s'il n'y a pas d'autre moyen de s'en débarrasser. On voit donc qu'en poussant la doctrine de la nécessité même à sa plus complète exagération, la distinction entre le bien moral et le mal n'en subsisterait pas moins. « La réalité des distinctions morales et la liberté de nos volitions sont des questions indépendantes l'une de l'autre. Et je soutiens qu'un être humain qui aime d'une manière désintéressée et constante ses semblables et tout ce qui tient à leur bien; qui hait d'une haine vigoureuse ce qui tend à leur mal et agit en conséquence, est naturellement, nécessairement et raisonnablement un objet d'amour, d'admiration, de sympathie, qu'il est chéri et encouragé par le genre humain; » que celui qui a des tendances contraires, est un objet naturel et légitime d'aversion; et cela soit qu'ils jouissent l'un et l'autre de leur liberté ou non.

La doctrine de M. Mill, comme on le voit, c'est que, même à mettre les choses au pis, le fatalisme absolu ne supprimerait pas la responsabilité, c'est-à-dire la punition (1). On naîtrait bon ou mauvais, comme on naît beau ou laid, sot ou spirituel; mais alors on plaindrait le crime comme on plaint la laideur, on la réprouverait comme on

1. *Responsability means punition*, p. 570, *loc. citato*. On peut sur ce sujet lire la lettre xxv des *Opera posthuma* de Spinoza, adressée à H. Oldenburg; la XIIe de la trad. Saisset.

réprouve la sottise, on l'internerait comme on interne la folie. N'oublions pas que M. Mill n'est pas fataliste.

On considère, dit-il, comme embarrassante cette question : Comment peut-on justifier le châtiment, si les actions humaines sont déterminées par des motifs? Mais une question bien plus embarrassante serait celle-ci : comment peut-on le justifier si elles ne sont pas déterminées? Le châtiment part de cette hypothèse que la volonté est gouvernée par des motifs; le châtiment étant lui-même un motif. Mais si le châtiment n'avait pas le pouvoir d'agir sur la volonté, il serait illégitime. Si la volonté est supposée capable d'agir *contre* des motifs, la punition reste sans objet et sans justification (1).

Pour conclure sur ce point, M. Mill distingue, relativement à l'influence des motifs, trois doctrines : deux qu'il repousse et une qu'il accepte :

Le fatalisme pur et simple, — le fatalisme asiatique ou celui d'Œdipe, — soutient que nos actions ne dépendent pas de nos désirs. Une puissance souveraine, un destin inexorable gouverne tous nos actes. Notre amour du bien et notre haine du mal, quoique vertueux en eux-mêmes, nous sont inutiles dans la conduite.

Le fatalisme, que l'on peut appeler *modifié*, soutient que nos actions sont déterminées par notre volonté, notre volonté par nos désirs, et nos désirs par l'influence jointe des motifs qui se présentent à nous et de notre caractère individuel; mais que ce caractère ayant été fait pour nous et non par nous, nous n'en sommes point responsables ni des actions auxquelles il nous conduit, et que nous tenterions vainement de le modifier.

Enfin, la vraie doctrine de la causalité des actions humaines maintient, contrairement aux deux précédentes, que

1. P. 576.

non-seulement notre conduite, mais aussi notre caractère dépend en partie de notre volonté ; que nous pouvons l'améliorer en employant des moyens appropriés, et que s'il est tel que par sa nature il nous contraint à mal faire, il sera juste d'employer des motifs qui nous contraignent à faire effort pour améliorer ce mauvais caractère. En d'autres termes, nous sommes soumis à l'obligation *morale* de rechercher l'amélioration de notre caractère *moral*.

Cette dernière solution, qui est celle de M. Mill, suppose donc en nous la spontanéité et même la possibilité d'en régler le développement. Mais ce pouvoir directeur, cette faculté de nous placer dans les circonstances favorables à notre perfectionnement, qu'est-elle au fond? C'est là une question qui nous paraît capitale : or, l'École qui nous occupe est très-vague sur ce point.

VIII

Quoique la psychologie nous occupe seule ici, il n'est pas hors de notre sujet de montrer en quelques mots les rapports de l'Associationisme avec les théories morales que Stuart Mill a exposées dans son petit livre *On Utilitarianism*. L'influence personnelle de Bentham y frappe tout d'abord ; et on peut dire que parmi les nombreux disciples qu'il a laissés en Angleterre, Mill apparaît simplement comme le plus systématique.

Le principe fondamental de l'école utilitaire, c'est que le seul critérium possible de la justice ou de l'injustice des actions consiste dans leurs conséquences calculables, c'est-à-dire dans leurs tendances : « Toujours depuis que l'homme est devenu un être social et moral, l'observation et le raisonnement ont montré constamment que certaines actions — par exemple, dire la vérité — tendent en général à augmenter le bonheur de l'humanité; et que certaines actions contraires — par exemple, mentir, — tendent à porter atteinte au bonheur de l'humanité. En vertu de la loi d'association, c'est-à-dire d'une loi d'habitude mentale, les actions de la première espèce étant associées constamment dans l'expérience et dans la pensée, avec ce qui produit le bonheur, deviennent elles-mêmes un objet d'approbation : les actions contraires étant associées constamment, dans l'expérience et dans la pensée, avec ce qui détruit le bonheur, deviennent un objet de condamnation. » Par suite le sens moral serait un sentiment acquis, non primitif, dont un exemple grossier, disent les Utilitaires, peut suffisamment expliquer le mode de formation. Prenez l'amour de l'argent. Ce n'est assurément pas un sentiment primitif. L'argent n'est pas, comme le pain, une chose désirable en elle-même. On ne le désire qu'en vertu des agréments qu'il peut nous procurer. L'amour de l'argent est donc un sentiment secondaire produit par une association d'idées entre lui et ce qu'il donne. Mais quand ce sentiment est une fois formé, il a exactement la force d'un sentiment primitif : l'argent est aimé pour lui-même. De même, la vertu est bonne primitivement parce qu'elle tend à produire le bonheur. Par suite il se forme dans la pensée une association indissoluble entre la vertu et le bonheur; puis par la force de l'habitude, nous en venons à pratiquer le devoir pour lui-même, sans préoccupation du bonheur qu'il procure et même au prix du sacrifice conscient et délibéré du bonheur.

Telle est l'ingénieuse théorie par laquelle Stuart Mill, fidèle à ses deux principes : procéder par induction et tout ramener à des associations d'idées, croit pouvoir expliquer la genèse du sens moral. Il y a ajouté à titre de principe régulateur une distinction entre les plaisirs supérieurs et les plaisirs inférieurs : en d'autres termes, il faut distinguer dans les plaisirs non-seulement leur *quantité*, mais leur *qualité*. Comment établir cette différence de qualité ? « Si des personnes en état de juger avec compétence entre deux plaisirs donnés placent l'un tellement au-dessus de l'autre, qu'elles le lui préfèrent tout en le sachant accompagné d'une plus grande somme de mécontentement, nous sommes en droit d'attribuer à la jouissance préférée une supériorité de qualité qui l'emporte sur la quantité (1). »

Le critérium proposé par Stuart Mill est vague et ce reproche lui a été fait même dans l'école dont nous nous occupons (2). Ainsi M. Herbert Spencer, dans une lettre à Stuart Mill où il répudie le titre d'*anti-utilitaire* que celui-ci lui avait appliqué, formule ainsi sa critique en se fondant sur la doctrine des *conditions d'existence* : « Je diffère des Utilitaires non sur le but à atteindre, mais sur les moyens à suivre. Le bonheur est la fin dernière de la morale, non sa fin prochaine. Cette science a pour objet de déterminer *comment* et *pourquoi* certains modes de conduite sont nuisibles et d'autres utiles. Ces bons et ces mauvais résultats ne peuvent être accidentels, ils doivent résulter de la nature des choses. L'objet de la morale doit donc être de déduire des lois de la vie et de ses conditions d'existence, quelles sont les espèces d'actions qui tendent nécessairement à produire le bonheur et quelles sont les espèces d'actions qui tendent au contraire. Cela fait, ses déductions doivent être reconnues comme loi de conduite

1. Stuart Mill, *The Utilitarianism*, p. 12.
2. Voir Lecky, *History of European Morals* (Introduction); Bain, *Mental and Moral Science*, 1868, p. 721; Herbert Spencer, *Essays*, 1874, tome III, p. 301.

et on doit s'y conformer, sans estimation directe. » L'auteur que nous citons éclaircit la doctrine par une comparaison : l'astronomie a parcouru deux périodes ; l'une empirique, chez les anciens, où les phénomènes étaient prédits en gros et approximativement ; l'autre rationnelle, chez les modernes, où la loi de gravitation a permis des déterminations rigoureuses et vraiment scientifiques. Tel est le rapport qui existe entre la moralité fondée sur l'utilité *(expediency-morality)* et la morale comme science. Le reproche qu'on peut adresser à l'Utilitarisme c'est de s'en tenir à la période initiale.

Il y a eu, ajoute Herbert Spencer (et ceci s'expliquera plus tard par sa doctrine générale), et il y a encore dans la race certaines intuitions fondamentales, qui sont le résultat d'expériences graduellement organisées et héritées, mais qui sont devenues inconscientes. Elles se sont formées *par accumulation lente*, comme nos intuitions d'espace et de temps. Et de même que l'intuition d'espace correspond aux démonstrations exactes de la géométrie, les intuitions morales correspondent aux démonstrations de la science morale.

CHAPITRE III

Théorie psychologique de la matière et de l'esprit.

Nous n'entrons pas ici, comme on pourrait le croire, dans la métaphysique ; du moins n'y sera-t-il question ni de la matière ni de l'esprit, considérées comme substances. La « théorie psychologique de l'esprit et de la matière, » qui est le résumé et le résultat de ce qui précède, s'oppose à la théorie intuitive (*introspective*) de Reid, de Stewart et de la plupart des philosophes, en ce que celle-ci considère le sujet et l'objet comme deux termes fondamentaux, irréductibles, à nous révélés par la conscience dès le commencement de la vie, tandis que l'école expérimentale pense que les notions de matière et d'esprit sont complexes et formées à une époque ultérieure ; qu'en conséquence, en y appliquant l'analyse, on peut en découvrir et en retracer la genèse. Elle voit une question d'origine et de recherche embryologique, là où l'école rivale ne voit que deux faits à constater, réfractaires à tout procédé d'explication. Elle se propose d'établir que la matière n'est que la possibilité permanente de nos sensations, et l'esprit la possibilité permanente de nos états de conscience ; se rapprochant ainsi de Berkeley sur le premier point, et de Hume sur le second.

Commençons par la matière (1).

I

La théorie psychologique de la croyance en un monde extérieur a besoin, pour se constituer, de quelques postulats qui, tous, sont prouvés par l'expérience.

Le premier postulat, c'est que l'esprit humain est capable d'attente ; en d'autres termes, qu'après avoir eu des sensations actuelles, nous sommes capables de nous former la conception de sensations possibles.

Le second postulat, c'est que nos idées s'associent suivant des lois. Parmi les lois de l'association des idées, celles qui concernent le cas présent sont les suivantes :

1. Il y a une tendance à penser ensemble des phénomènes semblables.

1. *An examination* ch. XI tout entier.

2. Il y a une tendance à penser ensemble des phénomènes qui ont été éprouvés ou conçus comme contigus dans le temps ou l'espace.

3. Les associations produites par la contiguïté deviennent plus certaines et plus rapides par la répétition ; et ainsi se produit l'association inséparable ou indissoluble.

4. Quand l'association a acquis ce caractère d'inséparabilité, non-seulement les deux idées deviennent inséparables dans la conscience, mais les faits ou phénomènes qui correspondent à ces idées en viennent finalement à paraître inséparables dans l'existence. On en trouve des exemples innombrables dans les perceptions acquises de la vue. Ainsi, nous voyons artificiellement qu'un corps est chaud ou froid, dur ou mou, etc.

Ces postulats posés, « la théorie psychologique maintient qu'il y a des associations naturellement et même nécessairement produites par l'ordre de nos sensations et de nos réminiscences de sensations, lesquelles, en supposant qu'il n'existât dans la conscience aucune intuition d'un monde extérieur, en produiraient inévitablement la croyance et le feraient regarder comme une intuition. » Et d'abord, que voulons-nous dire par ces mots : un monde extérieur, une substance externe ? Nous entendons que nos perceptions ont rapport à quelque chose qui existe, même quand nous n'y pensons pas, qui a existé avant que nous y ayons pensé, qui existerait quand même nous serions anéantis ; nous entendons qu'il existe des choses que nous n'avons jamais vues, touchées, ni aperçues, ni nous, ni aucun autre homme. L'idée de ce quelque chose de fixe qui se distingue de nos impressions flottantes, par ce caractère que Kant appelle la permanence ; c'est là notre croyance à la matière. Or, d'après la théorie psychologique, tout cela n'est que la forme, que les lois connues de l'association imposent à nos notions de sensations contingentes, obtenues par l'expérience.

Je vois un morceau de papier blanc sur une table. Je passe dans une autre chambre et je ne le vois plus; cependant je suis persuadé que le papier y est toujours; que si je rentrais dans la chambre, je le verrais encore. Je crois que Calcutta existe, quoique je ne le voie pas; et qu'il existerait encore quand même tous ses habitants seraient subitement frappés de mort. Analysez cette croyance, et vous verrez qu'elle se réduit à ceci : si j'étais transporté soudainement sur la rive de l'Hougly, j'aurais des sensations qui m'amèneraient à croire que Calcutta existe. Dans ces deux cas (et tous y rentrent), mon idée du monde extérieur est l'idée de sensations actuelles ou possibles. Ces diverses possibilités sont même la chose importante pour moi dans le monde. Mes sensations présentes sont généralement de peu d'importance et fugitives; les possibilités, au contraire, sont *permanentes;* ce qui est précisément le caractère qui distingue notre idée de substance ou de matière, de notre idée de la sensation.

Il y a un autre caractère important qui ajoute à a certitude ou garantie de ces possibilités de sensations; c'est que les sensations sont non pas isolées, mais jointes en groupes. Quand nous pensons à quelque corps ou objet matériel, nous pensons non à *une seule* sensation, mais à un nombre indéfini et varié de sensations, appartenant d'ordinaire à divers sens, mais si bien liées, que la présence de l'une annonce d'ordinaire la présence possible et au même instant de tout le reste. Par suite, le groupe, considéré comme un tout, se présente à l'esprit comme permanent, caractère principal qui distingue notre idée de substance ou de matière de notre idée de la sensation.

Enfin, nous ne reconnaissons pas seulement des groupes

fixes, mais aussi un *ordre* fixe dans nos sensations, un ordre de succession qui, quand l'expérience le confirme, donne naissance aux idées de cause et d'effet. Mais cette succession invariable entre ce qui est antécédent et ce qui est conséquent a lieu le plus souvent, non entre un antécédent actuel et un conséquent actuel, mais entre des groupes dont une partie seulement nous est présente actuellement. Par suite, nos idées de cause, de puissance, d'activité se lient, non à des sensations, mais à *des groupes de possibilités de sensations*. L'ensemble des sensations, considérées comme possibles, forme une base permanente pour les sensations actuelles; le rapport des sensations possibles est considéré comme le rapport d'une cause à ses effets, d'une toile aux figures qui y sont peintes, d'une racine à son tronc, ses feuilles et ses fleurs, d'un *substratum* à ce qui le recouvre.

Ce n'est pas tout encore. Arrivés à ce point, nous considérons ces possibilités permanentes comme différentes de la sensation. Nous oublions qu'elles ont leur fondement dans la sensation, et nous supposons qu'elles en sont intrinsèquement distinctes. En d'autres termes, ces groupes de sensations liés entre eux suivant des rapports de simultanéité ou de succession, en viennent pour ainsi dire à être détachés de nous-mêmes et considérés comme des existences distinctes. De plus, nous découvrons que les autres êtres humains ou sentants fondent leur attente et leur conduite, comme nous, sur ces possibilités de sensations. Nous voyons qu'ils n'ont pas exactement les mêmes sensations que nous, mais qu'ils ont leurs possibilités de sensations comme nous; que tout nous indique qu'il y a en eux une possibilité de sensations semblables aux nôtres, à moins que leurs organes ne diffèrent du type des nôtres. Cet accord de nous et de nos semblables achève et complète notre idée : que la réalité fondamentale de la nature consiste en des groupes de possibilités.

En un mot, des sensations possibles, des groupes de sensations, un ordre entre ces groupes et un accord entre notre croyance et celle de nos semblables : c'est là toute notre idée de la matière. « *La matière peut donc être définie une possibilité permanente de sensation.* Si l'on me demande si je crois à la matière, je demanderai si l'on accepte cette définition. Si on l'accepte, je crois à la matière; et ainsi font tous les Berkeleyens. Dans tout autre sens, je n'y crois pas. Et j'affirme avec confiance que cette idée de la matière renferme toute la signification qu'on y rattache en général, à part les théories philosophiques ou théologiques (1). »

On objectera peut-être que la précédente théorie rend bien compte de l'idée d'existence permanente qui forme une partie de notre conception de la matière ; mais qu'elle n'explique pas pourquoi nous croyons que ces objets permanents sont extérieurs, c'est-à-dire hors de nous.

Je pense, au contraire, dit M. Mill, que l'idée même de quelque chose hors de nous ne dérive que de la connaissance que l'expérience nous donne de possibilités permanentes : nous entraînons nos sensations avec nous partout où nous allons; mais quand nous changeons de place nous n'entraînons pas avec nous les possibilités permanentes de sensations. Nous les retrouvons quand nous revenons. Elles naissent et cessent dans des conditions où notre présence n'a rien à voir, en général. Elles sont et seront après que nous aurons cessé de les sentir, des possibilités de sensations pour d'autres êtres. Le constraste entre nos sensations actuelles et les possibilités de sensations est donc clair : et

1. P. 227.

quand l'idée de cause est née en nous, rien de plus naturel que de l'étendre à ces possibilités permanentes, que de les considérer comme des existences de nos sensations, mais dont nos sensations sont les effets.

II

Appliquons maintenant cette théorie psychologique à l'esprit (1). Il est évident d'abord que la connaissauce que nous en avons comme celle que nous avons de la matière est entièrement relative. Nous ne savons pas ce qu'il est en dehors des manifestations de la conscience. Nous ne pouvons ni le connaître, ni l'imaginer, sous une forme autre que la succession de divers états de conscience. Il n'en est pas moins vrai que notre notion d'esprit, comme celle de matière, est la notion de *quelque* chose de permanent par opposition au flux perpétuel des états de conscience que nous y rapportons. Ce « permanent » peut n'être, pour l'esprit comme pour la matière, qu'une possibilité. Je crois que mon esprit existe, même quand il ne sent pas, ne pense pas et n'a pas conscience de son existence. A quoi cela se réduit-il? à croire à une possibilité permanente de ces états. Ainsi donc notre idée de l'esprit, ce n'est rien de plus que l'idée de la série de nos sensations actuelles et des possibilités infinies de sensation qui se réaliseront si les conditions appropriées se rencontrent.

Mais avant d'aller plus loin, M. Mill, qui n'ignore pas que la plupart des gens courent vite aux conséquences réelles ou présumées d'une doctrine pour la juger, nous propose de les examiner. Elle est accusée, dit-il, de ruiner notre croyance

1. *An examination*, etc., ch. XII tout entier.

à l'existence de nos semblables, à l'existence d'un monde suprasensible ou de Dieu, et à l'immortalité.

Sur le premier point, il n'y a absolument rien, dans cette théorie, qui puisse m'empêcher de penser qu'il y a d'autres êtres comme moi, dont l'esprit n'est comme le mien qu'une série de sentiments. Car, comment suis-je amené à croire que les êtres que je vois marcher et que j'entends parler, ont des sentiments et des idées, qu'ils possèdent un esprit? Évidemment ce n'est pas par intuition. Je vais des signes aux sentiments qu'ils traduisent; ma propre expérience sert de base à mon induction. Mais ce procédé logique ne perd rien de sa légitimité dans l'hypothèse que ni l'esprit ni la matière ne sont rien autre chose qu'une possibilité permanente de sentiment.

La théorie psychologique de l'esprit laisse ma certitude de l'existence de mes semblables exactement ce qu'elle était auparavant : il en est de même pour l'existence de Dieu. Supposez que je considère l'Esprit divin simplement comme la série des pensées divines prolongée pendant l'éternité, ce serait assurément considérer l'existence de Dieu comme aussi réelle que la mienne; ce serait faire ce qu'au fond on fait toujours, c'est-à-dire se fonder sur la nature humaine pour en inférer la nature divine. La croyance en Dieu n'a donc rien ni à gagner ni à perdre, si l'on admet la présente théorie.

Il en est de même pour l'immortalité : il est aussi aisé de concevoir une succession de sentiments, un courant de conscience (1) prolongée éternellement, qu'une substance spirituelle qui continue toujours d'exister : et s'il y a quelques arguments probants, ils peuvent aussi bien s'adapter à une théorie qu'à l'autre.

Voilà donc les objections extrinsèques écartées. Mais la

1. Littéralement : un fil de conscience (*thread of consciousness*).

théorie qui résout l'esprit en une série de sentiments actuels, avec une base de sentiments possibles, contient des difficultés intrinsèques qu'il ne semble pas, dit M. Mill, que l'analyse psychologique puisse résoudre. En effet, le courant de conscience qui constitue la vie phénoménale de l'esprit se compose non-seulement de sensations présentes, *mais aussi de souvenirs et d'attentes;* il n'est pas borné au présent, il embrasse aussi le passé et l'avenir. « Si donc « nous parlons de l'esprit comme d'une série de sentiments, « nous sommes obligés d'ajouter, pour être complet, une « série de sentiments qui se connaît elle-même comme passée « et comme future. Et nous sommes réduits à l'alternative « de croire que l'esprit, le moi, est quelque chose de dif- « férent d'une série de sentiments actuels ou possibles ou « bien d'accepter ce paradoxe, que quelque chose qui par « hypothèse n'est qu'une série de sentiments, peut se con- « naître elle-même comme série. » La vérité, ajoute M. Mill, c'est que nous sommes ici face à face avec cet inexplicable qui se rencontre nécessairement quand nous touchons aux faits derniers. Et il pense que si sa manière d'expliquer les faits paraît plus incompréhensible qu'une autre, c'est qu'elle est moins accommodée au langage courant, et que par suite elle présente quelquefois des contradictions *dans les termes.* « Au fond le plus sage de beaucoup c'est d'accepter le fait inexplicable, sans théorie sur le *comment ;* et quand nous sommes obligés d'en parler en termes qui impliquent quelque théorie, il faut le faire avec plus de réserve. »

IX

Cette théorie de l'esprit et de la matière, qui dépasse à quelques égards la psychologie purement expérimentale, paraît avoir soulevé de vives discussions en Angletetre, si l'on en juge par le grand nombre de livres, brochures, articles de journaux et de revues que M. Mill cite, discute, et quelquefois approuve. Avec ce goût de la libre critique et cette parfaite loyauté qui lui sont propres, il se plaît à citer ses adversaires, à mettre en relief certaines objections et à dire même nettement celles qu'il regarde comme insolubles.

Notons d'abord quelques différences entre la théorie psychologique de la matière et celle de l'esprit. M. Mill donne la première pour complète, mais il refuse expressément ce caractère à la seconde (1). L'une serait acceptée sans réserve par un idéaliste, l'autre confine à l'empirisme absolu : l'une touche à Berkeley, l'autre à Hume (2).

Qu'y a-t-il cependant de commun entre ces deux théories que l'auteur confond sous un même nom ? Le voici : l'une réduisant la matière à n'être qu'une collection d'attributs ; l'autre réduisant l'esprit, en apparence au moins, à n'être qu'une collection d'états de conscience, il semble que toute idée de substance disparaisse. Or, cette théorie porte un nom spécial, elle s'appelle *phénoménisme*. On la trouve dans Hume. Voyons s'il faut l'attribuer à M. Mill.

L'auteur, qui se plaint de la façon dont sa doctrine a été reçue par ceux « dont les opinions étaient déjà faites, » reconnaît que le jugement le moins défavorable a été celui des partisans de Berkeley ou de tout autre idéaliste. On ne voit point, en effet, pourquoi ils n'accepteraient pas sa théorie de la matière. Car que soutient l'idéaliste ? Que toute la réalité du monde extérieur est dans l'esprit qui le

1. Appendix, p. 245.
2. Sur la position de Stuart Mill à l'égard de l'idéalisme, on pourra lire son essai sur Berkeley dans la *Fortnightly Review*, novembre 1871. Les adversaires de Berkeley, dit-il, se sont attachés à démontrer ce que Berkeley n'a jamais nié, et à nier ce qu'il n'a jamais affirmé.

connaît, que nous ne savons de la matière que ce qu'en disent nos sensations et nos idées, la sensation nous révélant les attributs, et l'idée, l'ordre entre les attributs : la première étant plutôt la connaissance vulgaire, la seconde plutôt la connaissance scientifique; mais que le tout se réduisant en dernière analyse à des états de conscience, on peut soutenir par suite que toute la réalité de la matière est en nous; que ce n'est aucunement nier l'existence de la matière, que c'est simplement dire que nous en avons une connaissance relative, et qu'elle n'est que la cause possible de nos sensations et de nos idées. Mais M. Mill, comme nous l'avons vu, ne soutient guère autre chose.

C'est sur la théorie psychologique de l'esprit que le débat se concentre. Ici les idéalistes nous abandonnent et la difficulté grandit. On pouvait admettre à la rigueur que le monde extérieur est une collection de phénomènes sans substratum; car il reste encore un esprit qui en fait la synthèse et qui lui sert de support. Mais si l'esprit est réduit aussi à une collection d'états de conscience sans substance aucune, on ne trouve plus rien de solide où l'on puisse se prendre, ni en nous, ni hors de nous. Kant, du moins, voyait dans notre idée de la substance une certaine façon propre à l'esprit humain de lier et d'agréger les phénomènes : il ne niait point d'ailleurs l'existence possible d'un substratum, d'un noumène inaccessible, sorte d'étoffe mystérieuse sur laquelle se dessinent les phénomènes; mais ici le phénoménisme est absolu. En fait, dit M. Mill, tous les philosophes qui ont examiné la question de près ont décidé qu'on n'a besoin de la substance qu'à titre de support et de lien des phénomènes. Laissez-nous donc simplement faire disparaître par la pensée ce support et supposer que les phénomènes restent, et forment les mêmes groupes et les mêmes séries, grâce à quelque autre agent ou même sans aucun agent, si ce n'est une loi interne, et nous arriverons, sans substance, aux conséquences en vue desquelles la substance était supposée. Les Hindous pensent que la terre a besoin d'être soutenue par un éléphant ; mais la terre se soutient très-bien dans l'espace sans rien qui la supporte. Descartes supposait un *medium* matériel entre le soleil et la terre pour expliquer leur action réciproque ; mais la loi d'attraction universelle l'explique beaucoup mieux que les tourbillons (1).

Toutefois, cette première difficulté écartée, il en reste une plus redoutable, et c'est celle-ci que, de son propre aveu, M. Mill ne résout pas. Vous réduisez le moi à une série d'états de conscience, mais il faut quelque chose qui lie entre eux ces états. Si vous avez un collier de perles et que vous ôtiez le fil, que reste-t-il ? Des perles éparses et non plus un collier. Notre auteur semble admettre que le lien, « l'union organique, » qui existe entre la conscience présente et la conscience passée, en constituant la mémoire, constitue aussi le moi. « Qu'il y ait quelque chose de réel dans ce lien, dit-il en concluant, réel comme les sensations elles-mêmes, et que ce ne soit pas un simple produit des lois de la pensée, sans rien qui y corresponde, c'est ce que je tiens pour indubitable. La nature précise du procédé par lequel nous le connaissons est un ample sujet de discussions... Je n'essaye pas de le trancher. Mais cet élément original qui n'a de communauté de nature avec aucune chose répondant à nos noms, et auquel nous ne pouvons donner aucun nom que le sien, sans impliquer quelque théorie fausse ou chancelante, c'est le Moi. Comme tel, je reconnais au Moi, — à mon propre esprit, — une réalité différente de cette existence réelle comme possibilité per-

1. Appendice aux ch. XI et XII.

manente, qui est la seule que je reconnaisse à la matière. »

Il serait injuste, après avoir lu ce qui précède, de confondre cette doctrine avec celle de Hume. Le scepticisme du philosophe écossais aboutissait à des conclusions si étranges, qu'avec lui on est en plein dans l'inexplicable, et qu'il ne s'en tire qu'avec les mots « habitude, croyance, instinct. » Dans un monde où il n'y a, par hypothèse, que des attributs et des états de conscience sans liens connus qui les unissent, rien n'est plus étonnant que leur harmonie. Aussi avoue-t-il que pour lui la production des idées est un miracle. « Il existe, prétend-il, une sorte d'harmonie préétablie entre le cours de la nature et la succession de nos idées, et quoique les puissances et les forces par lesquelles la première est gouvernée nous soient pleinement inconnues, nos pensées et nos conceptions ne laissent pas en définitive d'avoir suivi la même marche que les autres objets de la nature. L'habitude est le principe qui a produit cette correspondance (1). » Ce même philosophe a dit quelque part que « la physique, dans sa plus haute perfection, ne fait que reculer un peu notre ignorance. » Ne pourrait-on pas dire qu'une pareille métaphysique ne fait que la redoubler ?

M. Mill, outre les faits, admet l'ordre entre les esprits. De plus, il accorde au lien qui unit les états de conscience autant de réalité qu'aux états eux-mêmes. S'il est vague, c'est à dessein ; c'est que l'obscur ne s'explique pas clairement. A tout prendre, il y a dans sa doctrine plus de *solide* que dans le pur phénoménisme ; et en tout cas, n'oublions pas qu'il entend laisser la question ouverte.

1. Hume, *Essais*, II, p. 69.

M. HERBERT SPENCER.

Dans la philosophie, comme dans les sciences, au-dessus des talents de second ordre qui expliquent, commentent, développent les vérités découvertes ou entrevues, et les font connaître à tous, il y a les esprits originaux et indépendants, les créateurs, qui par la puissance, la profondeur et l'unité de leur pensée, apparaissent, dès qu'on s'en approche, comme des hommes d'une autre famille. Soit que leurs découvertes restent acquises à toujours, soit qu'ils n'aient fait que donner un aspect nouveau à des problèmes insolubles, ils se reconnaissent à cette façon souveraine qui leur est propre : ils ne peuvent toucher à aucune question sans y laisser leur empreinte. M. Herbert Spencer nous paraît de cet ordre. Un de ses compatriotes qui aurait le droit d'être difficile, M. Stuart Mill, n'hésite pas à le mettre au nombre des plus grands, et à dire que la variété et la profondeur de ses connaissances encyclopédiques, lui permettraient de traiter d'égal à égal avec le fondateur de l'école positive ; qu'il n'est point un disciple, mais un maître (1). Quand on a vécu quelque peu dans l'étude de ses ouvrages, on se sent dominé non-seulement par cette science supérieure, par cette variété de connaissances précises et positives, presque indispensables maintenant au philosophe; mais surtout, par la fermeté d'une pensée toujours maîtresse d'elle-même, par la solidité de la méthode, et la lucidité d'exposition. On reconnaît en lui le *savant*, non le *lettré*. C'est un esprit façonné et discipliné par les recherches scientifiques : il fait mieux que disserter sur la méthode, il la pratique. Il sait, ce qui est plus rare qu'on ne pense, distinguer le certain du probable, et comme il dit, le *connaissable* de l'*inconnaissable*. Il a besoin en tout de voir clair, de ne point se payer de solutions chimériques, et de ne point confondre les raisons avec les métaphores.

L'esprit philosophique est une certaine manière de penser, non acquise, mais développée par la culture, qui a ses traits caractéristiques, tout comme l'esprit poétique ou scientifique. S'il est une définition qui en exprime les qualités comme les défauts, qui puisse être acceptée de tous et rallier toutes les écoles, il semble que ce soit celle-ci : — C'est l'esprit qui généralise. L'idéal consisterait à saisir non-seulement les formules générales qui simplifient les faits, mais les faits qui vérifient les formules; à voir les lois dans les faits, et les faits dans les lois. Mais c'est là un idéal, c'est-à-dire ce que l'on peut espérer, non atteindre. Dans son étude des phénomènes psychologiques, la seule qui nous occupe ici, M. Herbert Spencer a employé les procédés fondamentaux de toute méthode, la synthèse

1. « M. Spencer est du petit nombre des personnes qui, par la solidité et le caractère encyclopédique de leurs connaissances, aussi bien que par leur puissance de coordination et d'enchaînement, peuvent revendiquer la qualité de pair d'Aug. Comte, ainsi que le droit de suffrage dans l'appréciation à faire de ce dernier. » (*Aug. Comte and posit.*, p. 43.)

et l'analyse. Et à nos yeux ce n'est pas l'un des moindres mérites de ce rare esprit que son habileté à manier ces deux instruments si différents, dont l'un distingue, divise, sépare, tandis que l'autre rassemble, rapproche, identifie. Il est bien difficile cependant que ces deux modes de la pensée, qui par leur nature même s'excluent réciproquement, constituent un équilibre parfait, qu'ils soient tels que le talent de l'analyse soit rigoureusement égal à l'aptitude pour la synthèse. Chez M. H. Spencer c'est la synthèse qui prédomine : il se plaît visiblement à suivre les grandes lignes, à embrasser les vastes horizons, à rechercher les formules simples et fécondes, les lois larges et compréhensives d'où l'on domine la masse innombrable des faits : et c'est par là surtout qu'il mérite le nom de philosophe. Cependant, il sait aussi manier l'analyse de façon à contenter les plus compétents et les plus difficiles sur ce point.

On n'est vraiment philosophe qu'à la condition d'avoir une méthode : c'est là le point qui est commun à tous depuis Platon et Aristote jusqu'à Auguste Comte et Hegel. Chez les esprits de cette trempe les idées s'ordonnent naturellement : ils pensent par ensemble et non par détail ; parce que chaque détail n'est pour eux que la portion d'un tout qu'ils restituent. Cette unité de méthode, ce mode de penser systématique se rencontre chez M. Herbert Spencer comme chez les maîtres. Voyons donc quelle est l'idée maîtresse de sa philosophie, et la conception d'ensemble à laquelle tout le reste se rattache ?

« Le seul exposé complet et méthodique que je connaisse de la théorie de l'évolution, dit M. Huxley, se trouve dans le *Système de philosophie* de M. Herbert Spencer, ouvrage que doivent soigneusement étudier tous ceux qui désirent s'instruire sur les tendances actuelles du mouvement scientifique. » *L'idée d'évolution ou de progrès :* telle est en effet l'idée fondamentale de notre philosophe; il l'applique à tout et la retrouve partout. La formation des mondes sortant d'une nébuleuse primitive suivant l'hypothèse de Laplace, l'éclosion de la vie, de la pensée et de tout ce qui la manifeste : science, arts, civilisation, tout s'explique par un progrès. L'hypothèse du développement, c'est la substitution de la mobilité à la fixité, du devenir à l'être, mais aussi du relatif à l'absolu. Plus d'existence stable; on ne peut dire d'aucune chose qu'elle *est*, en tant que ce mot implique fixité. Et si tout varie et se transforme, toute existence n'est plus qu'une transition, un moment entre ce qui finit et ce qui commence; pensée saisissante, car dans ce flux universel, nous sentons que de toute part l'infini nous presse, que tout tient à tout. Dans l'individu humain, nous voyons la génération qui la produit et celle qui le suivra; dans une génération humaine, l'humanité; dans l'humanité, l'évolution mystérieuse de la vie; dans la vie, les transformations géologiques qui l'ont rendue possible; dans celles-ci un mode d'existence si vague qu'à peine l'entrevoit-on; et l'on remonte ainsi de causes secondes en causes secondes, jusqu'au moment où la foi commence et où la science finit.

Cette idée de progrès, telle que nous allons la trouver dans M. Herbert Spencer, est-elle nouvelle dans la philosophie? Il faut s'entendre sur ce point. Elle est antérieure à lui, mais elle a été comprise autrement. Leibniz qui, sous tant de rapports, a devancé les plus récentes théories, avait substitué au mécanisme géométrique de Descartes, l'idée d'un progrès continu. La dialectique hégélienne, fondée aussi sur l'idée du devenir, a la prétention de reproduire par sa synthèse l'évolution du monde, depuis l'existence vide jusqu'à la pensée et la conscience absolue.

Mais tandis que la théorie de Leibniz n'est qu'une vue de génie sur l'avenir, une hypothèse que les faits ne vérifiaient pas alors, tandis que la théorie de Hégel est une conception toute métaphysique, toute subjective, embarrassée de son triple mouvement de thèse, d'antithèse et de synthèse, pliant d'ailleurs effrontément les faits devant ses conceptions *à priori*, l'hypothèse du développement se présente tout autrement chez M. Herbert Spencer. Elle se produit objectivement; ce sont les faits qui la suggèrent à l'esprit, non l'esprit qui l'impose aux faits. Elle surgit comme d'elle-même de l'étude des sciences, de celles du moins où il y a mouvement et vie : géologie, botanique, physiologie, psychologie, esthétique, morale, linguistique, histoire, etc. Elle s'appuie sur une masse presque infinie de faits et d'expériences. D'ailleurs, et ceci est un grand point, *elle ne se donne que pour une hypothèse;* la seule concession qu'elle réclame, c'est qu'aucune autre n'approche d'elle en probabilité. C'est donc, si l'on veut, l'hypothèse de Leibniz reprise, mais libre de toute métaphysique et appuyée sur près de deux siècles d'expérience.

Je n'ai aucune intention d'établir entre Leibniz et M. Herbert Spencer une comparaison qui serait très-inexacte et que l'auteur lui-même désavouerait; je veux citer cependant quelques points communs qu'il n'est guère possible de ne pas remarquer et qui tiennent à leur dynamisme.

D'abord l'idée de la continuité ou de la compénétration universelle qui fait que tout se tient, que toutes choses sont « causées et causantes, » et que le procédé par lequel l'esprit humain les sépare est arbitraire, quoique nécessaire. A proprement parler, cette idée ne fait qu'un avec celle de progrès, elle en est comme une autre face; car si tout se transforme et se métamorphose, tout se tient; il n'y a point dans la nature d'*hiatus*, ni de solution de continuité. Seulement l'idée de progrès est plutôt dynamique et l'idée de continuité, statique.

On sait que Leibniz, dans son explication de l'univers, avait imaginé des monades, sorte d'atomes métaphysiques ayant tous les degrés possibles, depuis la simple antitypie jusqu'à la parfaite aperception. Suivant leur nature, elles constituent la matière brute ou l'être vivant, ou l'animal, ou l'homme, ou l'ange. Et comme, dans l'univers, rien n'est isolé, une monade quelconque étant donnée, tout l'univers agit sur elle et ainsi elle l'exprime. Chaque monade est donc un miroir qui réfléchit différemment. Débarrassez cette grande conception de la phraséologie métaphysique qui lui est propre et il vous reste une vérité positive incontestable. Placez dans le même milieu des êtres divers, une pierre, un arbre, un chien, un sauvage, un Européen, Newton ou Shakespeare, chacun le réfléchira à sa manière et suivant sa nature, l'un très-peu, l'autre beaucoup. Il y aura entre l'être et son milieu ce que M. Herbert Spencer appelle une *correspondance* (V. ch. II, p. 3, ci-après), et le degré de vie se mesurera par le degré de correspondance, le mode de vie idéal étant la correspondance parfaite. L'homme qui pourrait parvenir à ce degré, réfléchirait en lui d'une manière complète toute la réalité de l'univers; il serait un microcosme adéquat au macrocosme. Cette idée de *correspondance*, capitale dans la psychologie de notre auteur, comme nous le verrons, me paraît la traduction dans le langage de la psychologie expérimentale du mot de Leibniz : toute monade est un miroir qui réfléchit l'univers.

L'un des traits dominants du philosophe qui nous occupe c'est son caractère systématique. Ceci est à noter. Certes, le pays qui a produit Bacon, Hobbes, Locke, Hume, sans parler des Écossais et des contemporains, a beaucoup fait pour la philosophie; mais le génie anglais, en général, a préféré les recherches de détail aux grandes vues d'ensemble : suivant la remarque de Buckle, il se complaît dans l'induction et l'analyse. Au contraire dans M. Herbert Spencer il y a beaucoup de hardiesse et de largeur; quelques-uns diront peut-être, de témérité. Mais cela même prouve sa puissance; car les esprits féconds pèchent plutôt par audace que par timidité. Son *Système de philosophie*, qui n'est pas encore entièrement publié, embrassera un nombre immense de faits et de problèmes. Les *Premiers principes* sont comme le vestibule de ce monument grandiose. Il serait hors de notre sujet d'en parler ici, et ce n'est pas une œuvre qu'on puisse juger en courant. Montrer qu'en dehors de la science est une région inaccessible à ses procédés et à ses méthodes, en dehors du connaissable, l'inconnaissable, et placer ainsi sur un nouveau terrain la vieille querelle de la religion et de la science, de la démonstration et de la foi, en montrant qu'il n'y a absolument rien de commun entre elles : essayer, par une synthèse hardie fondée sur les sciences positives, de tout ramener à la loi d'équivalence ou de corrélation des forces, et de montrer que tous les phénomènes sont convertibles entre eux, depuis les manifestations physiques jusqu'à la vie, la pensée et le développement de l'histoire, condamner ainsi le spiritualisme et le matérialisme, et les rejeter comme deux solutions vaines : telle est en deux mots la pensée du livre que l'on appellerait, si l'on ne craignait pas un malentendu, la *Métaphysique du positivisme*. A cet ouvrage succèdent les *Principes de biologie*, qui retracent l'évolution morphologique et physiologique de la vie; les *Principes de psychologie* (1), les *Principes de sociologie* en

1. Les *Premiers Principes* et les *Principes de Biologie* ont été traduits par M. Cazelles; les *Principes de Psychologie* par Th. Ribot et A. Espinas.

cours de publication et les *Principes de morale* : si l'on ajoute trois importants volumes d'*Essais*, une *Statique sociale*, « où sont déterminées les conditions essentielles du bonheur humain, » un traité de l'*Éducation morale, intellectuelle et physique*, et une *Classification des sciences*, on pourra se faire quelque idée des sujets divers que cet esprit fécond a abordés, et partout il a jeté assez d'idées profondes ou originales pour faire la réputation d'un moins riche.

Il ne peut être question de s'en occuper ici, où nous avons principalement en vue la psychologie, ni de discuter, même en passant, tous ces titres à la gloire. Cependant la psychologie d'Herbert Spencer, comme toute autre partie de sa philosophie, étant fondée sur la doctrine de l'Evolution, il faut parler de celle-ci tout d'abord.

Cette doctrine a été exposée par l'auteur de deux façons : sous une forme systématique, dans ses *Premiers principes* (1) ; sous une forme fragmentaire dans les *Essays*. Ce dernier ouvrage n'étant pas traduit, il nous a semblé plus utile d'y puiser notre exposé sommaire de l'évolution, sans nous interdire de faire des emprunts ailleurs.

CHAPITRE I

La loi d'évolution

Il s'agit donc d'exposer ici, surtout d'après les *Essais* (2), la doctrine du progrès ou du développement, et de montrer comment M. Herbert Spencer l'applique aux divers or-

1. *Premiers Principes*, 2e partie, ch. 12 et suiv.
2. *Essays : scientific, political and speculative*. London, 1868. 1er et 2e volumes, — 1874, 3e vol.

dres de phénomènes. Après avoir vu ce qu'il faut entendre par progrès, nous suivrons la loi d'évolution dans son explication de la genèse cosmique, du développement de l'organisme social, enfin de la genèse de la science.

L'idée qu'on attache en général au mot *progrès* est non-seulement vague, mais erronée. On confond le progrès en lui-même avec ce qui l'accompagne avec les bénéfices et les résultats utiles qu'il apporte à l'homme. Le vice de la conception courante vient de ce qu'elle est téléologique; on ne juge les faits que par rapport au bonheur humain ; on ne s'inquiète que de ce qui l'augmente ou tend à l'accroître. Ce procédé prend l'ombre pour la réalité. Il faut, pour bien comprendre ce qu'est le progrès, rechercher, indépendamment de notre intérêt propre, quelle est la nature des changements qui le produisent.

Les physiologistes allemands ont très-bien établi que dans les organismes individuels, le progrès consiste dans le passage d'une structure homogène à une structure hétérogène. Tout germe à l'origine est une substance uniforme, sous le double rapport de la texture et de la composition chimique; par des différenciations successives et presque infinies, il se produit cette combinaison complexe de tissus et d'organes qui constituent l'animal ou la plante adulte. C'est là l'histoire de tout organisme. M. Herbert Spencer se propose de montrer que *cette loi du progrès organique est la loi de tout progrès ;* que le développement de la terre, de la vie sur sa surface, de la société, du gouvernement, de l'industrie, du commerce, du langage, de la littérature, de la science et de l'art, suppose la même évolution du simple au complexe par des différenciations successives.

Et d'abord, *si l'hypothèse de la nébuleuse est admise* comme vraie, la formation du système solaire nous fournit une vérification de cette loi. A l'état naissant, il consistait en un milieu indéfiniment étendu et presque homogène en densité, température et sous le rapport des autres attributs physiques. Le premier progrès vers une consolidation a entraîné une différenciation entre l'espace que la masse nébuleuse occupait encore et l'espace inoccupé qu'elle remplissait auparavant. En même temps se sont produites des différences dans la densité et la température, entre l'extérieur et l'intérieur de la masse, puis dans les vitesses du mouvement de rotation, qui variaient selon la distance au centre. Enfin, que l'on réfléchisse aux différences si nombreuses entre les planètes et satellites, sous le rapport de la distance, de l'inclinaison de leurs orbites, de l'inclinaison de leurs axes, de leurs temps de rotation, de leur densité, de leur constitution physique, etc., et l'on verra combien le système solaire est hétérogène, comparé à la presque complète homogénéité de la masse nébulaire dont on le suppose sorti.

Mais comme ce n'est là qu'une hypothèse, qu'on la prenne pour ce qu'on voudra ; cela ne préjudicie en rien à la doctrine générale que nous allons vérifier sur un terrain plus solide. Prenons notre globe. A l'origine, de l'aveu de presque tous les géologues, la terre était une masse de matière en fusion, et par suite d'une consistance homogène et d'une température relativement homogène. Et maintenant comme elle nous apparaît hétérogène, rien qu'à s'en tenir à sa surface ! Roches ignées, strates sédimentaires, failles, veines métalliques, irrégularités sans fin, montagnes, continents, mers, différences de climats ; bref, une telle variété de phénomènes que les géographes, géologistes, minéralogistes et météorologistes réunis n'ont pu encore réussir à les énumérer.

Si maintenant nous en venons de la terre aux plantes et aux animaux qui vivent ou ont vécu, les faits nous manquent pour vérifier la loi ; non qu'il soit douteux pour l'organisme individuel que le progrès se fait du simple au composé ; mais si nous passons des formes individuelles de la vie à la vie en général, nous ne pouvons dire si les Flores et Faunes modernes sont plus hétérogènes que celles du passé. Les données actuelles de la paléontologie ne permettent de rien affirmer. Cependant, les faits pris ensemble tendent à montrer que les organismes les plus hétérogènes se sont produits les derniers. Pour nous en tenir à l'embranchement des vertébrés, les premiers connus sont les poissons, c'est-à-dire les plus homogènes de tous ; les reptiles paraissent plus tard et sont plus hétérogènes ; les mammifères et les oiseaux paraissent plus tard et sont plus hétérogènes encore. Enfin, les restes les plus anciens que l'on connaisse de la classe des mammifères, sont ceux des petits marsupiaux qui sont le type le plus inférieur de cette classe, tandis que le type le plus élevé, l'homme, est le plus récent. Que l'on remarque, enfin, qu'à prendre la faune vertébrée dans son ensemble, la période *paléozoïque*, composée entièrement de poissons (autant qu'on la connaît du moins), était beaucoup moins hétérogène que la période actuelle qui comprend en outre des reptiles, oiseaux et mammifères de genres très-variés.

Mais laissons, si l'on veut, la question ouverte sur ce point, au moins est-il clair que pour l'homme, le plus hétérogène des animaux, c'est dans les subdivisions civilisées de l'espèce que l'hétérogénéité s'est le plus produite ; que l'espèce est devenue plus hétérogène en vertu de la multiplication des races et de la différenciation des races entre elles. Le Papou, dont le corps et le bras sont souvent bien développés, a de très-petites jambes et rappelle ainsi les quadrumanes, tandis que l'Européen, ayant les jambes plus longues et plus massives, il y a entre ses membres antérieurs et postérieurs plus d'hétérogénéité. Il y a plus de différences entre le crâne et la face chez l'homme, que chez tout autre animal, et chez l'Européen que chez le sauvage (1). L'ethnologie, par ses divisions et subdivisions de races, met hors de doute ce progrès en hétérogénéité. En peu de générations, la race saxonne n'a-t-elle pas donné naissance à la variété anglo-américaine, et il s'en forme même une autre en Australie.

Si nous passons à l'humanité considérée dans son organisme social, nous trouvons de nombreux faits à l'appui de notre loi. A l'origine, la société, telle qu'on la trouve chez les tribus barbares, est un agrégat homogène d'individus ayant mêmes pouvoirs et mêmes fonctions ; tout homme est guerrier, chasseur, pêcheur et ouvrier, etc. ; il n'y a de différences que celles qui résultent des sexes. La première différenciation est celle qui s'opère entre le gouvernant et les gouvernés ; elle grandit, l'autorité devient héréditaire, le roi prend un caractère presque divin ; car la religion et le gouvernement sont à cette époque intimement associés ; et pendant des siècles les lois religieuses et les lois civiles se séparent à peine. Maintenant, si l'on remarque que chez les modernes européens non-seulement l'État et l'Église se séparent de plus en plus, mais que l'organisation politique est très-complexe, qu'elle suppose des subdivisions dans la justice, les finances, etc., on ne pourra point douter que le progrès se fait ici de l'homogène à l'hétérogène.

Dans l'industrie, de même ; la subdivision du travail est une vérité évidente.

La forme la plus rudimentaire du langage est l'exclamation ; a-t-elle constitué seule, à l'origine, le langage humain ? C'est ce qu'on ne peut dire. Toujours est-il que la linguistique a montré que dans toutes les langues, les mots

1. On peut sur ce point lire Vogt, *Leçons sur l'homme*, ch. II.

peuvent être groupés en familles et rapportés à une racine commune. Le développement des idiomes suppose donc aussi l'hétérogénéité. Que l'on admette avec Max Müller et Bunsen que toutes les langues dérivent d'un seul tronc, ou, avec d'autres linguistes, qu'il y en a eu deux ou plus, le seul développement des langues européennes issues d'une même souche montrerait que l'évolution des langues se conforme aussi à la loi du progrès.

L'écriture (idéographique à l'origine) se rattache à la peinture, et toutes deux avec la sculpture furent d'abord de simples appendices de l'architecture, qui elle-même était l'art hiératique ou religieux ; les palais et temples d'Assyrie, les monuments d'Égypte ou de l'Inde en témoignent. Ces arts se sont séparés dans la suite des siècles ; l'écriture s'est même transformée par l'imprimerie. « Quelque dissemblables que nous paraissent aujourd'hui le buste placé sur la console, le tableau pendu contre le mur, le numéro du *Times* posé sur la table ; ils sont parents de loin, non-seulement par nature, mais par origine. » La poésie, la musique et la danse formaient aussi à l'origine un groupe inséparable. Les danses des sauvages, accompagnées de chants monotones ; les danses sacrées des Égyptiens, de David devant l'arche, des Lupercales et des Saliens à Rome, l'ode triomphale de Moïse accompagnée de cymbales et de danses ; en voilà quelques exemples entre mille. Par le progrès, ces arts se sont séparés. Et que l'on remarque que dans chacun le progrès s'est fait de même de l'homogène à l'hétérogène. En littérature, les œuvres primitives comprennent tout; l'Écriture contient la théologie, la cosmogonie, l'histoire, la législation, la morale, etc., des Hébreux; dans l'Iliade, il y a des éléments religieux, militaires, épiques, lyriques, dramatiques ; tout cela forme plus tard autant de genres.

Il en est de même dans la science, comme nous le verrons ci-après. Concluons donc, sans crainte, de ce rapide examen des faits, que la loi du progrès c'est le passage de l'homogène à l'hétérogène. Et maintenant, ce processus uniforme ne suppose-t-il pas quelque nécessité fondamentale d'où il résulte ? Cette *loi* universelle n'implique-t-elle pas une *cause* universelle ? Il ne s'agit nullement d'avoir une connaissance absolue (*noumenally*) de cette cause : c'est un mystère au-dessus de l'intelligence humaine ; il faut simplement transformer notre généralisation empirique en une généralisation rationnelle. Tout comme il a été possible de montrer dans les lois de Keppler les conséquences nécessaires de la loi de gravitation, de même il peut être possible de montrer que la loi du progrès est la conséquence nécessaire de quelque principe également universel.

Cette loi, qui explique la transformation universelle de l'homogène en hétérogène, la voici : *Toute force active produit plus d'un changement, — toute cause produit plus d'un effet.*

Un corps frappe un autre ; à nos yeux, l'effet consiste en un changement dans la position ou le mouvement d'un ou des deux corps. Mais c'est là une opinion très-incomplète, car il y a eu de plus un son produit ; des vibrations imprimées à l'air, non-seulement par le son, mais par le mouvement des corps ; il y a eu dérangement dans la position des molécules au point de collision ; par suite, condensation et dégagement de chaleur, quelquefois même étincelle, c'est-à-dire production de lumière. Voilà donc au moins cinq espèces de changements, produits par un simple choc.

On allume une chandelle, c'est là un fait simple ; mais il en résulte une production de lumière, une production de chaleur, une colonne ascendante de gaz chauds, des courants établis dans l'air environnant, une formation continue d'acide carbonique, d'eau, etc. De plus, chacun des changements produits donne lui-même naissance à d'autres changements. L'acide carbonique dégagé se combinera peu à peu avec quelque base, ou, sous l'influence de la lumière solaire, cédera son carbone à la feuille d'une plante. L'eau modifiera l'état hygrométrique de l'air environnant, etc.

Une petite quantité de virus variolique, introduite dans le système, pourra causer, pendant la première période : roideur, chaleur à la peau, accélération du pouls, perte d'appétit, soif, embarras gastrique, vomissement, maux de tête, etc. ; pendant la deuxième période : éruption cutanée, démangeaison, toux, dyspnée, etc. ; pendant la troisième période : inflammation œdémateuse, pneumonie, pleurésie diarrhée, etc.

Une espèce vivante, animale ou végétale, à mesure qu'elle se répand et occupe une aire plus étendue, se trouve exposée à des conditions fort différentes de climat, de sol, de lumière, de chaleur ; aussi la voit-on donner naissance à des variétés nombreuses. Cela arrive même pour les animaux domestiques.

Entre les divers exemples que l'auteur emprunte à la géologie, à la linguistique, à l'ethnologie, à la chimie, à l'industrie, au commerce, en voilà assez pour faire saisir sa pensée. Il fait remarquer d'ailleurs que s'il y a en réalité des causes complexes, là où nous en avons parlé comme de causes simples, il reste cependant vrai que ces causes sont bien moins complexes que leurs résultats. « Finalement, les faits tendent à montrer que chaque espèce de progrès est de l'homogène à l'hétérogène, et que cela est parce que chaque changement est suivi de plusieurs changements. »

L'interprétation complète du phénomène de l'évolution, présentée sous une forme systématique et dans un ordre synthétique se réduit, en résumé, aux propositions suivantes :

Le principe fondamental de l'évolution est la *persistance de la force :* c'est de lui seul que tout se déduit.

Il y a dans l'univers deux ordres de changements contraires et nécessaires : l'un d'intégration (évolution), l'autre de désintégration (dissolution).

L'évolution repose sur trois lois essentielles :

1° *L'instabilité de l'homogène :* dans tout corps, l'homogénéité est une condition d'équilibre instable.

2° *La multiplication des effets :* une force incidente qui affecte un composé déjà hétérogène, en affecte différemment les parties.

3° *La ségrégation :* les forces en causant cette multiplication des effets produisent du mouvement en sens divers d'où résulte la convergence des unités mues dans le même sens, la divergence de celles qui sont mues en des sens différents.

Par suite : *L'évolution est une intégration de matière accompagnée d'une dissipation de mouvement, pendant laquelle la matière passe d'une homogénéité indéfinie, incohérente, à une hétérogénéité définie, cohérente ; et pendant laquelle aussi le mouvement retenu subit une transformation analogue (1).*

II

Un long travail sur l'hypothèse de la nébuleuse a pour objet de rattacher l'hypothèse de Laplace à la doctrine de l'évolution, en la défendant des objections élevées contre

1. *Premiers Principes*, ch. 17-21.

elle par la science. Le puissant télescope de lord Rosse ayant permis de résoudre des nébuleuses jusque-là irrésolubles, on en a conclu que si nos moyens étaient assez puissants, nous pourrions résoudre toute nébuleuse en étoiles. Est-ce là une raison suffisante pour rejeter l'hypothèse? nullement. *A priori*, il était très-improbable, sinon impossible, que des masses nébulaires restassent encore non condensées, quand d'autres sont condensées depuis des millions d'années.

Comparée à la doctrine de la finalité, ou, comme l'appelle M. Herbert Spencer, de la fabrication (*manufacture*), l'hypothèse de la nébuleuse a pour elle beaucoup plus de faits et de vraisemblances. Elle explique beaucoup mieux les diversités de constitution et de mouvements des planètes, les phénomènes cométaires, les anomalies dans la distribution et le mouvement des satellites, la vitesse de rotation des planètes; enfin l'analyse spectrale est venue, dans ces derniers temps, corroborer l'hypothèse d'une communauté d'origine entre toutes les parties de notre univers.

Dans ce sujet purement scientifique, qui est hors de notre domaine, la conclusion nous importe; je la traduis :

« Si cette hypothèse rend compréhensible la genèse du « système solaire et des autres systèmes sans nombre qui « lui ressemblent, le dernier mystère reste aussi impéné- « trable. Le problème de l'existence n'est pas résolu; il « est simplement reculé. L'hypothèse de la nébuleuse ne « jette aucune lumière sur l'origine de la matière diffuse, « et il faut rendre compte de cette matière diffuse tout au- « tant que d'une matière concrète. La genèse d'un atome « n'est pas plus facile à concevoir que la genèse d'une pla- « nète. En vérité, loin de rendre l'univers moins mystérieux « qu'auparavant, elle en fait un plus grand mystère. La

« création par fabrication est chose bien plus basse que « la création par évolution. Un homme peut assembler « une machine ; il ne peut faire une machine qui se dé- « veloppe elle-même..... Que notre harmonieux univers « ait autrefois existé, en puissance, à l'état de matière « diffuse, sans forme, et qu'il soit lentement arrivé à son « organisation présente, cela est beaucoup plus étonnant « que ne le serait sa formation, suivant la méthode arti- « ficielle que suppose le vulgaire. Ceux qui considèrent « comme légitime d'arguer des phénomènes aux noumènes, « peuvent à bon droit soutenir que l'hypothèse de la nébu- « leuse implique une cause première aussi supérieure au « Dieu mécanique de Paley, que celui-ci l'est au fétiche du « sauvage (1). »

III

Appliquée aux phénomènes sociaux et politiques, l'idée d'évolution a pour résultat de faire ressortir l'analogie d'une société avec le corps organisé. On trouvera peut-être que dans son *Essai sur l'organisation sociale*, l'auteur force un peu les comparaisons. On ne niera pas du moins que ses rapprochements sont ingénieux, soutenables à beaucoup d'égards, et, pris dans leur ensemble, incontestables. Rien n'étant vrai que dans certaines limites, le danger pour une idée juste, c'est d'être poussée à bout. Il ne faudra donc voir, dans quelques-uns des rapprochements qui vont suivre, qu'une *illustration*, un éclaircissement des phénomènes sociaux par les phénomènes biologiques.

Le corps social, comme le corps vivant, n'est pas un simple agrégat de parties ; il suppose un *consensus* entre

1. *Essays*, tome I, p. 298.

elles. Tous deux sont soumis à la même loi d'évolution, aux mêmes variétés de forme; il y a des sociétés rudimentaires tout comme des organismes grossiers; il y a des organisations sociales, savantes et compliquées, tout comme des organismes dont le mode de vie est riche et complexe. Dès longtemps ce parallélisme fut pressenti par les philosophes. Ainsi Platon traçait sa république idéale sur le modèle des facultés de l'âme humaine. Hobbes va plus loin : sa cité est un corps immense (*Leviathan*), le souverain en est l'âme, les magistrats sont les articulations, les sanctions sont les nerfs, la richesse de tous est la force, la concorde est la santé, etc. Mais en l'absence de généralisations physiologiques vraiment compréhensives, ces comparaisons restaient nécessairement vagues. On concevait si peu la loi naturelle et nécessaire du développement, que le mot si vrai de Mackintosh : « on ne fait pas les constitutions, elles se font, » n'a causé d'abord que de la surprise. N'explique-t-on pas de même l'histoire par des interventions surnaturelles, par l'action prépondérante des grands hommes; au lieu de comprendre que le grand homme ne peut que troubler, retarder ou aider l'évolution générale, mais que, prise dans sa totalité, elle reste en dehors de son atteinte.

M. Herbert Spencer réduit à quatre les principales ressemblances qui existent entre l'organisme social et l'organisme vivant :

1° Tous deux commencent par être de petits agrégats; leur masse augmente, et ils peuvent même devenir cent fois ce qu'ils étaient à l'origine ;

2° Leur structure est si simple d'abord qu'on peut dire qu'ils n'en ont pas; mais dans le cours de leur développement, la complexité de structure croît généralement.

3° A l'origine, la dépendance mutuelle des parties existe à peine; mais elle devient finalement si grande que l'activité et la vie de chaque partie ne sont possibles que par l'activité et la vie des autres.

4° La vie du corps est beaucoup plus longue que celle des éléments qui constituent le corps; et l'organisme total survit à la disparition des individus qui le composent; il peut même croître en masse, en structure, en activité, malgré ces pertes successives.

D'un autre côté, il y a aussi quatre différences principales entre les sociétés et les organismes individuels.

1° Les sociétés n'ont pas de formes extérieures déterminées; encore faut-il remarquer que dans le règne végétal, comme dans les classes inférieures du règne animal, les formes sont souvent très-vagues.

2° L'organisme social ne forme pas une masse continue, comme le fait le corps vivant.

3° Tandis que les derniers éléments vivants du corps individuel sont le plus souvent fixés dans leur position relative, ceux de l'organisme social peuvent changer de place; les citoyens peuvent aller et venir à leur gré pour gérer leurs affaires. Remarquons cependant qu'il y a une certaine fixité dans les grands centres de commerce et d'industrie.

4° La plus importante différence, c'est que dans le corps animal il n'y a qu'un tissu doué de sentiment (tissu nerveux), et que dans la société tous les membres en sont doués. Mais comme entre les classes laborieuses et les classes très-cultivées, il y a une grande différence de susceptibilité intellectuelle et émotionnelle, le contraste, à la réflexion, paraît moins grand qu'il ne semblait d'abord.

En somme, les ressemblances sont fondamentales, essentielles, et les différences tout extérieures et, à la rigueur, contestables. L'analogie est bien plus frappante encore, si on les considère surtout dans leur développement, si l'on remarque combien les formes inférieures de la vie ressemblent aux formes inférieures de l'organisation sociale. N'y a-t-il point des analogies entre des *protozoaires* presque sans structure, comme les rhizopodes, les amibes, les foraminifères, les vorticelles, qui forment des agrégats de cellules, sans subordination de parties, sans organisation; et des races inférieures comme les Bushmen, où la société est quelquefois réduite à deux ou trois familles, où la division de travail n'existe qu'entre les sexes?

La division physiologique du travail apparaît chez le polype commun; c'est un progrès. De même une société moins grossière comprend des guerriers et un conseil de chefs investis de l'autorité. Certains zoophytes, comme l'hydre, en produisent d'autres par un procédé de gemmation; une tribu produit aussi ses boutures; les jalousies, les querelles causent des divisions; un chef prend l'initiative de la rupture, on se sépare, on émigre.

Dans le germe d'un polype, comme dans l'œuf humain, l'agrégat de cellules d'où l'animal doit sortir, donne naissance à une couche périphérique de cellules qui se subdivise plus tard en deux : l'une inférieure, appelée muqueuse ou endoderme; l'autre extérieure, appelée séreuse ou ectoderme. De celle-là sortent les organes digestifs et respiratoires; de celle-ci le système nerveux central et l'épiderme. Dans l'évolution sociale, nous voyons une première différenciation d'espèce analogue : celle des gouvernants et des gouvernés, des maîtres et des esclaves, des nobles et des serfs. Et de même que plus tard, entre la couche muqueuse et la couche séreuse, s'en forme une troisième dite vasculaire, d'où sortent les vaisseaux sanguins; de même aussi, quand une société grandit, il se forme une classe intermédiaire, adonnée à l'industrie et au commerce, qui, elle aussi, est l'organe distributeur de la société, comme les vaisseaux sanguins l'appareil distributeur du corps.

Chez les animaux inférieurs, il n'y a ni sang ni canaux circulant dans la masse du corps, et unissant ainsi les diverses parties; mais dès que l'être devient plus complexe, c'est une nécessité : chaque portion de l'organisme doit recevoir des matériaux qu'il s'assimile. Une société inférieure, de même, n'a aucune route, aucune voie de communication; mais le développement de la civilisation les suppose nécessairement. Là où la civilisation en est au début, il y a quelques grossiers chemins tracés par l'usage, semblables à ces *lacunes* qui, chez les animaux inférieurs, servent à la distribution des fluides nutritifs.

Enfin, si nous en venons au système nerveux, nous trouvons dans les organismes inférieurs des ganglions, quelquefois presque indépendants; à peu près comme dans la société féodale nous voyons les barons et autres seigneurs gouverner sans contrôle; la souveraineté, presque locale, s'exerçant dans d'étroites limites. L'animal supérieur, au contraire, a ses nerfs, son axe cérébro-spinal d'une structure compliquée; tout comme l'Angleterre a son parlement, ses ministres, ses shériffs et ses juges animés d'une même pensée et obéissant à une impulsion commune.

IV

Voilà, en quelques mots, comment la loi d'évolution rapproche les phénomènes sociaux des phénomènes biologiques. Si nous entrons dans un autre domaine, celui de la science, nous y retrouvons encore la continuité dans le développement. Elle se produit organiquement; sa genèse est l'œuvre d'un progrès immanent; elle sort de la connaissance vulgaire, comme le chêne sort du gland.

A s'en tenir aux opinions courantes, la science est considérée comme un mode de connaissance à part, *sui generis*, placée dans une région presque inaccessible, ayant des procédés de recherche qui lui sont propres, totalement étrangère (sauf dans ses applications) aux raisonnements et habitudes d'esprit de la vie commune. La doctrine de l'évolution, au contraire, montre qu'entre la science et les prévisions du vulgaire, toute ligne de démarcation est impossible; qu'elles diffèrent *en degré*, non *en nature*, et qu'entre elles toute séparation absolue est illusoire et chimérique. De plus, comme le développement implique la continuité, toutes les sciences se tiennent, elles sont les parties d'un même tout; il y a entre elles *unité de composition*, et chacune influe sur les autres; un progrès rend possibles des découvertes nouvelles, qui jetteront plus de lumière sur ce qui est déjà acquis. Tout se tient : la haute civilisation n'est possible que par la culture des sciences; mais qu'on y prenne garde, la culture des sciences n'est possible non plus que par la civilisation; ainsi la cause devient effet et l'effet devient cause; parce que, dans tout ce qui vit, la loi suprême, c'est la réciprocité d'action.

Laissons maintenant M. Herbert Spencer nous retracer la *Genèse de la science* (*Essais*, tom. I, p. 116-193), c'est-à-dire son évolution.

Si l'on oppose à la science sous sa forme la plus précise, celle des mathématiques, nos modes de penser journaliers où il n'y a point de méthode, le contraste est frappant. Mais il suffit d'un peu de réflexion pour voir que dans les deux cas, les mêmes facultés sont en jeu, et que leur mode d'opération est le même dans son fond. Dira-t-on en effet que la science est une *connaissance organisée?* Mais toute connaissance est organisée plus ou moins; mais les plus communes dans le ménage supposent des faits recueillis, des inférences tirées, des résultats attendus. Dira-t-on que la science est une *prévision?* La définition sera alors trop étendue; car l'enfant qui voit une pomme, prévoit qu'elle sera résistante, douce au toucher et aura un certain goût. Dira-t-on que la science est une *prévision exacte?* Mais il y a des sciences qui ne sont pas exactes et ne pourront jamais le devenir, comme la physiologie; et il y a des prévisions exactes qu'on ne considère pas comme une science : savoir qu'une lumière s'éteindra dans l'eau, que la glace fondra sur le feu. Logiquement donc la distinction entre la connaissance scientifique et la connaissance commune n'est point justifiable.

Si elles ne diffèrent pas en nature, quel rapport y a-t-il donc entre elles ? 1° Ce que la science révèle est plus éloigné de la perception que ce qui est donné par la connaissance vulgaire ; la prédiction d'une éclipse de lune par l'astronome diffère, sous ce rapport, de cette prévision d'une servante quelconque, que le feu fera bouillir l'eau. On peut dire, à ce point de vue, que la science est une *extension des perceptions par le moyen du raisonnement.* 2° La science non développée est une prévision *qualitative;* la science développée est une prévision *quantitative.* Prévoir qu'un morceau de plomb pèsera plus qu'un morceau de bois de même grandeur; et prévoir qu'à un moment déterminé deux planètes déterminées seront en conjonction, voilà la différence de la prévision qualitative et de la prévision quantative. Il n'y a vraiment science que là où les phénomènes sont *mesurables.* L'espace est mesurable, de là la géométrie; la force et l'espace sont mesurables, de là la statique ; le temps, l'espace et la force sont mesurables, de là la dynamique. Point de mesure possible pour nos sensations, point de science ; ainsi il n'y a point de science des goûts ni des odeurs.

A mesure que nous passons de la prévision qualitative à la prévision quantative, nous passons de la science inductive à la science déductive. Tant que la science est purement inductive, elle est purement qualitative ; devient-elle imparfaitement quantitative, elle comprend la déduction et l'induction ; est-elle parfaitement quantitative, elle est complétement déductive.

Toute science, à l'origine, a été qualitative et a mis quelquefois des milliers d'années pour arriver à sa période quantitative : la chimie n'y est entrée que récemment. Il ne faut donc jamais perdre de vue que la science et la connaissance ordinaire sont de même nature et que l'une n'est que l'extension et la perfection de l'autre (1).

Puisque la science, par son processus d'évolution, sort de la connaissance commune, de celle que nous donnent la raison et les sens réduits à eux-mêmes ; et que la connaissance commune sort elle-même des simples perceptions, la genèse de la science devrait, à rigoureusement parler, prendre pour point de départ l'origine même de la connaissance. Au risque de commencer d'une manière un peu brusque, prenons le sauvage adulte.

Pour vivre, il faut nécessairement qu'il puisse connaître ce qui le nourrira, ce qui peut lui nuire, ce qu'il doit évi-

1. M. Herbert Spencer examine ici la classification des sciences de Hegel, Oken et A. Comte. Il n'est point favorable, on le prévoit, à « la bâtarde méthode *à priori* » des deux premiers. Quant au troisième, tout en faisant cas de sa doctrine, il le critique pour avoir dit que l'ordre de généralité décroissante est celui dans lequel se produisent historiquement les sciences. En effet, l'algèbre qui est plus générale que l'arithmétique lui est postérieure ; il y a une généralité croissante de l'arithmétique au calcul différentiel. La solution d'A. Comte est une demi-vérité : le progrès de la science est double : il se fait du général au spécial et du spécial au général. Son arrangement *sériel* des sciences est une conception vicieuse ; il y a entre elles un *concensus* que Comte a eu le tort de ne pas reconnaître. Chaque découverte d'une science influe sur les autres.

M. Spencer a repris et développé ces idées dans sa *Classification des Sciences*, et M. Littré a discuté longuement les objections du philosophe anglais dans son livre sur *A. Comte et le Positivisme*.

ter, il doit distinguer une grande variété de substances, de plantes, d'animaux, d'outils, de personnes, etc. Mais cette distinction ou *classification* des objets, que suppose-t-elle? Une recognition de la *ressemblance* ou de la *dissemblance* des choses. Par un progrès naturel, la classification va des ressemblances grossières à d'autres plus cachées ; dans les classes se forment les sous-classes suivant les *degrés de dissemblance;* et l'esprit éliminant toujours le dissemblable, cherchant des ressemblances de plus en plus rigoureuses, tend finalement vers la notion de *ressemblance complète* qui suppose la *non-différence*.

Ce que nous venons de voir, dans la perception et classification des objets, se produit de même dans la genèse du raisonnement. Classer, c'est grouper ensemble des *choses semblables;* raisonner, c'est grouper ensemble des *rapports semblables*. Il est de l'essence du raisonnement de percevoir une *ressemblance* entre les cas, et l'idée qui est au fond de tous nos procédés de raisonnement, est l'idée de *ressemblance*. Et de même que le progrès final de la classification consiste à former des groupes d'*objets* complétement semblables, de même la perfection du raisonnement consiste à former des groupes de *cas* complétement semblables (1).

Il nous est maintenant possible de comprendre comment s'opère le passage de la connaissance qualitative à la connaissance quantitative. Le processus de classification, par un progrès qui lui est propre, tend vers la ressemblance complète ou *égalité;* quand elle l'a atteinte la science est devenue *quantitative*.

D'où naît la notion d'égalité? de l'expérience. Les choses que nous appelons égales (lignes, angles, poids, températures, sons, couleurs), sont celles « qui produisent en nous

1. Pour le détail plus ample de cette théorie de la perception et du raisonnement, voir le chapitre II ci-après.

des sensations qu'on ne peut distinguer l'une de l'autre, » l'idée d'égalité est tirée par abstraction des objets artificiels. L'expérience sépare plus tard l'idée d'égalité en deux idées : *égalité de choses ; égalité de rapports* (deux triangles égaux et deux triangles semblables). La première idée est le germe concret de la science exacte ; la seconde en est le germe abstrait : et toutes deux sortent de cette ressemblance de rapports que nous avons rencontrée déjà.

En même temps et de la même manière se produisent des idées distinctes du *nombre*. Nombre, égalité, ressemblance, ce sont là des notions qui ont un rapport intime. La simple énumération est un enregistrement d'expériences répétées d'une certaine sorte : pour qu'elles soient susceptibles d'énumération, il faut qu'elles soient plus ou moins semblables ; et pour que l'on obtienne des résultats numériques *absolument* vrais, il est nécessaire que les unités soient *absolument* égales. Nous appliquons bien le nombre, à l'occasion, à des unités inégales, comme les animaux qui composent une ferme ; mais tout calcul suppose l'*égalité parfaite* des unités, et n'arrive à des résultats exacts qu'en vertu de cette hypothèse : les premières idées de nombre sont donc dérivées de grandeurs égales ou semblables, considérées surtout dans les objets inorganiques ; et par suite la géométrie et l'arithmétique ont une origine simultanée. Que l'on remarque aussi que plusieurs nations, qui ne semblent avoir eu aucun rapport entre elles, ont adopté pour base de leur numération *dix* (les dix doigts) ou cinq (les cinq doigts d'une main) ou vingt (les doigts et les orteils) ; ce qui montre que les doigts ont été l'unité originelle de numération.

Voilà donc connue l'idée d'égalité, base de toute science ; mais comment l'appliquons-nous ? Comment passons-nous de la perception vague de l'égalité à la perception exacte propre à la science ? Par la juxtaposition des choses comparées. De là vient que si nous voulons juger deux nuances de couleur, nous les plaçons côte à côte, que si nous voulons estimer deux poids, nous en prenons un dans chaque main, et que nous comparons leur pression, en faisant passer rapidement notre pensée de l'un à l'autre : et, « comme de toutes les grandeurs, celles d'*étendue linéaire* sont celles dont l'égalité peut être le plus exactement connue, il en résulte que c'est à celles-là qu'on doit réduire toutes les autres. » Car c'est le propre de l'étendue linéaire, que seule elle permet la juxtaposition absolue, ou pour mieux dire, la coïncidence, comme il arrive pour deux lignes mathématiques égales ; l'*égalité* devenant alors *identité*. « De là ce fait que toute science exacte est réductible, en dernière analyse, à des résultats mesurés en unités égales d'étendue linéaire. »

Quant à cette idée de mesure par juxtaposition, elle nous est suggérée par l'expérience. On a dû remarquer de bonne heure que quand deux hommes, deux animaux, deux objets quelconques sont près l'un de l'autre, l'inégalité devient plus visible. Cette expérience, sans cesse répétée, nous a donné nos premières leçons.

En somme, toute connaissance, scientifique ou vulgaire, suppose une perception de ressemblances qui peuvent varier depuis la plus vague analogie jusqu'à l'égalité parfaite, laquelle seule constitue la science quantitative ; l'égalité étant donnée et vérifiée par une juxtaposition empirique. Les termes pied, pouce, doigt, coudée, pas, et autres semblables, usités à l'origine dans presque toutes les langues, ne sont-ils pas des faits à l'appui de l'origine empirique de l'idée de mesure, si elle rencontrait des sceptiques.

Telle est l'histoire psychologique de la genèse de la

science. Ce serait sortir de notre sujet que de suivre M. Herbert Spencer dans le tableau qu'il retrace de la production des diverses sciences. Par des faits nombreux, il en a fait ressortir les rapports étroits et la dépendance réciproque. De nos jours, dit-il, le *consensus* entre les sciences est devenu tel, qu'il n'y a guère de découverte considérable dans un ordre de faits, qui ne conduise bientôt à des découvertes importantes dans les autres. Et chacune sert aux autres : l'observation d'une étoile suppose l'emploi d'instruments très-perfectionnés, et l'aide de l'optique, de la thermologie, de l'hygrométrie, de la barologie, de l'électricité pour enregistrer certaines observations délicates, et même de la psychologie pour corriger « l'équation personnelle. » Telle est la complication de sciences que suppose une chose aussi simple que de déterminer la position d'une étoile.

V

Terminons ici avec la loi d'évolution. L'auteur la transportera sans doute quelque jour dans les questions de morale, où il eût été intéressant de le suivre : car l'hypothèse du progrès peut seule mettre d'accord ceux qui soutiennent, contre toute évidence, que la morale ne varie point et ceux qui soutiennent, contre toute raison, qu'elle n'a rien que de mobile et d'arbitraire. Un court essai sur l'*Anthropomorphisme* laisse entrevoir comment l'idée de développement peut transformer aussi l'étude des religions, depuis le fétichisme le plus grossier jusqu'aux formes les plus épurées du monothéisme. Mais ce qu'il importe de bien comprendre, c'est que l'idée d'évolution, soit qu'elle explique les phénomènes cosmiques et biologiques, soit qu'elle pénètre dans le monde de la pensée et de l'histoire, n'explique jamais les causes premières. Tout ce qui dépasse l'expérience lui échappe; elle ne fait, comme Hume le disait de la physique, « que reculer un peu notre ignorance (1). » Aussi laisserons-nous l'auteur lui-même conclure sur ce point.

« Probablement quelques-uns penseront qu'on a essayé « ici de résoudre ces grandes questions qui ont embarrassé « de tout temps la philosophie. Qu'ils ne cèdent point à « cette erreur. Ceux-là seulement qui ignorent le but et « les limites de la science peuvent y tomber. Les générali- « sations précédentes s'appliquent non à la genèse des « choses en elles-mêmes, mais à leur genèse en tant qu'elles « se manifestent à l'esprit humain. Après tout ce qui a été « dit, le dernier mystère reste ce qu'il était. L'explication « de ce qui est explicable n'éclaircit point l'impénétrabilité « de ce qui se dérobe à nous. Avec quelque succès que « nous puissions réduire l'équation à ses derniers termes, « nous ne serons pas pour cela en état de déterminer l'*in-* « *connue* : au contraire, il n'en devient que plus évident « que cette *inconnue* ne pourra jamais être trouvée.

« Quoiqu'il n'y paraisse guère, la recherche intrépide « tend sans cesse à donner une base plus ferme à toute « vraie religion. Le timide sectaire, alarmé des progrès de « la science, obligé d'abandonner une à une les supersti- « tions de ses ancêtres, et voyant ébranler chaque jour de « plus en plus ses croyances chéries, craint en secret que « toutes choses ne soient un jour expliquées ; il redoute la « science, pratiquant ainsi la plus profonde de toutes les « infidélités — la peur que la vérité ne soit mauvaise. « D'autre part, le savant sincère, content de suivre l'évi- « dence partout où elle le mène, se convainc plus profon-

1. Hume, *Essai* 1e.

« dément par chaque recherche que l'univers est un pro-
« blème insoluble. Dans le monde externe comme dans le
« monde interne, il se voit au milieu de changements per-
« pétuels dont il ne peut découvrir ni le commencement ni
« la fin. Si, remontant l'évolution des choses, il se permet
« de supposer que toute matière exista jadis sous forme
« diffuse, il trouve impossible de concevoir comment cela
« a pu être ainsi. Si ses spéculations ont pour objet le
« futur, il ne peut assigner aucune limite à la grande suc-
« cession de phénomènes qui se développent toujours de-
« vant lui. S'il regarde intérieurement, il voit que les deux
« extrémités de cette chaîne qui forme la conscience sont
« hors de sa portée ; il ne peut se rappeler quand ou com-
« ment la conscience a commencé, et l'état de conscience
« qui existe à chaque moment, il ne peut l'examiner, car,
« ce n'est que quand un état de conscience est déjà passé
« qu'il peut devenir l'objet de la pensée, et jamais pendant
« qu'il passe.

« S'il va de la succession des phénomènes externes ou
« internes à leur nature essentielle, il se trouve également
« en défaut. Quoiqu'il puisse réussir à résoudre toutes les
« propriétés des objets en manifestations de la force, il
« n'est pas apte à dire pour cela en réalité ce qu'est la
« force ; mais il trouve au contraire que plus il y pense,
« plus il est confondu. De même, quoique l'analyse des ac-
« tions mentales puisse l'amener fatalement aux sensations
« comme aux matériaux originels dont est tissée toute
« pensée, il ne peut aller plus loin, car il ne peut com-
« prendre le moins du monde la sensation, il ne peut même
« concevoir comment la sensation est possible. Il découvre
« ainsi que les choses internes et externes sont également
« insondables dans leur genèse et leur nature dernière. Il
« voit que la controverse du matérialisme et du spiritua-

« lisme est une simple guerre de mots; les adversaires « étant également absurdes, chacun croyant comprendre « ce qu'aucun homme ne peut comprendre. Dans toutes les « directions, ses recherches arrivent à le mettre face à « face avec l'inconnaissable, et à lui montrer toujours plus « clairement qu'on ne peut le connaître. Il apprend à la fois « la grandeur et la petitesse de l'intelligence humaine, sa « puissance dans le domaine de l'expérience, son impuis- « sance quand elle le dépasse. Il sent, avec plus de force « qu'aucun autre, l'incompréhensibilité totale du plus « simple fait, considéré en lui-même. Lui seul *voit* vrai- « ment qu'une connaissance absolue est impossible. Lui « seul *sait* qu'au fond de toute chose il y a un impénétrable « mystère (1). »

CHAPITRE II

La psychologie

I

« Ce qui distingue la psychologie des sciences sur lesquelles elle repose, c'est qu'elle a pour objet non la connexion des phénomènes internes, non la connexion des phénomènes externes, mais la *connexion entre ces connexions.* » Une proposition psychologique contient donc quatre termes et deux propositions dont l'une concerne le sujet et l'autre l'objet. Prenons un exemple : soient A et B deux phénomènes externes : la couleur et le goût d'un fruit; — soient *a* et *b* les sensations visuelle et gustative produites dans l'orga-

1. *Essays*, t. I, p. 58.

nisme par ce fruit : tant que nous n'examinons que le rapport A B, nous faisons une étude physique; tant que nous n'examinons que le rapport *a b*, nous faisons une étude de physiologie. « Mais nous passons dans le domaine de la psychologie dès que nous cherchons comment il peut exister dans l'organisme un rapport entre *a* et *b* qui d'une manière ou de l'autre répond au rapport entre A et B. La psychologie s'occupe exclusivement de cette connexion entre A B et *a b ;* elle en cherche la valeur, l'origine, la signification (1) ».

Les *données* de la psychologie doivent être cherchées en grande partie dans l'étude de la structure et des fonctions du système nerveux. M. Herbert Spencer a écrit sur ce point des chapitres du plus haut intérêt : il a emprunté à l'histologie, à l'anatomie descriptive et à la physiologie tout ce qui peut être utile au psychologue.

Ces données servent de base aux premières *inductions* de la psychologie. On peut se demander tout d'abord ce qu'est l'esprit ? Cette question, entendue au sens des métaphysiciens, c'est-à-dire par rapport à une substance inconnaissable, est oiseuse, insoluble. Le plus que puisse faire l'analyse, c'est d'arriver à quelque élément ultime, qui, dans les limites de l'expérience, nous fasse comprendre la composition de l'esprit. En se fondant sur les recherches des physiciens et notamment sur la décomposition des sensations de leurs éléments primitifs, M. Herbert Spencer pense que toute sensation est produite par une intégration, une fusion de chocs nerveux. « Il est possible — ne pourrions-nous pas même dire probable ? — que quelque chose du même ordre que ce que nous appelons un choc nerveux

1. *Principes de Psychologie.* Part. I, ch. VII. Sur la psychologie considérée comme science indépendante et ayant des caractères absolument propres, lire ce chapitre tout entier.

soit la dernière unité de conscience, et que toutes les différences entre nos états de conscience, résultent des modes différents d'intégration de cette dernière unité (1). »

Mais si, laissant toute spéculation sur la composition dernière de l'esprit, nous passons aux observations sur sa composition prochaine, nous trouverons qu'il est composé de deux catégories d'éléments : les *feelings* (ce qui est senti) et les *rapports* entre ces états. Le *feeling* a pour caractère essentiel d'occuper une portion de conscience assez considérable pour être percevable. Le rapport n'occupe pas dans la conscience cette portion appréciable : enlevez les termes qu'il unit et il disparaît avec eux.

M. Herbert Spencer a essayé une classification des états de conscience (*feelings*) fondée sur une base physiologique. Il les divise d'abord en *feelings* qui viennent du centre (émotions) et *feelings* qui viennent de la périphérie (sensations). Les états de conscience venant de la périphérie peuvent eux-mêmes être distingués en deux groupes : les sensations périphériques causées par des actions externes; les sensations périphériques causées par des actions internes. Bref, nous arrivons à cette classification fondée sur la structure : émotions, sensations externes, sensations internes; ou, comme s'exprime l'auteur, états de conscience *centraux*, *épipériphériques*, *entopériphériques*. Chacune de ces trois divisions a deux formes; la forme primaire, vive ou réelle; la forme secondaire, faible ou idéale.

Quant aux rapports, sur lesquels nous reviendrons plus tard, M. Herbert Spencer les réduit à trois fondamentaux qui sont, en allant du plus complexe au plus simple : les rapports de *coexistence*, *succession*, *différence*. Les deux premiers reposent en dernière analyse sur celui-ci; la suc-

1. Partie II, ch. I.

cession étant une différence d'ordre ; la coexistence une non-différence d'ordre (une indifférence dans l'ordre) (1).

Les états de conscience primitifs sont les matériaux des idées, c'est-à-dire de la connaissance proprement dite. *L'idée est l'unité de la connaissance.* Et de même qu'une sensation est une série intégrée de chocs nerveux ; de même l'idée est une série intégrée de sensations semblables. L'idée est produite par une fusion de résidus, par la fusion d'un état de conscience actuel avec les états de conscience antérieurs et semblables.

Nous trouvons donc partout la même loi de composition continue, sans limites définies, jusqu'aux formes les plus hautes de la conscience, formées de groupes d'états de conscience unis par des rapports extrêmement compliqués. On peut entrevoir déjà quel rôle joue l'évolution en psychologie. Cette loi d'évolution va nous apparaître maintenant sous un nouvel aspect (2).

Les *Principes de Psychologie*, dont nous n'avons indiqué jusqu'ici que les préambules, ont pour objet d'établir, par un double procédé d'analyse et de synthèse, l'unité de composition des phénomènes de l'esprit et la continuité de leur développement. De plus, comme l'indique le mot « principes, » il ne s'agit point simplement d'une description des faits de conscience, d'une énumération complète des phénomènes, d'une revue où rien ne soit omis : ce serait là dresser une sorte de répertoire psychologique, dans lequel tous les faits seraient décrits, à peu près comme le sont les

1. Partie II, ch. 2 à 5.

2. Les *Principes de Psychologie* sont si riches en détails originaux qu'il nous est impossible d'en donner une idée complète. Nous ne dirons rien non plus de la partie intitulée *Synthèse physique*, où l'auteur a essayé d'expliquer la genèse du système nerveux et « de traduire les phénomènes nerveux (et par suite les phénomènes mentaux), en fonction de la re-distribution de la matière et du mouvement, » c'est-à-dire de les ramener au principe fondamental de la persistance de la force.

maladies ou les plantes dans les traités de pathologie ou de botanique. Ce travail aurait sa grande utilité; mais, tel n'est point le but que M. Herbert Spencer s'est proposé. Son entreprise est plus philosophique et plus systématique. Ni sa biologie, ni sa sociologie, ni sa morale, n'ont la prétention d'épuiser leur sujet; elles ne visent qu'à établir des *principes*, en les accompagnant d'assez d'éclaircissements et d'exemples pour qu'on puisse bien comprendre ce qui s'y rapporte et en résulte.

Le premier résultat de la loi de continuité, c'est qu'entre les faits physiologiques et les faits psychologiques il n'y a point de ligne *précise* de démarcation, et que toute distinction *absolue* est illusoire. Sensations, sentiments, instincts, intelligence, tout cela constitue un monde à part, mais qui sort de la vie animale, qui y plonge ses racines et en est comme l'efflorescence. Entre la fonction la plus humble et la pensée la plus haute, il n'y a pas opposition de nature, mais différence de degré, chacune n'étant qu'une des innombrables manifestations de la vie. « La vie du corps et la vie mentale sont des espèces dont la vie proprement dite est le genre. » Et tandis que la psychologie ordinaire, fondée exclusivement sur l'observation intérieure et l'emploi de la méthode subjective, en vient à se restreindre à l'étude de l'homme, sans nul souci des formes inférieures de la vie intellectuelle, la psychologie expérimentale aspire à découvrir, décrire et classer les divers modes de la sensation et la pensée, à en suivre l'évolution lente et continue, depuis l'infusoire jusqu'à l'homme blanc et civilisé. Elle est donc une étude non-seulement statique, mais dynamique; elle ne constate pas seulement des faits, elle étudie leur genèse, leur développement, leurs transformations. Ce n'est pas tout : tandis que la psychologie vulgaire sépare l'être pensant de son milieu, se réduisant ainsi à l'abstraction, la psychologie expérimentale ne sépare jamais ces deux termes. Entre le monde externe et le monde interne il y a une correspondance constante, nécessaire. Ce n'est que par l'action du dehors sur le dedans, et par la réaction du dedans sur le dehors, que la vie mentale est possible. C'est dans le monde matériel qu'il faut chercher la raison dernière de la nature de nos pensées, de leur ordre, de leur liaison. Où est la source de nos idées de simultanéité et de succession, sinon dans les coexistences et séquences externes? Quelle serait la cause du mode d'enchaînement de nos idées, sinon l'expérience antérieure? Au reste, par la suite tout ceci s'éclaircira.

L'ouvrage qui nous occupe comprend une étude analytique et une étude synthétique.

L'étude synthétique part de la vie purement physiologique, et montre comment la vie intellectuelle, qui d'abord ne s'en distinguait pas, commence sa lente évolution et se constitue peu à peu par des additions successives; comment l'activité mentale, qui ne reproduisait d'abord que les modifications les plus simples, les plus élémentaires du monde externe, en vient à exprimer d'une façon complète les rapports extérieurs les plus variés et les plus complexes

L'étude analytique, qu'on pourrait aussi appeler subjective, par opposition à la précédente qui est plutôt objective, a pour but de ramener chaque espèce de connaissance à ses derniers éléments. Elle examine d'abord les raisonnements les plus compliqués, et par des décompositions successives, résolvant ce qui est plus complexe dans ce qui l'est moins, descendant toujours vers ce qui est simple, primitif, irréductible, elle arrive finalement aux principes constitutifs et aux conditions indispensables de toute pensée.

Abordons cette double étude en commençant par la synthèse.

II

Deux idées fondamentales dominent la psychologie de M. Herbert Spencer : celle de la continuité des phénomènes psychologiques, celle du rapport intime entre l'être et son milieu. Insistons sur ces deux points qui contiennent virtuellement toute sa doctrine.

Nous avons vu que s'il est une idée qui tende à prévaloir dans les sciences modernes, c'est celle de progrès, d'évolution, de développement. Dans la nature, comme dans l'histoire, rien n'est isolé, tout s'enchaîne et forme série ; chaque phénomène découle de ceux qui précèdent et contient en germe ceux qui vont suivre. Mais l'esprit humain est ainsi fait, qu'il ne peut saisir les objets que quand ils s'offrent à lui sous des formes déterminées, discontinues, quand ils présentent des caractères suffisamment tranchés. Toute science doit délimiter son objet ; elle n'est possible qu'à ce prix ; mais souvent cette délimitation est arbitraire, et les phénomènes ne se laissent pas emprisonner dans nos divisions conventionnelles. Ainsi la vie mentale sort de la vie physiologique en vertu de cette loi de progrès continu, lentement, pas à pas, par transformations infinitésimales, et sans qu'on puisse dire : voici où elle est née. « Quoique nous regardions communément la « vie mentale et la vie corporelle comme distinctes, il suffit « cependant de s'élever un peu au-dessus du point de vue « ordinaire, pour voir que ce ne sont là que des subdivi- « sions de la vie en général, et que toute ligne de démar- « cation qu'on tire entre elles est arbitraire. Sans doute « pour ceux qui persistent, à la manière vulgaire, à ne « contempler que les formes extrêmes des deux, cette as-

« sertion paraîtra incroyable. Mais s'il est certain que de « la simple action réflexe par laquelle l'enfant tette, jus« qu'aux raisonnements compliqués de l'homme adulte, le « progrès se fait chaque jour par degré infinitésimal; il « est certain aussi qu'entre les actes automatiques des « êtres les plus bas et les plus hautes actions conscien« tes de la race humaine, on peut disposer toute une série « d'actions manifestées par les diverses tribus du règne « animal, de telle façon qu'il soit impossible de dire à un « certain moment de la série : Ici commence l'intelli« gence. » Si du savant qui poursuit ses recherches avec la pleine conscience des procédés de raisonnement et d'induction qu'il emploie, nous descendons à l'homme d'une éducation ordinaire, qui raisonne bien et d'une manière intelligente, mais sans savoir comment; si de là nous descendons au villageois, dont les plus hautes généralisations ne dépassent guère les faits locaux; si de là nous tombons aux races humaines inférieures qu'on ne peut considérer comme pensantes, dont les conceptions numériques dépassent à peine celles du chien; si nous mettons à côté les plus élevés des primates, dont les actions sont tout aussi raisonnables que celles d'un petit écolier; si de là nous arrivons aux animaux domestiques; puis des quadrupèdes les plus sagaces à ceux qui le sont de moins en moins, c'est-à-dire qui ne peuvent plus modifier leurs actions selon les circonstances et sont guidés par un immuable instinct; puis si nous remarquons que l'instinct, qui consistait d'abord en une combinaison compliquée de mouvements produits par une combinaison compliquée de stimulus, prend des formes inférieures dans lesquelles stimulus et mouvements deviennent de moins en moins complexes; si de là nous en venons à l'action réflexe et « si des « animaux chez qui cette action implique l'irritation d'un

« nerf et la contraction d'un muscle, nous descendons « encore plus bas chez les animaux dépourvus de système « nerveux et musculaire, et que nous découvrions qu'ici « c'est le même tissu qui manifeste l'irritabilité et la con- « tractilité, lequel tissu remplit aussi les fonctions d'as- « similation, sécrétion, respiration et reproduction; et si, « finalement, nous remarquons que chacune des phases de « l'intelligence, énumérées ici, se fond dans les voisines « par des modifications trop nombreuses pour être distin- « guées spécifiquement, et trop imperceptibles pour être « décrites, nous aurons en une certaine mesure montré la « réalité de ce fait : qu'on ne peut effectuer de séparation « précise entre les phénomènes de l'intelligence et ceux de « la vie en général. »

L'autre base de la doctrine, c'est la corrélation nécessaire de l'être et de son milieu, que l'auteur exprime en disant que la vie est une *correspondance*, « un ajustement continu des rapports internes aux rapports externes. » L'être vivant quel qu'il soit, arbre, infusoire ou homme, ne peut subsister s'il n'y a harmonie entre son organisme et son milieu; et si à la vie physique s'ajoute la vie psychique, l'ajustement deviendra plus complexe. Pour que le gibier puisse échapper au faucon, il faut qu'il y ait *en lui* certaines modifications qui correspondent à des modifications *hors de lui;* il faut qu'il y ait correspondance entre sa fuite et la poursuite de son ennemi. Et de même, quand Newton conçoit le système du monde, il faut que la nature et la suite de ses idées correspondent à la nature et à l'enchaînement des phénomènes réels ; il faut que ce qui est en lui s'ajuste à ce qui est hors de lui. La vie est donc bien une correspondance, sous ses formes les plus hautes et les plus basses. Aussi le degré de vie varie comme le degré de correspondance. La vie est riche ou pauvre selon qu'elle reflète l'univers ou les simples modifications mécaniques de quelque molécule voisine. De l'entozoaire confiné dans un tissu, à la pensée de Shakespeare ou de Newton, qui reproduit la réalité concrète ou abstraite du monde, il y a place pour tous les degrés possibles de correspondance ; mais le parallélisme existe toujours entre l'être et son milieu.

L'auteur nous retrace les diverses étapes de ce progrès, qui n'est autre chose que l'histoire même du passage de la vie physique à la vie psychique. Il nous montre celle-ci faible au début, s'affermissant peu à peu et se complétant par degrés. Suivons-le pas à pas dans cette exposition synthétique.

Au plus bas degré, la correspondance entre l'être vivant et son milieu est *directe et homogène*. Comme la vie la plus haute se trouve dans les milieux les plus compliqués, de même la vie la plus basse ne se rencontre que dans des milieux d'une simplicité singulière. Tels sont le germe de la levûre, le champignon appelé *protococcus nivalis*, la cellule parasite qui cause la petite vérole, la *grégarine*, animal monocellulaire, qui habite les intestins de certains insectes, et est baigné par le fluide nutritif qu'il s'assimile, qui est maintenu à une température à peu près constante, et ne peut continuer d'exister qu'autant que son milieu spécial existe. Ici peu de changements, et qui ne sont en rapport qu'avec un milieu à peu près homogène.

Au-dessus est la correspondance *directe, mais hétérogène*, dont le zoophyte nous offre un exemple, quand ses tentacules sont étendues et qu'on les touche. A une relation de coexistence entre des propriétés tangibles et autres, que présente le milieu environnant, correspond dans l'organisme un rapport de séquence entre certaines impressions tactiles et certaines contractions. Mais la correspondance entre des rapports internes et des rapports externes *lointains* est absente dans toutes ces formes de la vie.

La correspondance va s'étendre maintenant *dans l'espace*. Les sens spéciaux se sont constitués et développés graduellement par un progrès continu. Soit par exemple la vue. Chez l'être inférieur, où le tissu tout entier a la propriété de répondre aux changements marqués dans la quantité de lumière qui tombe sur lui, il y a comme une ébauche de la faculté visuelle et des correspondances qui en résultent. « L'œil rudimentaire qui consiste, comme celui des pla-« naires, en un petit nombre de grains colorés placés sous « le tégument, peut être considéré comme n'étant simple-« ment qu'une partie de la surface, plus irritable à la lu-« mière que le reste. Nous pouvons nous former une idée « de l'impression, qu'il est probablement approprié à re-« cevoir, en tournant vers la lumière nos yeux fermés, et « en passant la main devant eux dans les deux sens. » Cependant cette petite spécialisation de fonction implique déjà un progrès dans la correspondance. Si du polype, qui ne remue que quand on le touche, nous remontons aux mollusques articulés, aux vertébrés qui habitent l'eau, et de là aux animaux les plus élevés qui habitent un milieu plus raréfié, nous trouverons, sous des formes et modifications variées, un appareil visuel plus complexe, et une distance croissante dans l'extension de la correspondance. Nous ne pouvons suivre ici les détails de ce progrès, qui, chez l'homme civilisé, conduit aux plus surprenants résultats. « Un vaisseau guidé par le compas, les étoiles et le chro-« nomètre, lui apporte de l'autre rivage de l'Atlantique des « informations qui lui permettent d'adapter ici ses achats « aux prix de là-bas. Un examen de couches superficielles, « d'où il infère la présence de charbon au-dessous, lui per-« met de mettre en correspondance ses actions avec des « coexistences situées à mille pieds en dessous. Et le mi-« lieu que traverse la correspondance humaine n'est pas

« confiné à la terre ni à sa surface. Elle s'étend jusqu'à la « sphère infinie qui l'environne. Elle a atteint la lune « quand les Chaldéens ont su prédire les éclipses ; le soleil « et les planètes les plus proches, quand a été établi le sys- « tème de Copernic ; les planètes les plus éloignées, quand « le télescope perfectionné en a découvert une, et le calcul « fixé la position d'une autre ; les étoiles, quand leur pa- « rallaxe et leur mouvement propre ont été mesurés ; et « même d'une façon vague les nébuleuses, quand leur « composition et leur forme de structure ont été recon- « nues (1). »

A la correspondance dans l'espace va s'ajouter la correspondance *dans le temps*. L'être vivant saisit d'abord les séquences mécaniques les plus simples et les plus courtes ; puis il en vient, par des conquêtes successives, à s'ajuster à des périodes de plus en plus longues ; il prend possession de l'avenir ; il prévoit les événements futurs, comme le chien qui cache un os pour le moment où il aura faim de nouveau. « Cet ordre supérieur de correspondance dans le « temps, qui est impossible aux animaux inférieurs, qui « n'existe qu'à l'état vague chez les animaux supérieurs, « et qui ne se trouve sous une forme précise que dans la « race humaine, a fait des progrès marqués dans le cours « de la civilisation. Chez les tribus humaines les plus gros- « sières, qui sont sans habitations, qui errent de place en « place, selon que varie la quantité des racines, des in- « sectes, des animaux sauvages, une année est la plus lon- « gue période à laquelle ils puissent ajuster leur conduite. « On peut à peine les définir des êtres « qui regardent le « passé et l'avenir ; » ils montrent par leur totale impré- « voyance et leur incapacité apparente à voir les consé-

1. *Synthèse générale*, ch. IV, § 144.

« quences futures, que leurs actions ne répondent qu'aux « phénomènes les plus saillants et les plus fréquents des « saisons. Mais dans les périodes de progrès qui suivent, « nous voyons par la construction des huttes, par le soin et « l'élevage des bestiaux, par leur soin à se pourvoir de cer- « taines commodités, qu'ils ont connaissance de séquences « plus longues, et prennent des mesures en conséquence. « Et graduellement, à mesure que nous avançons vers un « état social plus élevé, les hommes, en plantant des arbres « qui ne porteront pas de fruits pour leur génération ; en « donnant une éducation soignée à leurs enfants ; en bâtis- « sant des maisons qui dureront des siècles ; en assurant « leur vie ; en luttant pour une richesse ou une renommée « future, montrent que chez eux les antécédents et consé- « quents internes sont habituellement ajustés à des antécé- « dents et conséquents externes placés à de très-lointains « intervalles. Cependant cette extension de la correspon- « dance dans le temps se manifeste plus spécialement dans « le progrès de la science. L'homme commence par recon- « naître les séquences de jour et de nuit ; puis les sé- « quences mensuelles produites par la lune ; puis le cycle « annuel du soleil ; puis le cycle des éclipses de lune ; puis « les périodes des planètes supérieures ; tandis que l'astro- « nomie moderne détermine le long intervalle, après lequel « l'axe de la terre reviendra occuper le même point dans « le ciel ; et l'époque à peine concevable dans laquelle se « reproduiront les perturbations planétaires (1). »

Un nouveau progrès consiste en ce que la correspondance *croît en spécialité*. L'organisme est en état de percevoir des différences de plus en plus petites. Dans l'évolution de la faculté visuelle, par exemple, il se produit une aptitude toujours croissante à distinguer les diverses intensités

1. *General synthesis*, ch. v.

des couleurs, les teintes intermédiaires, les teintes de lumière et d'ombre. Ce progrès de la correspondance en spécialité amène, dans le cours du développement humain, le passage de la connaissance ordinaire à la science, de la prévision quantitative, qui est vague, à la prévision quantitative qui est précise.

Il s'agit maintenant pour l'être vivant de saisir, non plus des différences, mais des ressemblances ; de former en lui des groupes de rapports intérieurs qui répondent à des groupes de rapports et d'attributs externes : la correspondance croît en *généralité* et en *complexité*. L'impression que l'organisme reçoit de chaque objet devient de plus en plus hétérogène. L'œil saisit non-seulement la couleur, la grandeur et la forme, mais la distance dans l'espace, le mouvement, son espèce, sa direction, sa rapidité. « Tel est le cas du minéralogiste qui, pour reconnaître si une masse de matière peut être appropriée à un certain usage, en examine le mode de cristallisation, la couleur, la texture, la dureté, le clivage, la fracture, le degré de transparence, l'éclat, le poids spécifique, le goût, l'odeur, la fusibilité, les propriétés électriques et magnétiques, et dirige sa conduite d'après toutes ces choses prises ensemble. »

La correspondance entre l'être et son milieu s'est donc constituée pleinement par des conquêtes successives ; il ne reste plus qu'à coordonner ces divers éléments. La *coordination* des correspondances parcourt tous les degrés possibles, depuis celle de l'animal poursuivi, qui s'enfuit à son terrier, jusqu'à celle de la science quantitative qui embrasse les rapports les plus précis et les données les plus complexes.

De la coordination des correspondances naît leur *intégration*, c'est-à-dire que les correspondances les plus simples se fondent l'une dans l'autre et s'unissent intimement, de façon à ne plus devenir séparables que par l'analyse. C'est ainsi que chez l'adulte, un coup d'œil jeté sur un objet visible éveille simultanément les idées d'étendue tangible, de résistance, de texture, de poids ; tous ces éléments divers se sont, par la répétition, mariés, associés, intégrés. C'est ainsi que nous apprenons à entendre une langue étrangère ; c'est ainsi que l'enfant, hésitant d'abord sur les lettres et les syllabes, en vient à interpréter couramment les mots et les phrases.

On est donc conduit à cette conclusion nécessaire, que l'intelligence n'a pas de degrés distincts, qu'elle n'est pas formée de facultés réellement indépendantes ; mais que les phénomènes les plus élevés sont les effets d'une complication qui, par degrés insensibles, est sortie des éléments les plus simples. « Évidemment donc, les classifications courantes de nos psychologies ne peuvent être vraies que superficiellement. Instinct, raison, perception, conception, mémoire, imagination, sentiment, volonté, etc., etc., tout cela ne peut être que des groupes conventionnels de correspondances. Quelque grandes que puissent paraître les oppositions entre ces diverses formes de l'intelligence, elles ne peuvent être rien autre chose que des modes particuliers de l'ajustement des rapports internes aux rapports externes, ou des portions particulières de ce processus d'ajustement. »

III

Après avoir esquissé à grands traits la genèse de la vie psychique, après l'avoir vue sortir peu à peu de la vie organique et animale et constituer un ordre de faits assez vaste pour devenir l'objet d'une étude spéciale, il nous reste à aborder cette étude, à montrer comment les phénomènes psychologiques les plus complexes sortent des plus simples en vertu d'un processus naturel. C'est l'objet de la *synthèse spéciale*.

Au point où nous en sommes, on peut essayer de déterminer les caractères qui distinguent la vie physique de la vie mentale. Soyons en garde cependant contre tout malentendu. Cette distinction n'est possible qu'approximativement et n'est vraie qu'en gros; elle n'a rien de tranché ni d'absolu; la loi de continuité ne souffre pas d'exceptions.

« Les deux classes de phénomènes vitaux que la physio-
« logie et la psychologie embrassent respectivement sont
« nettement distinguées par ceci : c'est que, tandis que
« l'une des deux classes renferme des changements à la
« fois simultanés et successifs, l'autre classe renferme seu-
« lement des changements successifs. Tandis que les phé-
« nomènes qui sont l'objet de la physiologie, se produisent
« sous la forme d'un nombre immense de séries diffé-
« rentes liées ensemble, les phénomènes qui sont l'objet
« de la psychologie, au contraire, ne se produisent que
« sous la forme d'une simple série. Il suffit d'accorder la
« plus courte attention aux diverses actions continuelles
« qui constituent la vie du corps en général, pour voir que
« ces actions sont synchroniques, — que la digestion, la
« circulation, la respiration, l'excrétion, la sécrétion, etc.,
« dans toutes leurs subdivisions diverses, se produisent
« en même temps et dans une dépendance mutuelle. La
« plus courte étude sert aussi à montrer clairement que
« les actions qui constituent la pensée, se présentent, non
« en même temps, mais l'une après l'autre. Une critique
« rigoureuse exigerait sans doute que la distinction éta-
« blie fût restreinte; mais cette restriction ne serait pas

« de nature à en diminuer la vérité générale. La vie « étant une combinaison définie de changements hétéro- « gènes, à la fois simultanés et successifs, en correspon- « dance avec les coexistences et les successions externes ; « les deux grandes divisions de la vie peuvent toujours être « distinguées en ceci : que l'une est une correspondance « à la fois simultanée et successive ; que l'autre est une « correspondance successive seulement.

« A première vue, on peut supposer que cela constitue « une distinction telle, que le passage de l'une à l'autre « n'est plus possible. Il n'en est rien cependant en réalité. « Quand bien même cette distinction *absolue* existerait « entre la plus haute vie psychique et la vie physique « (et nous verrons prochainement les raisons qu'il y a « d'en douter), il n'en serait pas moins vrai que la vie « psychique, dans ses hauts et bas degrés, ne se distingue « pas ainsi de l'autre ; mais que cette distinction ne se « produit que dans le cours de cette progression par la- « quelle la vie, en général, atteint ses formes les plus par- « faites (1). »

Ainsi donc, les deux grandes divisions de la vie consistent, l'une en une correspondance à la fois simultanée et successive, l'autre en une correspondance successive seulement. Et c'est là une nécessité. Car le caractère le plus essentiel des phénomènes psychologique, c'est d'être conscients ; et comme un état de conscience exclut nécessairement tout autre, ces états doivent se produire sous la forme d'une simple série. Cette tendance des phénomènes psychiques à s'échelonner successivement n'est cependant vraie qu'en théorie et n'aboutit jamais à sa réalisation complète. « Les actions vitales qui sont l'objet de la psy-

1. *Synthèse spéciale*, § 177.

« chologie, quoiqu'elles se distinguent de toutes les autres « par leur tendance à prendre la forme d'une simple « série, n'atteignent jamais cette forme d'une manière « absolue. » Au début, les diverses manifestations de l'activité mentale sont plutôt simultanées que successives, plus physiques par conséquent que psychologiques. En voici des preuves : chez les rayonnés de l'ordre le plus élevé, chacune des parties semblables qui forment le corps, est liée à un centre ganglionnaire qui ne paraît servir qu'aux fonctions de la partie qui lui est propre; par suite, les changements psychiques qui se produisent chez l'animal se localisent *simultanément*, dans les diverses parties de son corps Chez les mollusques, les actions des divers ganglions sont très-imparfaitement coordonnées. Enfin, les articulés ont une structure qui les rend propres à démontrer cette dispersion de la vie psychique. Si l'on coupe la tête d'un centipède pendant qu'il est en mouvement, le corps continuera d'avancer par la seule action des pieds, et la même chose se produira dans les parties séparées si le corps est partagé en plusieurs portions distinctes. Les expériences analogues faites sur la *Mantis religiosa* ont été souvent citées.

Peu à peu, cependant, la forme simultanée décroît devant la forme successive, amenant ainsi de nouveaux progrès de la vie psychique. D'ailleurs, pour que la correspondance soit possible entre l'être et son milieu, il est nécesaire qu'à mesure que l'organisme est exposé à des impressions plus nombreuses, ces impressions se coordonnent en lui, se centralisent et tendent constamment à l'unité. La forme sérielle est donc le caractère spécial de l'intelligence. « Une série continue de changements étant ainsi le sujet de la psychologie, son œuvre c'est de terminer la loi de leur succession. Que ces changements ne se produisent pas au hasard, c'est ce qui est manifeste. Qu'ils se suivent les uns les autres d'une manière particulière, l'existence même de l'intelligence en est un témoignage. Le problème consiste donc à déterminer leur ordre, » c'est-à-dire à déterminer a *loi même de l'intelligence*.

L'intelligence, comme la vie, consiste dans une correspondance. Il faut qu'il y ait un parallélisme entre l'être pensant et les coexistences ou séquences externes que reflète sa pensée. Mais ces coexistences et séquences ont entre elles tous les rapports possibles. Il y a celles qui sont unies par des rapports immuables, fixes, sans exceptions connues; il y a celles dont la liaison est si faible qu'elles n'ont été données par l'expérience qu'une fois au plus, comme associées. Entre ces deux sortes de rapports, l'un intime, l'autre tout fortuit, il y a tous les degrés possibles de cohésion. Pour que la correspondance se réalise, il faut que l'intelligence reproduise aussi tous ces degrés. Aux séquences et coexistences fortuites, ou simplement possibles, correspondra une attraction très-faible entre les états internes qui les représentent, et ainsi de suite. En un mot, la loi de l'intelligence peut se formuler ainsi : « La force « de la tendance qu'a l'antécédent d'un changement psychi- « que à être suivi par son conséquent est proportionnée à « la persistance de l'union entre les objets externes qu'ils « représentent. » « Dire cependant que c'est là la loi de « l'intelligence, ce n'est nullement dire qu'elle est remplie « par toute intelligence de nous connue. C'est la loi de l'in- « telligence *in abstracto* et les intelligences existantes la « remplissent à des degrés plus ou moins imparfaits. » L'intelligence considérée dans son fond se réduit donc à l'association des idées, qui en est comme la propriété fondamentale. Sur ce point, M. Herbert Spencer s'accorde avec M. John Stuart Mill et M. Alexandre Bain.

Nous ferons remarquer cependant que, sur cette loi

d'association considérée non à tort comme la thèse capitale de l'école anglaise, M. Herbert Spencer a des théories qui lui sont propres.

1° Les associations indissolubles (vérités nécessaires des autres écoles) résultent pour lui, comme nous le verrons ci-après, de la *transmission héréditaire*. Ces associations ont une force invincible, parce qu'elles sont la conséquence des expériences enregistrées non seulement dans l'individu mais dans tous ses ancêtres humains et, pour quelques-unes, comme le temps, l'espace, dans tous les organismes animaux dont dérivent les organismes humains, suivant la théorie évolutionniste.

2° M. Herbert Spencer assigne à la loi d'association une base physiologique. Le processus d'association des états de conscience, dit-il, est automatique. Chaque état de conscience rentre instantanément dans la classe, l'ordre, le genre, l'espèce, la variété des états de conscience antérieurs semblables à lui. Ainsi la sensation de rouge est immédiatement rangée dans sa classe (épipériphérique), son ordre (visuel), son genre (rouge), son espèce (écarlate), etc. Bref, il n'y a qu'une seule loi d'association : c'est que chaque phénomène s'agrége avec son semblable dans le temps.

Mais il y a ici un parallélisme entre les faits subjectifs et les faits objectifs qui se passent dans la structure nerveuse. « Les changements dans les cellules nerveuses sont les corrélatifs objectifs de ce que nous connaissons subjectivement comme des faits de conscience ; et les décharges qui traversent les fibres unissant les cellules sont les corrélatifs objectifs de ce que nous appelons les rapports. Il en résulte que de même que l'association d'un état de conscience avec sa classe, son ordre, son genre, son espèce, correspond à la localisation du changement nerveux dans quelque grande masse de cellules, dans une partie de cette masse, dans une partie de cette partie, etc..; de même l'association d'un rapport avec sa classe, son ordre, son genre et son espèce répond à la localisation de la décharge nerveuse dans quelque grand agrégat de fibres nerveuses, dans quelque division de cet agrégat, dans quelque faisceau de cette division » (1).

Après avoir déterminé la loi de l'intelligence, examinons maintenant les phases successives de son développement. *Action réflexe* à son plus bas degré, elle devient *instinct;* et de là sortent d'une part les manifestations cognitives : *mémoire, raison;* d'autre part les puissances affectives : *sentiment, volonté.*

L'action réflexe est à peine un mode de la vie psychique. Elle a pourtant son importance, au point de vue qui nous occupe, en ce qu'elle forme la transition de la vie purement physique à l'instinct. « En employant le mot instinct, non comme le fait le vulgaire pour désigner toutes les sortes d'intelligence autres que celle de l'homme, mais en le restreignant à sa signification propre, l'instinct peut être défini : *une action réflexe composée.* Strictement parlant, on ne peut tirer de ligne de démarcation entre lui et l'action réflexe simple, de laquelle il sort par des complications successives. » Tandis que dans l'action réflexe simple, une seule impression est suivie d'une seule contraction ; tandis que dans les formes plus développées de l'action réflexe, une seule impression est suivie d'une combinaison de contractions; dans celle que nous distinguons sous le nom d'instinct, une combinaison d'impressions produit une combinaison de contractions ; et dans la forme la plus élevée, dans l'instinct le plus complexe, il y a des coordinations qui tendent à la fois à diriger et à exécuter. » La transformation de l'action réflexe simple en action réflexe

1. *Princip. de Psych.*, IIe part., ch. VII et VIII.

composée, c'est-à-dire en instinct, s'explique par l'accumulation des expériences et la *transmission héréditaire* (1). Mais l'instinct, à mesure qu'il croît en complexité, marche à sa fin; car à mesure que les instincts deviennent plus élevés, les divers changements psychiques qui les composent deviennent moins cohérents, se coordonnent d'une manière de moins en moins parfaite; et il doit venir un moment où leur coordination ne sera plus régulière. « Alors ces actions commenceront à perdre le caractère automatique qui les distingue, et ce que nous appelons instinct se perdra graduellement dans quelque chose de plus élevé. »

De là résulte la mémoire. Ces deux modes de l'intelligence se transforment l'un dans l'autre. De même que l'instinct peut être considéré comme une sorte de mémoire organisée, de même la mémoire peut être considérée comme un instinct naissant.

Voyons comment l'instinct devient mémoire. « Se rappeler la couleur rouge, c'est être à un faible degré dans cet état psychique que la présentation de la couleur rouge produit. Se rappeler un mouvement fait avec le bras, c'est sentir, à un faible degré, la répétition de ces états internes qui accompagnent le mouvement; c'est un commencement d'excitation de tous ces nerfs dont une excitation plus forte a été éprouvée durant le mouvement. » Le souvenir est donc un commencement d'excitation nerveuse. Il consiste à ressentir, à un faible degré, un mouvement, une sensation, une impression. Mais quand l'instinct devient trop complexe pour se produire avec la sûreté automatique qui lui est propre, il en résulte un conflit entre tous les mouvements. Ceux qui ne parviennent pas à se réaliser, restent à l'état de simples tendances, c'est-à-dire de mouvements simple-

1. L'auteur consacre à l'Instinct un chapitre long et intéressant, mais qui n'est guère susceptible d'analyse. 4e partie, ch. v.

ment conçus ; et ces impressions internes en suscitant d'autres, ainsi se forme cette succession d'idées régulière ou irrégulière que nous appelons mémoire.

Voyons maintenant comment la mémoire redevient instinct, c'est-à-dire retourne à son point de départ. Ici les exemples vulgaires abondent. Tel est celui du pianiste exécutant instinctivement et avec une sûreté automatique les morceaux qu'il a appris.

Il est clairement impliqué par tout ce qui précède, que la ligne de démarcation qu'on trace communément entre l'instinct et la raison n'existe pas. Tous deux sont un ajustement des rapports internes aux rapports externes, avec cette seule différence que dans l'instinct la correspondance est très-simple et très-générale, tandis que dans la raison, la correspondance est entre des relations internes et externes qui sont complexes, ou spéciales, ou abstraites, ou rares. L'hypothèse expérimentale suffit aussi à expliquer le progrès des plus basses aux plus hautes formes de la raison. « De ce raisonnement du particulier au particulier qui est celui des enfants, des animaux domestiques et, en général, des mammifères supérieurs, au raisonnement inductif ou déductif, le progrès est déterminé par l'accumulation des expériences. » Et il en est de même pour le progrès de toute la connaissance humaine, jusqu'à ses généralisations les plus larges.

Nul n'ignore les luttes célèbres que la nature de la raison a soulevées, et comment depuis l'antiquité jusqu'à nos jours cette question a mis aux prises l'empirisme et l'idéalisme. M. Herbert Spencer n'est ni pour Locke ni pour la doctrine contraire des « formes de la pensée. » « S'en tenir « à l'assertion inacceptable que, antérieurement à l'expé- « rience, l'esprit est une table rase, c'est ne pas voir le « fond même de la question, à savoir : — d'où vient la fa-

« culté d'organiser les expériences? — d'où proviennent « les différences en degrés de cette faculté, possédée par « diverses races d'organisme et divers individus de la même « race? Si, à la naissance, il n'existe rien qu'une récepti- « vité passive d'impressions, pourquoi un cheval ne pour- « rait-il pas recevoir la même éducation qu'un homme? Si « l'on objecte que le langage fait toute la différence, alors « pourquoi le chat et le chien, soumis aux mêmes expé- « riences que leur donne la vie domestique, n'arriveraient- « ils pas à un degré égal et à une même espèce d'intelli- « gence? Comprise sous sa forme courante, l'hypothèse « expérimentale implique que la présence d'un système ner- « veux, organisé d'une certaine manière, est une circons- « tance sans importance, un fait dont on n'a pas besoin de « tenir compte! Cependant c'est là le fait important par ex- « cellence, le fait contre lequel, en un sens, les critiques de « Leibniz et autres étaient dirigées, le fait sans lequel une « assimilation d'expériences est tout à fait inexplicable (1). »

D'un autre côté si la doctrine des *formes de la pensée* est inacceptable, au sens transcendant de Leibniz et de Kant, elle contient cependant un fond de vrai; elle n'a besoin que de subir une transformation physiologique. Cette innéité, dont on fait si grand bruit, s'explique par l'hérédité. Dans ce sens donc qu'il existe dans le système nerveux certains rapports préétablis correspondant à des rapports dans le milieu environnant, « il y a du vrai dans la doctrine des formes de la pensée, non le vrai que soutiennent ses défenseurs, mais une vérité d'un ordre parallèle. » Ces rapports internes préétablis, quoique indépendants de l'expérience de l'individu, ne sont pas indépendants de l'expérience en général; ils ont été établis par les expériences accumulées

1. *Specialis synthesis*, ch. VII, § 208.

des organismes précédents. Ils ont été légués, intérêt et capital. Et c'est ainsi que l'Européen en vient à avoir quelques pouces cubes de cervelle de plus que le Papou ; que des sauvages incapables de dépasser, en comptant, le nombre de leurs doigts et qui parlent une langue informe, ont pour successeurs, dans la suite des siècles, des Newton et des Shakespeare (1).

Le rapport intime du sentiment et de la raison est depuis longtemps établi : toute émotion impliquant une connaissance, et la connaissance une émotion quelconque. L'évolution des sentiments consiste aussi dans un développement des correspondances, et leur progrès se fait par addition, par accroissement en complexité. Au plus bas degré, *le désir;* puis quelques impulsions simples, correspondant à des impressions peu complexes; puis les sentiments simples forment des groupes; puis les groupes s'agrégent entre eux. Placez un enfant au milieu de grandes montagnes, il reste insensible à ce spectacle, mais il voit un jouet avec plaisir. S'il est plus âgé, il pourra éprouver une émotion agréable, en contemplant une rue, un champ, sa maison, son jardin. Mais dans la jeunesse et l'âge mûr, « les petits groupes d'états qui aux premiers jours de la vie furent produits par les arbres, les champs, les rivières, les cascades, les rocs, les précipices, les montagnes, les nuages, s'éveillent ensemble devant un grand paysage. » En même temps naissent partiellement des myriades de sensations, causées, dans les temps passés, par des objets semblables à ceux qu'on a sous les yeux. Enfin (et l'hérédité joue ici son rôle) s'éveillent aussi probablement « certaines combinaisons qui existaient à l'état organique, dans la race humaine, aux

1. *Special synthesis.* « Il est évident pour nous, dit Gratiolet, que les analyses ontologiques des philosophes et surtout cette distinction première des idées de temps et d'espace ont été écrites d'avance dans les préordinations de l'organisation animale. » P. 303.

temps barbares, quand toute son activité pour le plaisir se déployait surtout au milieu des bois et des eaux. C'est de ces émotions, les unes actuelles, la plupart naissantes, que résulte l'émotion qu'un beau paysage produit en nous. » De là, il faut conclure que les émotions seront d'autant plus fortes qu'elles renfermeront un plus grand nombre de sensations actuelles ou naissantes. Et c'est ce qui explique le caractère irrésistible de l'amour (1). « Comme exemple « remarquable de cette vérité, je puis citer la passion qui « unit les sexes. D'ordinaire, quoique bien à tort, on en « parle comme d'un sentiment simple, tandis qu'en fait « c'est le plus composé et par conséquent le plus puissant « de tous les sentiments. Aux éléments purement physiques « qu'il renferme, il faut ajouter d'abord ces impressions « très-complexes produites par la beauté d'une personne, « et autour desquelles sont groupées un grand nombre « d'idées agréables qui, en elles-mêmes, ne constituent pas « le sentiment de l'amour, mais qui ont une relation orga- « nique avec ce sentiment. A cela s'ajoute le sentiment « complexe que nous nommons *affection* — sentiment qui, « pouvant exister entre des personnes du même sexe, doit « être regardé en lui-même comme un sentiment indépen- « dant, mais qui atteint sa plus haute activité entre des « amants. Il y a aussi le sentiment d'*admiration*, respect « ou vénération qui, en lui-même, a un pouvoir considé- « rable et qui, dans le cas actuel, devient actif à un très- « haut degré. A cela il faut ajouter le sentiment que les « phrénologistes ont appelé *amour de l'approbation*. Quand « on se voit préféré à tout le monde, et cela par quelqu'un « qu'on admire plus que tous les autres, l'amour de l'ap- « probation est satisfait à un degré qui dépasse toutes les

1. *Special synthesis*, ch. VIII, § 215.

« expériences antérieures : spécialement, lorsqu'à cette « satisfaction directe il faut joindre la satisfaction indirecte « qui résulte de ce que cette préférence est attestée par « des indifférents. De plus, il y a aussi un sentiment voisin « du précédent, celui de l'*estime de soi*. Avoir réussi à « gagner un tel attachement de la part d'un autre, le do- « miner, c'est une preuve pratique de puissance, de supé- « riorité, qui ne peut manquer d'exciter agréablement « l'amour-propre. De plus, le sentiment de la possession a « sa part dans l'activité générale ; il y a un plaisir de pos- « session ; les deux amants s'appartiennent l'un à l'autre, « — se réclament mutuellement, comme une espèce de pro- « priété. En sus, dans le sentiment de l'amour est impliquée « une grande liberté d'action. A l'égard des autres per- « sonnes, notre conduite doit être contenue, car autour de « chacun il y a certaines limites délicates qu'on ne peut « dépasser ; — il y a une individualité dans laquelle nul ne « peut pénétrer. Mais dans le cas actuel, les barrières sont « renversées, le libre usage de l'individualité d'un autre « nous est concédé, et ainsi est satisfait l'amour d'une « activité sans limites. Finalement il y a une exaltation de « la sympathie : le plaisir purement personnel est doublé, « en étant partagé avec un autre ; et les plaisirs d'un autre « sont ajoutés à nos plaisirs purement personnels. Ainsi, « autour du sentiment physique qui forme le noyau du « tout, sont rassemblés les sentiments produits par la « beauté personnelle, ceux qui constituent le simple atta- « chement, le respect, l'amour de l'approbation, l'amour- « propre, l'amour de la possession, l'amour de la liberté, « la sympathie. Tous ces sentiments excités chacun au plus « haut degré et tendant, chacun en particulier, à réfléchir « son excitation sur chaque autre, forment l'état psychique « composé que nous appelons amour. Et comme chacun

« de ces sentiments est en lui-même très-complexe, vu « qu'il réunit une grande quantité d'états de conscience, « nous pouvons dire que cette passion fond en un agrégat « immense presque toutes les excitations élémentaires dont « nous sommes capables ; et que de là résulte son pouvoir « irrésistible. »

Pour tous ceux qui ont suivi jusqu'ici cette synthèse, il est clair que la volonté ne peut être qu'un autre aspect du même processus général, d'où sont sortis le sentiment et la raison. « Quand, par suite de l'organisation de l'expérience accumulée, les actions automatiques deviennent si complexes, si diverses, et souvent si rares qu'elles ne peuvent plus désormais se produire avec précision et sans hésitation ; quand après la réception d'une impression complexe, les phénomènes de mouvement approprié naissent, mais ne peuvent passer à l'action immédiate, à cause de l'antagonisme de certains autres phénomènes de mouvement, également naissants, et appropriés à quelque impression intimement unie à la précédente ; alors se produit un état de conscience qui, quand il aboutit finalement à l'action, détermine ce que nous appelons une *volition* (1). »

Les phénomènes de la vie affective sont donc la source du développement volontaire ; et la racine de nos volitions est dans le désir. Au point où nous en sommes, dit l'auteur, il est bien aisé de voir que l'ouvrage est en désaccord complet avec les opinions courantes sur le libre arbitre. Mais d'où provient l'illusion générale ? « L'illusion paraît consister principalement dans la supposition qu'à chaque moment, le *moi* est quelque chose de plus que l'état de conscience composé qui existe alors. » Un homme qui, par suite d'une impulsion résultant d'un groupe d'états psy-

1. *Principles of psych.*, 4e part., ch. IX.

chiques, accomplit une certaine action, affirme d'ordinaire qu'il a résolu d'accomplir cette action, et l'a accomplie sous l'influence de cette impulsion. Mais en parlant de lui, comme de quelque chose distinct du groupe d'états psychiques, qui a produit l'impulsion, il tombe dans l'erreur de supposer que ce n'est pas l'impulsion qui a déterminé l'action. Mais, comme le groupe entier des états psychiques qui constituaient l'antécédent de l'action, constituaient le moi en ce même moment, on peut dire aussi, en un sens, que c'est le moi qui a produit l'action. » En d'autres termes, nous disons qu'un acte est libre, parce que nous le considérons comme notre œuvre, comme découlant de notre moi. Mais le moi, antérieur à la résolution, n'est et ne peut être que la somme de nos états psychiques actuels, lesquels sont déterminés par l'expérience. « Il est assez naturel que le sujet de tels changements psychiques dise qu'il veut l'action ; car, considéré au point de vue psychique, il n'est en ce moment rien de plus que l'état de conscience composé par lequel l'action est excitée. Mais dire que la production de l'action est pour cette raison le résultat du libre arbitre du moi, c'est dire qu'il détermine les cohésions des états psychiques par lesquels l'action est excitée; et comme ces états psychiques constituent le moi, en ce moment, c'est dire que les états psychiques déterminent leur propre cohésion; ce qui est absurde. » Cette cohésion résulte du caractère et de l'hérédité.

IV

Si nous passons maintenant de l'étude synthétique à l'étude *analytique* des phénomènes de conscience, nous sommes conduits aux mêmes résultats. L'analyse vérifie la synthèse, et la conclusion qu'elle nécessite comme certaine, ou qu'elle suggère au moins comme très-probable, est encore celle de la loi de progrès continu, la doctrine de l'évolution. Que ce ne soit qu'une hypothèse : l'auteur l'accorde. Il ne réclame en sa faveur qu'une seule concession : c'est que de toutes les théories, elle est la plus simple, la plus naturelle, et surtout celle qui s'appuie sur le plus grand nombre de faits positifs.

L'idée fondamentale qui domine la psychologie analytique de M. Herbert Spencer, c'est qu'il existe entre tous les phénomènes de l'intelligence une *unité de composition*. Il y a identité de nature entre le procédé que suit le savant dans ses raisonnements les plus longs, les plus compliqués, et celui par lequel une conscience naissante s'essaie à la pensée. Tous deux consistent à saisir des *ressemblances* et des *différences*, seulement le savant en aperçoit des centaines, des milliers, là où l'enfant et l'animal n'en voient qu'un petit nombre. Il n'y a donc qu'une différence de degré. Toute l'œuvre de la psychologie analytique, c'est de prouver cette vérité ou, pour mieux parler, de la découvrir; car c'est un voyage de découverte.

Son résultat dernier, c'est que la vie intellectuelle consiste en deux procédés fondamentaux : l'un qui unifie, l'autre qui différencie; l'un qui saisit les analogies, égalités, identités, l'autre qui s'attache aux oppositions et aux contrastes; l'un qui *assimile* les impressions, l'autre qui les *désassimile;* l'un qui consiste en une *intégration,* l'autre en une *désintégration*.

Voyons comment l'auteur arrive à ce résultat; comment il établit cette unité de composition des phénomènes intellectuels; et comment ce double processus, par son jeu

Tome II, § 275.

incessant et ses complications innombrables, constitue notre vie mentale.

Il ne faut pas perdre de vue d'abord, que nous allons suivre une marche totalement opposée à celle de la synthèse. « Une analyse conduite d'une manière vraiment sys-
« tématique, doit commencer par les phénomènes les plus
« complexes de la série à analyser; elle doit chercher à les
« résoudre dans les phénomènes les plus voisins sous le
« rapport de la complexité; elle doit procéder de la même
« manière à l'égard des phénomènes moins complexes ainsi
« découverts; et, par des décompositions successives, elle
« doit descendre pas à pas jusqu'aux phénomènes les plus
« simples et les plus généraux, pour atteindre finalement
« le plus simple et le plus général. » Nous allons défaire pièce à pièce l'édifice de l'intelligence humaine, en commençant par le faîte. Nous enlèverons chaque assise l'une après l'autre, jusqu'à ce que nous parvenions à l'assise fondamentale et au sol inébranlable qui la supporte. Nous allons de l'arbre adulte au germe dont il est sorti. Dans notre marche régressive, nous descendons d'un phénomène intellectuel à celui qui en est la condition immédiate et l'appui. Parcourons les diverses phases de cette décomposition.

L'acte intellectuel le plus complexe, dit M. H. Spencer, est le *raisonnement quantitatif composé*. Il l'est pour plusieurs raisons : d'abord parce qu'ici la connaissance doit être précise et ne souffre pas l'à-peu-près, ensuite parce que les rapports sont très-nombreux. Voici un exemple de ce mode de raisonnement. Un ingénieur, après avoir construit un pont tubulaire en fer, est chargé d'en construire un autre d'une portée double. Il sait qu'il ne suffit pas de doubler toutes les dimensions; mais il n'arrive à cette conclusion négative qu'en tenant compte d'un grand nombre d'éléments et de rapports déterminés, de plusieurs lois précises enseignées par la physique et la mécanique. Dans l'algèbre et la géométrie, dans tout raisonnement quantitatif quel qu'il soit, l'intelligence parcourt une série d'identités. Les rapports qu'il saisit, ajoute, transforme, compare, sont homogènes. De plus, leur ressemblance est la plus haute possible : c'est celle qu'on appelle égalité ou identité.

Le raisonnement quantitatif composé se résout dans le *raisonnement quantitatif simple :* le premier ayant pour objet « des rapports quantitatifs de rapports quantitatifs; » le second se réduisant à une intuition directe et immédiate de rapports de quantité. Mais, en se simplifiant, le procédé reste identique et consiste toujours à saisir des égalités. « Mais l'aptitude à percevoir l'égalité implique une aptitude corrélative à percevoir l'inégalité; l'une ne peut exister sans l'autre. Quoique inséparables dans leur origine, la connaissance de l'égalité et celle de l'inégalité diffèrent en ceci, que tandis que l'une est essentiellement définie, l'autre est essentiellement indéfinie. Il n'y a qu'une égalité, tandis qu'il peut y avoir des degrés sans nombre d'inégalités. »

De là résulte une nouvelle sorte de raisonnement qui opère sur des inégalités : c'est le *raisonnement quantitatif simple et imparfait*. Ce qui donne au raisonnement quantitatif, sous toutes ses formes, un caractère de rigueur incontestable, c'est qu'il ne s'applique pas à des rapports de toute espèce, mais à un nombre restreint. Identité de nature dans les objets comparés, identité de coexistence dans le temps, identité de coétendue dans l'espace : ce sont là les seules notions parfaitement déterminées pour nous et, par suite, les seules qui permettent des conclusions exactes.

Si nous passons de la comparaison des grandeurs à celle des intensités, « de la coextension à la cointensité, » la précision disparaît. Nous opérons non plus sur des quantités, mais sur des qualités : le raisonnement est devenu *qualitatif*. Il a pour objet de déterminer « la coexistence ou non-coexistence des choses, attributs ou rapports qui sont identiques en nature avec certaines autres choses, rapports et attributs. » On ne peut cependant pas tracer de ligne de démarcation nette entre le raisonnement qui a pour objet la quantité et celui qui s'applique à la qualité, pas plus qu'entre les deux espèces de raisonnement qualitatif, le *parfait* et l'*imparfait*. Toute la différence consiste en ce que nous passons de l'égalité à la simple ressemblance. Les rapports comparés ne sont plus considérés comme *égaux* ou *inégaux*, mais comme *semblables* ou *dissemblables;* et comme la ressemblance à tous les degrés possibles, la probabilité des conclusions varie dans le même rapport.

C'est au raisonnement qualificatif qu'il faut rapporter l'induction, l'analogie et le syllogisme, au sujet duquel « on ne saurait s'expliquer comment tant de logiciens ont soutenu qu'il représente le procédé de l'esprit par lequel nous raisonnons habituellement, n'était l'immense influence de l'autorité sur les opinions humaines. » L'auteur montre très-bien qu'il n'est qu'un procédé de vérification.

Enfin, aux modes de raisonnement qualitatif imparfait (celui qui va du général au particulier, et celui qui va du particulier au général), il faut ajouter un troisième mode, « celui que M. Mill a appelé le raisonnement du particulier au particulier », qui est propre aux enfants et aux animaux supérieurs.

On peut résumer toute l'étude du raisonnement en le définissant une « classification de rapports. » Mais que signifie le mot classification? Il signifie l'acte de grouper ensemble les rapports *semblables* et l'acte de séparer les semblables des *dissemblables*. Inférer un rapport, c'est penser qu'il est semblable ou dissemblable à certains autres rapports. Tout raisonnement se réduit donc à une assimilation et à une désassimilation.

Du raisonnement à la *classification*, il n'y a qu'un pas. L'unité de composition de ces deux procédés est manifeste. S'il est vrai de dire que tout raisonnement est une classification, il est également vrai que toute classification suppose un raisonnement. Un simple exemple suffit. Il se produit sur ma rétine l'image d'un fruit jaune et sphérique ; je le classe avec d'autres semblables, vus antérieurement, sous le nom d'orange. Mais cette classification implique quelque chose de plus que la sensation actuelle, à savoir des attributs tangibles, une odeur, un goût, une structure intérieure qui, à la suite de la sensation visuelle, ne sont qu'inférés. Et ce qui le prouve, c'est que cet objet peut être une simple imitation, un trompe-l'œil : en ce cas, le goût, le toucher, l'odorat rectifient mon inférence et l'objet n'est plus classé parmi les oranges.

La transition est également facile de la classification à la *perception ;* car il y a identité de nature entre ces deux procédés, qui à rigoureusement parler sont inséparables. Toute classification suppose la perception et toute perception est une classification. Percevoir un objet spécial, déterminé, concret, c'est le ranger dans la même catégorie que ceux qui lui ressemblent ; et comme cette classification s'opère spontanément, coordonne les attributs par un procédé naturel, on peut appeler la perception une *classification organique.* « Dire qu'une chose *est*, c'est dire ce qui lui est semblable, à quelle classe elle appartient. » Il y a donc encore ici un double procédé d'assimilation et de différenciation.

La méthode analytique allant constamment du composé au simple, il en résulte que nous devons partir des perceptions les plus riches, de celles qui nous font connaître les corps comme doués d'attributs de toute sorte.

Le rapport qui s'établit entre le sujet et l'objet, dans l'acte de la perception, est d'une triple espèce. Il prend trois aspects distincts, selon qu'il y a activité de la part de l'objet, de la part du sujet, ou de la part des deux : 1° Si, tandis que le sujet est passif, l'objet produit un effet sur lui (ex. : rayonnement de chaleur, émission d'odeur, propagation du son), il en résulte dans le sujet une perception de ce qu'on appelle vulgairement une propriété seconde du corps; mais qu'on appellera plus proprement une propriété *dynamique*; 2° Si le sujet agit directement sur l'objet en le saisissant, tirant, poussant ou en usant de quelque autre procédé mécanique, et si l'objet réagit en une mesure égale, le sujet perçoit ces sortes de résistance qu'on a appelées secundo-premières, mais que je préfère classer sous le nom de *statico-dynamiques;* 3° Et si le sujet seul est actif, si ce qui occupe la conscience, ce n'est pas une action ou réaction de l'objet, mais quelque chose qui a été connu par le moyen de ces actions et réactions (comme la figure, la forme, la position), alors la propriété perçue est de l'espèce qu'on nomme communément premières, mais qu'on appellera ici *statiques*.

L'auteur, dans une analyse longue et minutieuse où nous ne pouvons le suivre, descend des attributs dynamiques et statico-dynamiques aux attributs statiques, qui sont les éléments fondamentaux de la perception. Il montre que la figure est résolue en rapport de grandeur, la grandeur en rapports de position; et que tous les rapports de positions peuvent être finalement réduits aux positions de sujet percevant et d'objet perçu. Bref, « la perception visuelle ou tactile de chaque attribut statique du corps est résoluble en perceptions de positions relatives qui sont acquises par le mouvement. »

Passons maintenant de la perception des objets réels, étendus, à la perception de l'espace qui en est le réceptacle, et du temps qui en est la condition. Ecartons tout d'abord l'hypothèse de Kant, sur l'origine transcendante de ces deux notions. Placée sur le terrain des faits, la question se réduit à ceci : Comment l'expérience d'une étendue occupée, c'est-à-dire du corps, peut-elle nous donner la notion de l'étendue inoccupée, c'est-à-dire de l'espace? Comment de la perception d'un rapport entre des positions résistantes, en venons-nous à la perception d'un rapport entre des positions non résistantes? — C'est par un procédé compliqué, quoiqu'il soit devenu simple par la répétition et l'habitude. Nous ne connaissons deux positions relatives A et B, que par le nombre des positions intermédiaires, et cette connaissance est due à nos sensations. Pour percevoir entre ces deux points, non plus une étendue concrète, mais une étendue vide, simplement possible, un *espace*, il faut qu'il se produise en nous, à l'état naissant, l'idée des diverses sensations musculaires, tactiles, visuelles, qui ont été précédemment données par l'expérience entre A et B. « Si le lecteur considère sa main ou quelque objet également proche, et qu'il se demande quelle espèce de connaissance il a de l'espace compris entre ses yeux et l'objet, il verra que cette connaissance *est pour ainsi dire complète.* Il a conscience des plus petites différences de position. Il en a une perception extrêmement complète et détaillée. Si maintenant il dirige ses yeux vers la partie la plus éloignée de la chambre, et qu'il considère dans cet espace une portion égale au précédent, il trouvera qu'il n'en a qu'une connaissance comparativement vague. Ensuite, s'il regarde par la fenêtre, et s'il considère quelle conscience il a d'un espace situé à cent yards de lui, il verra qu'il en a une conscience encore moins précise. Et s'il regarde l'horizon lointain, il s'apercevra qu'il a à peine quelque perception de ce lointain espace, et qu'il en a plutôt une *conception* indistincte qu'une *perception* distincte. Mais c'est là précisément le genre de connaissance qui doit résulter de l'organisation des expériences ci-dessus décrites. Nous avons de l'espace, qui est assez près de nous, pour être à la portée de nos mains, la perception la plus complète, parce que nous avons eu des myriades d'expériences de la position relative, dans les limites de cet espace. Et nous avons une perception de moins en moins complète de l'espace, à mesure qu'il s'éloigne de nous, parce que nous avons eu des expériences de moins en moins nombreuses, des positions relatives qu'il contient.

Les bizarres sentiments qui accompagnent certains états anormaux du système nerveux, fournissent une évidence semblable. De Quincey dit quelque part, dans ses *Rêves d'un mangeur d'opium*, « qu'il lui apparait des édifices et des paysages, dont les proportions sont si vastes que l'œil du corps n'est pas apte à les recevoir. L'espace s'enflait et devenait d'une grandeur infinie, inexprimable. » Il n'est pas du tout rare, chez les sujets nerveux, d'avoir des perceptions illusoires, dans lesquelles le corps semble s'étendre énormément, au point même de couvrir un acre de terrain. Maintenant l'état dans lequel se produisent ces phénomènes, est un état d'activité nerveuse exaltée ; état dans lequel de Quincey se dépeint lui-même comme voyant, dans leurs plus petits détails, des faits de son enfance depuis longtemps oubliés. Et si nous considérons quel effet doit produire sur notre conscience de l'espace, une excitation par laquelle des expériences oubliées sont ressuscitées vivement et en grande abondance, nous verrons que cela causera l'illusion dont il parle. Évidemment, nous ne nous rappelons qu'une partie des innombrables expériences des positions environnantes que nous avons accumulées durant notre vie. Elles tendent, comme toutes les autres expériences, à disparaître de l'esprit, et la perception de l'espace finirait par devenir indistincte, si elles n'étaient rafraîchies chaque jour ou remplacées par de nouvelles. Imaginez maintenant que ces innombrables expériences de positions relatives soient soudainement ravivées, qu'elles deviennent présentes à la conscience d'une manière distincte. Qu'en doit-il résulter ? C'est que l'espace nous sera connu dans un détail relativement microscopique; on y verra un beaucoup plus grand nombre de positions ; il paraîtra *s'être enflé*, comme dit de Quincey.

L'idée de *temps* est inséparable de celle de séquence, comme l'idée d'espace de celle de coexistence. La doctrine que le temps ne nous est connu que par la succession de nos états mentaux, est si ancienne et si bien établie, qu'il est inutile de l'exposer. Le temps *in abstracto* est un rapport de position entre des états de conscience. Notre notion d'une période de temps quelconque varie selon le nombre de nos états de conscience. Ainsi tout le monde sait qu'une semaine passée en voyage et qui, par conséquent, excite beaucoup l'activité de l'esprit, nous apparaît rétrospectivement beaucoup plus longue qu'une semaine passée chez soi. De même, une route qu'on fait pour la première fois, nous paraît plus longue que quand elle nous est devenue familière. Les phénomènes qui accompagnent certains états morbides du cerveau, fournissent des exemples analogues. Dans la description de ses songes causés par l'opium, « alors que la mer lui apparaissait pavée d'innombrables figures, suppliantes, courroucées, désespérées, surgissant par myriades, par générations, par siècles, — alors qu'une architecture imaginaire se présentait à lui avec une vivacité et un éclat insupportable, ayant la faculté de grandir et de reproduire à l'infini, » alors donc que les impressions mentales étaient extrêmement nombreuses et très-distinctes, de Quincey nous dit qu'il lui a quelquefois semblé « avoir vécu 70 ou 100 ans dans une seule nuit ; » bien plus, « qu'il a eu alors des sentiments qui lui paraissaient avoir duré mille ans, ou plutôt un laps de temps qui excédait les limites de toute expérience humaine. » N'arrive-t-il pas, pendant un assoupissement de quelques minutes, de faire des rêves qui paraissent durer un temps considérable ? Tous ces faits, auxquels on pourrait en ajouter bien d'autres, montrent manifestement que notre notion d'une période de temps est déterminée par la série des états de conscience qu'on se rappelle.

L'analyse nous conduit enfin à l'expérience fondamentale. Par des décompositions successives de nos connaissances en éléments de plus en plus simples, nous devons arriver finalement au plus simple, à l'élément matériel ultime ou substratum. Qu'est-ce que ce substratum ? C'est l'impression de la *résistance*. C'est là l'élément de conscience primordial, universel, toujours présent.

« Il est primordial, en ce sens que c'est une impression que les êtres vivants de l'ordre le plus inférieur se montrent capables d'éprouver ; en ce sens qu'il est la première espèce d'impression que l'enfant reçoive ; en ce sens qu'il est apprécié par le tissu dépourvu de nerfs du zoophyte, et en ce sens qu'il se présente vaguement, même à la conscience naissante de l'enfant qui n'est pas né.

« Il est universel, parce qu'il est connaissable (en employant ce mot, non dans le sens humain, mais dans un plus large) pour tout animal qui possède quelque faculté de sentir ; parce que, en général, toutes les parties du corps de chaque animal peuvent le connaître ; parce qu'il est commun à tous les organismes sensibles ; et commun, dans la plupart des cas, à toute leur surface.

« Il est toujours présent, en ce sens que tout animal, ou au moins tout animal terrestre, y est sujet durant toute son existence. Si nous exceptons ces animaux très-inférieurs qui ne donnent aucune réponse visible aux *stimulus* externes, et ceux qui flottent passivement suspendus dans l'eau, il n'y en a point qui n'éprouvent, à chaque moment de leur vie, quelque impression de résistance, venant des surfaces sur lesquelles ils sont placés, ou de la réaction de leurs membres pendant la locomotion, ou de l'un et de l'autre.

« Ainsi les impressions de résistance étant les premières qu'apprécie la nature vivante et sensible, considérée comme un tout progressif ; qu'apprécie tout animal supérieur dans le cours de son développement ; qu'apprécient presque toutes les parties du corps dans la grande majorité des êtres animés ; ces impressions sont nécessairement les premiers matériaux rassemblés dans la genèse de l'intelligence. Et comme, durant la vie, ces impressions sont continuellement présentes sous une forme ou l'autre, elles constituent nécessairement ce courant de conscience dans lequel entrent toutes les autres impressions. »

Maintenant, si après avoir analysé les diverses formes de la perception, nous recherchons ce qu'il y a de commun à toutes, nous sommes conduits à conclure que la perception, considérée dans ce qu'elle a de plus général, consiste à saisir les rapports que les sensations ont entre elles ; à apercevoir un rapport ou des rapports entre des états de conscience actuels, ou antérieurement éprouvés ; en un mot, percevoir, c'est classer des rapports (1).

1. Parmi les longues analyses que M. Herbert Spencer a faites des divers rapports, l'une des plus remarquables est celle qui résout le rapport de coexistence ou simultanéité, en un rapport de séquence. Comme MM. Bain et John

M. Herbert Spencer examine en détail les divers rapports de coïntensité, coétendue, coexistence, identité de nature (*connature*). Il montre qu'ils se ramènent tous en dernière analyse à des rapports de *ressemblance* et de *différence*. Mais, différence peut se traduire par *changement* et ressemblance par *non-changement*. En effet, pour que deux objets soient connus comme différents, il faut qu'il y ait dans la conscience deux états correspondants et par suite un changement du premier au second; la perception de la similitude, au contraire, n'implique aucun changement interne. Nous voici donc arrivés au *dernier terme* de notre analyse. Le rapport le plus simple que l'intelligence puisse percevoir, c'est un rapport de séquence ou de succession; c'est là le rapport primordial qui constitue le

Stuart Mill les ont plusieurs fois citées, nous en traduisons la conclusion. (*Princ. de psych.*, tome II, § 367-368.)

« On peut définir le rapport de coexistence, l'union de deux rapports de « séquence, telle que, tandis que les deux termes de l'un sont exactement « semblables aux deux termes de l'autre en espèce et en degré, mais exactement l'inverse dans leur ordre de succession, ils sont exactement semblables « sous le rapport du sentiment qui accompagne cette succession. En d'autres « termes, on peut le définir comme consistant en deux changements de conscience qui, quoique absolument opposés à tous autres égards, se ressemblent parfaitement par l'absence de contrainte. Et naturellement le rapport « de non-coexistence diffère en ceci, que quoique l'un des deux changements « se produise, sans aucun sentiment d'effort, l'autre ne le fait pas.

« Il est peut-être bon de montrer que ces conclusions sont indiquées même « par des considérations *à priori*. Car si, d'une part, les objets extérieurs « pour la plus grande partie sont statiques, persistants, ne manifestent aucun « changement actif; et si, d'autre part, le changement perpétuel est la loi du « monde interne, la première condition sous laquelle seule la conscience peut « continuer, alors s'élève cette question : comment les phénomènes statiques « externes peuvent-ils être représentés par les phénomènes dynamiques internes? Comment les non-changements du dehors peuvent-ils être représentés par les changements du dedans? On comprend à la rigueur que les « changements du *non moi* puissent être exprimés par les changements du « *moi;* mais comment se peut-il que le repos objectif puisse être représenté « par un mouvement subjectif. Évidemment cela n'est possible que d'une manière. Une conscience toujours en état de changement ne peut se représenter à elle-même un non-changement que par une inversion de ses propres « changements, par une duplication de conscience équivalant à un arrêt, par « un *regressus* qui défasse le *progressus* antérieur, par deux changements qui « se neutralisent exactement. »

fond même de la conscience, et par conséquent la condition de toute pensée, c'est le changement, la succession, la dissemblance.

Un état de conscience homogène ou continu est une impossibilité, une non-conscience. Un être à l'état de repos total, un être qui ne subit absolument aucun changement est mort, et une conscience qui est devenue stationnaire est une conscience qui a cessé. Cependant il ne suffit pas d'une succession de changements pour que la conscience se constitue. Cette succession doit être *régulière*. Les changements ne forment que la matière brute de la conscience ; il faut de plus qu'ils soient *organisés*, c'est-à-dire classés suivant des ressemblances et des différences. En résumé donc, le premier acte de la conscience, le plus simple de tous, est la perception d'une différence ; le deuxième acte, la perception d'une ressemblance. Dès lors, l'intelligence est constituée. Assimiler et différencier, voilà tout le mécanisme de la pensée ; et tout son progrès consiste à accumuler des ressemblances et des différences. *L'unité de composition* est établie et vérifiée par l'analyse. Depuis l'acte de conscience le plus humble jusqu'au raisonnement le plus compliqué ; depuis l'intuition de la ressemblance grossière, qui n'est qu'une lointaine analogie, jusqu'à l'intuition de la ressemblance parfaite qui est une identité, le processus reste le même invariablement.

Laissons l'auteur exposer lui-même ces résultats importants et rapprocher le double processus psychologique du double processus qui constitue la vie physique.

« Nous avons vu que la condition sous laquelle seule la « conscience peut commencer d'exister, c'est la production « d'un commencement d'état, et que ce changement d'état « engendre nécessairement les termes d'un rapport de dis- « semblance. Nous avons vu que, non-seulement la cons-

« cience naît en vertu d'un changement, par la production « d'un état différent de l'état précédent, mais que la cons- « cience ne peut continuer, qu'autant que les change- « ments continuent, qu'autant qu'il s'établit des rapports « de dissemblance. Par suite donc, la conscience ne peut « ni naître ni se maintenir, sans qu'il se produise dans « son état des différences. Elle doit toujours passer d'un « certain état à un état différent. En d'autres termes, elle « doit être une *différenciation continue* de ses états consti- « tutifs.

« Mais nous avons vu aussi que les états de conscience « qui se produisent successivement ne peuvent devenir « des éléments de pensée, qu'autant qu'ils sont connus « comme semblables à certains états précédemment « éprouvés. S'il n'est pris aucune note des différents états, « à mesure qu'ils se produisent, s'ils traversent la cons- « cience simplement comme les images traversent un mi- « roir, alors aucune intelligence n'est possible, si long- « temps d'ailleurs que dure le *processus*. L'intelligence ne « peut naître que par l'organisation, l'arrangement, la « classification de ces états. S'ils sont notés chacun en « particulier, ce ne peut être que comme étant semblables « plus ou moins à certains états précédents. Ils ne sont « pensables, que si on les considère comme étant tels ou « tels ; c'est-à-dire comme étant semblables à tels ou tels « états précédemment éprouvés. Il est impossible de les « connaître sans les classer avec d'autres de même nature, « sans les assimiler à eux. Par suite donc, chaque état, « lorsqu'il est connu, ne doit plus faire qu'un avec certains « états précédents, doit être intégré avec ces précédents « états. Chaque acte de connaissance doit être un acte d'in- « tégration, c'est-à-dire qu'il doit y avoir une *intégration* « *continue* d'états de conscience.

« Ce sont donc là les deux processus contraires par « lesquels la conscience subsiste ; ce sont là les actions « centrifuges et centripètes, grâce auxquelles son équi- « libre se maintient. Pour qu'il puisse y avoir des maté- « riaux pour la pensée, il faut qu'à chaque moment la « conscience soit différenciée dans son état. Et pour que le « nouvel état qui en résulte devienne une pensée, il faut « qu'il soit intégré dans des états précédemment expéri- « mentés. Cette perpétuelle alternance est la caractéristique « de toute conscience, depuis la plus basse jusqu'à la plus « haute. On le voit clairement dans cette oscillation entre « deux états, qui constitue la forme de conscience la plus « simple qu'on puissse concevoir ; on le voit aussi dans ces « pensées très-complexes des hommes les plus savants.

« Et ce n'est pas seulement dans tout acte particulier de « la pensée, que cette loi se manifeste; elle se retrouve « aussi dans le progrès général de la pensée. La petite « différenciation et intégration qui se produisent de mo- « ment en moment, aboutissent à ces différenciations et « intégrations plus importantes, qui constituent le progrès « mental. Chaque fois qu'une intelligence développée dé- « couvre quelque distinction entre des objets, des phéno- « mènes ou des lois qui étaient précédemment confondus « ensemble comme étant de la même espèce, cela implique « une différenciation d'états de conscience. Et chaque fois « aussi qu'une intelligence développée reconnaît comme « étant essentiellement de la même nature des objets, phé- « nomènes, ou lois qui étaient précédemment considérés « comme distincts, cela implique une intégration d'états de « conscience.

« Donc toute action mentale quelconque, considérée sous « son aspect le plus général, peut se définir : *la différencia- « tion et l'intégration continue* d'états de conscience.

« Le seul fait important qui reste encore à montrer, « c'est l'harmonie qui subsiste entre ce résultat final et « celui qu'atteint une science voisine. La vérité la plus « large que les recherches des physiologistes aient mise au « jour, est parallèle à la vérité que nous venons justement « d'atteindre.

« De même que c'est par deux processus contraires que « la conscience se maintient, de même c'est par deux pro- « cessus contraires que se maintient la vie du corps; et les « deux mêmes processus contraires sont communs à l'un et « à l'autre. Par l'action de l'oxygène, chaque tissu est diffé- « rencié, mais chaque tissu intègre aussi les matériaux qui « lui sont fournis par le sang. Aucune fonction ne peut se « produire sans les différenciations du tissu qui la produit, « et aucun tissu ne peut accomplir sa fonction que par une « intégration de la nourriture. C'est dans l'équilibre de ces « deux actions que consiste la vie organique. Chaque nou- « velle intégration rend l'organe apte à être de nouveau « différencié; chaque nouvelle différenciation rend l'organe « apte à intégrer de nouveau. Et dans la vie physique comme « dans la vie psychique, l'arrêt de l'un des deux processus « c'est l'arrêt de tous deux. »

V

L'*Analyse générale*, qui est en réalité une théorie de la connaissance, dépasse de beaucoup les limites de la psychologie expérimentale. Mais ici M. Herbert Spencer prend une position à part dans l'école anglaise. Tandis que Stuart Mill défend franchement l'idéalisme et que M. Bain y incline, il est, lui, nettement *réaliste;* et la théorie de la connaissance n'est qu'un long combat contre l'idéalisme.

Il commence d'abord par réclamer, en faveur de la perception, contre la suprématie exclusive que les métaphysiciens attribuent à la raison. « Par elle, nous avons pu passer d'un petit nombre de notions simples, vagues, comme en possèdent les sauvages, à ces vérités nombreuses, complexes et précises, qui nous servent maintenant de guide d'une manière si large. Elle nous a aidé à explorer un univers comparativement auquel notre terre n'est qu'un grain de sable, et à découvrir la structure d'une monade, comparativement à laquelle un grain de sable est une terre. Elle nous a servi à compliquer et à perfectionner ces arts de la vie qui demanderaient des encyclopédies pour les décrire. Cela a produit naturellement un culte de la raison qui conduit quelques gens à supposer faussement que sa portée est sans bornes, et d'autres, qui reconnaissent des bornes à cette portée, à supposer faussement que, dans ses bornes, ses données sont indubitables.

« Une autre influence a favorisé l'établissemen tde cette autocratie parmi les facultés. La raison a servi d'instrument pour réprimer les formes inférieures du gouvernement mental, — le gouvernement par préjugé, le gouvernement par tradition, etc., et partout où elle les a remplacées, elle tend à jouer le rôle de despote à leur place. Pour le développement de l'esprit, comme pour le développement de la société, il semble que ce soit une loi que le progrès vers la forme de gouvernement la plus élevée se fasse en passant par des formes dont chacune établit un pouvoir qui n'est qu'un peu moins tyrannique que le pouvoir qu'elle remplace. Ou, pour changer la comparaison, nous pouvons dire qu'en supprimant d'autres superstitions, la raison devient elle-même un objet final de superstition. Dans les esprits qu'elle a délivrés de croyances incertaines, elle devient elle-même un objet de croyance incertaine. Elle absorbe, pour ainsi dire, la force de toutes les erreurs qu'elle a domptées ; et le respect que l'on a accordé sans examen à toutes ces erreurs en détail, on le donne en gros à la raison ; il se change en une servilité telle que l'on ne songe jamais à demander les lettres de créance de ce pouvoir qui a chassé les erreurs.

« En décrivant ainsi le culte de ce qui a supprimé les superstitions, et est devenu un objet de superstition finale, nous somme plus près de la vérité littérale qu'il ne semble d'abord. Car ce culte implique l'hypothèse qu'en donnant à la conscience une forme particulière, on lui donne un pouvoir indépendant de celui qui lui appartient intrinsèquement. Le raisonnement, cependant, n'est rien de plus que la recoordination d'états de conscience déjà coordonnés d'une manière plus simple ; et la recoordination ne peut pas plus donner aux résultats auxquels on arrive une valeur indépendante de celle que possèdent déjà les états de conscience antérieurement coordonnés, que la coupe d'un morceau de bois dans une forme particulière, ne peut donner à ce bois un pouvoir indépendant de celui que la substance du bois possédait déjà.

« Le fait remarquable, c'est que cette confiance excessive dans la raison, comparée aux modes inférieurs de l'activité intellectuelle, ne se voit pas chez ceux qui sont arrivés avec elle à des résultats si étonnants. Les hommes de science, maintenant, comme toujours, subordonnent les verdicts de la conscience auxquels on arrive par une opération immédiate ; ou, pour parler plus exactement, ils subordonnent les verdicts auxquels on arrive par un raisonnement prolongé et conscient à ces verdicts auxquels on arrive par un raisonnement qui est si près d'être automatique qu'on ne doit plus l'appeler un raisonnement. L'astronome qui, par des raisonnements quantitatifs élaborés que nous appelons calculs, conclut que le passage de Vénus commencera tel jour, à telle heure, à telle minute, et qui au temps indiqué tourne son télescope vers le soleil et ne voit aucune tache noire entrant dans son disque, conclut à la fausseté de son calcul, — et non à la fausseté de ces actes de pensée relativement brefs et primitifs, par lesquels il a fait son observation. Le chimiste dont la formule explique que le précipité isolé d'un composé nouveau doit peser un grain, et qui trouve que le poids est de deux grains, abandonne aussitôt le verdict de son raisonnement, et il ne songe jamais à mettre en doute le verdict de sa perception directe. Il en est de même pour les classes d'hommes dont les efforts réunis ont conduit notre connaissance de l'univers à l'état cohérent et compréhensif qu'elle possède actuellement. C'est plutôt chez les spectateurs de ces grands exploits de la raison que nous trouvons cette estime exagérée de sa puissance ; et dans les esprits de ces spectateurs, son usurpation est souvent en raison inverse du commerce avec la nature. »

Nous n'insisterons pas sur la vive critique que l'auteur a faite de l'idéalisme sceptique de Hume, de Berkeley et de Kant : ce ne sont que les préambules de son argumentation où il justifie le réalisme de deux manières : négativement, positivement.

La justification négative du réalisme consiste à montrer qu'il a pour lui : 1° *la priorité :* nos premières affirmations telles qu'elles se produisent chez l'enfant, le paysan, sont réalistes, la conception idéaliste est de formation postérieure ; 2° la *simplicité :* l'affirmation réaliste ne suppose qu'un seul acte d'indifférence, tandis que l'affirmation contraire suppose une série d'actes de cette nature : et l'idéaliste nous propose de rejeter l'acte unique, pour nous fier à une série d'actes de même nature; 3° la *clarté :* le réalisme est le résultat d'actes mentaux extrêmement vifs et bien définis ; l'idéalisme, d'actes mentaux extrêmement faibles et mal définis.

La justification positive du réalisme suppose d'abord la détermination d'un critérium ; car, en son absence, il n'y a aucun champ de bataille commun entre les idéalistes et les réalistes. Faute de partir d'un principe commun, les arguments frappent au hasard, sans avoir chance de se rencontrer. Le *postulat universel*, ce critérium suprême de toute vérité, c'est l'*inconcevabilité de la négative*. M. Herbert Spencer soutient de nouveau et en combattant les unes après les autres toutes les objections de Stuart Mill, que nous n'avons aucune raison de douter de la validité de ce critérium.

Il reprend donc sur cette base la discussion contre l'idéalisme. La justification positive du réalisme consiste à montrer que l'antithèse du sujet et de l'objet « est un produit d'actes réguliers de la pensée comme ceux qui établissent les vérités que nous tenons pour certaines au plus haut point. » Cette antithèse du sujet et de l'objet est établie par une longue analyse, qui aboutit à ce résultat que nous avons deux séries d'états de conscience à peu près parallèles, que M. Herbert Spencer appelle l'agrégat vif (le monde extérieur) et l'agrégat faible (notre conscience purement subjective). Ces deux séries sont relativement cohérentes en elles-mêmes, et relativement incohérentes l'une par rapport à l'autre. Il a résumé d'ailleurs, dans le tableau suivant, cette opposition du sujet et de l'objet ramenés à des états de conscience (1) :

1. Dans ce tableau, les états de la première classe représentent l'objet, ceux de la seconde classe le sujet.

ÉTATS DE LA PREMIÈRE CLASSE.	ÉTATS DE LA SECONDE CLASSE.
1° Relativement vifs;	1° Relativement faibles;
2° Antérieurs dans le temps (ou originaux);	2° Postérieurs dans le temps (ou copies);
3° Qualités non modifiables par la volonté;	3° Qualités modifiables par la volonté;
4° Ordre simultané non modifiable par la volonté;	4° Ordre simultané modifiable par la volonté;
5° Ordre successif non modifiable par la volonté;	5° Ordre successif modifiable par la volonté;
6° Font partie d'un agrégat vif qui ne peut être rompu;	6° Font partie d'un agrégat faible qui peut être rompu;
7° Qui est complétement indépendant de l'agrégat faible;	7° Qui est partiellement indépendant de l'agrégat vif;
8° Et qui a ses lois qui dérivent de lui-même;	8° Et qui a ses lois en partie dérivées de l'autre et en partie particulières à lui-même;
9° Ont des antécédents qui peuvent être ou ne peuvent pas être indiqués;	9° Leurs antécédents peuvent toujours être indiqués;
10° Appartiennent à un tout d'étendue inconnue.	10° Appartiennent à un tout restreint à ce que nous appelons mémoire.

La différenciation complète du sujet et de l'objet aboutit à l'affirmation de l'existence objective. « Il y a une cohésion indissoluble (et par conséquent vérifiée par le critérium) entre chacun des états de conscience vifs et définis connus comme sensation et la représentation indéterminée d'un mode d'existence en dehors de la sensation et distinct d'elle. »

Mais le réalisme auquel nous aboutissons ainsi, qu'est-il? Est-ce le réalisme de la vie commune, de l'enfant du paysan ? — Nullement; c'est ce que l'auteur appelle le *réalisme transfiguré.* Pour le faire comprendre, il a recours à une projection géométrique. Supposons un cylindre et un cube : le cylindre représente le sujet percevant, le cube l'objet perçu; et la figure projetée par le cube sur le cylindre représente cet état de conscience que nous appelons une perception. Nous savons que la figure projetée ne ressemble nullement au cube : dans l'image, les lignes n'ont ni la même longueur, ni les mêmes rapports, ni les mêmes directions, etc., etc., que dans le solide lui-même : ainsi des lignes qui sont droites dans le cube sont courbes dans l'image, des surfaces planes sont représentées par des surfaces courbes. Cependant à tout changement dans le cube correspond un changement dans l'image.

Or, c'est là ce qui se passe dans l'acte de perception. Le groupe des effets subjectifs produit est totalement différent du groupe des causes ; les rapports entre les effets sont totalement différents des rapports entre les causes ; les lois de variation d'un groupe diffèrent des lois de variation de l'autre groupe ; et cependant tous se correspondent de telle façon que tout changement dans la réalité objective cause un état subjectif exactement correspondant.

VI

Telle est, sous une forme très-sommaire et réduite à ce qu'elle a de plus essentiel, la psychologie de M. Herbert Spencer. Essayons de la résumer, en nous bornant à ce qui est essentiellement psychologique.

On pourrait donner ce titre à la partie synthétique tout entière : Genèse de la vie psychologique. Par sa rigueur d'enchaînement et la nouveauté de sa méthode, elle nous paraît une des parties les plus originales du livre. C'est le premier essai vraiment scientifique d'une histoire des phases diverses que parcourt l'évolution de la vie mentale. Si on la rapproche par la pensée des tentatives de Locke et de Condillac sur ce sujet, la genèse sensualiste paraîtra d'une simplicité enfantine. L'auteur, prenant la vie psychologique à son plus bas degré, l'amène par additions succes-

1. *Special analysis*, ch. XXVII.

sives à sa plénitude; son caractère fondamental, c'est d'être une correspondance, qui, à mesure qu'elle se complète, reproduit subjectivement la réalité objective du monde. Elle est successivement directe et homogène, directe et hétérogène; elle s'étend à l'espace, au temps; elle croît en spécialité, en généralité, en complexité; elle coordonne enfin ses divers éléments et produit ainsi une intégration, c'est-à-dire une fusion d'éléments originairement séparés.

Telles sont les périodes que traverse la vie psychologique pour se constituer. Considérée, non plus dans son mode de formation, mais dans ses manifestations, elle est d'abord action réflexe, puis instinct, qui n'est qu'une action réflexe composée. Là commence, à proprement parler, la vie consciente, qui est, d'une part, mémoire et raison, d'autre part sentiment et volonté.

Si maintenant, prenant une intelligence humaine adulte dans le plein exercice de ses facultés, c'est-à-dire le type le plus élevé que nous puissions connaître de la vie psychologique, nous la résolvons par l'analyse dans ses éléments, allant du très-composé au moins composé, du composé au simple, du simple au très-simple et à l'irréductible, nous parcourons cette progression descendante : raisonnement quantitatif composé, raisonnement quantitatif simple, raisonnement quantitatif simple et imparfait, raisonnement qualitatif parfait, raisonnement qualitatif imparfait, raisonnement en général. Le raisonnement est une classification de rapports, la perception une classification d'attributs. L'objet concret de la perception soumis à l'analyse est dépouillé d'abord de ses attributs dynamiques (qualités secondes), ensuite de ses attributs statico-dynamiques (qualités secundo-premières), enfin de ses attributs statiques (qualités premières). La perception fondamentale est celle de la résistance. Considérée en général, la perception est une classification *organique* de rapports; les deux rapports les plus simples sont celui de ressemblance et de dissemblance, et celui de succession; de sorte que l'acte le plus simple de la conscience, c'est d'abord la perception d'une différence, ensuite par la perception d'une ressemblance.

VII

Si l'on veut bien se rappeler maintenant que nous n'avons exposé qu'une très-faible partie de l'œuvre de notre philosophe, et si l'on a été frappé, comme on a dû l'être, de la vigueur de sa pensée et de l'originalité de sa méthode, on ne s'étonnera pas d'entendre un contemporain (1) se demander « s'il a jamais paru en Angleterre un penseur plus éminent, quoique l'avenir seul puisse déterminer sa place dans l'histoire... » Seul des penseurs anglais, dit M. Lewes, il a organisé un système de philosophie. Et comme il adopte la méthode positive, qu'il est complétement imbu de l'esprit positif, et qu'il tire les matériaux de son système uniquement des sciences positives, on ne peut que se poser la question : « En quelle relation est-il avec la philosophie positive? »

Dans un opuscule ayant pour titre : *Reasons for dissenting from the philosophy of M. Comte* (2), Herbert Spencer a nettement revendiqué son indépendance, à l'égard de cette école.

« Une erreur commune, dit-il, est celle qui consiste à confondre ceux qui suivent la méthode des sciences avec les positivistes, et à en faire des disciples d'Aug. Comte. Les ennemis de ce philosophe, tout autant que ses amis, ont

1. G. Lewes, *History of philos.*, t. II, p. 653, 3e édit.
2. Publié en 1864, à propos de l'article de M. Aug. Laugel sur les *First principles*, inséré dans la *Revue des Deux-Mondes*, 15 février 1864.

contribué à entretenir la confusion de ces deux termes « savants, » « positivistes. » Que Comte ait donné une exposition générale de la doctrine et de la méthode des sciences, cela est vrai. Mais il n'est pas vrai que ceux qui acceptent cette doctrine et suivent cette méthode sont disciples de Comte. Comme le savant se borne à étudier les faits et à en induire les lois ou les causes immédiates, il est « positiviste » en une certaine façon ; et en ce sens, il y a eu un positivisme avant Aug. Comte, et il y en aura un tant que la science humaine durera. Mais ce positivisme scientifique n'est point identique avec la philosophie positive.

« Lorsqu'un penseur réorganise la méthode et les connaissances scientifiques de son siècle, et que sa réorganisation est acceptée par ses successeurs, il est juste de dire que ces successeurs sont des disciples. Mais quand les successeurs acceptent la méthode et les connaissances du siècle, *moins* sa réorganisation, ils ne sont certainement pas ses disciples. Quel est le cas pour M. Comte ? Quelques-uns acceptent ses doctrines avec peu de réserves : ce sont là ses disciples proprement dits. D'autres approuvent quelques-unes de ses principales doctrines, mais point le reste : ceux-là font une adhésion partielle. Il y en a d'autres qui rejettent toutes les doctrines qui lui sont propres ; ceux-là doivent être considérés comme ses adversaires. Ces derniers sont, au fond, dans la même position qu'ils eussent été si Comte n'avait jamais écrit. Rejetant sa réorganisation des doctrines scientifiques, ils possèdent ces doctrines scientifiques dans leur état préexistant, comme le commun héritage légué par le passé au présent ; et leur adhésion à ces doctrines scientifiques n'implique en rien qu'ils adhèrent à M. Comte. C'est dans cette catégorie que se rangent la plupart des savants. Et c'est dans cette catégorie que je me range moi-même. » (*Loc. cit.*, p. 30.)

Allant plus loin encore, M. Herbert Spencer déclare que les points sur lesquels il s'accorde avec Comte, ne sont point propres à ce philosophe ; et que sur ceux qui lui sont propres, il est en désaccord avec lui.

Je reconnais, dit-il, avec Aug. Comte, que toute connaissance vient des sens, — que toute connaissance est relative, — que c'est une mauvaise explication que celle qui assigne pour cause aux phénomènes des entités distinctes, — qu'il y a dans la nature des lois invariables. Mais ces doctrines sont entrées bien avant lui dans le domaine philosophique.

Quant aux dissentiments de M. Herbert Spencer et d'Aug. Comte, sur les doctrines propres à ce dernier, on peut s'en convaincre par quelques exemples :

AUG. COMTE.	HERBERT SPENCER.
Chaque branche de nos connaissances passe par trois états différents et successifs : théologique, métaphysique, positif.	Il n'y a pas trois manières de philosopher radicalement opposées, mais une méthode de philosopher qui reste en essence la même.
La perfection du système positif serait de considérer comme absolument inaccessible, et vide de sens, toute recherche sur les causes *premières* et *finales*.	L'idée de la cause dominera à la fin, comme elle l'a fait au commencement. L'idée de la cause ne pourrait être abolie que par l'abolition de la pensée elle-même. (*First principles*, § 26.)
Il y a six sciences fondamentales, et il y a entre elles un ordre de filiation.	Il y a trois catégories de sciences : I. Abstraites (*Mathématique*, *logique*). II. Abstraites concrètes (*mécanique*, *physique*, *chimie*, etc.). III. Concrètes (*géologie*, *bio-*

	.*logie*, *psychologie*, etc.). Il n'y a pas entre elles d'ordre de filiation.
Toute recherche sur l'origine des êtres et des espèces est inutile.	La partie de la biologie qui traite de ces questions est la plus importante de toutes, les autres ne sont que subsidiaires.
Toute analyse subjective de nos idées est impossible.	Une moitié des *principes do psychologie* est consacrée à une analyse subjective.
L'idéal du gouvernement, c'est de subordonner l'individu à la société.	L'idéal de la société doit être un *minimum* de gouvernement et un *maximum* de liberté.
Etc., etc.	Etc., etc.

Nous renverrons aux *Premiers principes* le lecteur curieux de plus de détails sur ces dissentiments. Peut-être même avons-nous déjà excédé les limites de notre sujet. Mais le grand philosophe que nous quittons ici, est si riche en théories et en découvertes que nous ne craignons que d'avoir été trop court.

M. BAIN

La chaire de logique de l'Université d'Aberdeen, ville célèbre dans l'histoire des sciences et de la philosophie, est occupée par M. Bain, que ses deux ouvrages : *les Sens et l'Intelligence*, *les Émotions et la volonté* (1), ont placé au premier rang parmi les psychologistes de l'Angleterre. Si les plus illustres représentants de l'École écossaise revenaient au monde, ils ne désavoueraient pas, croyons-nous, leur successeur. Certes, les dissentiments seraient graves sur plus d'un point : mais il leur faudrait bien reconnaître qu'il a suivi cette méthode sûre qui les a conduits à des découvertes solides, et qu'il a continué la tradition de l'école, mieux que des métaphysiciens, comme Ferrier, ou des Kantistes, comme Hamilton. La philosophie écossaise qui a été, en France, tour à tour, trop louée et trop critiquée, a rendu des services réels. La timidité, qui est son caractère dominant, explique ses qualités comme ses défauts. Au nombre des mérites, je mettrai leur réserve en métaphysique, qui

1. Le premier a été traduit par le Dr Cazelles.

les a préservés des courses aventureuses dans la région des idées, et des constructions ruineuses pour lesquelles ils n'étaient point nés évidemment. Cette réserve, qui fut plutôt un instinct qu'un système, leur a permis d'observer patiemment. Ils ont eu le goût des petits faits, des curiosités psychologiques, des cas rares, des exceptions, sans lesquels on ne pénètre pas au fond des choses ; encore ne l'ont-ils pas eu assez. Il faut compter parmi leurs défauts une préoccupation excessive de « s'accorder avec le sens commun, » une horreur du doute, singulière chez des philosophes, et qui les a conduits à des déclamations souvent creuses et ridicules (voy. Reid, *Recherches sur l'entendement humain*, ch. Ier, sect. 3 et 6). Ils n'ont pas eu non plus une aptitude suffisante pour la généralisation et la synthèse ; de là vient que leurs analyses se font souvent au hasard, et qu'ils nous ont gratifié, eux et leurs disciples, d'un nombre indéfini de sous-facultés, sans se préoccuper de simplifier et de réduire toute cette psychologie féodale. Tout compensé, nulle école n'a fait davantage pour la psychologie expérimentale, et c'est par là que M. Bain se rattache à elle.

Ce serait cependant se faire une idée fausse de l'auteur que de voir en lui un Écossais, dans le sens ordinaire qu'on donne à ce mot. On a défini la philosophie de Leibniz « un cartésianisme en progrès et en mouvement. » On pourrait appliquer cette formule à M. Bain. C'est une psychologie écossaise, mise au courant du siècle, c'est-à-dire profondément modifiée et sur bien des points. Si Reid ou Dugald-Stewart, ramenés par quelque miracle dans leurs chères villes d'Édimbourg, d'Aberdeen et de Glascow, se mettaient à lire les deux livres qui nous occupent, voici, ce semble, ce qui leur arriverait : de l'étonnement, d'abord, sur bien des points ; de l'indignation sur d'autres, peut-être même Reid songerait-il à une rupture. Mais supposez qu'au lieu de cette lecture brusque et précipitée, les deux illustres ressuscités aient été initiés par avance aux progrès des sciences biologiques et aux métamorphoses de la pensée philosophique depuis un demi-siècle, et vous verrez changer leur langage. Je ne puis m'empêcher de croire que si Dugald Stewart (né en 1753) avait vu le jour soixante ans plus tard, il aurait écrit quelque traité de psychologie analogue à celui de M. Bain.

Il faut appliquer à la psychologie la méthode des sciences *physiques*, disaient les Écossais. Il faut leur appliquer la méthode des sciences *naturelles*, dit M. Bain. Ceci demande à être expliqué en quelques mots. Sans rechercher si les Ecossais ont réellement appliqué la méthode des sciences physiques, rappelons que cette méthode consiste à trouver des lois, c'est-à-dire à ramener les faits à des formules générales, souvent mathématiques qui expriment des rapports constants. La méthode du naturaliste est tout autre. Elle commence par une description exacte et complète des faits à étudier. Puis, comme les caractères ainsi déterminés sont d'inégale valeur, que les uns sont essentiels et les autres subordonnés, il se présente ainsi un moyen naturel de mettre quelque ordre dans cette multiplicité, bref de faire œuvre de science. Il consiste en une classification faite d'après des caractères constants, ou comme le disent les naturalistes, *dominateurs*. En un mot la méthode commence par la description et s'achève par la classification naturelle.

Le talent descriptif de M. Bain est hors de pair. Ses classifications, comme nous le verrons, offrent plus de prise à la critique. Mais il n'y a rien là qui puisse surprendre; puisqu'une classification irréprochable supposerait une science achevée (1).

« L'objet de ce traité, dit-il dans sa préface, c'est de

1. Pour plus de détails, voir ci-après page 238 et suivantes.

« donner une exposition complète et systématique des « deux principales divisions de la science de l'esprit : les « sens et l'intelligence. Les deux autres divisions, com- « prenant les émotions et la volonté, feront l'objet d'un « futur traité.

« En essayant de présenter, sous une forme méthodique, « tout ce qu'il y a d'important dans les faits et les doctrines « relatifs à l'esprit, considéré comme objet spécial de « science, j'ai trouvé des raisons pour adopter certaines « vues nouvelles et pour m'écarter, en quelques cas, du « mode d'arrangement le plus habituel en pareille matière.

« Quelque imparfaite que puisse être une première ten- « tative, pour construire une histoire naturelle des états de « conscience (*feelings*), basée sur une méthode uniforme de « description, la question de l'esprit ne peut atteindre un « caractère vraiment scientifique, tant qu'on n'aura pas « fait quelques progrès vers la réalisation de cette histoire « naturelle. »

Il faut donc souvent nous attendre à voir l'auteur parler en physiologiste. Outre quelques chapitres purement physiologiques, avec figures à l'appui, il s'est imposé, à titre de règle, de considérer tous les phénomènes qu'il étudie, sous leur double aspect physique et mental, et ne s'en est jamais écarté. Il a pensé, et avec raison, que l'étude purement psychologique est abstraite et incomplète : qu'une émotion agréable ou douloureuse, par exemple, est si intimement liée aux états corporels qui l'expriment, que l'analyse qui les sépare, est arbitraire et à bien des égards erronée. « M. Bain, dit un bon juge (Stuart Mill, *Logique*), a poussé « la recherche analytique des phénomènes mentaux, par les « méthodes des sciences physiques, au point le plus avancé « qui ait encore été atteint, et a dignement inscrit son nom « à côté de ceux des constructeurs successifs d'un édifice

« auquel Hartley, Brown et James Mill ont chacun apporté « leur part de travail. »

Dans un article spécial consacré au livre de M. Bain, après avoir montré qu'il appartient essentiellement à l'école associationiste, qu'il a contribué à la populariser, à l'éclaircir et à la renforcer de nouvelles preuves, M. Mill ajoute qu'il a fait faire un progrès très-important à la psychologie de l'association. Ce progrès consiste à mettre en relief la spontanéité propre de l'esprit (1).

« Ceux qui ont étudié les écrits des psychologues associationistes ont vu, avec défaveur, que, dans leurs expositions analytiques, il y avait une absence presque totale d'éléments actifs ou de spontanéité appartenant à l'esprit lui-même. » Ainsi la sensation, le souvenir, l'association, ce sont là des faits passifs ; l'esprit y est un simple récipient. Une théorie de l'association qui s'arrête là, semble suffire à expliquer nos songes, nos rêveries, nos pensées fortuites, mais non pas toute notre nature ; car l'esprit est actif aussi bien que passif. Cette apparence de passivité absolue dans la théorie a contribué à aliéner d'elle de bons esprits qui l'avaient réellement étudiée. Parmi eux, M. Mill cite Coleridge que le mécanisme de Hartley séduisit d'abord, mais ne put finalement satisfaire.

L'activité ne peut sortir d'éléments passifs : il faut trouver quelque part un élément actif primordial. M. Bain, qui l'a trouvé, est donc grandement en avance sur la théorie de Hartley. En France, ajoute notre critique, on a souvent cité le progrès qui se fit de Condillac à Laromiguière : le premier faisant d'un phénomène passif, la sensation, la base de son système ; le second y substituant un phénomène actif, l'attention. « La théorie de M. Bain (dont le germe

1. *Dissertations and Discussions*, t. III, p. 197-152.

est dans un passage de Müller qu'il cite) est dans le même rapport avec la théorie de Hartley, que celle de Laromiguière avec celle de Condillac..... Il soutient que le cerveau n'obéit pas simplement aux impulsions, mais qu'il est lui-même un instrument spontané (*self-acting*); que l'influence nerveuse qui, transmise par les nerfs moteurs, excite les muscles à l'action, est produite automatiquement dans le cerveau lui-même, non sans loi ni sans cause, bien entendu, mais par le stimulus organique de la nutrition; et qu'il se manifeste par ce déploiement général d'activité corporelle que manifestent tous les animaux sains, quand ils ont mangé ou se sont reposés, et dans ces mouvements fortuits que les petits enfants produisent constamment, sans but apparent ni dessein. Cette doctrine fournit à M. Bain une explication simple de l'origine du pouvoir volontaire (1). »

CHAPITRE I

Des sens, des appétits et des instincts.

I

Toute étude de psychologie expérimentale, ayant pour objet la description exacte des faits et la recherche de leurs lois, devra débuter désormais par une exposition physiologique, celle du système nerveux. Ainsi ont fait M. Bain et M. Herbert Spencer (dans sa plus récente édition des *Principes de psychologie*). C'est là le point de départ obligé, résultant non d'une mode passagère, mais de la nature

1. Voir ci-après, p. 267.

même ; car l'existence d'un système nerveux étant la condition de la vie psychologique, il faut remonter à la source, et montrer comment les phénomènes de l'activité mentale viennent se greffer sur les manifestations plus générales de la vie physique.

M. Bain décrit successivement le cerveau, le cervelet, la moelle allongée, la moelle épinière et les nerfs spinaux, et cérébraux. La force nerveuse agit sur les diverses parties du corps à la manière d'un courant. « C'est une doctrine « maintenant admise que la force nerveuse est engendrée « par l'action de la nourriture fournie au corps, et que, « par suite, elle est de la classe des forces qui ont une com- « mune origine, et sont convertibles entre elles, — force, « mécanique, chaleur, électricité, magnétisme, décomposi- « tion chimique. — La force qui anime l'organisme humain « et entretient les courants du cerveau, a son origine dans la « grande source première de force vivifiante, le soleil (1). » Si nos moyens d'observation et de mesure étaient parfaits, nous pourrions voir comment se consomme la nourriture dans l'être humain, en attribuer une partie à la chaleur animale, une autre à l'action des viscères, une autre à l'activité du cerveau, et ainsi de suite. La force nerveuse, résultant ainsi de la dépense d'une quantité donnée de nourriture, peut être convertie en toute autre forme de la vie animale.

De là, on doit conclure, contrairement à l'opinion reçue, que le cerveau ne constitue pas seul le *sensorium*, qu'il n'est pas seul le siége de l'esprit : son siége, qui est partout où il y a des courants nerveux, comprend le cerveau, les nerfs, les muscles, les organes des sens et les viscères.

De ce début tout physiologique, nous passons à la première classe de phénomènes appartenant proprement à l'esprit. Ce n'est point, comme on pourrait le croire d'abord,

1. *The Senses and the Intellect*, p. 65.

l'étude de nos diverses sensations. Il y a des phénomènes plus généraux, négligés jusqu'ici par la psychologie, que l'auteur décrit et examine avec ce luxe de détails, cette abondance de faits qui caractérisent la véritable étude expérimentale. Ce sont les phénomènes d'*activité spontanée* à nous connus par le *sens musculaire*. Ce sens, qui a pour objet les sensations liées aux mouvements du corps ou à l'action des muscles, ne peut être confondu avec les cinq sens ordinaires; en général, on admet maintenant qu'il doit être étudié à part.

Le chapitre que l'auteur y consacre, donne, dès l'abord, un échantillon de sa savante et scrupuleuse méthode. Toujours en quête d'expériences, préoccupé avant tout d'être complet, il éclaire de ses remarques fines et ingénieuses un grand nombre de faits curieux ou vulgaires que la métaphysique, perdue dans ses hauteurs, ne semblait pas même voir. Il faut pourtant renoncer à analyser de si minutieuses analyses.

On voit d'ordinaire, dans notre activité traduite par nos mouvements et nos désirs, le résultat de quelque sensation ou connaissance antérieure; mais avant celle-là il y a une activité spontanée, venant de nous-même, du dedans et non du dehors, qui agit d'elle-même et non par une réaction contre le monde extérieur. Les faits qui en établissent le mieux l'existence, c'est la tonicité des muscles, l'état de fermeture permanente des muscles sphincters, l'activité morbide et les excitations qu'elle cause, la mobilité extrême de la première et de la seconde enfance (*infant, child*) qui ne peut s'expliquer que par un trop-plein d'activité. Cette spontanéité, indifférente en apparence pour la psychologie, contient en germe, comme nous le verrons plus tard, le développement de la volonté.

La sensation musculaire, quoique très-proche de la sensation proprement dite, en diffère en ce que l'une est associée à un stimulus interne, l'autre à un stimulus externe. Liée à la condition organique des muscles, elle nous révèle les plaisirs et les peines venant de l'exercice, les divers modes de tension des organes en mouvement; elle donne la mesure de l'effort. Il semble qu'on pourrait l'appeler surtout le sens de nos mouvements et de ce qui s'y rattache.

Les sensations musculaires ont un double caractère affectif ou émotionnel et intellectuel; tous deux (1) en raison inverse l'un de l'autre.

En les considérant sous leur aspect émotionnel, nous trouvons deux grandes classes de mouvements, d'où résultent des sensations musculaires fort différentes. Les mouvements *lents* amènent le sommeil; ils produisent le calme après une agitation morbide; ils inspirent la gravité et la tristesse. Après une journée de tumulte, on recouvre la tranquillité, par le simple effet sympathique de mouvements mesurés, comme la musique et la conversation de personnes calmes. De là aussi la prononciation lente des exercices de dévotion, les tons traînants de l'orgue. Les mouvements *vifs*, au contraire, causent une grande excitation des nerfs. Les mouvements rapides sont une sorte d'ivresse mécanique. Tout organe en proie à un mouvement rapide communique son allure à tous les autres organes en mouvement. Si l'on marche rapidement, et mieux encore, si l'on court, le ton mental est excité, les gestes et le discours s'accélèrent. Comme exemples de cette classe de sentiments musculaires et de mouvements, on peut citer la chasse, la danse, les cultes orgiastiques de l'Orient, les rites consacrés à Dionysos et à Dêmêter. Enfin la sensation musculaire

1. C'est une loi psychologique que dans un phénomène complexe comme une sensation, la connaissance est d'autant plus claire et complète que le plaisir et la douleur ont été faibles ; et *vice versâ*.

peut nous être donnée simplement par l'effort et indépendamment de tout mouvement; par exemple, porter un poids, soutenir son corps, ce sont là autant de cas de *tension morte*.

Considérées sous leur aspect intellectuel, les sensations musculaires « sont très-importantes au point de vue de la connaissance; » si à un poids de quatre livres que nous tenons dans la main, on en ajoute un autre, l'état de conscience change : ce changement d'état, c'est la *discrimination* (faculté de discerner), et c'est le fondement de notre intelligence. Remarquons, en passant, cette déclaration de notre auteur, nous verrons plus tard qu'elle importe.

Les modifications diverses de l'action musculaire nous font connaître trois choses : d'abord la *résistance* qui est l'expérience fondamentale; ensuite la *continuation* de l'effort, accompagné de mouvement ou non; enfin la *rapidité* de la contraction du muscle qui correspond à la vitesse du mouvement dans l'organe. Il suffit de réfléchir quelque peu pour voir que ce sont là des notions importantes, et d'où plusieurs autres dérivent. Ainsi le degré d'effort ou de force dépensée mesure non-seulement la résistance, mais l'inertie, le poids et les propriétés mécaniques de la matière. La continuation de l'action musculaire donne des idées de durée et d'étendue. « La différence entre six pouces et dix-huit pouces est représentée par les différents degrés de contraction de quelque groupe de muscles; ceux, par exemple, qui fléchissent le bras, ou ceux qui en marchant fléchissent ou étendent le membre inférieur. » Enfin la connaissance que nous avons du degré de rapidité de nos mouvements, nous permet d'estimer la vitesse des autres corps en mouvement; la mesure étant d'abord empruntée à nos propres mouvements.

II

Abordons maintenant l'étude des sensations. Elles se distribuent en six classes : sensations de la vie organique, du goût, de l'odorat, du toucher, de l'ouïe et de la vue. Les trois dernières sont surtout intellectuelles. M. Bain donne la prééminence à la vue et même place l'ouïe au-dessus du toucher. Son analyse, ample et détaillée comme toujours, a fait d'utiles emprunts à la chimie et la physiologie. Sans chercher à le suivre, bornons-nous à choisir dans cette étude deux points essentiels, traités avec originalité et profondeur : la nature du sens organique, la perception du monde extérieur par le toucher et la vue.

On commence même, en France, à considérer les sensations de la vie organique comme formant un groupe à part (1). Répandues dans tout le corps, en particulier dans les viscères, elles n'ont point d'organes qui leur soient propres. Leur action sourde, obscure, mais continue, exerce une incontestable influence sur notre vie psychologique. Distinctes des sensations musculaires, qui nous font connaître surtout le mouvement et l'effort des muscles, elles se révèlent à nous par le plaisir ou la douleur qu'elles nous causent ; elles sont affectives le plus souvent. M. Bain en distingue sept espèces :

Les sensations dues à l'état des muscles, la douleur ressentie lorsqu'on les coupe, la souffrance causée par une fatigue excessive, les os brisés, les ligaments déchirés, en un mot, tous les dommages violents portés au système musculaire.

1. Voir en particulier M. A. Lemoine, *l'Ame et le Corps*, et M. L. Peisse, *la Médecine et les Médecins*. Les sensations propres à la migraine, à l'indigestion, aux palpitations, nous empêchent d'ignorer où sont les organes même sans avoir disséqué, dit ce dernier.

Le système nerveux n'est pas seulement l'instrument propre de la faculté de sentir, il a aussi des sensations organiques résultant de l'état même de son tissu; les névralgies, l'épuisement nerveux, le tic douloureux sont des exemples de douleurs venant du tissu lui-même.

La circulation et la respiration avec les sensations de faim, soif, suffocation qui s'y rattachent, le plaisir de respirer un air pur, le malaise produit par une atmosphère confinée influe beaucoup sur notre état. L'état de conscience qui résulte d'une circulation saine peut être considéré comme la sensation caractéristique de l'existence animale.

La digestion, comme la respiration, offre toutes les conditions d'un sens; un objet externe, la nourriture; un organe propre, le canal alimentaire. Nous lui devons les sentiments agréables provenant du bon état des organes digestifs, l'influence maligne exercée par leur mauvais état, les sensations de nausée et de dégoût, la mélancolie causée par les maladies d'estomac et d'intestins.

Ajoutons-y les sensations de chaud et de froid, leur influence sur l'activité des fonctions organiques, — enfin les sensations d'état électrique, soit qu'elles résultent de l'emploi des machines, soit qu'elles aient une cause naturelle, comme l'état de malaise qui précède un orage.

Ce qui précède peut laisser entrevoir combien l'auteur excelle dans cette méthode de naturaliste, qui consiste à classer et à décrire; mais voici des analyses d'un ordre plus difficile, celles qui ont pour objet la perception de l'extériorité et de l'étendue.

Le toucher est le sens le plus général; il est probable même qu'il ne manque à aucun être doué de sensibilité, et son importance intellectuelle est grande. Il donne les notions de grandeur, forme, direction, distance, situation. Toutefois le toucher, considéré comme source de ces idées, n'est pas un sens simple; il suppose de plus le sens du mouvement. Notre appréciation du poids d'un objet dépend beaucoup de l'*exercice des muscles*, quoiqu'elle puisse résulter aussi d'une simple sensation de *pression* exercée sur la peau. Weber l'a montré par l'expérience. Si l'on pose sur la main immobile et appuyée un poids de 32 onces, on peut faire varier la quantité de ce poids de 8 à 12 onces, sans que le sujet s'en aperçoive; au contraire, si les muscles de la main sont en action, la variation n'est plus possible que de 1 1/2 à 4. D'où Weber conclut que l'évaluation du poids est plus que doublée par le jeu des muscles.

Le sens musculaire n'est pas moins important pour la perception de l'étendue. A proprement parler, cette qualité et celles de grandeur, forme, etc., qui s'y rattachent, nous sont révélées, comme nous l'avons vu, par les mouvements qu'elles causent en nous; les sentiments qu'elles produisent sont des sentiments de mouvement ou d'état des muscles. Ce que nous avons à chercher maintenant, c'est jusqu'à quel point le sens du toucher contribue à notre notion fondamentale du monde extérieur, l'*étendue*, dont la distance, la direction, la position et la forme ne sont que des modifications.

Remuons le bras dans l'espace vide, et voyons ce qui en résulte. L'absence de marques déterminées, pour limiter le commencement et la fin du mouvement musculaire, laisse à notre sensation de mouvement un certain caractère vague. Mais *si au sens du mouvement s'ajoute le sens du toucher;* si le mouvement a lieu, par exemple, d'un côté d'une boite à l'autre, ici il y a une résistance, et deux états distincts, qui constituent une marque dans la conscience. De même, si nous promenons la main sur une surface, nous éprouvons à la fois une sensation tactile et une sensation de mouvement continu. Que l'on remarque d'ailleurs que le mouvement du bras dans le vide, n'étant point déterminé par quelque contact, nous rend incapables de distinguer le successif du coexistant (ou le temps de l'espace). Or, tant que cette distinction n'est pas possible, nous ne pouvons connaître l'étendue, laquelle a pour fondement la coexistence. Le temps et l'espace sont deux corrélatifs qui ne sont point connus l'un sans l'autre, mais qui sont distincts l'un de l'autre. La succession est un fait simple, la coexistence un fait complexe. Quand l'ordre sériel de nos sensations ne peut être changé ni renversé, c'est une succession. Quand il peut être renversé, parcouru dans un ordre indifférent, il y a coexistence. M. H. Spencer (*Principes de psychologie*) se rencontre ici avec M. Bain qui le cite : « La chaîne des états de conscience de A à Z produite par le mouvement d'une jambe ou de quelque chose sur la peau, ou de l'œil le long des contours d'un objet, peut être parcourue de Z à A avec une égale facilité. Contrairement à ces états de conscience constituant notre perception de séquence, qui s'opposent irrésistiblement à tout changement dans leur ordre, ceux qui constituent notre perception de coexistence souffrent que leur ordre soit renversé et suivent aussi facilement une direction que l'autre (1). »

Les sensations combinées de mouvement et de toucher nous donnent les notions de *longueur*, de *surface* (étendue à deux dimensions), *solidité* (étendue à trois dimensions). La *distance* suppose deux points fixes que l'on peut reconnaître par un mouvement de la main, du bras ou du corps. La *direction* implique un point de repère; notre corps est le plus naturel; il nous sert à mesurer la droite, la gauche, le devant, le derrière. La *situation*, c'est-à-dire la position relative, est connue si la direction et la distance le sont. La forme dépend des mouvements musculaires, faits pour suivre les contours d'un objet matériel.

1. Il n'est pas sans intérêt de comparer cette explication avec celle de Kant.

On a plus d'une fois discuté pour savoir si le sens supérieur est la vue ou le toucher. Les deux solutions sont dans Condillac. La plupart des psychologistes ont pris parti pour le toucher, et la plupart des physiologistes pour la vue. M. Bain est de leur avis; nous avons même vu qu'il semble mettre le toucher au-dessous de l'ouïe. Sans nous arrêter à l'étude physiologique du sens de la vision et au mécanisme des muscles qui règlent son adaptation, examinons trois questions controversées : celle de la vision binoculaire, des images renversées et des perceptions complexes de la vue.

Comment se fait-il que l'image de chaque objet se peignant au fond de chaque œil, sur chaque rétine, l'objet cependant est perçu comme simple et non comme double? Ce problème, tant de fois discuté, a pris nouvel aspect depuis la communication faite par Wheatstone à la Société royale, en lui présentant son stéréoscope. Quand nous regardons un objet éloigné, dit ce physicien, les deux axes visuels sont sensiblement parallèles, et les images qui se peignent dans chaque œil sont *semblables;* dans ce cas, il n'y a aucune différence entre l'apparence visuelle d'un objet en relief et sa projection sur une surface plane; c'est là-dessus qu'est fondé le diorama. Au contraire, quand l'objet est proche, les axes visuels devant converger, les images deviennent *dissemblables*, et elles le sont d'autant plus que la convergence devient plus grande. C'est cette dissemblance des images qui est, en optique, le signe indicateur de la solidité ou des trois dimensions. Et plus la dissemblance est grande, plus la troisième dimension est nettement suggérée. Le stéréoscope donne l'illusion de la solidité en présentant à l'œil deux images dissemblables : par là, il imite la nature et produit les mêmes effets qu'elle; tandis que la peinture, produisant deux images semblables, ne peut être confondue avec les objets solides. Et maintenant si l'on remarque que les images peintes sur la rétine sont les matériaux de la vision, qu'ils servent à nous suggérer une construction mentale qui *seule* constitue la vision proprement dite, « qu'il se produit dans l'esprit, à la vue d'un objet extérieur, un agrégat d'impressions passées que l'impression du moment suggère et ne constitue pas; » on comprend qu'il importe peu que ces matériaux qui servent au travail ultérieur de l'esprit soient fournis par deux images, comme dans l'homme, ou par des milliers comme dans l'insecte. Seulement la différence ou la ressemblance des images nous apprennent que l'objet est distant ou rapproché.

Quant à cette difficulté souvent posée : comment les images renversées sur la rétine peuvent-elles nous paraître droites ? elle montre qu'on s'est complétement mépris sur les procédés propres au sens de la vision. Nos idées de haut et de bas sont dues à notre sens du mouvement et nullement aux images optiques.

Les sensations complexes de la vue résultent de la combinaison des effets optiques et des sensations de mouvement, produites par les muscles du globe de l'œil. Ici, de même que pour le toucher, la *combinaison* des perceptions visuelles et des mouvements est le fondement de notre perception du monde extérieur. Si nous suivons de l'œil une lumière qui se meut, nous avons là à la fois deux sensations : l'une de lumière, l'autre de mouvement. Celle-ci varie, selon que les muscles droits ou gauches sont employés à mouvoir l'œil, par suite de la direction de la lumière. Les sensations combinées de la vision et du mouvement nous donnent également la vitesse, la distance, la succession, la coexistence. Des mouvements particuliers des muscles nous font connaître le cercle, les angles ; d'autres plus compliqués, les surfaces et les solides. Bref, tout ce qui a été dit des sensations combinées du toucher et du mouvement, s'applique, *mutatis mutandis*, aux sensations combinées de la vue et du mouvement.

III

Avant de pénétrer dans une région plus élevée de la psychologie, en allant des sensations à la pensée, il nous reste à passer en revue, d'une manière aussi complète que possible, tous les phénomènes qui sont la *matière brute* de l'intelligence et de la volonté. Tels sont les appétits et les instincts.

« L'instinct se définit en l'opposant à ce qui est acquis par l'éducation ou l'expérience (1). On peut dire que c'est un pouvoir *non appris* d'accomplir des actions de toute sorte, et plus particulièrement celles qui sont nécessaires ou utiles à l'animal. Cette étude sur les instincts, que M. Bain revendique avec raison comme l'une des parties les plus originales de son œuvre, n'a été jusqu'ici l'objet d'aucune recherche importante chez les psychologistes. Les physiologistes mêmes sont très-incomplets sur bien des points. Plusieurs explications cependant sont en germe dans Müller, et l'auteur déclare, à diverses reprises, en avoir tiré bon parti (2). A notre avis, le mot instinct prête à l'équivoque. On peut croire d'abord qu'il s'agit de ces phénomènes curieux propres aux animaux inférieurs dont l'origine et la cause restent encore impénétrables; on se fait l'idée d'une psychologie générale ou comparée qui embrasserait toutes les manifestations de la vie mentale. Il n'en est rien. L'auteur s'en tient à l'homme, et ces instincts

1. *Senses and Intellect*, ch. IV.
2. V. Müller, *Manuel de physiol.*, trad. française, t. I, p. 632.

qu'il va étudier, peuvent se traduire par le terme plus clair de *mouvements instinctifs*. Pris dans leur ensemble, ils constituent tout un ordre de dispositions primitives, toute une structure primordiale qui sert de base à ce que l'être humain deviendra plus tard, au développement du sentiment, de la volition et de l'intelligence. Ces actes instinctifs forment cinq groupes :

1° Les actions réflexes ;

2° Le mécanisme spécial de la voix ;

3° Les arrangements primitifs qui rendent possibles l'harmonie et la combinaison de certaines actions ;

4° La liaison du sentiment et de ses manifestations physiques.

5° Le germe instinctif de la volition.

L'auteur traite les deux premiers points en simple physiologiste ; et j'ai regretté, pour ma part, que le langage ne soit étudié nulle part dans cet ouvrage, comme faculté psychologique.

Quelles sont les actions qui sont dues en nous aux impulsions primitives du mécanisme nerveux et musculaire ? Voilà ce que nous recherchons ici. Remarquons d'abord les mouvements associés entre eux antérieurement à toute expérience et à toute volition. Tel est le mouvement alternatif des deux jambes chez l'enfant, même avant qu'il sache marcher. D'autres fois, les mouvements associés sont *simultanés*, par exemple, celui des deux bras chez l'enfant, des deux yeux. Enfin, on peut dire qu'il y a une loi générale d'harmonie dans tout le système musculaire qui fait que quand nous regardons ou écoutons attentivement, le corps s'arrête, les traits du visage restent fixes, la bouche est ouverte, notre élocution s'accorde avec nos gestes ; une marche rapide avive la pensée, etc. Que l'on remarque encore la liaison intime qui existe entre le goût, l'odorat et l'estomac, et l'on conclura de tous ces faits que cette harmonie naturelle entre nos divers mouvements exerce une grande influence sur notre vie mentale.

L'expression du sentiment a aussi son mécanisme instinctif, original. Elle se traduit : 1° par les mouvements produits dans le système musculaire, surtout par les divers muscles de la face, d'où résulte le jeu de la physionomie (1) ; 2° par des effets organiques, c'est-à-dire par une influence sur les viscères. La douleur trouble la digestion, la joie l'active, la peur dessèche la langue et cause une sueur froide ; le cœur, les poumons, la glande lactée chez les femmes ressentent le contre-coup des émotions ; la glande lacrymale qui secrète constamment son liquide, le laisse échapper avec plus d'abondance, sous l'action des émotions tendres. Tous ces faits et nombre d'autres peuvent se réduire au principe suivant : *Les états de plaisirs sont unis avec un accroissement, les états de peine à une diminution de toutes les fonctions vitales ou de quelques-unes.* Cependant si l'on soumet cette formule à une vérification de détail, on voit qu'elle souffre des exceptions. Il n'est pas vrai qu'une augmentation dans l'énergie vitale coïncide toujours avec une augmentation dans le degré de plaisir. Un goût sucré, un contact agréable ne cause pas un accroissement d'activité ; une cuisson, au contraire, excite un développement momentané. Il en est de même pour les narcotiques qui, tout en causant du plaisir, affaiblissent le pouvoir vital. En somme, ni la doctrine qui unit le plaisir à la conservation de soi-même, ni celle qui unit le plaisir à l'accroissement d'activité, ne suffisent séparément ; il faut les joindre pour arriver à une explication complète.

Cette partie de l'ouvrage, un peu vague dans l'expression,

1. V. Müller. V. A. Lemoine, *la Physionomie et la Parole*, ch. III et sq.

est plutôt effleurée que traitée. Si l'on y prend garde, la question qui en fait le fond est celle-ci : tous nos plaisirs et toutes nos douleurs, quelle qu'en soit la nature, peuvent-ils s'expliquer par un principe unique, sont-ils réductibles à une ou deux lois fondamentales (1) ? Question nullement oiseuse, car le progrès d'une science consiste en partie à ramener les causes particulières et les lois dérivées à une formule qui les contienne. La méthode descriptive et analytique de M. Bain nous semble ici s'être montrée insuffisante. Son étude sur les émotions qui sera exposée plus tard, excellente dans le détail, n'est qu'une suite de fragments dont la connexion ne paraît pas assez clairement ; et ce défaut, c'est ici, croyons-nous, qu'en est la source. C'était dans cette obscure région des phénomènes primitifs de la vie affective, qu'il fallait chercher les germes des plaisirs, douleurs, passions de toute sorte, que le jeu de la vie féconde, transforme, affine incessamment.

C'est ce que l'auteur a fait pour la volonté. Il en a recherché le germe dans cette activité spontanée qui a son siége dans les centres nerveux, qui agit sans aucune impression du dehors, sans aucun sentiment antérieur, quel qu'il soit. C'est là le prélude essentiel de tout développement du pouvoir volontaire ; cette activité est l'un des termes ou éléments de la volition ; la volition, en un mot, est un composé, formé de cette activité spontanée et de quelque autre chose en plus. Aucun psychologiste n'avait encore montré le rôle de ces mouvements instinctifs, et leur influence sur la volonté ; c'est dans Müller qu'il faut la chercher (2). Ce physiologiste fait remarquer que le fœtus pro-

1. On sait que Spinoza ramène toutes nos inclinations à l'amour que chaque être a pour lui-même. Ce qu'il y a de plus complet sur cette question est la monographie de M. Bouillier, *du Plaisir et de la Douleur*.
2. V. Müller, tome II, page 312.

duit des mouvements qui ne peuvent évidemment dépendre des circonstances complexes d'où ils naissent chez l'adulte; s'il meut ses membres, c'est donc parce qu'il peut les mouvoir. Que l'on remarque, d'ailleurs, que la force nerveuse ne peut être répandue également partout, et que les centres nerveux ne sont pas également chargés; que l'état du fœtus ne ressemble pas à celui de l'âne de Buridan; mais qu'il y a un état de vigueur nutritive ou constitutionnelle qui détermine le fœtus à remuer tel pied plutôt que tel autre. L'excitation spontanée donne naissance à des mouvements, à des changements de posture, par conséquent à des sensations; il s'établit ainsi, dans l'esprit encore vide, une connexion entre certaines sensations et certains mouvements; et plus tard, lorsque la sensation sera excitée par quelque cause extérieure, l'esprit saura qu'un mouvement s'exécutera en conséquence dans cette partie. Le système nerveux peut ainsi se comparer à un orgue, dont les soufflets sont constamment pleins d'air, et se déchargent dans telle ou telle direction, selon les touches particulières qui sont mises en jeu. Le stimulus venant de nos sensations et sentiments, ne fournit pas le pouvoir interne, mais détermine le mode et le lieu de la décharge.

Qu'y a-t-il de plus dans la volonté que cette décharge des impulsions spontanées. Le voici : c'est que cette activité spontanée est réglée par des circonstances physiques et non par le bien-être final de l'animal. Le chien qui, le matin, dépense en courses folles sa surabondance d'activité, ne suit que son instinct; mais c'est juste au moment où il est épuisé que le besoin de nourriture se fait sentir, et qu'il lui faudrait agir pour s'en procurer. La pure spontanéité s'arrête donc en deçà de ce qu'il faudrait faire pour notre propre conservation. La volonté, au contraire, connait le but et les moyens; elle ne se dépense pas au hasard. Prenons acte toutefois de l'existence de cette spontanéité, de cette activité instinctive; elle nous servira plus tard à mieux comprendre la nature de la volonté.

CHAPITRE II

L'intelligence

I

« En traitant de l'intelligence, dit l'auteur dans sa *préface*, j'ai abandonné la subdivision en facultés. L'exposition est entièrement fondée sur les lois de l'association; on en a donné comme exemples de très-petits détails, et on les a suivis dans la variété de leurs applications. » Cette partie de l'ouvrage est traitée de main de maître, excellente dans la synthèse comme dans l'analyse, ramenant à quelques principes fondamentaux une multitude innombrable de faits, et soumettant les principes à la vérification des faits; c'est une méthode vraiment expérimentale. Aussi, malgré cette longue énumération de détails et d'exemples, l'esprit garde de cette lecture une impression nette, parce qu'il a toujours un fil qui le guide. Il sait que chaque *illustration* est une preuve à l'appui de quelque forme particulière de l'association des idées; au-dessus des faits, il voit les lois partielles; au-dessus des lois partielles, il voit la loi générale, fondamentale, cette propriété irréductible de l'intelligence, en vertu de laquelle nos idées s'attirent et s'enchaînent.

Quand on voit MM. Stuart Mill, Herbert Spencer et Bain, en Angleterre; des physiologistes, M. Luys et M. Vulpian, en France, en Allemagne, avant eux, Herbart et Müller (1), ramener tous nos actes psychologiques à des modes divers d'association entre nos idées, sentiments, sensations, désirs, on ne peut s'empêcher de croire que cette loi d'association est destinée à devenir prépondérante dans la psychologie expérimentale, à rester, pour quelque temps au moins, le dernier mode d'explication des phénomènes psychiques; elle jouerait ainsi, dans le monde des idées, un rôle analogue à celui de l'attraction dans le monde de la matière. Il est remarquable que cette découverte se soit produite si tard. Rien de plus simple, en apparence, que de remarquer que cette loi d'association est le phénomène vraiment fondamental, irréductible de notre vie mentale; qu'elle est au fond de tous nos actes; qu'elle ne souffre point d'exception; que ni le rêve, ni la rêverie, ni l'extase mystique, ni le raisonnement le plus abstrait ne s'en peuvent passer; que sa suppression serait celle de la pensée même; cependant aucun ancien ne l'a compris, car on ne peut sérieusement soutenir que quelques lignes éparses dans Aristote et les stoïciens constituent une théorie et une vue claire du sujet (2). C'est à Hobbes, Hume et Hartley qu'il faut rapporter l'origine de ces études sur l'enchaînement de nos idées. La découverte de la loi dernière de nos actes psychologiques aurait donc cela de commun avec bien d'autres découvertes, d'être venue tard et de paraître si simple qu'on ait le droit de s'en étonner.

Peut-être n'est-il point superflu de se demander en quoi ce mode d'explication est supérieur à la théorie courante des facultés. L'usage le plus répandu consiste, comme on le sait, à répartir les phénomènes intellectuels en classes,

1. V. Müller, t. II, p. 512.
2. Voir pour l'histoire de la question, Mervoyer, *Etude sur l'assoc. des idées*, et Hamilton dans son édition de Reid.

à séparer ceux qui diffèrent, à grouper ensemble ceux de même nature et à leur imposer un nom commun et à les attribuer à une même cause ; c'est ainsi qu'on en est arrivé à distinguer ces divers aspects de l'intelligence qu'on appelle jugement, raisonnenemt, abstraction, perception, etc. Cette méthode est exactement celle qu'on suit en physique, où les mots chaleur, électricité, pesanteur, désignent les causes inconnues de certains groupes de phénomènes. Si l'on ne perd point de vue que les diverses facultés ne sont aussi que des causes inconnues de phénomènes connus, qu'elles ne sont qu'un moyen commode de classer les faits et d'en parler ; si l'on ne tombe pas dans le défaut si commun d'en faire des entités substantielles, des sortes de personnages qui tantôt s'accordent, tantôt se querellent, et forment dans l'intelligence une petite république ; on ne voit point ce qu'il y aurait de répréhensible dans cette distribution en facultés, très-conforme aux règles d'une saine méthode et d'une bonne classification naturelle. En quoi donc la manière de procéder de M. Bain est-elle supérieure à la méthode de facultés ? C'est que celle-ci n'est qu'une *classification*, tandis que la sienne est une *explication*. Entre la psychologie qui ramène les faits intellectuels à quelques facultés et celle qui les réduit à la loi unique de l'association, il y a la même différence, selon nous, qu'entre la physique qui attribue les phénomènes à cinq ou six causes, et celle qui ramène la pesanteur, la chaleur, la lumière, etc., au mouvement. Le système des facultés n'explique rien, puisque chacune d'elles n'est qu'un *flatus vocis* qui ne vaut que par les phénomènes qu'il renferme, et ne signifie rien de plus que ces phénomènes. La théorie nouvelle, au contraire, montre que les divers procédés de l'intelligence ne sont que les formes diverses d'une loi unique ; qu'imaginer, déduire, induire, percevoir, etc., c'est combiner des idées d'une manière déterminée ; et que les différences de facultés ne sont que des différences d'association. Elle *explique* tous les faits intellectuels, non sans doute à la manière de la métaphysique, qui réclame la raison dernière et absolue des choses ; mais à la manière de la physique, qui ne recherche que leur cause seconde et prochaine.

On peut regretter que M. Bain n'ait pas essayé de montrer en détail comment son explication peut remplacer la théorie ordinaire des facultés, et comment chacune de celles-ci se ramène à un mode particulier d'association. Les matériaux de ce travail étant épars dans son ouvrage, j'essayerai de l'indiquer en quelques mots.

La *conscience* est le mode fondamental de l'activité intellectuelle. Mais qui dit conscience, dit changement, succession, série ; elle consiste en un courant non interrompu d'idées, sensations, désirs : c'est donc l'enchaînement, l'association de nos états internes, qui la constitue.

La *perception* d'un objet extérieur est fondée sur des associations par contiguïté dans le temps, l'espace. C'est parce que nous associons les données de nos divers sens, celles de la vue, du toucher, du sens musculaire, de l'odorat, etc., que nous percevons des objets concrets, qui nous sont donnés comme extérieurs. Percevoir une maison, c'est associer en un groupe unique des idées de forme, hauteur, solidité, couleur, position, distance, etc. ; par la répétition et l'habitude, ces notions se sont fondues en un tout qui est perçu presque instantanément. M. H. Spencer (*Principes de psychologie*) appelle ces associations *organiques* ou organisées, ou bien encore *intégrées*, parce qu'elles rentrent pour ainsi dire l'une dans l'autre.

Ce que M. Bain appelle association constructive c'est *l'imagination*. Imaginer n'est-ce pas associer des idées ou sentiments acquis antérieurement pour produire quelque construction qui ressemble à la réalité ? C'est par des associations que je puis imaginer l'ivresse de l'opium ou la société féodale du XIIIe siècle.

L'association fondée non plus sur la contiguïté, mais sur la ressemblance, explique la classification, l'abstraction, la définition, l'induction, la généralisation, le jugement, le raisonnement, la déduction, l'analogie; toutes ces opérations, se réduisant à associer des idées qui se ressemblent, diffèrent, ou se ressemblent et diffèrent tout à la fois.

II

Avant d'entrer dans l'exposition détaillée des diverses formes de la loi d'association, examinons d'abord les propriétés fondamentales de l'intelligence. Cet examen préalable est, au fond, une étude analytique de la conscience (1).

« Le mot conscience signifie la vie mentale avec ses diverses énergies, en tant qu'elle se distingue des fonctions purement vitales et des états de sommeil, torpeur, insensibilité, etc. » Il indique aussi que l'esprit est occupé de lui-même, au lieu de s'appliquer au monde extérieur ; car les préoccupations qui ont pour objet ce qui est externe, présentent un caractère anesthétique.

Les attributs primitifs et fondamentaux de l'intelligence sont : la *conscience de la différence*, la *conscience de la ressemblance* et la *rétentivité* (retentiveness) qui comprend la mémoire et le souvenir.

1. Le fait le plus primitif de la pensée, c'est donc le

1. Cette étude se trouve dans trois endroits de l'ouvrage de M. Bain, t. *the Senses*, Introduction; *the Intellect;* Introduction, t. II, chapitre dernier. Nous les réunissons ici.

sens de la différence ou *discrimination ;* il consiste à voir que deux sensations sont différentes en nature ou en intensité. Pour bien comprendre la pensée de l'auteur, remarquons que la conscience ne se produit que par le changement. Tant que l'être vivant n'a pas de conscience, il vit de la vie purement physiologique. Si nous imaginons en lui une seule et invariable sensation, il n'y a pas encore conscience. S'il y a deux sensations successives et entre elles une différence de nature, moins encore, un simple *hiatus* entre deux moments d'une même sensation, moins encore, une différence d'intensité, alors il se produit une conscience plus ou moins claire : la vie psychologique est née. Il nous est impossible d'être conscients, sans éprouver des transitions ou des changements. Il y a en nous des changements qui sont faibles ou même nuls, sous le rapport du plaisir ou de la peine, mais qui sont importants comme transitions, c'est-à-dire comme différences.

La discrimination est le fondement de l'association par contraste.

2. Quand l'intelligence s'est éveillée à la vie en saisissant une différence, que fait-elle ? elle la retient. La rétentivité est donc l'état qui succède immédiatement à la conscience de la différence. Elle consiste dans la persistance des impressions mentales, après la disparition de l'agent externe ; nous pouvons vivre une vie en idées qui s'ajoute à la vie actuelle. Nous pouvons raviver sous forme d'idées des sensations et sentiments depuis longtemps passés. Comment cela s'opère-t-il ? C'est que des impressions qui se sont toujours accompagnées, deviennent comme inséparables.

La rétentivité est le fondement de la mémoire presque entière et de l'association par contiguïté.

3. La troisième propriété fondamentale de l'esprit est

la conscience de la ressemblance (*agreement*). Une impression qui dure constamment, sans variations, cesse de nous affecter ; mais s'il s'en produit une autre et que cette première impression revienne ensuite, alors nous le reconnaissons, nous avons conscience d'une ressemblance. C'est grâce à ce pouvoir de reconnaître le semblable dans le dissemblable, que se produit ce que nous appelons idées générales, principes. .

La conscience de la ressemblance est le fondement de l'abstraction, du raisonnement et l'association entre les semblables.

Cette étude analytique de la conscience est, comme on le voit, identique en substance à celle de M. H. Spencer. Voyons-en les conséquences.

La propriété fondamentale de l'intelligence ou discrimination implique la *loi de relativité* qui se traduit ainsi : Comme un changement d'impression est la condition indispensable de toute conscience, toute expérience mentale est nécessairement double. Nous ne pouvons ni connaître ni sentir la chaleur que par une transition du froid au chaud. Dans tout sentiment il y a donc deux états opposés, dans tout acte de connaissance deux choses qui sont connues ensemble. « Nous ne connaissons que des rapports ; un absolu est, à proprement parler, incompatible avec notre faculté de connaître. Les deux grands rapports fondamentaux sont la ressemblance et la différence (1). » Aucune impression mentale ne peut être appelée connaissance, que si elle coexiste avec quelque autre qui lui est comparée. Ce sont comme les deux électricités ou les deux pôles d'un aimant qui ne peuvent exister l'un sans l'autre. « Une simple impression équivaut à une non-impression. » Les

1. Tom. II, p. 589.

applications de cette loi de relativité sont nombreuses et importantes : elle s'applique aux arts utiles, aux beaux-arts, à la communication de la science, et « dans la métaphysique elle combat la doctrine de l'absolu (1). »

M. Bain, qui a peu de goût, comme on peut le voir, pour les expéditions métaphysiques, déclare qu'il n'abordera point le problème de la nature de la connaissance, difficile en lui-même et obscurci par des discussions séculaires. Le peu qu'il en dit cependant montre que sa solution pourrait se rapprocher de celle de M. Herbert Spencer, qui ramène la perception à une classification. Sentir n'est point connaître; il est faux de croire que la connaissance ait autant d'étendue que la sensation ou la conscience. On peut dire que l'enfant sent tout ce qui entre dans ses yeux ou ses oreilles, qu'il en a conscience; mais pour faire de tous ces éléments une connaissance, il faut un choix, une classification, une spécialisation. Ce que nous appelons attention, observation, concentration de l'esprit, doit s'ajouter à l'acte de la discrimination pour que la connaissance commence. « Le processus de la connaissance est essentiellement un processus de sélection. » Les éléments essentiels de la connaissance peuvent se résumer ainsi :

1. Connaître une chose c'est savoir qu'elle ressemble à quelques-unes et diffère de quelques autres.

2. Quand la connaissance est une affirmation, il faut au moins deux choses connues, et l'on fait rentrer ce couple sous une troisième propriété très-générale : par exemple, la coexistence ou la succession.

3. Dans ces affirmations doit entrer un état actif, une disposition appelée croyance.

1. Tom. I, p. 10.

III

En abordant maintenant l'étude des diverses formes de la loi d'association, je crois utile de les résumer dans le tableau suivant, qui pourra servir de guide au lecteur :

I. *Associations simples.*

1. Par contiguïté { conjointes / successives.
2. Par ressemblance.

II. *Associations composées.*

1. Contiguïté.
2. Ressemblance.
3. Contiguïté et ressemblance.

III. *Associations constructives.*

Une première espèce d'associations a pour fondement la contiguïté. Ce mode de reproduction mentale peut s'établir de la façon suivante :

« Des actions, sensations, sentiments qui se produisent « ensemble ou se succèdent immédiatement, tendent à « naître ensemble, à adhérer de telle façon que quand « plus tard l'un se présente à l'esprit, les autres sont aussi « représentés. »

Les états associés peuvent être ou bien de même nature (sons avec sons, mouvements avec mouvements, etc.), ou de nature différente (couleur avec résistance, mouvement avec distance, etc.). Donnons un exemple de l'un et de l'autre cas (1).

L'association par contiguïté joue un grand rôle dans nos mouvements. Tous ceux qui sont volontaires présentent, durant la première enfance, de grandes difficultés. Chacun d'eux est produit séparément, avec effort. C'est par l'association que des séries ou agrégats de mouvements mécaniques en viennent à se produire rapidement. Tels sont ceux nécessaires pour écrire, jouer du piano, tricoter, etc. La condition physiologique de ces associations par contiguïté est une fusion des courants nerveux. C'est dans les hémisphères cérébraux que la cohésion des actes associés se produit : deux courants de force nerveuse font jouer deux muscles l'un aprés l'autre ; ces courants, affluant ensemble au cerveau, forment une fusion partielle, qui, avec le temps, devient une fusion totale : — Ce qui est encore plus curieux que cette fusion des mouvements réels, c'est la fusion des simples idées de mouvements. Elles s'associent très-bien ensemble d'après la loi de contiguïté. Mais d'abord quel rapport y a-t-il entre la réalité et l'idée? L'idée est une réalité affaiblie ; entre concevoir une sensation et la percevoir réellement, il n'y a qu'une différence de degré. Et comme la sensation a son siége dans une position de l'organisme, qui est non pas seulement le cerveau, comme on le dit généralement, mais aussi les nerfs affectés, l'idée ou la sensation idéale doit avoir le même siége. La continuation d'une impression étant la continuation du circuit nerveux, sa reproduction doit être de la même nature. L'idée d'une impression

1. Il est presque inutile de dire que l'auteur reste constamment fidèle à sa méthode de description complète ; que chaque groupe de sensations est examiné séparément, puis dans ses rapports avec les autres. L'étude sur la loi de contiguïté ne tient pas moins de 130 pages.

est donc la reproduction, sous une forme plus faible, des états nerveux que cause l'impression elle-même. Ceci explique pourquoi l'idée d'un mouvement, quand elle devient très-vive, entraîne le mouvement spontanément, d'elle-même, sans intervention de notre volonté, le courant nerveux excité étant aussi intense que dans le cas d'une impression réelle venant du dehors. « La tendance de l'idée d'une action à produire le fait, montre que l'idée est déjà le fait sous une forme affaiblie. La pensée, dit ingénieusement M. Bain, est une parole ou un acte contenu ». « La tendance d'une idée de l'esprit à devenir une réalité, est une des forces qui régissent notre constitution ; c'est une source distincte d'impulsions actives.... Notre principale faculté active est traduite par la volition dont la nature est de nous pousser à fuir la douleur et rechercher le plaisir. Mais la disposition à passer d'un souvenir, imagination ou idée, à l'action qu'ils représentent, — à produire l'acte et non pas seulement à le penser, — c'est là aussi un principe déterminant dans la conduite humaine. » L'auteur montre combien de faits curieux en psychologie s'expliquent par cette tendance de l'idée à se réaliser : la fascination causée par un précipice, les phénomènes produits par les idées fixes, par le sommeil magnétique, les sensations causées par sympathie.

Examinons maintenant un cas d'association par contiguïté, entre les données de divers sens : soit la perception des objets extérieurs, sujet déjà entamé que l'auteur reprend. Ces répétitions, peu justifiables dans une œuvre littéraire, me paraissent utiles ici; elles permettent de mieux voir les aspects divers des questions. On sait par ce qui a été déjà vu, que la connaissance du monde extérieur est due aux sensations associées du toucher, de la vue et du sens musculaire. La perception d'un objet externe n'est nullement un acte aussi simple qu'il semble au vulgaire; pour qu'elle se produise, il faut qu'un grand nombre d'éléments, d'abord distincts, se soient associés par une répétition constante et uniforme. La vue, par exemple, nous fait connaître la distance et l'étendue. Mais comment? Dans un œil dont l'éducation est complète, ces quatre choses : l'ajustement oculaire, l'étendue de l'image sur la rétine, la distance, la grandeur, se suggèrent les unes les autres. On sait qu'à mesure qu'un objet se rapproche, sa grandeur augmente ainsi que l'inclinaison des axes visuels. Wheatstone, ayant modifié son stéréoscope de façon à ce que la distance de l'objet pût être changée, la convergence des yeux restant la même, et *vice versa*, voici ce qui en résulta. Si la distance reste la même, plus la convergence des yeux augmente, plus l'objet paraît petit; si on maintient toujours la même inclinaison des axes, plus on rapproche l'objet, plus il paraît grand. L'inclinaison des axes, accompagnée d'une image rétinale donnée, suggère d'abord la grandeur; de la grandeur ainsi donnée et de la grandeur rétinale nous inférons la vraie grandeur. »

Peut-être quelque intraitable adversaire de la métaphysique reprocherait-il à M. Bain d'être sorti de l'analyse expérimentale pour se demander *comment* nous percevons le monde extérieur, et *pourquoi* nous y croyons. Nous répondrons qu'il se borne à soumettre quelques remarques.

« Le monde, nous dit-il, ne peut être connu que par son « rapport avec l'esprit. La connaissance est un état de l'es-« prit; la notion d'une chose matérielle est une chose men-« tale. Nous sommes incapables d'examiner l'existence d'un « monde matériel indépendant : cet acte en lui-même se-« rait une contradiction. Nous ne pouvons parler que d'un « monde présenté à notre esprit. Par une illusion de lan-

« gage, nous nous imaginons être capables de contempler « un monde qui n'entre point dans notre propre existence « mentale. Mais cette tentative se détruit elle-même, car « cette contemplation est un effort de l'esprit (1). » Que l'on remarque d'ailleurs ce que nous mettons de nous-mêmes dans l'acte de la perception. La solidité, l'étendue et l'espace, qui sont les propriétés fondamentales du monde matériel, répondent à certains mouvements et énergies de notre propre corps, et existent dans notre esprit, sous forme de sentiments de force, d'impressions visuelles et tactiles. Le sens de l'extériorité est donc la conscience d'énergies et d'activités particulières qui nous sont propres. Toute la différence entre une sensation *idéale* et une sensation actuelle, c'est que celle-ci est tout entière à la merci de nos mouvements. Nous tournons la tête à droite et à gauche; nous remuons notre corps et notre perception varie; nous arrivons ainsi à distinguer les choses que nos mouvements font changer de place, des idées ou rêves qui varient d'eux-mêmes, quand nous sommes au repos. En communiquant avec les autres êtres et en sachant qu'ils ont les mêmes expériences que nous, nous formons une abstraction de nos expériences passées et de celles d'autrui, et c'est là ce que nous pouvons atteindre de plus haut, par rapport au monde matériel.

« Cependant un monde possible implique un esprit possible pour le percevoir, tout comme un monde actuel implique un esprit actuel. »

La conclusion de M. Bain, autant qu'on peut l'entrevoir à travers ces remarques, ne mécontenterait pas un idéaliste puisqu'elle aboutirait à mettre dans l'esprit une partie de la réalité du monde : le *sentant* et le *senti* étant pour

1. Tom. I, p. 379.

lui, non pas deux termes, mais deux parties complémentaires d'un même tout.

Il nous dit encore dans une note de sa récente édition de James Mill (1) : « Les termes opposés « sujet » et « objet » sont ceux qu'on peut le moins critiquer pour exprimer l'antithèse fondamentale de la conscience et de l'existence. Matière et esprit, externe et interne sont les synonymes populaires, mais ils sont moins à l'abri de suggestions trompeuses. L'étendue est le fait objectif par excellence ; le plaisir et la douleur sont les phases les mieux marquées de la pure subjectivité. Entre la conscience de l'étendue et la conscience d'un plaisir, il y a la ligne de démarcation la plus large que l'expérience humaine puisse tirer dans la totalité de l'univers existant. Ce sont donc là l'extrême objet et l'extrême sujet : et en dernière analyse l'extrême objet paraît reposer sur le sentiment d'une dépense d'énergie musculaire. »

IV

Un second mode d'association se fonde sur la ressemblance. La loi qui la régit s'énonce ainsi :

« Les actions, les sensations, pensées ou émotions présentes tendent à raviver celles qui leur ressemblent, parmi les impressions ou états antérieurs. »

L'association par contiguïté sert surtout à acquérir, l'association par ressemblance sert surtout à découvrir : elle joue un rôle prépondérant dans le raisonnement et les divers procédés scientifiques. Tantôt nous saisissons les ressemblances entre des agrégats continus, coexistants; par

1. Tom. I de l'*Analysis*, note 1.

exemple, on oublie les différences qui séparent un cheval, une chute d'eau, une machine à vapeur, pour ne voir en eux qu'un pouvoir moteur. Tantôt nous saisissons les ressemblances dans les successions. Ainsi dans les études d'embryologie, on reconnaît le même être à travers les diffrentes phases de son évolution. Dans l'étude comparative des constitutions sociales et politiques, comprise à la manière d'Aristote, Vico, Montesquieu, Condorcet, Hume, de Tocqueville, il faut « un esprit pénétrant. en d'autres termes une forte faculté identifiante, qui puisse réunir et extraire les ressemblances de l'obscurité des différences (1). »

Le progrès d'une classification consiste à associer, dans un même groupe, des êtres semblables malgré des dissemblances apparentes, à passer des identités superficielles aux identités fondamentales, de la division d'Aristote en animaux terrestres, marins et aériens, à la division de Cuvier, fondée sur la vraie nature et non sur des ressemblances accidentelles.

Dans le règne minéral, nous groupons naturellement ensemble les métaux. Un plus grand progrès a consisté à voir, comme l'a fait Davy, qu'il y a une substance métallique dans la soude et la potasse, en se fondant sur des ressemblances purement intellectuelles.

Dans le règne végétal, la division en arbres et en arbustes a précédé celle de Linnée. Plus tard, Gœthe saisit une analogie entre la fleur et la plante tout entière. Oken dans la feuille reconnait la plante.

Dans le règne animal, la comparaison entre les diverses parties qui composent chaque individu, conduit à la découverte des *homologies*. Oken, se promenant un jour dans

1. Tom. I, p. 519.

une forêt, rencontra le crâne blanchi et dénudé d'une bête fauve. Il le prend, l'examine et découvre que le crâne consiste en quatre vertèbres, qu'il n'est qu'une continuation de la colonne vertébrale.

Les modes de raisonnement et procédés scientifiques fondés sur une association par ressemblance sont rangés par M. Bain sous ces quatre titres :

I. Classification, abstraction, généralisations de notions, noms généraux, définitions : la classification consistant à grouper les objets d'après la ressemblance ; de là résulte une généralisation ou idée abstraite qui représente ce qu'il y a de commun dans le groupe ; et une définition qui exprime les caractères communs de la classe.

II. Induction, généralisation indirecte, propriétés conjointes, affirmations, propositions, jugements, lois de la nature. Ici nous obtenons, non plus des idées, comme dans le premier cas, mais des jugements.

III. Inférence, déduction, raisonnement, syllogisme, extension des inductions. M. Bain adopte, sans restriction, la doctrine de Stuart Mill, que tout raisonnement va du particulier au particulier. Le syllogisme n'est qu'une précaution contre l'erreur, ou, comme nous l'a dit M. Herbert Spencer, une vérification.

IV. Analogie. Il y a ici moins qu'une identité ; de là des comparaisons trompeuses qui ont donné lieu à de fausses conclusions, comme l'assimilation de la société à la famille, ce qui tendrait à faire du souverain un tuteur ou un despote.

V

Il nous reste à considérer les cas où une pluralité d'anneaux ou liens concourt à raviver quelque pensée ou état mental antérieur. Des associations trop faibles individuellement pour raviver une idée passée, peuvent y réussir lorsqu'elles agissent ensemble. La loi générale de ce mode d'association s'établit ainsi :

« Des actions, sensations, pensées, émotions passées « sont plus aisément rappelées, quand on les associe par « contiguïté ou ressemblance avec plus d'une impression « ou d'un objet présent. »

Les associations composées résultent de contiguïtés seules, de ressemblances seules, de contiguïtés et ressemblances réunies.

Voici des exemples du premier cas : Nous sentons l'odeur d'un liquide, cette sensation seule ne suffit pas à nous en rappeler le nom; mais nous le goûtons ensuite, et le rappel s'opère par ces sensations réunies. Les objets complexes, les *touts concrets* que nous voyons dans la nature, comme un arbre, une orange, une localité, une personne, sont des agrégats d'idées et de sensations contiguës.

Celui qui a lu précédemment les deux *Œdipes* de Sophocle, se les rappellera en lisant le *Roi Lear;* une composition de ressemblances amenant naturellement la comparaison.

Enfin, si, en décrivant une tempête, vous dites « le combat des éléments, » vous associez par ressemblance, car il y a combat et lutte dans une tempête; et par contiguïté, car cette métaphore est si usitée que les deux idées se tiennent. De là les défauts du style banal et des expressions usées.

On se demande, sans doute, pourquoi l'auteur n'a point reconnu un mode particulier d'association par contraste? c'est qu'il y voit moins une forme de la loi fondamentale de l'intelligence, que la condition inhérente à tout acte de connaissance, et sans laquelle il n'est point possible. « Le contraste est la reproduction de la première loi de l'esprit, la relativité ou discrimination. Tout ce qui nous est connu nous est connu en connexion avec quelque autre chose, savoir : son contraire ou sa négation. Lumière implique ténèbres, la chaleur suppose le froid. En dernier ressort, la connaissance, comme la conscience, est une transition d'un état à un autre, et les deux états sont renfermés dans l'acte de connaître l'un ou l'autre. » Cette nécessité, inhérente à toute idée, de se compléter par son contraire produit l'amour de la contradiction dans les discussions. Elle avait donné naissance chez les Grecs à la doctrine de la *Némésis*.

VI

Jusqu'ici nous n'avons eu en vue que la résurrection, le réveil littéral des sensations, images, émotions, suites de pensées antérieures.

Mais il y a d'autres modes d'association connus sous le nom d'imagination, de création. Ici on unit de nouvelles formes, on construit des images, des tableaux, conceptions, mécanismes, différant de tout ce que l'expérience a donné auparavant. Le peintre, le poëte, le musicien, l'inventeur dans les arts et les sciences nous en fournissent des exemples. En voici la loi :

« Au moyen de l'association, l'esprit a le pouvoir de for-
« mer des combinaisons ou agrégats, différents de tout ce
« qui lui a été présenté dans le cours de l'expérience. »

L'étude sur l'*association constructive* ou théorie de l'imagination, est au niveau des meilleures analyses de l'ouvrage par son ordre, sa netteté, l'ampleur et l'exactitude de ses détails, l'intérêt des questions qu'elle soulève.

La constructivité (*constructiveness*) nous permet, par des associations de sensations, d'imaginer des sensations nouvelles. Vous entendez lire un passage, vous avez entendu Rachel ou Macready, et l'on dit : « Imaginez Macready ou Rachel prononçant ce passage. » Vous voulez remanier le plan de votre jardin, c'est par une association constructive que vous pouvez imaginer l'effet qu'il produira, quand le nouveau plan sera réalisé.

De même pour les émotions. Les sentiments d'hommes qui diffèrent tout à fait de nous par leur position, leur caractère, leurs occupations, ne peuvent être conçus que par un procédé constructif. Tout le monde a l'expérience de la peur, de la colère, de l'amour, etc. ; ce sont les faits élémentaires qui servent à nos constructions ; mais il est impossible de comprendre un sentiment dont on n'a pas en soi la source : c'est ce qui rend inintelligibles, pour tant de gens, les formes religieuses ou artistiques différentes de celles qui leur sont habituelles. Beaucoup d'historiens ont fait cette remarque, M. Grote, par exemple : « On ne peut comprendre, dit-il, la terreur des Athéniens apprenant la mutilation des Hermès, qu'en se rappelant qu'à leurs yeux c'était un gage de sécurité d'avoir les dieux habitant leur sol. »

L'association constructive dans les beaux-arts, ou imagination proprement dite, présente une particularité : c'est la présence d'un élément émotionnel dans les combinaisons. Il s'agit, pour l'artiste, de faire plaisir à la nature humaine, « d'accroître la somme de son bonheur. » Le premier but de l'artiste doit être de satisfaire le goût. Je ne puis donc accepter, dit M. Bain, la doctrine courante qui veut que la nature soit son critérium et la vérité (réalité) son but. Le critère de l'artiste est le sentiment, son but un plaisir délicat.

Ceci nous laisse entrevoir l'esthétique de l'auteur. Nous allons la retrouver amplement exposée, sous le titre des *Émotions*.

CHAPITRE III

Les Émotions

I

Dans le grand ouvrage qui nous occupe, la plus faible partie est celle dont nous allons aborder l'étude (1); elle a pour objet les émotions. Quoique l'auteur, dans sa préface, annonce qu'il veut procéder en naturaliste et continuer, dans le domaine affectif, ce qu'il a fait pour l'intelligence, les appétits et les sensations, on ne trouve plus ici cette sûreté de méthode qui satisfait l'esprit, encore plus que ne le font les analyses et les découvertes. La méthode du naturaliste, en effet, comprend deux opérations essentielles : classer et décrire. La partie descriptive est excellente et l'on ne pourrait guère la souhaiter plus complète. Chaque espèce d'émotions est caractérisée avec soin, considérée dans ses effets, ses modifications, son influence, ses transformations. L'auteur ne manque jamais de l'étudier sous son double aspect *physique* et *mental*, rattachant ainsi la psychologie des passions à la physiologie des passions; et exposant par là même, comme il le fait remarquer, les rapports du physique et du moral. Cette exposition faite en détail et par fragments, sous le titre spécial de chaque émotion, y gagne en précision. En un mot, on y retrouve tout le talent des précédentes études, tel qu'on a pu l'entrevoir à travers notre analyse.

Le défaut de l'ouvrage nous paraît être dans sa classification des phénomènes affectifs. Au reste, à notre place

1. Telle est aussi l'opinion de M. Mill dans l'article précité.

nous laisserons parler ici un meilleur juge. M. Herbert Spencer, dans un article publié en 1860 par la *Medico-Chirurgical Review*, et reproduit depuis dans ses *Essays* (t. I, 1868), a fait du livre de M. Bain sur les *Emotions* une critique détaillée dont voici la substance.

Malgré ses mérites, l'œuvre de M. Bain est provisoire; c'est une étude de transition. Son intention, il le déclare, est de suivre la méthode naturelle, et il le fait à beaucoup d'égards. Mais ses classifications ne sont point fondées sur cette méthode et voici pourquoi. Une classification naturelle suppose deux choses : une comparaison des phénomènes, et une analyse rigoureuse qui, sans s'arrêter aux caractères accidentels, pénètre jusqu'à ce qui est fondamental. Ce double travail manque ici : la description remplace trop l'analyse. M. Bain avoue lui-même qu'il a adopté, comme base de classification, les caractères les plus manifestes des émotions, tels qu'ils nous sont donnés subjectivement et objectivement. Au point de vue objectif, il s'en réfère au langage naturel des émotions et aux phénomènes sociaux qui en résultent. Au point de vue subjectif, il tient pour indécomposables et primitives les émotions que l'analyse de la conscience donne comme telles. Cependant les psychologistes savent bien qu'il y a des actes intellectuels, que la conscience nous donne comme simples et indécomposables, et que l'analyse résout parfaitement. Il en doit être des émotions comme des actes intellectuels. Tout comme le concept d'espace se résout en expériences tout à fait différentes de ce concept; de même il est probable que le sentiment d'affection ou de respect est composé d'éléments, fort distincts chacun, du tout qu'ils composent.

Comment M. Bain n'a-t-il pas vu que s'en tenir aux caractères les plus *manifestes*, c'est suivre la méthode des anciens naturalistes qui, en vertu de ressemblances extérieures et superficielles, rangeaient les cétacés parmi les poissons, et les zoophytes parmi les algues ? Toute classifition qui n'est point fondée sur des rapports réels, peut contenir beaucoup de vérités ; elle est utile au début d'une science, mais elle ne peut être que provisoire.

M. Herbert Spencer se demande ensuite, comment il aurait fallu procéder à cette analyse rigoureuse qui doit précéder la classification. Il est bien plus aisé, assurément, de comparer des animaux et des organes que des émotions ; de là, une première difficulté. Une seconde, plus grave, c'est qu'une bonne classification psychologique supposerait résolues un certain nombre de questions biologiques, qui, dans l'état actuel de la science, ne le sont point. On peut donc aspirer à un progrès, non à un résultat définitif; et voici les conditions de ce progrès :

1. Il faudrait étudier l'évolution ascendante des émotions à travers le règne animal ; rechercher celles qui apparaissent les premières et coexistent avec les formes les plus inférieures de l'organisation et de l'intelligence.

2. Noter les différences qui existent sous le rapport des émotions, entre les races humaines inférieures et supérieures ; celles qui seront communes à toutes pourront être considérées comme primitives et simples ; et celles qui sont propres aux races civilisées, comme ultérieures et composées.

3. Observer l'ordre d'évolution et de développement des émotions, depuis la première enfance jusqu'à l'âge mûr.

La comparaison de cette triple étude des émotions dans le règne animal, le progrès de la civilisation et le développement individuel, rendraient plus facile une analyse vraiment scientifique des phénomènes affectifs. L'ordre d'évolution des émotions donnerait leur ordre de dépendance mutuelle. On verrait, par exemple, que les races sauvages les plus basses ignorent la justice et la pitié ; qu'elles connaissent à peine certaines émotions esthétiques, comme celles de la musique ; que l'amour de la propriété se produit tard, et est, par conséquent, un sentiment ultérieur et dérivé.

Enfin, M. Bain n'a tenu aucun compte de la transmission héréditaire qui crée cependant de si grandes différences entre les races sauvages et civilisées (1).

A ces critiques, nous risquerons d'en ajouter une dernière : M. Bain porte à neuf le nombre des émotions simples. Faut-il croire qu'elles sont absolument irréductibles? N'y a-t-il point quelque inclination fondamentale qui en soit la source et les explique ? Tous les phénomènes affectifs ne peuvent-ils pas se ramener à une loi dernière, comme les phénomènes intellectuels se ramènent à un mode particulier d'association? Spinoza, on le sait, expliquait toutes nos passions par le désir, la joie et la peine, qu'il ramenait à l'inclination fondamentale de tout être : « être et persévérer dans son être. » Jouffroy arrivait à la même conclusion sous une autre forme et d'une autre manière. Toutes les émotions simples ou composées avaient pour première source l'amour de soi. Les positivistes les répartissent en deux classes : affections égoïstes, affections altruistes. Il nous semble regrettable que M. Bain n'ait point essayé aussi une réduction, ou qu'au moins il ne nous ait pas donné son avis sur les doctrines courantes.

1. M. Bain a répondu à ces critiques dans une note de la dernière édition de *The Emotions and the Will*, p 601. Il fait remarquer que « le point de « vue auquel s'est placé M. H. Spencer, celui de la doctrine d'évolution, a « dû amener une différence de plan. Il croit d'ailleurs que les dissentiments « sont plus apparents que réels et conclut la discussion en ces termes : « Il « semble que j'ai donné une classification aussi concordante avec celle de « M. Spencer, qu'on peut l'attendre de deux esprits indépendants, travaillant « sur un si vaste sujet. Le plan sur lequel il propose de réorganiser, d'après « une idée déterminée, la psychologie des sentiments ne diffère du mien qu'en « apparence et dans la forme. »

II

« Le sentiment, dit-il, comprend tous nos plaisirs et peines et certains modes d'excitation d'un caractère neutre, qu'on définira plus tard. » Le sentiment *(feeling)* comprend à la fois les diverses *sensations* précédemment examinées et les *émotions* (1). Celles-là sont des sentiments primitifs, celles-ci des sentiments secondaires, dérivés, complexes.

« Le principe le plus général que nous puissions établir par rapport à la concomitance de l'esprit et du corps, est la *loi de diffusion* qui s'énonce ainsi : « Quand une impression est accompagnée de sentiment ou d'une conscience quelconque, les courants excités se répandent librement dans le cerveau et conduisent à une agitation générale des organes moteurs, et affectent les viscères. » L'action réflexe, au contraire, qui n'est point sentie, est restreinte dans son influence à un circuit nerveux fort étroit.

Cette loi de diffusion fait que l'émotion se transmet par ondulations au cœur, à l'estomac, aux viscères, et se manifeste par les traits de la physionomie, par la contenance, etc., etc. « Elle constitue un appui considérable à la doctrine de l'*unité de la conscience*. Plusieurs excitations nerveuses peuvent bien coexister ; mais elles ne peuvent affecter la conscience que successivement, chacune à son tour. »

C'est sur ces manifestations extérieures des émotions, sur leurs résultats et leurs caractères subjectifs qu'est fondée, comme nous venons de le voir, leur classification. L'auteur reconnaît les onze classes suivantes (2) :

1. Les plaisirs et peines résultant *de la loi d'harmonie et*

1. *Emotions and Will*, ch. I.
2. Ch. II.

de conflit. Nous sommes exposés à une pluralité de sensations ; quand elles s'accordent il y a plaisir; quand elles se contrarient il y a peine. Les courants nerveux conspirent au même but, dans le premier cas, et l'énergie est économisée ; dans le second cas, elle est dépensée, parce que les courants se combattent.

2. Les émotions résultant de *la loi de relativité* : tels sont la nouveauté, l'étonnement, les sentiments qui résultent de la liberté ou d'une contrainte de la puisssance ou de l'impuissance. A cette classe appartiennent les émotions qui, en voyage, résultent de la surprise; la joie de certaines personnes passant brusquement de la pauvreté à la richesse.

3. La *terreur* et tout ce qui s'y rapporte : timidité, superstition, crainte panique, effroi religieux. Ces émotions relâchent les muscles, affaiblissent les fonctions digestives, agissent sur la peau, les yeux, les cheveux.

4. Les *émotions tendres :* affections bienveillantes, reconnaissance, amour, pitié, vénération. Physiquement, elles agissent surtout sur la glande lacrymale. Mentalement, elles sont capables de continuité, surtout lorsqu'elles sont peu intenses.

5. Les émotions personnelles (*of self*) : amour, estime et admiration de soi-même, orgueil, émulation, plaisirs de la louange et de la gloire. L'expression de ces sentiments, c'est un air de satisfaction sereine, de joie calme ; peut-être le sourire en est-il le mode le plus fort d'expression.

6. Le sentiment de la *puissance*, de la supériorité, du pouvoir proprement dit : le plaisir du riche propriétaire, du chef d'une manufacture, de l'homme d'État, du millionnaire, du savant qui découvre, de l'artiste qui réussit.

7. Les émotions *irascibles*. « Au lieu d'un plaisir en-

gendrant un plaisir comme dans le cas des émotions tendres, nous avons ici une souffrance qui aboutit à une souffrance. »

8. Les émotions qui résultent de l'*action* (pursuit), comme dans la chasse, la pêche, les combats d'athlètes, la recherche de la science, la lecture des œuvres littéraires fondées sur l'intrigue. Physiquement, le système n'est ouvert qu'à une seule chose ; nous sommes « tout yeux ou tout oreille. » Psychologiquement, tout autre plaisir, toute peine étrangère sont suspendus ; nous sommes entièrement à l'objet que nous poursuivons, les préoccupations objectives étant anesthésiques par nature.

9. *L'exercice de l'intelligence* produit un certain nombre d'émotions, tandis que les associations par contiguïté, fondées sur une simple routine, nous laissent indifférents. Il y a au contraire une surprise agréable à saisir des ressemblances nouvelles : de là le plaisir que nous causent les comparaisons poétiques ou l'application pratique de quelque découverte au bien-être de la vie.

Tandis que les sentiments rangés sur les neuf titres qui précèdent sont simples, irréductibles, les émotions *esthétiques* et les émotions *morales* qui forment les deux derniers groupes, sont composées. L'auteur les a étudiées en détail, et il est indispensable de nous y arrêter.

III

Deux bons chapitres (XIII et XIV) sur la sympathie, l'imitation et l'émotion idéale, c'est-à-dire celle qui a pour cause de pures idées et non des réalités, précèdent l'exposition esthétique.

« On entend par sympathie et imitation, la tendance

d'un individu à s'accorder avec les états actifs ou émotionnels des autres; ces états étant révélés par certains moyens d'expression. » La sympathie et l'imitation ont un même fondement; mais l'un se dit de nos sentiments et l'autre de nos actions. Deux lois régissent la sympathie. La première c'est la tendance à prendre un état, attitude ou mouvement *corporel*, quand nous voyons une autre personne le produire. La seconde, c'est la tendance à prendre un *état de conscience* par le moyen des états corporels qui l'accompagnent. Ces deux lois expliquent les émotions contagieuses, la propagation du bâillement ou du rire. Une grande faiblesse nerveuse prédispose aux sensations par sympathie et aux faits bizarres qui se produisent dans le sommeil magnétique.

Il serait inexact de dire que M. Bain nous a donné dans son ouvrage une esthétique et une morale, cependant on en trouve une esquisse. Sa méthode expérimentale, très-bonne quand elle s'applique aux simples phénomènes psychiques, ne nous paraît pas aussi heureuse ici, où il s'agit moins des faits que d'un idéal, moins de ce qui *est* que de ce qui *doit être*. Entre le bien et le beau, le rapport est si intime que quelques-uns, comme Gœthe, ont pensé que la morale n'est que l'esthétique appliquée à la vie; idée qui n'a pas été étrangère à Platon. La vertu apparaît alors comme une autre forme de la beauté. Et certes, quand on y pense, on ne peut s'empêcher de trouver un peu vaines ces recherches qui ont pour objet de fixer l'essence du bien et du beau. Ici la précision n'est plus que gaucherie et maladresse; ce sont choses si délicates que toute roideur scolastique les froisse ou les brise. Il faut renoncer à saisir l'insaisissable et à traduire l'idéal par les formules imparfaites de la science: elles n'offrent qu'un faux-semblant de rigueur.

Peut-être en esthétique n'y a-t-il qu'une seule méthode vraiment sérieuse et qui n'aboutit pas à l'illusion, en croyant tenir la vérité? C'est celle qui procède subjectivement; elle ne recherche point ce qu'est le beau; aux définitions déjà données, elle n'essaie pas d'en ajouter une nouvelle, également quoique autrement insuffisante : elle se borne à l'étude des phénomènes internes, c'est-à-dire des effets que le beau produit sur nous. Il y a un certain nombre de sentiments ou émotions que nous appelons esthétiques; quelle en est la nature? quels en sont les caractères? Ainsi, constater des phénomènes, les analyser et les décrire, voilà toute sa tâche. Jouffroy en a donné un exemple dans son *Cours d'esthétique*, malheureusement inachevé. L'esthétique, ainsi entendue, est une dépendance nécessaire de la psychologie : elle en forme comme un chapitre qu'on peut à peine détacher, et il semble qu'au moins dans un traité analytique des phénomènes de conscience, on ne peut l'entendre autrement.

Tous nos sens, dit M. Bain, ne sont pas aptes à nous fournir des émotions esthétiques; car il faut exclure de cette catégorie les plaisirs purement sensuels : d'abord parce qu'étant indispensables à notre existence, ils n'ont pas un caractère désintéressé; ensuite parce qu'ils sont liés quelquefois à certains faits répugnants, enfin parce qu'ils sont égoïstes ou individuels ; deux hommes peuvent jouir du même tableau, ils ne peuvent jouir d'un même morceau de nourriture. Pour que des sensations aient le caractère esthétique, il faut donc qu'elles ne soient pas la simple propriété de l'individu; c'est ce qui fait que l'œil et l'oreille sont les sens esthétiques par excellence.

« Depuis l'aurore de la spéculation philosophique, la na-
« ture du beau a été un sujet de discussions. Dans les en-
« tretiens de Socrate, dans les dialogues de Platon, cette
« recherche a sa place à côté d'autres recherches conduites

« dans un même esprit, relativement au bon, au juste, au « convenable. Mais la plupart des chercheurs ont été le « jouet d'une méprise, qui a rendu leur discussion vaine « quant à ses résultats analytiques. Ils procédaient dans cette « hypothèse qu'on peut trouver quelque chose d'unique, « qui entre, à titre d'ingrédient commun, dans toute la « classe des objets nommés beaux. » Mais cela n'est pas; sans quoi, depuis deux mille ans, ce beau-type aurait été découvert. D'ailleurs, nous autres modernes habitués à la doctrine de la pluralité des causes, nous ne répugnons nullement à admettre non pas un beau en soi, mais des *beaux*. Ce, qui existe, ce sont simplement des impressions communes.

Tout le but de cette exposition esthétique, c'est de montrer « que l'harmonie est l'âme de l'art. » Pour cela, il faut s'attacher particulièrement aux deux sens esthétiques.

L'étude des sensations auditives, fondée sur l'acoustique comme celle des sensations visuelles sur l'optique, amène à découvrir dans l'un et l'autre cas des harmonies. La musique, la poésie, l'éloquence ne peuvent se passer du rhythme, de la cadence, de variations dans le volume de la voix, le ton, etc. Les harmonies de la vue sont plus frappantes encore : n'y a-t-il pas des harmonies de couleur ? le rouge, par exemple, qui s'harmonise avec le vert; le bleu avec l'orange ou l'or ; le jaune avec le violet. N'y a-t-il pas des harmonies de mouvements comme dans le geste ou la danse? N'y a-t-il pas des harmonies dans les dimensions, en vertu desquelles quand un angle attire l'attention, nous préférons 45° ou 30°, parce que ce sont des parties aliquotes d'un angle droit ? De même aussi pour les formes et les contours.

Le sublime est un sentiment qui s'explique par la sympathie. « Les objets que nous appelons sublimes sont, pour « la plupart, tels d'aspect et d'apparence qu'ils expriment « une grande puissance, énergie ou immensité, et sont par « là capables d'élever l'esprit par un sentiment emprunté « de puissance. Le sentiment de notre propre pouvoir se « déploie en ce moment par sympathie avec le pouvoir qui « se déploie à nos yeux. » L'Océan, un volcan en éruption, les cimes alpestres, un ouragan, nous causent l'émotion idéale d'un pouvoir transcendant. La grandeur des masses, l'immensité de l'espace, la longueur infinie du temps sont autant de formes du sublime ; mais c'est surtout l'idée du génie humain — de Newton et d'Aristote, de Shakespeare et d'Homère — qui nous suggère cette émotion. « La puissance « humaine est le sublime vrai et littéral, et il est le point de « départ pour la sublimité de puissance dans toute autre « chose. La nature, par une extension hardie d'analogie, est « assimilée à l'humanité et revêtue d'attributs mentaux. »

Une question intéressante peu étudiée jusqu'ici termine cette esquisse d'esthétique : c'est celle du rire. M. Bain ne fait guère que l'effleurer. M. Herbert Spencer a publié sur le même sujet un court et substantiel essai : nous les joindrons ici tous deux (1).

Les causes du rire, dit M. Bain, sont tantôt *physiques,* comme le froid, le chatouillement, certaines douleurs aiguës, l'hystérie ; tantôt *mentales,* comme la gaieté : le rire des dieux dans Homère est l'exubérance de leur joie céleste, après leur banquet quotidien. Il semble que tout ce qui produit une augmentation de gaieté, en nous affranchissant d'une contrainte ou en accroissant la conscience de notre énergie, produit une émotion agréable dont le rire

1. *Physiology of Laughter* dans le *Macmillan's Magazine*, mars 1860, réimprimé dans les *Essays*, t. I, sur *le Rire;* voir Lévêque, *Revue des Deux-Mondes,* 1er septembre 1863, et Léon Dumont, *Des causes du Rire.*

est une manifestation. Un sentiment tendre, au contraire, donnerait lieu à une manifestation d'un caractère moins tranché, le sourire ; si toutefois il est exact de dire que le sourire est une espèce de rire.

On dit communément que le plaisant est causé par une disconvenance (*incongruity*) ; qu'il faut pour le produire au moins deux choses ou qualités ayant entre elles quelque opposition de nature. Mais il y a des disconvenances qui produisent toute autre chose que le rire ; un vieillard sous un fardeau pesant, de la neige en mai ; un loup dans une bergerie et vingt autres faits de ce genre excitent la pitié, l'étonnement, la crainte, non point le rire.

Hobbes définit le rire : « Un sentiment soudain de gloire « naissant de l'idée soudaine de quelque supériorité qui « nous est propre, par comparaison avec l'infériorité d'au- « tres ou notre propre infirmité antérieure. » Cette application purement égoïste du rire n'explique ni celui qui est causé par la sympathie, ni celui que fait naître la littérature comique.

M. Bain paraît trouver la cause du rire dans un sentiment de pouvoir ou de supériorité, et dans l'affranchissement d'une contrainte. Un maintien sérieux, grave, digne, solennel, nous force à la contrainte ; ainsi dès qu'on peut le quitter, on se sent comme délivré. Le sérieux demande du travail et de l'effort ; l'abandon, la liberté, le laisser-aller se produisent d'eux-mêmes : aussi ont-ils un air de gaieté qui naît de l'absence de toute contrainte.

Laissons parler maintenant M. Herbert Spencer. Son court article sur la physiologie du rire nous paraît l'un des meilleurs de ses *Essais*. Ce titre laisse voir que le côté psychologique l'a moins préoccupé que M. Bain ; peut-être n'en a-t-il que mieux réussi ; nulle part ailleurs, il ne s'est plus fermement appuyé sur sa grande doctrine de la continuité des phénomènes naturels, en vertu de laquelle il n'y a que des transformations, non des créations de mouvements. Par suite, il n'a pas étudié le rire isolément, en lui-même ; il l'a rattaché à ses causes, à ses conditions; il l'a considéré comme le moment d'un tout, dont on ne peut le séparer.

Quand on demaude d'où résulte le rire, on répond ordinairement, d'une disconvenance. En admettant que cette réponse ne souffre aucune objection, il faut admettre pourtant qu'elle entame à peine le problème, puisque la vraie difficulté est celle-ci : Pourquoi quand nous éprouvons un vif plaisir, quand nous sommes frappés d'un contraste inattendu entre des idées, se produit-il une contraction particulière des muscles de la face et de certains muscles de la poitrine et de l'abdomen? La physiologie seule peut nous répondre.

Elle nous apprend qu'il est de la nature de la force nerveuse de se dépenser, de se décharger de l'une des manières suivantes :

1. L'excitation nerveuse *tend* toujours à produire le mouvement musculaire, et elle le *produit* toujours quand elle atteint une certaine intensité. De là les gestes, l'expression de la physionomie, bref tous ces états des muscles qui nous permettent de lire les sentiments des autres. La décharge nerveuse peut même produire des effets extraordinaires, comme chez les paralytiques qui ont recouvré momentanément l'usage de leurs membres, par suite de quelque émotion violente. Les émotions et les sensations tendent donc à produire des mouvements corporels, en proportion de leur intensité.

2. Mais ce n'est pas là la seule direction que puisse suivre l'action nerveuse pour se dépenser. Les viscères, tout aussi bien que les muscles, peuvent recevoir la décharge.

De là l'influence des émotions sur le cœur et les organes digestifs.

3. Enfin la décharge nerveuse peut s'opérer dans une autre direction, qu'elle suit d'ordinaire quand l'excitation n'est pas forte. Elle consiste à faire passer l'excitation à quelque autre partie du système nerveux. C'est ce qui se produit quand nos pensées et nos sentiments sont calmes ; et c'est de là que résultent les états successifs qui constituent la conscience. Les sensations excitent des idées et des émotions ; celles-ci, à leur tour, éveillent d'autres idées et émotions et ainsi de suite ; c'est-à-dire que la tension qui existe dans certains nerfs ou groupes de nerfs, quand ils nous procurent des sensations, idées ou émotions, engendre une tension équivalente dans quelques autres nerfs ou groupes de nerfs avec lesquels ils sont liés.

C'est une nécessité que la force nerveuse existant à chaque instant, et qui produit d'une manière inexplicable ce que nous appelons sentiment, suive l'une de ces trois directions : exciter de nouveaux sentiments, agir sur les viscères, produire des mouvements. Des faits bien connus viennent à l'appui. Les grandes douleurs sont silencieuses. Pourquoi ? parce que l'excitation nerveuse éveille des idées mélancoliques, au lieu de produire des manifestations extérieures. Ceux qui cachent leur colère sont les plus vindicatifs. Pourquoi? parce que l'émotion s'accroît en s'accumulant. L'activité corporelle, au contraire, la nécessité d'une vie d'efforts, affaiblit les émotions, parce que l'excitation nerveuse se dépense matériellement.

Tout ceci nous explique la question du rire. L'excitation nerveuse doit suivre celui des trois canaux qui s'ouvrira le plus facilement : dans le cas du rire, la décharge agit sur les muscles. Soit le rire qui résulte d'une cause *physique* (froid, chatouillement); la décharge agira d'abord sur les muscles qui se meuvent le plus habituellement, c'est-à-dire ceux de la bouche et des organes de la voix; si elle est très-forte, elle agira sur d'autres parties du corps comme dans le rire violent. Soit maintenant le rire qui résulte d'une disconvenance. Vous êtes au théâtre : on joue un drame intéressant et l'on en est à une scène capitale, la réconciliation du héros et de l'héroïne après de longs et affligeants malentendus. Mais voilà que, du fond de la scène, sort une chèvre qui, après avoir regardé avec étonnement l'assistance, va en bêlant vers les amants. Vous riez. Pourquoi? c'est que vous étiez en proie à une forte émotion, ou, physiologiquement parlant, votre système nerveux était en état de tension. Une brusque interruption est survenue : la vue de cette chèvre ne peut causer une émotion égale à celle de la réconciliation des deux amants ; il y a donc un surplus d'émotion qui doit s'écouler; la décharge se produit par le canal qu'elle trouve ouvert et produit le rire.

Si nous examinons, à titre de contre-épreuve, les disconvenances qui ne produisent pas le rire, comme un vieillard sous un lourd fardeau, nous verrons qu'ici les deux états de conscience, quoique opposés, sont de même masse, et que par suite il n'y a aucun excès de décharge à dépenser. L'orateur qui, au Parlement, remet et tire sans cesse son lorgnon, l'écolier qui, en récitant sa leçon, remue quelque chose entre ses doigts, les actes automatiques de certains avocats ou autres gens parlant en public : ce sont là autant d'exemples de la manière dont le trop plein des émotions peut se dépenser, et empêcher par suite qu'elles ne paralysent l'intelligence.

IV

L'étude qui précède a pu montrer une fois de plus combien l'analyse de M. Spencer est systématique ; aussi n'avons-nous pas voulu négliger cette importante monographie psychologique. Revenons à M. Bain et à son analyse des émotions morales. Très-claire dans le détail, elle est plus difficile à saisir et à exposer dans son ensemble. Il me semble cependant que sa grande préoccupation a été celle-ci : donner à la moralité un caractère purement humain. La conception d'une loi supérieure paraît surtout lui répugner, parce qu'elle se présente comme un fait supra-sensible, en désaccord avec ses habitudes empiriques. Si le langage de la philosophie allemande ne devait paraître déplacé ici, nous dirions en un seul mot, que la morale de M. Bain est *immanente* et opposée à toute *transcendance*. Il a visé, avant tout, à la fonder non sur une abstraction, mais sur un fait et un fait humain.

Dans leur sens propre, dit M. Bain, je considère les mots moralité, devoir, obligation, droit, comme se rapportant à la classe des actions qu'appuie et renforce la sanction d'une *punition*. On peut désapprouver un mode de conduite, mais tant qu'on ne va pas jusqu'à le poursuivre, on ne le reconnaît pas comme obligatoire. « Les pouvoirs qui imposent la « sanction obligatoire sont la loi et la société, c'est-à-dire « la communauté agissant, ou bien par les actes judiciaires « publics émanant du gouvernement, ou bien indépendam-« ment du gouvernement par l'expression non officielle « d'une désapprobation, par l'exclusion des offices sociaux. « Le meurtrier et le voleur sont punis par la loi ; le lâche, « l'adultère, l'hérétique, l'homme excentrique, sont punis

« par la communauté agissant comme individus privés, qui « s'accordent à censurer et à excommunier l'offenseur. Un « troisième pouvoir qui implique l'obligation, c'est la cons- « cience, qui est une ressemblance idéale de l'autorité pu- « blique, se développant dans l'esprit de l'individu et tra- « vaillant à la même fin. »

Les divers systèmes moraux fondés sur la loi positive, la volonté divine, la droite raison, le sens moral, l'intérêt personnel, l'intérêt général sont successivement examinés et rejetés par l'auteur. Il a très-bien montré l'insuffisance des doctrines égoïstes et utilitaires. Il n'est pas vrai que tous nos actes se réduisent à l'amour de nous-mêmes, « car la sympathie est un fait de la nature humaine dont l'influence se fait sentir loin, et qui constamment modifie et contrarie les impulsions purement égoïstes. » Et de même, l'utilité n'explique pas tous nos actes, puisqu'il n'est point rare de voir un homme refuser d'embrasser une profession lucrative, qui lui paraîtrait déshonorer les traditions d'orgueil de sa famille et choisir plutôt une vie de privations et de misère.

La doctrine d'une loi morale indépendante, qui serve de critérium et de régulateur, n'est pas plus acceptable, car elle attribue à ce critérium une existence indépendante, sans rapport avec rien, bref à peine concevable. Nous avons bien pour nos poids et mesures un étalon indépendant auquel on peut les comparer; pour régler nos montres nous avons nos observations astronomiques, et c'est l'Observatoire de Greenwich qui est notre régulateur; mais, en morale, il n'y a pas de critérium réel de cette espèce. C'est faire violence au langage que de maintenir l'existence d'une vérité abstraite, et il en est de même pour les idées morales. Il faut les chercher dans l'esprit humain et non dans quelque chose d'extérieur à l'esprit humain. Si les lois mécaniques et mathématiques sont vraies, ce n'est pas en vertu d'une certaine vérité abstraite dont elles dériveraient, mais *parce que les perceptions des hommes, dans cette région des phénomènes, sont uniformes lorsqu'on les compare.* Quand cette uniformité n'existe pas dans nos perceptions (celles du goût par exemple), alors le critérium manque. « Il n'y a pas plus de conscience universelle que de raison universelle; la conscience comme la raison est toujours individuelle. Seulement les hommes s'accordent dans leurs approbations et désapprobations morales, comme ils s'accordent dans leur jugement sur la vérité. Supposer un vrai ou un bien indépendant des jugements individuels, c'est ressembler à l'homme qui, entendant chanter en chœur, supposerait une voix abstraite universelle, distincte et indépendante des voix particulières.

On traduirait cette doctrine dans la langue de Kant en disant : les vérités scientifiques et morales sont subjectives; toute leur réalité est en nous et non hors de nous. Le vrai et le bien ne sont que des abstractions réalisées : ils résultent de nos jugements, au lieu d'en être la cause; ils sont si peu antérieurs à eux, qu'ils ne se produisent qu'après eux et par eux.

Le fait fondamental, c'est donc celui de l'approbation et de la désapprobation morale. Tous les hommes s'accordent-ils à approuver et désapprouver les mêmes choses? Pour répondre à cette question, il faudrait avoir la collection complète de tous les codes ayant jamais existé. En son absence, on peut dire que l'uniformité supposée des décisions morales se résout dans les deux éléments suivants :

Les devoirs qui tendent à conserver la *sécurité publique*, laquelle renferme la sécurité individuelle. Par suite, respect de l'autorité protectrice, distinction « du tien et du mien, » union des sexes, soins de la mère pour l'enfant.

Toute société qui ne remplit pas ces conditions disparaît, se détruit par un vice inhérent à sa nature même.

Les devoirs de *pur sentiment* imposant des prescriptions non essentielles au maintien de la société : devoirs très-variables selon les temps et les peuples : boire du vin en l'honneur de Bacchus, sortir avec un voile comme les musulmanes, s'abstenir de nourriture animale comme les brahmes, etc.

En résumé, il faut conclure « *que les lois morales qui prévalent dans presque toutes les sociétés, sinon dans toutes, sont fondées en partie sur l'utilité et en partie sur le sentiment.* » Et à cette question : quel est le critérium moral? il faut répondre : *Les lois promulguées de la société existante, lesquelles dérivent d'un homme qui fut investi en son temps de l'autorité d'un législateur moral.* » A l'appui de cette doctrine, on peut invoquer le mode de promulgation des lois morales : elles sont imposées par un pouvoir réel, par un individu dont la puissance est quelquefois dictatoriale. Tels ont été Mahomet, Confucius, Bouddha, Solon et le « traditionnel » Lycurgue. On peut invoquer aussi leur mode d'abrogation dont la Réforme et la Révolution française nous ont donné des exemples.

Quant à la conscience individuelle, l'auteur se déclare en désaccord complet avec ceux qui la considèrent comme primitive et indépendante. « Je maintiens, au contraire, que la conscience est une imitation au dedans de nous-mêmes du gouvernement qui est en dehors. » Elle se forme et se développe par l'éducation (1).

L'objet de ce travail étant d'exposer, non de critiquer, je ne m'arrêterai pas à discuter cette doctrine, quelque contestable qu'elle me paraisse à beaucoup d'égards. Je

1. P. 283.

ne puis cependant m'interdire quelques courtes remarques.

Rien ne paraît plus contraire aux faits que de placer la règle morale dans une législation promulguée et de la considérer comme le type sur lequel se façonne la conscience individuelle. D'abord une objection se présente tout naturellement : Comment se fait-il que la conscience individuelle se fait souvent une loi particulière, en désaccord avec les lois générales ou du moins en dehors d'elles. L'auteur l'a vue, posée, l'appelle même une difficulté « formidable en apparence » : j'ose dire qu'il ne l'a nullement résolue. Comment d'ailleurs ne pas voir que ces lois promulguées sont le résultat des consciences individuelles, d'un travail sourd, latent, qui a duré quelquefois des siècles. L'histoire nous apprend que toute législation nouvelle ou bien est d'accord avec les vœux et les tendances des consciences particulières, et alors elle est acceptée par la majorité et s'impose peu à peu aux opposants ; ou bien elle est l'œuvre d'un caprice, et alors elle n'a ni durée, ni stabilité. Les lois promulguées sont donc l'œuvre des consciences individuelles, au lieu d'en être la cause. Les législations de Bouddha, de Solon, de Lycurgue, de Confucius, de Mahomet, ne sont pas de pures créations de leur cerveau. Confucius déclare suivre la tradition des ancêtres si puissants en Chine, Mahomet se donne comme restaurateur, le bouddhisme est né d'une effusion des cœurs vers la charité, la tendresse et la doctrine du non-agir. Solon et Lycurgue ont donné un corps aux vieilles institutions ioniennes ou doriennes. Tous ces hommes n'ont fait que dire le secret de tout le monde.

N'est-il point fâcheux aussi qu'une étude sur les sentiments moraux ne dise rien de leur développement ? Comment en bien montrer la nature, sans en décrire l'évolution? Évidemment, on ne peut accepter ni la doctrine qui soutient l'immutabilité absolue de la morale, à laquelle les faits donnent le plus éclatant démenti, ni la doctrine de sa mobilité absolue qui n'est pas moins contredite par l'expérience. Mais comment s'opère le développement et en quelle mesure? Comment, par la composition d'éléments simples, a-t-il pu se produire pour l'homme des émotions morales nouvelles? La réponse manque à ces questions.

CHAPITRE IV

La Volonté

I

Si l'on peut regretter que l'idée de progrès, d'évolution, de développement manque à l'étude de M. Bain sur les émotions, on la voit apparaitre dans le demi-volume consacré à la volonté. On y suit dans toutes ses phases la croissance du pouvoir volontaire, depuis le moment où il n'est encore qu'un germe obscur, un instinct presque physiologique, jusqu'à sa dernière période d'épanouissement, alors que, sous le nom de liberté, il suppose l'intelligence et fonde la moralité. Au lieu d'une méthode factice et abstraite qui prenant la volonté toute constituée, à son âge adulte, ne peut l'expliquer qu'à demi, nous avons ici une méthode naturelle et concrète qui complète l'étude statique par l'exposition dynamique. Il est remarquable qu'en France la marche suivie dans l'étude de la volonté a presque toujours abouti à la métamorphoser en une abstraction. On a si bien isolé le fait de la détermination de ses conditions et de ses résultats, de ce qui le précède et de ce qui le suit, qu'on l'a réduit à un point mathématique, à un moment presque insaisissable, qui n'a plus de réalité. Les théories courantes, en effet, ramenées à ce qu'elles ont de commun et d'essentiel, distinguent trois moments dans l'acte volontaire : la production des motifs et leur conflit, la résolution, l'action qui la traduit. On ne s'occupe ni du premier ni du troisième, parce qu'ils appartiennent, dit-on, soit à l'intelligence, soit à la physiologie ; et l'on se retranche dans le second exclusivement, pour en faire *toute* la volonté. De là des questions factices et des assertions étranges; par exemple, que la volonté « est égale chez tous les hommes, » ce qui est en désaccord complet avec les faits, mais en accord parfait avec cette abstraction qu'on a substituée à la réalité. Ici, comme partout, l'important était de bien poser la question; mais la méthode des facultés n'a pas peu contribué à séparer ce qu'il ne fallait pas désunir, et à produire ainsi une fausse interprétation des faits. Les suivre dans leur développement, ce n'est donc pas seulement être plus complet, mais aussi plus exact ; c'est rectifier une erreur ; car n'est-ce pas erreur qu'une portion de vérité ?

Le tableau de la genèse de nos volitions retracée par M. Bain, peut se réduire aux points suivants :

1. Recherche du germe instinctif de la volonté.
2. Premiers essais du pouvoir volontaire.
3. Motifs, leur conflit, résolution et effort.
4. Enfin, la question si discutée de la liberté.

II

Les germes instinctifs, les éléments primitifs de la volonté sont au nombre de deux : l'existence d'une activité spontanée, et le lien qui existe entre nos sentiments et les actions qui les traduisent.

Nous avons déjà vu (ch. 1er, § 3. ci-dessus) qu'il existe en nous une activité spontanée qui se déploie sans cause extérieure qui l'excite, et qui ne peut s'expliquer que par une surabondance, un excès, une effusion de puissance ; qu'elle se montre surtout dans l'activité sans repos de l'enfance et du jeune âge ; qu'elle agit sur nos membres locomoteurs, et que souvent même des cris et émissions de voix sont dus à un trop-plein d'énergie centrale.

Il y a une condition indispensable au commencement du pouvoir volontaire : c'est que les organes que plus tard nous commanderons séparément ou individuellement, soient dès le début susceptibles d'être isolés. Par exemple, nous pouvons faire produire à l'index un mouvement indépendant, tandis qu'avec le troisième doigt cela est impossible ; l'oreille externe est immobile chez l'homme, mobile chez quelques animaux ; dans le pied, les orteils vont ensemble, quoiqu'on puisse les isoler quelquefois, comme le montrent ceux qui écrivent ou travaillent avec leurs pieds. Il faut pour cela que les courants nerveux puissent être isolés et rendus indépendants. Enfin, il faut toujours que le mouvement produit volontairement ait été précédé d'un mouvement spontané.

Quelles sont les conditions de cette décharge spontanée? les plus générales sont : la vigueur naturelle de la constitution, et l'afflux inaccoutumé d'énergie nerveuse centrale, causé par des excitants physiques, comme la nourriture ou la boisson, et les excitants intellectuels, comme les plaisirs et les peines.

Le second germe de la volonté se trouve dans le lien naturel qui unit le sentiment et l'action. (V. ch. I, § 3.) La loi de conservation de soi-même, nous l'avons vu, lie le plaisir à un accroissement d'activité, la peine à une diminution de vitalité. Mais les mouvements causés par les émotions sont fort différents de ceux causés par la volonté : les premiers agissent sur les muscles souvent exercés, comme ceux de la face et la voix; les seconds agissent surtout sur ceux qui peuvent augmenter le plaisir ou diminuer la douleur. Nos mouvements spontanés donnent naturellement naissance à un plaisir ou à une douleur. Se produit-il un plaisir? Alors, comme il y a accroissement d'énergie vitale, cela produit un nouvel accroissement de mouvement et par suite de plaisir. Se produit-il une douleur? la douleur diminuant l'énergie vitale, les mouvements qui ont causé la douleur diminueront aussi, et cette diminution sera un remède. Maintenant, que la concurrence fortuite d'un plaisir et d'un certain mouvement se produise plusieurs fois, et bientôt, sous l'influence de la loi de retentivité, ces choses seront si intimement liées, que le plaisir ou même la simple idée du plaisir évoquera le mouvement approprié.

En résumé donc, la spontanéité ou le hasard doit toujours produire *d'abord* les actions liées à nos sensations et sentiments : l'activité consciente et intelligente les produit *ensuite*.

III

Les bases du pouvoir volontaire sont donc la spontanéité, la conservation de soi-même et la retentivité. Entrons maintenant dans l'histoire de son développement; voyons par quels procédés des actions déterminées se lient à des sentiments déterminés, de telle façon que l'un plus tard puisse commander l'autre.

« La volonté, dit M. Bain, est un mécanisme fait de « détails; elle réclame des acquisitions aussi nombreuses « et aussi distinctes que l'étude d'une langue étrangère. « L'unité qu'on s'imagine exister dans le pouvoir volon- « taire et qui est suggérée par l'apparence qu'elle pré- « sente à l'âge mûr, alors que nous semblons capables sur « le plus petit souhait de produire un acte, est le résumé « et le comble d'un vaste ensemble d'associations de détail, « dont l'histoire a été perdue de vue ou oubliée (1). »

Examinons comment se bâtit pièce à pièce l'édifice de notre volonté, en passant en revue les sensations et sentiments de diverses sortes (2). L'exercice de nos sens musculaire, organique du goût, de l'odorat, de l'ouïe, du toucher, de la vue ne peut devenir volontaire qu'après de nombreux efforts et des tâtonnements quelquefois infructueux. Nous ne pouvons suivre M. Bain dans le détail; quelques exemples suffiront.

Dans la vie organique, il n'y a à l'origine aucune liaison entre la souffrance physique et les actions calculées pour la soulager. Il y a une tendance générale à diminuer la vitalité; voilà tout. « Il est impossible de dire combien il faut de conjonctions fortuites pour produire une adhésion assez forte pour nous élever au-dessus des indécisions d'un commencement spontané. » Peu de besoins sont aussi pressants que la soif; cependant l'animal ne devine pas tout d'abord que l'eau des étangs peut l'apaiser : le lait maternel, l'humidité de sa nourriture lui suffisent d'abord; ce n'est que plus tard, dans ses courses, qu'il en vient à appliquer sa langue sur la surface de l'eau, à en ressentir du soulagement et à apprendre ainsi ce qu'il doit vouloir. Un acte aussi simple en apparence que celui de cracher, de-

1. Ch. III.
2. Ch. II et III.

mande tant d'efforts que l'enfant ne peut le faire qu'à la fin de sa deuxième année. On n'arrive à flairer un objet que quand on sait fermer la bouche et aspirer. C'est par les sensations tactiles qu'on dresse les animaux; on leur inflige une douleur pour les conduire au but qu'on désire. L'animal produit plusieurs mouvements et voit que l'un d'eux n'est pas suivi de coups; ces deux faits, un mouvement produit et l'absence de coups, se lient dans son esprit, et le premier pas de son éducation est fait. Une connexion établie sert à en établir d'autres : le commencement seul est difficile.

Nous pouvons aussi régler et contenir nos sentiments. C'est là un fait trop commun pour être mis en doute. Si un sentiment, comme la colère, détermine des mouvements violents des muscles, un contre-courant peut agir sur les mêmes muscles. Mais la volonté a-t-elle quelque pouvoir en dehors des muscles reconnus comme volontaires? Directement, elle n'a de pouvoir que sur eux; indirectement elle peut s'étendre à ceux qui sont involontaires. Les fonctions organiques sont si intimement liées avec les mouvements musculaires, que l'action de ceux-ci peut souvent les exciter ou les arrêter. Quand la connexion entre une fonction organique et les organes volontaires manque ou est très-éloignée, alors l'influence volontaire n'est plus possible, comme dans le mouvement du cœur, la sécrétion du suc gastrique, l'acte de rougir; ou, quand elle s'exerce comme chez les fakirs hindous et les faux épileptiques, on la regarde comme exceptionnelle. La volonté peut donc arrêter tout ce qui dépend de *ses* muscles : quand on arrête la manifestation extérieure d'un sentiment qui n'est pas trop violent, comme cela modère la diffusion nerveuse, il y a par là tendance à diminuer le sentiment intérieur. Cependant, quand l'émotion est trop violente, mieux vaut lui lâcher la bride un instant, que de dépenser en vain sa force de résistance. Un curieux exemple de l'influence de la volonté sur les émotions, c'est l'*induction ab extra* qui consiste à prendre la manifestation extérieure d'un sentiment, à éveiller ainsi les courants nerveux qui la produisent, et finalement à produire les sentiments eux-mêmes. Ainsi quelquefois en donnant à notre visage un aspect de gaieté forcée, nous en venons à rasséréner notre esprit.

C'est un fait que, par un effort volontaire, nous pouvons modifier ou changer le courant de nos idées et de nos pensées. Cette influence est indirecte : tout ce que la volonté peut faire, c'est de fixer l'attention, de nous arrêter sur un point exclusivement. Il est difficile, souvent même impossible, d'arrêter un éclat de gaieté par une simple volition adressée aux muscles : que faisons-nous? nous conduisons l'esprit vers une région d'idées sérieuses. En amenant en nous certaines idées, nous pouvons nous exciter aux sentiments tendres. On peut considérer notre pouvoir sur la suite de nos pensées, comme la pierre de touche du développement volontaire dans le caractère individuel. L'homme idéal serait celui chez qui les émotions auraient une grande puissance, l'intelligence une force extraordinaire de reproduction et dont la volonté tiendrait l'une et l'autre dans une sujétion égale.

IV

On peut dire que la fonction propre de nos facultés actives, c'est de détourner la douleur, de conserver et de reproduire le plaisir (1). C'est là que tendent les divers motifs

1. Ch. v et vi.

qui nous font agir et que l'on peut classer sous les titres suivants :

Tous les *phénomènes de plaisir et de douleur* dérivant du système musculaire, des sensations organiques, des cinq sens proprement dits, des diverses émotions. Ces motifs peuvent nous déterminer, ou bien par leur existence *actuelle*, réelle, présente, ou bien par une action *idéale*, par une influence de pure prévision : les précautions contre les causes de maladie, contre toute atteinte à notre propriété, à notre réputation, etc., sont de la seconde sorte. La rétentivité et la répétition tendent à donner de la force à ces motifs qui n'ont pas pour but un objet actuel.

Les *fins groupées ou agrégées*, comme l'argent, la santé, l'éducation, la science, la position sociale, le succès professionnel, toutes choses qui supposent l'addition de plusieurs fins particulières.

Les *fins dérivées ou intermédiaires* qui consistent à rechercher et à aimer pour soi-même, ce qui ne fut d'abord qu'un moyen. Tels sont l'amour des formalités, de l'argent pour l'argent.

Les *fins passionnées et exagérées*, en désaccord avec la raison, comme la fascination, l'enivrement, l'idée fixe, qui se rencontrent dans les faits bizarres du sommeil magnétique et des tables tournantes.

Tels sont les motifs entre lesquels a lieu le conflit : tantôt c'est entre deux motifs *actuels* qu'a lieu la lutte, tantôt entre un motif actuel et une *idée*, et celle-ci restera victorieuse, si le souvenir est assez vif pour que l'idéal l'emporte sur le réel, comme chez les gens très-préoccupés de leur santé. Les motifs fougueux et passionnés n'admettent pas de considérations rivales; il n'y a qu'un motif de leur nature qui puisse les neutraliser.

L'acte volontaire qui se produit sous une concurrence

ou complication de motifs est la *délibération* (1). Une volonté bien disciplinée est celle qui n'agit ni trop tôt ni trop tard; mais diverses causes, comme la jeunesse, un tempérament vigoureux, ne permettent guère de différer. C'est pour remédier aux dangers d'une décision hâtive que Franklin avait inventé son *Algèbre morale*. Vous hésitez, disait-il, sur un parti à prendre. Réfléchissez trois ou quatre jours; ayez un papier divisé en deux colonnes, celle du *pour* et celle du *contre*; portez-y chacune de vos conclusions provisoires; puis, ce temps écoulé, comparez les deux colonnes, établissez la balance; attendez encore deux ou trois jours et agissez. Il avait eu souvent recours à ce procédé et s'en louait.

Le terme de la délibération est la *résolution*. La nature de la volonté, c'est de passer immédiatement à l'acte. Lorsqu'il y a quelque suspension, cela résulte d'une influence nouvelle qui arrête le cours ordinaire et régulier de la volonté. Vous êtes dans une boutique; plusieurs objets sollicitent votre préférence, un d'eux l'obtient; vous avez pris votre résolution.

Elle est suivie d'un sentiment d'une nature particulière que nous appelons l'*effort*. « Ce mot signifie en réalité la « conscience musculaire qui accompagne l'activité volon- « taire, et plus spécialement quand elle est pénible » On a attaché une grande importance au sentiment de l'effort; on a supposé qu'il y avait là un pouvoir mécanique dont la source est une activité purement mentale.

« La doctrine depuis longtemps prédominante, qui représente la volition comme la source de tout pouvoir moteur, est considérée comme recevant la plus forte confirmation du sentiment de l'effort qui accompagne la production d'énergie musculaire. » Voyons ce qu'il en faut croire.

1. Ch. VII.

Suivant M. Bain, la source de l'effort doit être cherchée dans l'organisme; la conscience constate l'effort et ne le constitue pas : elle n'en est que la portion accidentelle. Sur ce point important, laissons-le s'expliquer lui-même.

Un laboureur, le matin, se prépare à labourer un champ : c'est là sa volonté, et dans cette volition il y a une certaine conscience; mais ce n'est point cette conscience qui, en elle-même, le met en état de labourer. « La vraie source, « le véritable antécédent de son pouvoir musculaire, c'est « une large dépense d'énergie nerveuse et musculaire qui « dérive en dernier ressort d'une bonne digestion et d'une « saine respiration. C'est aujourd'hui une comparaison « évidente que celle d'un animal vivant avec une machine « à vapeur, comme source d'un pouvoir moteur. Ce que le « charbon en combustion est à la machine, la nourriture « et l'air inspiré le sont à l'organisme vivant; et la cons- « cience qui se produit du pouvoir dépensé n'est pas plus « la cause de ce pouvoir, que l'illumination, projetée par « le fourneau de la machine, n'est la source des mouve- « ments engendrés. » N'est-il pas d'ailleurs étrange de penser que la conscience de l'effort est la cause du mouvement volontaire, quand on voit que si le pouvoir est aussi grand que possible, l'effort est nul, et que si l'effort est aussi grand que possible, le pouvoir est nul? « Le sentiment de l'effort est le symptôme d'un déclin d'énergie, la preuve que l'antécédent véritable, c'est-à-dire l'état organique des nerfs et des muscles, est sur le point d'être épuisé. » Dans l'organisme animal, l'énergie peut être produite sans conscience aussi bien qu'avec conscience, mais jamais sans dépense d'éléments nutritifs. Les actions réflexes, les actes habituels sont de cette nature. « Les actes volontaires se distinguent des actions réflexes par l'intervention d'une conscience, et le phénomène est très-remarquable, en ce qu'il nous introduit, pour ainsi dire, dans un nouveau monde..... Nous sommes même libres, si cela nous plaît, de dire que l'esprit est une source de puissance; mais nous devons alors entendre par esprit la conscience jointe à tout le corps, et nous devons aussi être prêts à admettre que l'énergie physique est la condition indispensable; la conscience, la condition accidentelle (1). »

V

« Tout ce qui a été exposé jusqu'ici (2) relativement aux actions volontaires des êtres vivants, implique la prédominance d'une uniformité ou d'une loi dans cette classe de phénomènes, en supposant toutefois une complication de nombreux antécédents qui ne sont pas toujours parfaitement connus. » La pratique de la vie s'accorde en général avec cette théorie : nous prédisons la conduite future de chacun d'après son passé; nous appelons Aristide un juste, Socrate un héros moral, Néron un monstre de cruauté. Pourquoi ? sinon parce que nous prenons pour accordée une certaine persistance et régularité dans l'influence des motifs, à peu près comme quand nous affirmons que le pain nourrit, que la fumée s'élève, ou tel autre attribut des corps matériels. La question de la *liberté*, « cette serrure brouillée de la métaphysique, » « ce paradoxe du premier degré, » « ce nœud inextricable, » appartient à la catégorie des problèmes fac-

1. Il ne faut pas oublier que M. Bain se fondant sur la tendance de l'idée à passer à l'acte, ne sépare jamais la résolution de l'action. Celle-ci fait partie du développement volontaire et en est le couronnement. Pour lui la résolution non suivie d'acte, est une demi-volition, une sorte d'avortement psychologique. « La forme de la volition où il y a motif, mais sans aptitude à l'accomplir, est le *Desir*, » ch. VIII.

2. Ch. II.

tices, comme les arguments célèbres de Zénon d'Elée sur l'impossibilité du mouvement, sur la course entre Achille et la tortue, et les difficultés élevées par Berkeley contre le calcul différentiel.

La notion du libre arbitre humain apparaît pour la première fois chez les stoïciens, et plus tard dans les écrits de Philon le Juif : par métaphore, on appelait libre l'homme vertueux, et esclave l'homme vicieux. L'élaboration métaphysique de la doctrine du libre arbitre et de la nécessité est due surtout à saint Augustin, dans sa controverse contre Pélage, et aux luttes entre les Arminiens et les Calvinistes. « Une réponse à faire aux avocats du libre arbitre, c'est la complète impropriété du mot ou de l'idée pour exprimer le phénomène en question. » Nous pouvons produire tout un mystère, toute une inextricable difficulté, en nous obstinant à conserver une phraséologie qui ne s'adapte pas aux faits. La théorie newtonienne de la gravitation explique d'une manière complète et scientifique les phénomènes naturels; mais à l'idée de *gravité* substituez une autre idée, celle d'une *polarité*, par exemple, telle qu'elle existe dans un aimant ; faites en le type et le fond de toutes les forces de la nature, et voyez comme tout se brouille, comme vous substituez à une explication simple un mystère inintelligible. De même, demander si nos volitions sont libres ou non, c'est tout confondre, c'est ajouter des difficultés factices à un problème qui de sa nature n'est pas insoluble; c'est ressembler au personnage à qui Carlyle fait demander : « si la vertu est un gaz. » Un motif me pousse, la faim ; je prends la nourriture qui est devant moi, je vais au restaurant, où j'accomplis quelque autre condition préliminaire : voilà une séquence simple et claire ; faites-y entrer l'idée de liberté, et la question devient un chaos. Le terme *Aptitude* (Ability) est inoffensif et intelligible; mais le terme *Liberté* a été amené de force dans un phénomène avec lequel il n'a rien de commun. Une métaphore relative à la vertu ayant produit cette question, on aurait pu tout aussi bien se demander si la volonté est riche ou pauvre, noble ou ignoble, souveraine ou sujette, vu que tout cela s'est dit de la vertu !

Le mot *nécessité* est également une expression impropre, qui devrait même être bannie de toutes les sciences physiques ou morales. Aujourd'hui il n'est plus qu'un embarras, et les mots qu'on tend à y substituer, comme *uniforme*, *conditionnel*, *inconditionnel*, *séquence*, *antécédent*, *conséquent*, ont un sens précis et ne permettent pas d'associations confuses.

Par *liberté de choix*, nous n'entendons qu'une chose, nier toute intervention étrangère. Il n'y en a plus, si une personne intervenant, je suis poussé par elle à agir d'une certaine manière, comme l'enfant que l'on mène dans une boutique acheter un vêtement, sans le laisser choisir lui-même. Mais appliqué aux divers motifs de mon propre esprit, le mot « liberté de choix » n'a pas de sens. Divers motifs concourent pour me pousser à agir ; le résultat du conflit montre qu'un groupe est plus fort qu'un autre, c'est là le cas tout entier. La question de la liberté de choix consiste donc à savoir si l'action est mienne ou si une autre personne s'est servie de moi comme instrument, et l'on ne saurait trop déplorer que la psychologie se soit arrêtée si longtemps sur une difficulté toute gratuite.

Maintenant que faut-il entendre par la spontanéité, par la *self-determination* (la détermination qui vient de nous-même) ? Faut-il y voir quelque chose de plus que l'opération des motifs sensibles, jointe à la spontanéité centrale du système nerveux? Est-ce quelque *inconnu* caché derrière la scène, quelque puissance mystérieuse ? Y a-t-il outre les sentiments, la volition et l'intelligence, une quatrième région

inexplorée : celle du *moi?* — « Le mot *moi* ne peut signi-
« fier rien de plus que mon existence corporelle, unie à mes
« sensations, pensées, émotions, volitions, en supposant
« que leur classification est complète et qu'on en a fait la
« somme dans le passé, le présent et le futur..... Il m'est
« impossible d'accorder l'existence dans les profondeurs de
« notre être, d'une impénétrable entité, qui porte le nom
« distinct de *moi*, et qui ne consiste pas en quelque fonc-
« tion ou organe corporel, ou en quelque phénomène men-
« tal déterminable. »

Quant à l'appel qui a été fait à la conscience, comme témoignant d'une manière indiscutable la liberté de notre volonté, voici ce qu'il faut en penser. La conscience, a-t-on dit, est pour nous le dernier et infaillible critérium de la vérité : affirmer qu'elle se trompe, c'est détruire la possibilité même de toute science certaine. — Remarquons d'abord que la conscience est pour les phénomènes internes ce que l'observation est pour les faits externes. La plupart des gens savent qu'ils pensent et sentent, sans connaître avec exactitude les lois de la pensée, les coexistences et séquences mentales, tout comme les sens leur révèlent les étoiles, rivières, montagnes, villes, etc., mais sans leur donner une connaissance précise et exacte. Rien de plus commun que le désaccord des appréciations humaines sur les grandeurs, forces, poids, formes, couleurs..... S'il en est ainsi pour les objets des sens externes, quelle raison avons-nous de croire que le sens interne est plus exact ? Les disputes métaphysiques ne sont-elles pas, à elles seules, une preuve du contraire? D'ailleurs, en accordant à la conscience le privilége de l'infaillibilité, elle ne peut exister que pendant un court moment, qui ne constitue pas une science. « La conscience n'étant strictement applicable qu'à mon seul individu et pour un seul instant, contient le minimum d'information. » C'est l'atome de la connaissance. Si nous voulons sortir de ce court moment, il faut avoir recours à la mémoire, et nous savons qu'elle est faillible. Ainsi, tant que l'infaillibilité dure, il n'y a pas de science; et quand la science commence, il n'y a plus d'infaillibilité. Or, la notion du libre arbitre n'est nullement une intuition : il y a là une collection de volitions antérieures et une comparaison établie entre elles et un certain état des êtres sentants, celui d'être libéré de la contrainte, comme un chien qu'on délie ou un prisonnier qu'on élargit : et la comparaison n'est point une opération infaillible.

VI

Terminons ici, et sans nous arrêter à quelques chapitres où l'auteur complète sa morale, mais n'y ajoute rien d'essentiel, résumons les mérites et les lacunes de cet important *Traité de Psychologie.* Il plaira à ceux qui aiment les faits, qui pensent qu'ils sont la substance même d'une science expérimentale, qu'elle ne vit que par eux, que toute généralisation est vide et vaine, sans une ample collection de phénomènes qui lui serve de point de départ et de vérification. C'est, à ma connaissance, le répertoire le plus complet qui existe de psychologie exacte, positive, mise au courant des récentes découvertes : il n'y a rien chez nous qui en approche. Le *Traité des Facultés* de Garnier, fondé, comme son titre l'indique, sur une méthode qui subordonne les phénomènes aux causes, les faits aux facultés, embarrassé, d'ailleurs, de discussions métaphysiques, et dans son exposition marchant un peu à l'aventure, ne peut être, en rien, comparé à l'ouvrage de M. Bain. Ajoutons que, suivant les habitudes de l'école éclectique, ce *Traité* a donné à l'histoire des théories une place si ample, que la partie dogmatique s'en trouve singulièrement réduite. Par le mode d'exposition, la méthode, l'impression générale qu'il produit sur le lecteur, le livre de M. Bain ne peut guère se comparer qu'à une physiologie. Examinée en détail, la composition de l'ouvrage pourrait n'être pas à l'abri de tout reproche; l'ordre y est quelquefois plus apparent que réel; les mêmes questions y sont reprises et traitées plusieurs fois. Mais peut-être est-ce là un défaut inhérent aux travaux de cette nature, où le nombre et la variété des observations sont tels qu'on peut s'orienter à peine dans la foule.

Je regrette, pour ma part, que l'auteur ait été si sommaire sur les phénomènes qui font la transition de la psychologie normale à la psychologie morbide (rêves, sommeil magnétique, etc.), et qu'il semblait si bien en état d'étudier. Mais le manque de méthode comparative est une des lacunes de l'ouvrage. Ajoutons-y l'absence trop fréquente de l'idée de progrès, d'où par suite l'étude dynamique des phénomènes a été quelquefois négligée.

« Cet ouvrage, dit M. Herbert Spencer (*Essays*, t. I, « p. 301), a mis en ordre la grande masse des faits décou« verts par les anatomistes et physiologistes dans ces cin« quante dernières années. Il ne constitue pas en lui-même « un système de philosophie mentale proprement dite; « mais c'est une collection de faits classés pour un tel sys« tème, et présentés avec cette méthode, cette connaissance « approfondie, que donne la discipline des sciences, et ac« compagnée de passages d'un caractère analytique. Il est « ce qu'il prétend être dans sa généralité — une histoire « naturelle de l'esprit.

« Dire que les recherches du naturaliste qui collectionne, « dissèque et décrit des espèces, ont les mêmes rapports

« avec les recherches de l'anatomie comparée sur les lois « de l'organisation, que les travaux de M. Bain avec les « travaux de la psychologie abstraite, ce serait aller un « peu trop loin, car l'ouvrage de M. Bain n'est pas entière- « ment descriptif. Cependant cette comparaison donnerait « encore l'idée la plus exacte de ce qu'il a fait, et montre- « rait clairement combien cela était indispensable.... Jus- « qu'à ces derniers temps, la psychologie a été cultivée, « comme la physique l'était par les anciens : en tirant des « conclusions non d'observations et d'expériences, mais « d'hypothèses arbitraires et *à priori*. Ce procédé aban- « donné depuis longtemps pour l'une avec un grand succès, « on est en train de l'abandonner peu à peu pour l'autre ; « et cette manière de traiter la psychologie comme une divi- « sion de l'histoire naturelle, montre que l'abandon sera « bientôt complet.

« Considéré comme moyen de conduire à des résultats « plus élevés, l'ouvrage de M. Bain est d'une grande va- « leur..... C'est la meilleure histoire naturelle de l'esprit « humain qui ait encore été produite, c'est la plus pré- « cieuse collection de matériaux bien élaborés. Peut-être « ne pouvons-nous mieux exprimer notre opinion sur sa « valeur qu'en disant : l'ouvrage de M. Bain sera indis- « pensable à ceux qui donneront plus tard à la psychologie « une organisation complétement scientifique. »

CHAPITRE V

Rapports du physique et du moral.

Outre la psychologie proprement dite, M. Bain a étudié les rapports du physique et du moral dans son récent livre *l'Esprit et le Corps* (1). La question, il l'avoue, est pleine de difficultés ; mais on doit reconnaître qu'il a eu le mérite de la bien poser. Ce problème, au sens où on l'entend d'ordinaire, est fatalement insoluble, puisqu'on se borne à opposer deux *substances* inconnues l'une à l'autre, à se demander comment l'esprit (qu'on ne connaît pas) peut agir sur la matière (qu'on ne connaît pas).

« La doctrine de deux substances, dit M. Bain, (2) — une substance matérielle unie à une substance immatérielle par un certain rapport vaguement défini — subit maintenant une certaine transformation due à l'influence de la physiologie moderne. Certaines opérations purement intellectuelles, telles que la mémoire, dépendent des actions matérielles ; fait qui a été admis, quoique à regret, par les partisans d'un principe immatériel. » On en est donc venu à considérer l'union de l'esprit et du corps comme de plus en plus intime et à dire « que l'esprit et le corps agissent l'un sur l'autre ». Quoique cette doctrine se rapproche plus de la vérité que celle des deux substances presque étrangères l'une à l'autre, M. Bain lui adresse plusieurs reproches :

1° Cette doctrine suppose que nous avons le droit de considérer l'esprit comme isolé du corps et d'affirmer que, comme tel, il a encore des facultés et propriétés. Or, nous n'avons aucune expérience directe ni aucune connaissance de l'esprit isolé du corps : il ne nous a jamais été donné de voir un esprit agir indépendamment de son compagnon matériel.

2° Nous avons lieu de croire que nos actions mentales sont accompagnées d'une suite non interrompue d'actes matériels. Il est contraire à tout ce que nous savons de l'action du cerveau de supposer que la chaîne matérielle des

1. Bibliothèque scientifique internationale.
2. *L'Esprit et le Corps*, ch. VI.

actions nerveuses se termine brusquement à un vide occupé par une substance immatérielle ; que là cette substance agisse seule, puis communique les résultats de cette action à la substance matérielle : « il y aurait ainsi deux rivages matériels séparés par un océan immatériel. » — En fait, les choses ne se passent pas ainsi et lorsque nous parlons d'une action de l'esprit, nous avons toujours une cause à *deux faces :* l'effet est produit non par l'esprit seul, mais par l'esprit associé au corps. Par exemple, la peur paralyse la digestion. Est-ce le fait purement psychologique et abstrait de la peur qui produit cet effet? Non, mais c'est cette émotion accompagnée d'un état particulier du cerveau et du système. « Ainsi, il n'y a pas action de l'esprit sur le corps et du corps sur l'esprit; il y a l'esprit et le corps réunis déterminant un résultat à la fois physique et moral. De cette causalité double ou conjointe, nous pouvons donner des preuves ; de la causalité simple, nous n'en avons aucune. »

3° On dit généralement que l'esprit se sert du corps comme d'un *instrument*. Ici encore on attribue à l'esprit une existence indépendante, une faculté de vivre à part, d'agir à volonté avec ou sans un corps.

Mais si tous les faits psychologiques sont en même temps des faits physiques, on nous demandera peut-être ce que signifie un fait psychologique proprement dit. Voici à quoi on le reconnaît. — Le fait physique est un fait objectif, simple, à une seule face ; le fait psychologique est un fait à deux faces et l'une de ces faces est une suite de sentiments, de pensées et d'autres éléments subjectifs. Nous ne nous représentons pas complétement le fait psychologique, si nous ne tenons pas compte des deux faces.

La seule difficulté réelle des rapports entre l'esprit et le corps, c'est qu'il est impossible, contradictoire, de concevoir cette union sous la forme de l'étendue (puisqu'il nous est impossible de penser à l'esprit, sans nous placer en dehors du monde de l'espace) ; et que, d'autre part, toutes les unions ordinaires nous sont données sous la forme d'une connexion dans l'espace. Lorsqu'il nous arrive, comme dans le pur sentiment de plaisir ou de peine, de passer de l'état objectif à l'état subjectif ; nous subissons un changement qui ne saurait être traduit dans l'espace. C'est une transition qu'on ne rend pas exactement en parlant d'un passage *de l'extérieur à l'intérieur* ; car c'est encore là un changement qui ne se produit que dans la sphère de l'étendue. La seule expression convenable est *changement d'état,* passage d'un état où l'on connaît, sous la condition de l'étendue, à un état où l'on connaît indépendamment de l'étendue.

« Le seul mode d'union qui ne soit pas contradictoire est l'union de succession rapprochée dans le *temps*, ou de position dans la ligne continue de la vie consciente. Nous sommes en droit de dire que le même être est alternativement objet et sujet, conscient avec étendue et conscient sans étendue, et que sans la conscience douée d'étendue, celle qui n'a pas d'étendue n'existerait pas. Sans certains modes particuliers de l'étendue — le cerveau et le système nerveux — nous ne pourrions avoir ces moments d'extase, — nos plaisirs, nos souffrances, nos idées, — qui dans cette vie alternent par accès avec notre conscience étendue. »

II

Allant encore plus loin, M. Bain a montré le rapport entre la question qui nous occupe et celle de la corrélation des forces. On sait en quoi consiste la doctrine appelée persistance ou équivalence des forces, et comment elle s'applique à la chaleur, à la lumière, à l'électricité, au mouvement mécanique, etc. Mais peut-elle s'appliquer aussi aux forces mentales? L'Ecole anglaise penche en général pour l'affirmative (1), tout en reconnaissant qu'il est impossible actuellement de rien formuler de précis sur ce point.

Nous savons à n'en pas douter que les forces mentales dépendent de l'activité du cerveau; nous savons aussi que l'activité cérébrale dépend de la force nerveuse; que cette force nerveuse provient immédiatement des transformations qui se font dans le sang, et en dernier ressort de l'oxydation des matériaux de la nutrition; qu'elle est un équivalent défini de cette combustion ou oxydation. Il n'y a donc rien que de naturel à considérer les forces mentales comme convertibles en forces nerveuses et celles-ci en forces physiques.

Si nous prenons un homme de constitution moyenne, chez qui le travail de la pensée et l'excitation mentale ne demandent qu'une petite quantité de force, nous trouvons un meilleur état physique, une force et une résistance musculaire plus grandes, une digestion plus vigoureuse, bref une plus grande aptitude à supporter les fatigues physiques. — Au contraire, si le travail mental demande une grande quantité de force, alors il doit se faire, chez cet homme, une dépense disproportionnée d'oxydation dans le cerveau : il en revient d'autant moins aux muscles, à l'estomac, aux poumons, aux organes de sécrétion. Il y a diminution du travail musculaire possible ainsi que de l'aptitude à supporter la fatigue. C'est là, d'ailleurs, un fait d'observation générale, que celui qui travaille de la tête est moins propre au travail des bras.

« Ainsi, il y a une relation définie (bien qu'elle ne soit pas numériquement déterminable), entre la somme des

1. Sur ce point voir Herbert Spencer : *Premiers Principes*, §§ 71-72, et *Principes de Psychologie*, § 47.

opérations physico-mentales et la somme des actions purement physiques. Les unes et les autres sont comprises dans la grande oxydation totale de l'organisme ; et plus les unes absorbent de force, moins il en reste pour les autres. Telle est la formule de la corrélation de l'esprit avec les autres forces de la nature. »

On peut se poser encore un autre problème, dit M. Bain. Nous venons d'admettre que les forces mentales sont convertibles avec les forces physiques, mais ne peut-on pas admettre aussi que les forces mentales sont convertibles *entre elles ?* Nous avons des raisons de le supposer. Si on prend pour base la division de l'esprit généralement reçue en sensibilité, intelligence et volonté, on peut se demander si ce qui est gagné par l'une de ces grandes subdivisions n'est pas perdu par les deux autres ou l'une des deux autres. Quoique ici, plus qu'ailleurs, toute réponse précise et toute évaluation quantitative soit impossible, on trouve des faits qui sollicitent l'attention. S'agit-il d'un travail intellectuel (l'étude des langues, des sciences, etc.), on voit que le travail d'acquisition est nécessairement une opération qui cause une grande déperdition nerveuse. Une vie consacrée tout entière à la culture de l'intelligence doit être accompagnée d'un affaiblissement général des autres facultés, aussi bien que des fonctions purement physiques. Il y a des facultés qui s'excluent. « Aristote ne pouvait être à la fois Aristote et un poète tragique ; Newton ne pouvait être un peintre de portrait, même de troisième ordre. »

« On pourrait donner d'autres exemples. La grande sensibilité et la grande activité sont des phases extrêmes : chacune consommant une grande quantité de force, il est assez rare qu'elles soient réunies, dans la même organisation. L'homme actif, énergique, qui aime l'activité pour elle-même et qui agit dans toutes les directions, n'a point la délicatesse et la discrétion d'un autre homme qui n'aime point l'activité pour elle-même et qui est énergique seulement sous l'aiguillon des fins spéciales qu'il poursuit.

« Une grande intelligence universelle n'est pas souvent unie à une riche sensibilité naturelle. Il y a là une incompatibilité dont on se rend mieux compte en se demandant si les hommes d'une extrême sociabilité sont des penseurs profonds ou originaux, s'ils font de grandes découvertes; ou bien si leur grandeur ne se borne pas aux sphères où la sensibilité joue un rôle — la poésie, l'éloquence, l'influence sociale. »

Voilà bien des questions posées et qu'aujourd'hui nul assurément ne peut tenter de résoudre. Il est bon cependant de lire l'excellent chapitre que M. Bain consacre aux bases physiques de la mémoire (1). Il est extrêmement *suggestif* pour la théorie comme pour la pratique. L'opinion commune veut que la possibilité d'acquérir des connaissances nouvelles soit pour nous sans bornes. Il existe cependant des limites bien évidentes. M. Bain nous les fait voir.

La mémoire, dit-il, dépend du cerveau; le cerveau n'a qu'un nombre déterminé d'éléments nerveux — cellules et fibres — ; ce nombre limite nécessairement celui de nos acquisitions. Il montre, en s'appuyant sur les travaux du célèbre histologiste anglais, sir Lionel Beale, que la substance grise qui recouvre les hémisphères cérébraux forme une surface d'environ 19 décimètres carrés, d'une épaisseur moyenne de 2 millimètres et demi; que cette couche peut contenir approximativement 1,200 millions de cellules et 4,800 millions de fibres. De là il déduit le nombre probable des éléments nerveux — cellules et fibres — nécessaires

1. *L'Esprit et le Corps*, ch. v.

pour acquérir et conserver tel ou tel ordre de connaissance (mathématiques, musique, langues, etc.), et il montre comment ces diverses acquisitions se limitent réciproquement.

Il nous est impossible de le suivre ici dans ses ingénieuses déductions. Nous renvoyons le lecteur à ce chapitre. Il verra que pour l'auteur « les actions les plus élevées de l'esprit ont essentiellement le même caractère que les actions réflexes, mais sont bien plus compliqués. » C'est là une grosse question posée en passant : à notre avis elle contient la question du rapport du physique et du moral dans sa totalité : mais ce n'est pas ici le lieu de l'aborder (1).

1. Outre les ouvrages dont nous avons parlé, M. Bain a publié un livre : *On the study of character including an estimate of phrenology*, 1861, dans le but de raviver les études analytiques sur le caractère humain, « qui semblent avoir suivi le déclin de la phrénologie. »

Après avoir passé en revue les très-rares travaux consacrés à la science du caractère avant Gall (Théophraste, la Bruyère, Fourier), et après avoir consacré une moitié de l'ouvrage à la critique détaillée et impartiale des classifications phrénologiques, M. Bain expose ses idées propres.

Sa méthode est identique à celle indiquée par M. Stuart Mill. Elle consiste à fonder l'éthologie sur la psychologie, à descendre des lois générales de la nature humaine aux variétés individuelles. Il propose donc, comme base de l'étude des caractères, la triple division de l'esprit en volition, émotion, intelligence.

1° La source de la volition, comme nous l'avons vu, est dans cette énergie spontanée qui a son siége physique dans les muscles, mais qui dépend encore plus du cerveau que du système musculaire, et donne naissance, quand elle est à son *maximum*, au caractère ou tempérament énergique.

2° Le caractère émotionnel se distingue par la prédominance des affections et de leurs manifestations extérieures. On en peut citer comme exemples les races celtiques et, parmi les individus, Fox, Mirabeau, Alfieri, etc.

3° Un troisième type est celui où l'intelligence prédomine.

Nous ne suivrons pas M. Bain dans l'examen des *variétés* fort nombreuses de ce type et des précédents ; vu, qu'à tout prendre, son ouvrage est plutôt une esquisse d'éthologie qu'un travail définitif.

M. Bain a aussi publié une *Logique* (récemment traduite par M. Compayré.) C'est un excellent manuel, un livre classique mis au courant des récentes découvertes, et qui contient, — chose rare — une application de la logique à chaque ordre de science prise en particulier (logique de la physique, de la médecine, de la biologie, etc.).

M. GEORGES LEWES.

M. Lewes est un physiologiste. Mais comme la philosophie est au bout de chaque science pour les esprits qui réfléchissent et se plaisent aux conceptions d'ensemble, M. Lewes l'a rencontrée. On peut même croire qu'il l'a cherchée et de bonne heure. Dès 1836, il projetait « avec toute la fougue de la jeunesse » un traité de psychologie qui eût été l'interprétation physiologique des doctrines de Reid, de Stewart et de Brown. Ses études sur le système nerveux servaient à le guider dans le labyrinthe des phénomènes mentaux. Il s'était mis à recueillir des matériaux pour une psychologie animale, pensant d'abord que ces faits plus simples serviraient à faire comprendre les faits humains, plus complexes. Mais il ne tarda pas à s'apercevoir « que pour bien comprendre la condition mentale des animaux il faut tout d'abord avoir une vue claire des processus fondamentaux chez l'homme; puisque, évidemment, ce n'est que par leur connaissance puisée en nous-mêmes que nous pouvons expliquer les processus analogues des animaux. »

En 1845, il faisait paraître en l'adressant « au public plutôt qu'aux érudits » une *Histoire biographique de la philosophie*, dont le but avoué était de dégoûter des spéculations métaphysiques. Plusieurs fois remanié et en partie refait, ce livre est devenu une histoire de la philosophie de Thalès à Aug. Comte : œuvre originale, dogmatique et critique surtout, comme nous le verrons. Esprit lettré et élégant, ne dédaignant point le trait piquant et l'anecdote, M. Lewes donne aux sujets qu'il traite de la variété et de l'agrément. Quoiqu'il connaisse bien la littérature philosophique et scientifique du continent, de la France en particulier, il préfère visiblement les recherches du naturaliste à celles de l'érudit (1).

En philosophie, il se déclare positiviste. Tandis que M. Herbert Spencer et M. Mill sont en désaccord avec cette École sur plusieurs points importants, notamment sur la classification des sciences et la méthode en psychologie; tandis que M. Bain ne fait à ce sujet aucun aveu, l'adhésion de M. Lewes est explicite.

« J'adhérais à la philosophie positive en 1846 et j'y adhère « encore, » dit-il, dans une préface datée de mai 1867. « Ce « que j'ai cherché (dans le chapitre consacré à Aug. Comte) « c'est moins une exposition détaillée qui flatterait l'indo- « lence incurieuse de ceux qui aiment à parler avec une « science de seconde main, que des indications générales « suffisantes pour permettre à ceux qui étudient la philoso- « phie positive d'en apprécier le but et l'importance, et « pour se guider dans l'intelligence des écrits de Comte. On « m'a souvent demandé d'indiquer quelque « courte exposi-

1. Ses principaux ouvrages sont : *Physiologie de la vie commune; Histoire de la philosophie; Problèmes de la vie et de l'esprit*. 1874-1875. — En outre : *Etudes sur la vie animale*, 1865. *Etudes aux bords de la mer*, 1860. *Aristote*. *Vie de Gœthe*. etc.

« tion de ce système. » C'était des gens qui désiraient pro-
« fiter des travaux de Comte (ou peut-être simplement les
« connaître pour en parler), mais qui craignaient le travail
« de lire des ouvrages dont ils avouaient l'importance. Ma
« réponse est celle-ci : étudiez la *Philosophie positive* par
« vous-même, étudiez-la patiemment, donnez-lui du temps,
« ne pensez pas à murmurer contre une science nouvelle
« ou un langage nouveau, et alors, soit que vous acceptiez,
« soit que vous rejetiez le système, vous trouverez votre
« horizon intellectuel irrévocablement élargi. « Mais, six
« forts volumes ! » s'écrie l'aspirant tout hésitant. Eh
« bien ! oui ; six volumes qui demandent à être médités au-
« tant que lus. J'avoue que c'est bien long pour notre
« monde affairé et tumultueux ; mais si l'on réfléchit com-
« bien il est facile de lire six volumes séparés de philoso-
« phie dans le cours d'une année, l'entreprise paraitra
« moins formidable... et personne en considérant l'immense
« importance d'une doctrine qui donnera de l'unité à sa vie,
« n'hésiterait à la payer plus cher encore que d'une an-
« née d'étude. »

Je ne sais cependant jusqu'à quel point ce positivisme est rigoureusement orthodoxe. En voyant avec quelle vivacité M. Lewes tire dans son camp plusieurs contemporains qui sont souvent en désaccord avec l'École, on peut croire qu'il est assez coulant sur bien des points, et son positivisme me paraît avant tout *indépendant*.

Ce doute se justifie d'autant mieux que dans l'ouvrage qu'il vient de publier sur *Les Problèmes de la vie et de l'esprit*, l'auteur tout en rejetant à la fois le spiritualisme et le matérialisme, ne croit cependant pas pouvoir accorder la conclusion « que nous ne savons absolument rien de l'esprit et de la matière. » Bien mieux, il se propose de montrer que « la métaphysique (ou, suivant son expression favorite, la *métempirique*) est possible avec certaines restrictions applicables à toute science » (p. 61).

Au reste, il importe peu à notre dessein que son positivisme soit rigoureux ou non. Le livre sur *les Problèmes de la vie et l'esprit* qui se proposait d'être « une préparation à la psychologie » est devenu en fait, de l'aveu même de l'auteur, une sorte de critique préliminaire des conditions de la connaissance; et à ce titre, il ne peut nous occuper qu'incidemment (1).

Comme les doctrines psychologiques de M. Lewes, qui seules nous intéressent ici, ne sont réunies nulle part en système, nous ne pouvons suivre une exposition aussi méthodique que pour les précédents. Il nous a semblé que donner un ordre rigoureux et une liaison systématique à des vues détachées, ce serait forcer la pensée de l'auteur et risquer d'être inexact par amour du mieux. Nous empruntons nos matériaux à l'*Histoire de la philosophie*, à la *Physiologie de la vie commune*, et aux *Problèmes de la vie et de l'esprit.*

CHAPITRE I

L'histoire de la philosophie

I

Une ample préface, toute dogmatique, doit nous arrêter d'abord (2). « La théologie, la philosophie et la science

1. Les *Problems of life and mind* sont consacrés comme le titre l'indique à débattre des questions d'un ordre supérieur dont voici les principales : Limites de la connaissance. Principes de la certitude. Raisonnement. Matière et force. Force et cause. L'absolu dans la corrélation de la sensation du mouvement. — Quelque intérêt que présentent ces problèmes, on voit qu'ils n'ont qu'un rapport très-indirect avec la psychologie, considérée comme science naturelle et fondée sur les faits.

2. Ces prolégomènes comprennent les questions suivantes : Qu'est-ce que

constituent, dit M. Lewes, notre triumvirat spirituel. » La première a pour domaine surtout le sentiment; son office c'est la systématisation de nos conceptions religieuses. L'office de la science, c'est la systématisation de notre connaissance des phénomènes, considérés comme phénomènes. L'office de la philosophie, c'est la systématisation des conceptions fournies par la théologie et la science : elle est ἐπιστημὴ ἐπιστημῶν. » Elle est aux autres sciences ce que la géographie est à la topographie. Son histoire est le récit de son émancipation à l'égard de la théologie et de sa transformation en science.

Entendue dans le sens de métaphysique, la philosophie est complétement vaine; parce qu'elle cherche les noumènes qui seront toujours hors de sa portée. Et l'objection se fonde moins encore sur les objets de sa recherche, Dieu, la liberté, la causalité, etc., que sur sa méthode, qui, soustraite à la vérification, est par là en dehors de la science. « L'histoire de la philosophie présente le spectacle de milliers d'esprits, — quelques-uns sont les plus grands qui aient illustré notre race, attachés tout entiers à des problèmes considérés comme d'une importance vitale et ne produisant d'autre résultat que de nous convaincre de l'extrême facilité de l'erreur, et du peu de probabilité que la vérité puisse être atteinte. Leur seule conquête a été *critique*, c'est-à-dire psychologique (1). » Déplorer l'usurpation de la science sur la métaphysique, dans la recherche du vrai, et préférer la dernière, c'est ressembler à un homme qui, voulant aller en Amérique, et trouvant le voyage à pied plus poétique que la vapeur, se mettrait à marcher résolùment, sans souci de l'Atlantique qui l'en sépare.

la philosophie? Méthode objective et subjective. Critérium de la vérité. Quelques infirmités de la pensée. Vérités nécessaires.

1. *Prolegomena,* p. 27.

La science cherche la vérité; mais qu'est-ce que la vérité? « La vérité est la correspondance entre l'ordre des idées et l'ordre des phénomènes, de telle façon que l'un réfléchisse l'autre; le mouvement de la pensée suivant le mouvement des choses. »

Remarquons ces termes « ordre des idées, » « mouvement de la pensée, » substitués à la formule ordinaire : *conformité de l'idée avec l'objet*. Si l'on accepte celle-ci, la vérité est une chimère, et l'idéalisme est irrésistible. Le but dernier de la connaissance est l'adaptation, et nous appelons vérité l'adaptation précise. Ce que sont en eux-mêmes les corps et la chute des corps, cela ne nous importe point; mais quels sont les rapports des corps et de leurs mouvements avec nos perceptions : voilà ce qui nous importe. Si le mouvement de notre pensée est contrôlé par le mouvement des choses, il y a vérité : si nos idées sont arrangées dans un ordre qui ne correspond point avec l'ordre des phénomènes, il y a erreur.

Atteindre cette correspondance entre l'ordre interne et l'ordre externe, c'est ce que nous cherchons : et nous employons pour cela deux méthodes :

« La méthode *objective* qui moule ses conceptions sur les réalités, en suivant de près les mouvements des objets, tels qu'en particulier ils se présentent aux sens, de sorte que les mouvements de la pensée puissent synchroniser avec les mouvements des choses. »

« La méthode *subjective* qui moule les réalités sur ces conceptions, et s'efforce de découvrir l'ordre des choses, non en lui ajustant pas à pas l'ordre des idées, mais par une anticipation précipitée de la pensée, dont la direction est déterminée par les pensées et non contrôlée par les objets. » (§ 13.)

Toute recherche contient une observation, une conjecture, une vérification. La méthode subjective s'arrête au second terme : sa fonction c'est l'hypothèse. La méthode objective parcourt les trois termes : sa fonction c'est la vérification. Elle absorbe donc ce qu'il y a de bon dans la méthode subjective, en y ajoutant un contrôle. La méthode subjective cherche la vérité dans les rapports des idées, la méthode objective la cherche dans les rapports des objets.

Un raisonnement exact est la réunion idéale d'objets dans leurs vrais rapports de coexistence et de succession : c'est voir avec l'œil de l'esprit. Une chaîne de raisonnement, c'est une présentation idéale de détails actuellement non apparents aux sens. Ceci peut nous faire comprendre quel sens exact on doit donner au mot *fait*. Ordinairement on le considère comme une vérité finale. Ceci, dit-on, est un fait, non une théorie ; c'est-à-dire une vérité indiscutable, non une vue discutable de la vérité. Mais un fait est en réalité un faisceau d'inférences : un fait aussi simple que celui de voir une pomme sur une table, suppose outre la simple sensation de couleur, le rappel des idées de rondeur, saveur, etc. Si les faits sont inextricablement mêlés d'inférences, et si le raisonnement est une vision mentale qui rétablit les détails non présents, dès lors comment peut-on soutenir l'opposition du fait et de la théorie : tous deux sont faillibles, et l'opposition radicale existe entre les inférences vérifiées et les inférences non vérifiées.

La faiblesse de la méthode subjective consiste dans l'impossibilité d'une vérification. La méthode objective coordonne simplement les matériaux fournis par l'expérience, sans en introduire de nouveaux. La méthode subjective commet la faute de tirer du sujet la *matière*, au lieu d'en tirer seulement la *forme*. La distinction fondamentale entre la métaphysique et la science est donc dans leur méthode et non dans la nature de leur objet. Ajoutez à une théorie métaphysique l'élément vérifiable, vous en faites une théorie scientifique; retranchez d'une théorie scientifique l'élément vérifiable, vous en faites une théorie métaphysique. Otez de la loi de la gravitation la formule vérifiable « rapport direct des masses, rapport inverse du carré des distances, » il ne reste qu'une attraction occulte : c'est de la métaphysique.

Deux voyageurs viennent d'un pays où l'on ne connaît pas les horloges, même par ouï-dire. L'un a des tendances métaphysiques, l'autre des propensions scientifiques. Les voici devant cet objet nouveau. Le métaphysicien dira : cela s'explique par un principe vital : le battement du pendule ressemble à celui du cœur, les aiguilles marchent comme des antennes, l'heure qui sonne ressemble à un cri de colère et de douleur; et il se perdra en explications ingénieuses de cette sorte. Voilà la méthode subjective qui déduit au lieu de vérifier. Le savant lui dira : Je doute fort de vos conjectures. J'ai à mon service un instrument puissant, l'analyse; j'en fais usage. J'enlève le cadran, tout l'extérieur, rien ne change; j'arrête le pendule, tout s'arrête; je le remets en mouvement, tout reprend; je tire un poids avec force, je vois les aiguilles courir, les sons se précipiter. Je répète l'expérience et j'en conclus que c'est un mécanisme. J'en ai déjà vu d'autres, fort différents; mais j'en reconnais les caractères essentiels. Voilà la méthode objective qui vérifie au lieu de conjecturer.

Le métaphysicien est un marchand qui spécule hardiment, mais sans un capital convertible qui le mette en état de tenir ses engagements. Il donne des billets, mais il n'a ni or ni biens qui les représentent. Le premier créancier obstiné qui insistera pour le paiement, lui fera faire banqueroute. Le savant est hardi lui aussi, mais il garde toujours un solide capital qu'il pourra produire à l'occasion pour couvrir ses billets; et il sait que s'il l'excède, la banqueroute l'attend.

Il faut donc une vérification. Mais sur quoi repose-t-elle? Quel est notre critérium de la Vérité ?

La conscience ne pouvant sortir de sa propre sphère, c'est à elle qu'il faut avoir recours en dernier appel : en ce sens on peut dire que tout critérium est subjectif; nous ne pouvons jamais connaître que des états de conscience et nullement les objets en soi. Mais comme la vérité est simplement une *correspondance* entre l'ordre interne et l'ordre externe, nous nous assurons de son exactitude par la certitude de son ajustement. La pierre de touche de la connaissance, c'est la *prévision*. « Le critérium subjectif de la vérité est l'impensabilité (*unthinkableness*) de sa négative, en d'autres termes la réduction à : A est A. » « La conscience n'est infaillible que quand elle est réduite aux propositions identiques. « Là et là seulement, il n'y a point de faillibilité. »

Comme il y a place pour l'erreur partout où la proposition n'est pas identique, et comme une probabilité variable en degrés est tout ce que nous pouvons atteindre dans la plupart de nos conclusions, il est facile d'étendre le principe logique qui détermine l'infaillibilité aux degrés variables de probabilité, et par suite de rendre l'erreur impossible. Quelle est la justification logique de A est A ? L'*impossibilité* de penser la négative. Quelle sera la justification logique d'une proposition composée d'inférences complexes et lointaines, et, comme telle, ayant plus ou moins de probabilité? La *difficulté* d'admettre sa négative.

En résumé, « une proposition est *absolument vraie* quand ses termes sont équivalents, et alors seulement. Cela se fonde sur l'impossibilité de nier la proposition. Les degrés variables de probabilité dépendront de la *possibilité* d'admettre une négative (1).

Je passe, sans m'y arrêter, les réflexions de l'auteur sur « quelques infirmités de la pensée, » comme la croyance aux causes finales, à la distinction de la puissance et de l'acte, au principe vital, etc. : cela nous entraînerait trop loin, ou trouvera mieux sa place ailleurs. Mais la grosse question des Vérités nécessaires est de notre ressort, et elle vaut bien la peine d'être examinée (2).

Donnons tout de suite l'opinion de M. G. Lewes sur ce point. Qu'est-ce que l'expérience? c'est la somme des actions des objets sur la conscience. Cette somme comprend deux éléments : les matériaux que les sens apportent à la conscience; les transformations, combinaisons, modifications que la conscience leur fait subir. Ainsi deux facteurs : la sensation et les lois de la conscience; la matière et la forme, dirait Kant. Mais que sont ces lois de la conscience? Toute la question est là. Elles sont le résultat de l'expérience de l'*individu*, et de l'expérience de la *race.*

Prétendre que l'expérience, qui est le produit de sa sensation et des lois de la conscience, produit elle-même ces lois, cela semble d'abord une absurdité; mais la contradiction n'est que verbale. Il faut, pour la dissiper, distinguer l'expérience des expériences. Toute modification particulière de la conscience est une expérience particulière. Chaque modification prépare la voie aux suivantes et les influence. Les lois de la conscience sortent par développement de ces modifications successives, et l'expérience est le terme général qui exprime la somme de ces modifications.

L'école de la sensation a grandement obscurci la ques-

1. Comparez les *Problems of life*, etc. (Problèmes I et II.)

2. Je rassemble ici les diverses discussions qui s'y rapportent, et qui sont éparses dans l'ouvrage.

tion par sa conception antiscientifique de la table rase : l'esprit n'est pas un miroir qui réfléchit passivement les objets. L'école de l'*à priori* commet l'erreur contraire, en considérant la conscience comme une pure spontanéité, portant en elle et d'avance des lois organisées et dérivées d'une source supra-sensible.

Ce n'est pas tout : il faut tenir compte aussi de l'hérédité. La biologie nous apprend que l'organisme sensible hérite de certaines aptitudes de ses parents, tout comme de leur structure, de sorte qu'on peut dire que l'individu résume l'expérience de la race. Les facultés s'accroissent dans le développement de la race. Les formes de la pensée qui sont des parties essentielles du mécanisme de l'expérience, se développent tout comme les formes des autres fonctions vitales. En fait, comme la fonction n'est que la forme d'activité d'un organe, il est clair que si l'organe se développe, la fonction se développe et avec elle les lois de son action.

Pour l'esprit, comme pour le corps, il n'y a point préformation ou préexistence, mais évolution et épigénèse. L'erreur de Kant et de ceux qui ont procédé comme lui, c'est de confondre l'anatomie avec la morphologie et la logique avec la psychologie. Prenant l'esprit humain adulte, ils ont considéré ses *formes constitutives* comme des *conditions initiales*. Ils disent : ces formes sont impliquées dans les expériences particulières. Accordé; car si elles n'étaient pas impliquées, on n'aurait pu les en tirer. Ce procédé est parfait pour la logique, qui a à montrer les formes de la pensée, non leur origne. Mais la question d'expérience est une question d'origine, et la psychologie nous révèle que l'expérience est le tissu spontanément tissé de la pensée,

1. Dans ses *Problems of life*, etc., l'auteur insiste beaucoup sur la nécessité de ne pas confondre la psychogénie avec la psychologie.

dont chaque fil est une expérience. Des gens qui raisonnent *à priori* considèrent le type vertébré comme la forme nécessaire qui rend le vertébré possible. Anatomiquement cela est acceptable. Mais que dit la morphologie? Elle montre que la forme typique sort des phases successives du développement de l'animal. Evidemment l'idée de préexistence est une fiction, c'est simplement un ὕστερον προτέρον.

Pour mieux comprendre la pensée de l'auteur, voyons en détail comment il juge Condillac et Kant, l'un nereconnaissant que la pure sensation, l'autre posant les *formes* de la pensée comme nécessaires et *à priori*.

Le grand défaut de Condillac, dit M. Lewes (1), c'est sa méthode qui est une analyse verbale au lieu d'être une analyse biologique. Il se laisse duper par les mots : il croit expliquer toutes les facultés par les transformations de la sensation, sans s'apercevoir qu'il les suppose, et qu'en l'absence de facultés qui élaborent les sensations en perceptions, jugements, raisonnements, les sens n'élèveraient jamais sa statue au-dessus de la condition de l'idiot. Un homme réduit aux pures sensations serait, comme le pigeon dont le cerveau a été enlevé, sensible à la vérité, mais incapable de mémoire, de jugement et de pensée. De plus, dans l'hypothèse de la table rase, comment expliquer le phénomène d'idiotie? Pourquoi l'esprit des brutes, qui ont des sens semblables aux nôtres, est-il si différent du nôtre? Les sensations de l'idiot sont aussi vives et aussi variées que celles de l'homme raisonnable : les différences naissent de la « cérébration » des deux. Enfin, si la sensation est, comme le veut Condillac, l'origine et la fin de toute activité mentale, pourquoi les hommes dont les sens sont le plus actifs ne sont-ils pas ceux dont l'intelligence est la plus puissante?

1. *History of philosophy*, t. II, p. 332.

Il est de notoriété que cela n'est pas. Comment expliquer un cas comme celui de Laura Bridgmann, qui, née aveugle et sourde-muette, manifeste une activité intellectuelle très-variée. Ni la biologie, ni la psychologie ordinaire ne trouvent de difficultés à l'expliquer ; la première ayant recours au cerveau, la seconde à l'esprit avec ses facultés ; mais c'est un problème insoluble pour l'école de la sensation (1).

Condillac a confondu, sous le nom de sensation, deux choses en réalité différentes : la sensation proprement dite et l'idéation (faculté d'avoir des idées). Ce sont deux fonctions distinctes, ayant deux organes distincts. La sensation comprend tout ce qui appartient aux organes des sens, et, ce que l'on néglige si souvent, aux actions des viscères et des muscles. — L'idéation est autre chose : on ne peut pas plus la séparer de la sensation, qu'on ne peut séparer le mouvement d'un muscle de la sensation qui le cause. Mais elle est l'action d'un organe spécial ; elle est sujette à des lois spéciales ; et cela suffit pour la distinguer de l'activité des sens. Ce qui a contribué à induire Condillac en erreur, c'est cette opinion commune que les idées ne sont que des impressions affaiblies, des copies de sensations. Cela n'est pas. « L'idée est si peu une sensation affaiblie qu'elle n'est pas une sensation du tout ; elle est totalement différente de la sensation. » Et cela n'est point surprenant : la sensation est le produit d'une partie distincte du système nerveux, le cerveau. La distinction rigoureuse entre la sensation d'une part, et l'idéation d'autre part, ne se trouve dans aucun traité de psychologie, même spiritualiste. Cependant l'anatomie comparée a montré l'indépendance des organes des

1. Pour la curieuse histoire de Laura Bridgmann, nous renverrons le lecteur à Burdach, *Traité de physiologie;* Ampère, *Revue des Deux-Mondes*, 1853 ; et Schroder van der Kolk, *Revue des cours littéraires*, janvier 1868.

sens et du cerveau quoiqu'elle n'ait pas encore découvert les rapports qui les relient. Nous savons que le cerveau est une *addition* aux organes des sens, tout comme ces organes sont une addition au système nerveux des animaux inférieurs. En descendant au plus bas degré de l'échelle animale, nous ne trouvons aucune trace du système nerveux ; en remontant nous trouvons un simple ganglion avec ses prolongements ; plus haut quelques ganglions et des sens rudimentaires ; plus haut des organes, des sens plus complexes et un cerveau rudimentaire ; chez l'homme enfin des organes complexes et un cerveau complexe. Par suite la sensation et l'idéation sont aussi indépendantes l'une de l'autre que les organes dont elles sont la fonction ; et quoique l'idéation soit liée organiquement avec la sensation, cependant elle ne l'est pas plus que le mouvement n'est lié avec la sensation.

Chaque sens a son centre spécial ou *sensorium*, et chacun est parfaitement indépendant du cerveau, peut agir sans lui et même en son absence. Un oiseau privé de cerveau est sensible à la lumière, au son, etc. Mais dans l'état normal ces centres sont intimement liés avec le cerveau et l'affectent. C'est ce qui explique comment on peut éprouver des sensations sans en avoir conscience (recevoir une blessure dans le feu de la bataille) ; et penser, sans éprouver aucune sensation spéciale, sauf celles de la vie organique (réfléchir dans son lit au milieu du silence de la nuit).

Ainsi l'indépendance de l'idéation et de la sensation est prouvée psychologiquement et anatomiquement, et ruine dans sa base la doctrine de Condillac.

Voyons maintenant celle de Kant (1). M. Lewes admire vivement ce philosophe, qu'il appelle « le plus grand des

1. *History of philosophy*, t. II. p. 474.

métaphysiciens modernes. » Il lui sait gré surtout d'avoir mis à nu le néant de l'ontologie, d'avoir montré avec plus de netteté et de rigueur qu'aucun autre avant lui, que la connaissance humaine est *relative* ; mais sur le point qui nous occupe, sur la nature des lois ou formes de la pensée, il s'en sépare. « Les formes de la pensée, comme les formes de la vie, sont des évolutions, non des préformations. » Kant ne l'a point vu. Sa méthode a été incomplète. Il a employé seulement la méthode métaphysique d'analyse subjective, là où il fallait employer aussi la méthode biologique d'analyse objective. Transportant dans la psychologie la vieille erreur aristotélicienne de la matière et de la forme, considérées comme séparables réellement (tandis qu'elles ne le sont que par abstraction), il regarda les formes de la pensée comme des facteurs tout faits (*ready-made*), antérieurs à et indépendants de l'expérience. Or, ces formules doivent être cherchées, soit physiologiquement, c'est-à-dire dans les conditions organiques ; soit psychologiquement, c'est-à-dire dans l'évolution de la pensée. Telle est la nature de notre esprit, que nous pensons comme successif ce qui dans la nature est simultané : la condition de la pensée c'est le *changement*. Penser, c'est juger ; c'est unir un prédicat à un sujet. Mais ces formes ou conditions de la pensée sont le résultat d'un développement, non d'éléments préexistants. Kant ressemble à un homme qui dirait que la forme du chêne préexiste dans le gland, parce que la forme du chêne sort du gland. Mais une botanique scientifique n'accepte pas cette solution ; et une psychologie scientifique refuse de même d'accepter comme condition *à priori* de l'expérience ce qui est le résultat de l'évolution de l'expérience.

D'ailleurs les formes énumérées par Kant sont trop peu nombreuses, pour exprimer les conditions subjectives. Il omet, par exemple, le plaisir et la peine qui sont les éléments inséparables de toute sensation, et déterminent toute action. Il ne dit rien des divers sens et de leurs conditions : cependant c'est l'organisation de la rétine et de la peau qui veut que les vibrations produisent sur l'une la sensation de la lumière, sur l'autre la sensation de la chaleur. La lumière, la chaleur, le son, sont des formes de la sensibilité qui nous servent à revêtir la chose en soi (*Ding an sich*) tout comme le temps et l'espace qu'il donne seuls.

La distinction entre les éléments objectifs et les éléments subjectifs de la pensée est considérée avec raison comme l'œuvre capitale de la philosophie critique. Cependant au fond elle cache une erreur parce qu'elle s'efforce d'isoler les éléments d'un acte indissoluble. « Il est tout différent de dire qu'il y a nécessairement deux coefficients dans la fonction, et de dire qu'ils peuvent être isolés et étudiés à part. Il était tout différent de dire : voici un organisme avec sa conformation héréditaire, et les aptitudes qui en dépendent, lesquelles doivent être considérées comme déterminant nécessairement les formes sous lesquelles il sera affecté par les agents externes, de sorte que l'expérience sera composée de conditions objectives et subjectives, — et de dire : voici le pur élément *à priori* de toute expérience, la forme que l'esprit imprime sur la matière donnée du dehors. Le premier était une conclusion presque inévitable, le second une fiction. » Le psychologiste ne peut point séparer les deux éléments de la pensée, comme le chimiste sépare un acide d'un alcali. Celui-ci ayant étudié l'acide et l'alcali chacun à part, peut les séparer quant il les trouve séparés. Mais avec les éléments de la pensée, cette synthèse et cette analyse sont impossibles. Aucun des deux éléments n'est donné seul. La matière pure et la pensée pure sont des quantités inconnues qu'aucune équation ne peut trouver. « La pensée est nécessairement et universellement un sujet-objet ; la matière est nécessairement et universellement pour nous un objet-sujet. Le sujet et l'objet se combinent dans la même connaissance, comme l'acide et la base se combinent dans le sel (1).

II

Entrons maintenant dans l'histoire proprement dite. — Comme elle est surtout dogmatique et critique et qu'elle n'a été bien souvent pour l'auteur qu'une occasion d'exposer ses propres idées, nous aurions pu sans trop d'effort réunir ces fragments de doctrine épars et en faire un tout : il nous a semblé qu'il valait mieux respecter l'ordre suivi par l'auteur. Nous allons donc courir à travers cette histoire, laissant l'érudition pour les idées, celles surtout qui sont du domaine de la psychologie.

Dans son histoire de la philosophie ancienne, M. Lewes paraît s'attacher principalement à deux points : examiner les théories sur la connaissance, faire ressortir le côté négatif des doctrines. Peut-être quelques philosophes des écoles adverses trouveront-ils qu'il tire un peu trop à lui ces vieux textes que leur élasticité rend commodes. Ainsi il trouve dans Xénophane, au moins des germes de scepticisme (2) ; son disciple Parménide « n'a pas seulement une notion vague et générale de l'incertitude de la connaissance humaine ; il maintient que la pensée est trompeuse, parce qu'elle dépend de l'organisation (3), » ce qui touche de plus au matérialisme. Héraclite ne voit dans tout qu'un devenir. — Empédocle se lamente sur l'incertitude de la connaissance et la fragilité de la vie humaine. Anaxagore « pensait avec Xénophane que toute connaissance sen-

1. *History of philosophy*, t. II, p. 184.
2. Tom. I, p. 49.
3. *Ibid.*, p. 53.

sible est trompeuse, et avec Héraclite que toute connaissance vient des sens : ce qui est un double scepticisme. On a soutenu en général que ces deux opinions se contredisent, qu'on ne pouvait les maintenir toutes deux. On le peut cependant. Sa raison pour nier la certitude des sens était l'incapacité de distinguer tous les éléments objectifs réels dont les choses sont composées. Ainsi l'œil distingue une masse complexe que nous appelons fleur ; mais il ne distingue rien *de ce dont* la fleur est composée. En d'autres termes, les sens perçoivent les phénomènes, mais n'observent ni ne peuvent observer les noumènes : anticipation de la plus grande découverte de la psychologie, vue par Anaxagore quoique obscurément et confusément (1). » M. Lewes croit trouver la même découverte dans Démocrite (v. p. 97 du t. I). Quoi qu'on puisse penser de ces interprétations, elles montrent du moins que l'auteur prend plus au sérieux, qu'on n'aurait cru peut-être, ces premiers essais de la pensée philosophique. Il est de cœur avec les hommes de ces vieux âges, il les admire, il ne pense pas sans émotion à cet essor de la curiosité humaine, hardie, infatigable, libre pour la première fois.

Passons, sans nous arrêter sur les sophistes, Socrate, Platon et Aristote, et arrivons au demi-scepticisme de la nouvelle Académie qui fournit à M. Lewes l'occasion d'une étude sur la perception. On sait que Arcésilas et Carnéade discutaient contre les Stoïciens, les dogmatiques de l'époque, sur la légitimité du critérium et en particulier sur cette question : Toute modification de l'âme correspond-elle exactement à l'objet externe qui la cause ? La sensation, dit M. Lewes (2), ne correspond en rien à son objet, sinon sous le rapport de l'effet à la cause. Cela surprendra au

1. *Ibid.*, p. 75.
2 *Ibid.*, p. 367-372.

premier abord celui qui n'a jamais réfléchi sur ce point. Demandez-lui s'il considère ses perceptions comme des *copies* des objets, s'il croit que la fleur qui est devant lui, peut exister indépendamment de lui et de tout être humain, et exister avec les mêmes attributs de forme, odeur, goût, etc. : sa réponse sera affirmative. Il vous regardera comme un fou, si vous en doutez. Cependant une modification ne peut aucunement être une *copie* de l'objet qui modifie. La douleur causée par une brûlure est-elle une copie du feu ? Ressemble-t-elle en rien au feu ? Nullement. Elle exprime seulement un rapport entre nous et le feu, un effet que le feu produira sur nous. Nous entendons le tonnerre : notre sensation n'est pas une copie du phénomène ; elle exprime simplement un effet produit en nous par une certaine vibration de l'air. Il en est de même pour les sensations de la vue, quoique le préjugé contraire soit plus fort ici à déraciner. Bien des gens qui accorderont que la douleur causée par le feu n'est pas une copie du feu, soutiendront que l'apparence produite sur les yeux par le feu, est l'apparence réelle du feu, indépendamment de la vision humaine. « Cependant si l'on enlevait de la surface de la terre tous les êtres sentants, le feu n'aurait plus aucun attribut ressemblant à la douleur. Et de même si tous les êtres sentants étaient enlevés à la fois de la surface de la terre, le feu n'aurait plus d'attributs ressemblant à la lumière et à la couleur ; parce que la lumière et la couleur sont des modifications de l'être sentant, causées par *quelque chose* d'externe, mais qui ne ressemble pas plus à leur cause que la peine causée par un instrument ne ressemble à cet instrument. »

L'erreur radicale de ceux qui pensent que nous percevons les choses *comme elles sont*, consiste à prendre une métaphore pour un fait, et à croire que la perception ressemble à un miroir dans lequel les objets se réfléchissent. La perception n'est rien de plus qu'un état du sujet percevant, c'est-à-dire un état de conscience : elle peut être *causée* par des objets externes, mais elle ne leur *ressemble* en rien. Tout ce que nous pouvons faire, c'est d'identifier certaines apparences externes avec certains changements internes, *identifier* l'apparence que nous nommons feu avec certaines sensations que nous voyons se produire, quand nous nous en approchons. Le monde considéré indépendamment de la conscience, le monde *en soi*, est très-vraisemblablement tout différent du monde comme nous le connaissons. La lumière, la couleur, le son, le goût sont tous des états de conscience : ce qu'ils sont en dehors de la conscience, à titre d'existence *per se*, nous ne pouvons le savoir ni l'imaginer, parce que nous ne pouvons les concevoir que comme nous les connaissons. La lumière avec ses myriades de formes et de couleurs ; le son avec ses milliers de formes sont le vêtement dont nous habillons le monde. La nature, dans son insensible solitude, est ténèbres éternelles, et éternel silence (1).

La perception est donc un effet, et sa vérité est une vérité, non de ressemblance, mais de rapport. Elle ne peut nous faire connaître ce que sont les choses, mais ce qu'elles sont par rapport à nous.

III

« Quoique le moyen âge comprenne près de mille ans, il nous faut, comme le dit Hégel, mettre des bottes de sept lieues pour le traverser (2). » Ainsi parle M. Lewes, et il

1. P. 371.
2. Tom. II, p. 2.

tient promesse. On s'étonnera peut-être d'apprendre que saint Thomas d'Aquin, Duns Scott, Telesio, Vanini ne sont point nommés ; mais si l'on se rappelle que le but de l'auteur est surtout critique et dogmatique, on en sera moins surpris. Il est pressé d'arriver aux modernes.

Des deux fondateurs de la philosophie moderne, Descartes est le mieux traité. Bacon (1) a été surtout un initiateur, il a eu le mérite de crier bien haut, d'être le héraut d'une ère nouvelle, de donner à la recherche scientifique la dignité et l'espoir d'un brillant avenir. Mais tout en insistant sur l'importance de la méthode expérimentale, il s'est totalement trompé sur les procédés à suivre et Harvey n'a pas été trop injuste, en disant de lui : Il parle de science comme un lord chancelier.

Dugald Stewart a eu raison de dire que Descartes est le père de la psychologie expérimentale; et Condorcet, en soutenant qu'il a fait plus que Galilée ou Bacon pour la méthode expérimentale, exagère un peu, mais non sans fondement (2). Le cartésianisme se résume en deux choses : La conscience est le seul fondement de la certitude; les mathématiques sont la seule méthode de certitude. Bacon n'avait rien dit de la méthode déductive : Descartes remplit cette lacune. Mais la méthode déductive, excellente en elle-même, doit procéder objectivement, et Descartes y manque souvent. Tandis que sa réaction contre la scolastique le conduit au point de vue objectif en cosmologie, ses études psychologiques ramènent le point de vue subjectif; il croit que la raison peut résoudre les problèmes théologiques et métaphysiques. Fonder la méthode déductive sur la base de la conscience : tel fut son but. Nul penseur, sauf Spinoza, n'a si clairement établi son critérium. Mais ce critérium

1. P. 119, 120, 126.
2. Tom. II, p. 145.

est trompeur. La conscience est le dernier fondement de la certitude : oui, *pour moi*. Mais quelle certitude me donne-t-elle pour *tout ce qui n'est pas moi?* La conscience est restreinte, confinée au moi et à ce qui se passe dans le moi : toutes les idées que nous avons sur le non-moi ne peuvent être fondées que sur des inférences. Je me brûle, j'ai conscience d'une sensation, j'en ai une connaissance certaine et immédiate. Mais, quand du changement produit j'infère l'existence de quelque chose qui n'est pas moi, la conscience ne me garantit plus rien, ma connaissance de l'objet est médiate, incertaine. Par suite, aussitôt que nous laissons la conscience pour l'inférence, le doute est possible (1).

Il nous faut sacrifier résolûment, bien qu'à regret, tout ce qui dans l'histoire de la philosophie moderne sort de notre sujet, pour montrer seulement comment M. Lewes retrace et comprend les progrès de la psychologie.

C'est Hobbes, dit-il (2), et non pas Locke qui est le précurseur de cette psychologie du XVIIIe siècle, qui a abouti à la formule célèbre « penser c'est sentir. » On doit lui reprocher aussi son matérialisme (3). Mais son apport à la psychologie est considérable. D'abord il l'a proclamée une science d'observation ; il a découvert que nos sensations ne correspondent pas à des qualités externes, qu'elles ne sont que des modifications du sujet sentant ; découverte que Descartes a adoptée ou faite lui-même, dans ses *Méditations;* enfin il a écrit sur l'association des idées un chapitre « magistral, » mais « sans voir combien cette loi porte loin. »

Locke est le fondateur de la psychologie moderne : il a

1. Tom. II, p. 155.
2. P. 220.
3. P. 224.

compris la nécessité d'une critique, d'une détermination des limites de l'esprit humain. Il a commencé l'histoire du développement de nos pensées; les autres s'étaient contentés de prendre les idées comme ils les trouvaient, Locke rechercha soigneusement l'origine de toutes nos idées. Pour compléter sa psychologie, il aurait dû rechercher l'origine de nos facultés. M. Cousin, qui combat Locke « en rhétoricien » (1), se plaint de le voir parler de sauvages, d'enfants, de récits de voyageurs, et il ne voit pas que Locke essaie la méthode comparative. Quand John Hunter cherchait dans l'anatomie comparée l'élucidation de divers problèmes anatomiques, on se riait de lui : et maintenant tout le monde sait que l'embryologie et la physiologie comparées sont les plus sûrs guides dans toutes les questions biologiques, parce que les organismes simples sont plus faciles à étudier que les organismes complexes. Locke entrevit, mais confusément, la possibilité en psychologie de cette étude comparative.

La psychologie ne doit à Leibniz qu'une seule chose, mais d'une immense valeur : la distinction entre la perception et l'aperception (2).

« Il y a peu d'hommes dont l'Angleterre ait plus raison d'être fière que de Georges Berkeley, évêque de Cloyne (3). » On ne lui a épargné ni les railleries, ni les attaques; mais le plus souvent ses critiques ne l'ont pas compris. « Quand Berkeley niait l'existence de la matière, il entendait par matière ce substratum inconnu, que Locke déclarait être une inférence nécessaire de notre connaissance des qualités, mais dont la nature doit nous rester toujours cachée. Les philosophes ont assumé l'existence d'une substance,

1. P. 246.
2. Tom. II, p. 280.
3. P. 281.

c'est-à-dire d'un noumène existant sous tous les phénomènes, d'un substratum qui supporte toutes les qualités, d'un *quelque chose* auquel adhèrent tous les accidents. Cette substance inconnue, Berkeley la rejette (1). » Voilà pourquoi il dit qu'il croit à la matière autant que personne, mais que, dans sa croyance, il se sépare des philosophes et s'accorde avec le vulgaire. Il nie donc la matière, non dans le sens *vulgaire*, mais dans le sens *philosophique* du mot. Seulement on doit avouer que son langage est ambigu, et qu'il a prêté à l'équivoque (2).

Quand la philosophie examine les notions du sens commun relatives au monde extérieur, voici le problème qu'elle rencontre. Nos sens nous informent de certaines qualités sensibles, étendue, couleur, etc. Mais notre raison nous dit que ces qualités doivent être les qualités de quelque chose. Qu'est-ce que ce quelque chose? c'est la substance inconnue qui sert de support aux qualités. De sorte qu'en dernière analyse, notre seule raison pour inférer l'existence de la matière, c'est *la nécessité d'une synthèse d'attributs*. A cela, que dit Berkeley? il résout hardiment le problème en disant que la synthèse est *une synthèse mentale*. Il fait remarquer d'abord que les objets de nos connaissances sont des *idées :* assertion incontestable, fondée rigoureusement sur les faits de conscience et qui ne peut paraître paradoxale qu'à ceux qui n'ont aucune habitude de ces sortes de questions. « Par suite, dit-il, quand nous faisons tout notre possible pour concevoir l'existence de corps externes, nous ne faisons tout le temps que contempler nos propres idées. » Donc, les objets et les idées sont la même chose. Donc rien n'existe que ce qui est perçu. Soutiendrez-vous qu'outre les idées,

1. P. 283.
2. A l'appui de son interprétation, M. Lewes cite plusieurs passages de Berkeley. Nous renverrons au texte : *Principles of human knowledge*, § 35 et suivants.

il y a des choses dont les idées sont des copies? Comme une idée ne peut ressembler qu'à une idée, il faut de deux choses l'une : ou bien que l'objet dont vous parlez soit une idée, et alors l'idéalisme triomphe; ou bien que vous souteniez qu'une couleur ressemble à quelque chose d'invisible, le rude à quelque chose d'intangible.

Le réalisme, dit M. Lewes, n'a pas l'ombre d'une réponse à faire. Appliquée aux faits de la conscience *adulte*, l'analyse de Berkeley est inattaquable (1); à moins qu'on veuille nier que la conscience est immédiatement affectée par les sensations, et affirmer qu'elle l'est immédiatement par les objets externes : ce qu'aucun métaphysicien ne voudra faire, car cela le conduirait à soutenir que la conscience n'est rien que ces sensations produites dans l'organisme par les influences externes; et par suite à faire disparaître l'esprit comme substratum.

La question de savoir si la conscience est quelque chose de supérieur à ces actes (si elle est, pour parler le langage des psychologistes français, une faculté distincte) peut être considérée comme établie, depuis Brown. Cependant on trouve encore la vieille notion d'une duplication de conscience, d'une conscience qui est un sentiment de sentiment; et cela continuera tant que la notion d'esprit, comme entité, n'aura pas été bannie de la psychologie.

Y a-t-il deux existences distinctes, matière, esprit? N'y en a-t-il qu'une? Et laquelle? Tel est, quand on y réfléchit, le point en débat dans la question qui nous occupe.

L'idéaliste dit : il n'y a qu'une existence, l'esprit. Analysez le concept de matière, et vous découvrirez qu'il n'est qu'une synthèse mentale de qualités.

Le réaliste dira : il n'y a qu'une existence, la matière.

1. P. 295.

Analysez votre concept d'esprit, et vous découvrirez qu'il n'est qu'une synthèse de qualités (états de conscience) qui sont les activités de l'organisme. La synthèse est l'organisme.

Le sceptique, d'accord avec les deux, et en désaccord avec les deux, dit : Votre matière n'est qu'une succession flottante de phénomènes ; votre esprit, une succession flottante d'idées.

Le dualiste dit : Il y a de l'esprit et de la matière : tous deux essentiellement distincts, n'ayant rien de commun. Cependant ils peuvent agir l'un sur l'autre. Comment? c'est un mystère.

Sans doute, mais comme la philosophie ne peut se contenter de phrases, elle remarque de plus que là où le réalisme et l'idéalisme n'admettent qu'un facteur, le dualisme en introduit deux ; par suite elle le rejette en vertu de la règle : *Entia non sunt multiplicanda præter necessitatem* (1).

Faut-il maintenant, prenant parti pour l'idéalisme, conclure avec Berkeley que, comme nous ne connaissons que des idées, les objets doivent être identifiés avec les idées, et que le *esse* des objets, pour nous, c'est *percipi?* Il y a là une ambiguïté. Sans doute nous ne pouvons penser un objet, sans le faire rentrer sous les lois de la nature, sous les conditions de notre pensée ; mais il est tout différent de dire : « Je ne puis concevoir les choses autrement, donc elles ne peuvent exister autrement. » L'idéalisme assume ici que la connaissance humaine est absolue, non relative ; que l'homme est la mesure de toute chose.

« La perception est l'*identité* du moi et du non-moi, le rapport de deux termes, le *tertium quid* de deux forces

1. P. 296.

unies, comme l'eau est l'identité de l'oxygène et de l'hydrogène. Le moi ne peut jamais avoir une connaissance du non-moi, sans être indissolublement uni au non-moi; tout comme l'oxygène ne peut s'unir à l'hydrogène pour former de l'eau, sans se fondre ainsi que l'hydrogène dans un *tertium quid*. Supposons que l'oxygène ait une conscience, c'est-à-dire qu'il sente les changements. Il attribuerait le changement non à l'hydrogène, qui lui est nécessairement inconnu, mais à l'eau, la seule forme sous laquelle l'hydrogène lui est connu. Il trouverait dans sa conscience l'état nommé eau, qui serait fort différent de son état antérieur; et il supposerait que cet état, si différent de l'état précédent, est une représentation de ce qui le cause. Nous pouvons donc dire : quoique dans le cas précédent, l'hydrogène ne puisse exister pour l'oxygène que dans l'identité des deux comme eau, ce n'est pas une preuve que l'hydrogène ne puisse exister dans d'autres rapports avec d'autres gaz. De même, quoique le non-moi ne puisse exister en rapport avec l'esprit, autrement que dans l'idée des deux (perception), ce n'est point une preuve qu'il ne peut exister en rapport avec d'autres êtres sous des conditions toutes différentes (1). » Nous admettons donc, avec les idéalistes, que notre connaissance est subjective; mais nous croyons à l'existence d'un monde externe tout à fait indépendant du sujet percevant. L'argumentation, par laquelle l'idéalisme veut ébranler cette croyance, est viciée par l'assomption que notre connaissance est le critérium de l'existence : c'est lui conférer une valeur absolue qu'elle n'a pas.

Hume continue Berkeley. Il supprime l'esprit comme entité, et le réduit à une série d'impressions, ou, comme dirait la psychologie moderne, à une série d'états de con-

1. Tom. II, p. 302, 303.

science. Mais comment alors expliquer la continuité de la conscience, puisque entre deux états il y a nécessairement un intervalle? la conscience s'évanouit-elle, durant cet intervalle, pour reparaître avec l'état d'après? Hume ne résout point cette question, ne la pose même pas.

Le métaphysicien répond : oui, l'esprit continue et lie en une synthèse toutes ses manifestations.

Le biologiste répond : la conscience étant un processus vital, non une entité, a sa synthèse dans la continuité des conditions vitales. Le mécanisme nerveux, dont la conscience est une fonction, continue à exister dans l'intervalle entre deux actes de conscience.

Si le métaphysicien objecte que la réalité de l'esprit est prouvée par la conscience, et par le fait que je dis *mon* corps; le biologiste répliquera que le témoignage de la conscience a besoin d'être modifié par l'analyse, et que si je dis mon corps, je dis aussi *mon* esprit. Sa personnalité est une notion dont la genèse n'a encore été clairement tracée par aucun psychologue (1).

Après Hume, la psychologie a pour représentants Hartley, Darwin et les Écossais.

Hartley est le premier qui ait tenté d'expliquer le mécanisme physiologique des phénomènes psychologiques (2). Il explique les sensations par des mouvements vibratoires : hypothèse qui n'ajoute rien à notre connaissance des processus psychiques. Parler de vibrations et vibrationcules, cela n'élargit en rien notre horizon. Quoique, depuis Hartley, les progrès de la science aient donné un haut degré de probabilité à la doctrine générale des vibrations; cependant, même maintenant, notre connaissance des sensations est beaucoup plus certaine que celle des vibrations impliquées.

1. P. 316.
2. P. 319.

La doctrine des vibrations serait utile si, des lois connues des corps vibratoires, nous pouvions déduire l'explication des phénomènes mentaux encore inexpliqués; mais on n'a encore rien fait de pareil, et la théorie de Hartley est beaucoup trop vague pour y aider (1).

Darwin (Érasme) professe la même théorie, en substituant au mot « vibration » l'expression « mouvements sensoriels. » Bien que son système soit plein d' « hypothèses absurdes, » il a eu le mérite de voir que la psychologie est subordonnée aux lois de la vie, et de couper court par là à des questions mal posées et à des problèmes factices. Pourquoi, avec des yeux, voyons-nous les objets *simples?* Pourquoi les images étant renversées sur la rétine, voyons-nous les objets droits? Ces questions et celles de ce genre sont *psychologiques*, et ne peuvent être résolues ni par l'optique ni par l'anatomie. Autant vaudrait-il déduire l'assimilation du sucre des angles de ses cristaux, que de déduire la perception d'un objet des lois de l'optique : le sucre doit être dissous avant d'être assimilé, et de même les images rétinales doivent être transformées par le centre sensationnel, avant d'affecter le cerveau (2). Et ce n'est point là une hypothèse gratuite, elle s'appuie sur les faits. On peut le montrer. Nous voyons les objets simples avec nos deux yeux; mais nous entendons aussi les sons simples avec deux oreilles; nos deux narines nous donnent une odeur simple; nos cinq doigts nous donnent les objets simples. Ces faits auraient dû être rapprochés et solliciter la réflexion. Leur explication doit être psychologique, et je crois, dit M. Lewes, qu'elle est très-simple. La voici. Nous ne pouvons avoir deux sensations exactement semblables au même instant exactement : la simultanéité des deux sensations empêche

1. P. 353.
2. P. 358.

de les distinguer. Si deux sons identiques se succèdent à un intervalle *appréciable*, on entendra deux sons; si l'intervalle est inappréciable, aucune distinction ne sera sentie : on n'entendra qu'un son. Si l'on remarque que les centres sensitifs sont *diversement* affectés par les *mêmes* stimulus, qu'un courant électrique cause des sensations sapides au goût, odorantes à l'odorat, auditives au nerf acoustique, lumineuses au nerf optique, tactiles au nerf du tact; si l'on remarque que des narcotiques, introduits dans le sang, causent des effets analogues; de ces faits, et de bien d'autres, on conclura que la sensation dépend des centres et non des stimulus externes; que l'impression doit devenir *sensation*. De même quand on demande : Pourquoi les objets renversés sur la rétine nous paraissent-ils droits? il faut répondre : Parce que nous ne voyons pas du tout les images de la rétine (1) : l'idée de droit dépend de la notion d'espace, laquelle est une idée (peu importe ici son origine), mais non une sensation visuelle.

L'École écossaise (2) est sommairement traitée : quoique sa psychologie contienne beaucoup de choses qu'on y peut étudier, elle est entièrement morte comme doctrine. Elle est morte et devait mourir, car elle n'avait ni but, ni vraie méthode. Elle a ajouté analyse verbale à analyse verbale, explication métaphysique à explication métaphysique; tandis que les physiologistes et quelques psychologistes allaient au fond des choses.

Ceux à qui il vient d'être fait allusion paraissent être Cabanis et Gall.

Lorsque le nom de Cabanis est prononcé, il rappelle aussitôt la fameuse « sécrétion de la pensée. » Par une phrase malheureuse, dit M. Lewes (3), Cabanis a donné l'avantage

1. P. 361.
2. P. 393.
3. P. 375.

à ses adversaires et a empêché le progrès de ses propres doctrines (1). On a compris qu'il disait que le cerveau sécrète la pensée, comme le foie sécrète la bile. Il n'a rien dit de semblable. Il est vrai que par une ambiguïté déplorable de langage, il peut conduire à comprendre que la pensée est une sécrétion, tandis qu'en réalité il voulait dire qu'elle est une fonction. « Certes, s'il avait considéré réellement la pensée comme une sécrétion, l'erreur eût été monstrueuse et les clameurs élevées contre lui auraient été justifiables. » Mais la vérité c'est qu'il n'a eu, comme beaucoup de biologistes et psychologistes, que des idées obscures sur la fonction (2). Son grand mérite a été d'apercevoir clairement les rapports de la psychologie avec la science de la vie, reconnaissant ainsi une grande vérité, déjà clairement vue par Aristote et exprimée ainsi par saint Thomas d'Aquin : « Impossibile est in uno homine esse plures animas per essentiam differentes, sed una tantum est anima intellectiva quæ vegetativo et sensitivo et intellectivo officiis fungitur. »

Gall est traité avec ampleur (p. 394-435) et faveur ; M. Lewes lui attribue un mérite, celui d'avoir rendu service à la physiologie et à la psychologie, même par la hardiesse de ses hypothèses ; et deux défauts, d'avoir complètement négligé en psychologie l'analyse subjective, et d'avoir fondé une phrénologie ou crânioscopie, démentie par les faits et les progrès de la science.

Si l'on a accusé Gall de matérialisme, c'est à tort ; car il a plusieurs fois déclaré « s'en tenir aux phénomènes » et n'avoir jamais compris dans ses recherches rien qui tienne

1 Pour texte de la phrase, voir Cabanis, *Rapports du physique et du moral*, édit. Peisse, p. 138, avec la note de l'éditeur qui ne la prend pas davantage au sérieux.

2. M. Lewes, citant plus loin, p. 648, une expression analogue de Vogt, manifeste son peu de goût pour ces phrases à effet, visant à terrifier et qu'il appelle « des coups de pistolet. »

à l'essence du corps ou de l'âme. « Je n'entends pas, dit-il, que nos facultés sont un *produit* de l'organisation, car ce serait confondre les conditions avec les causes efficientes. » On peut dire que Gall a mis définitivement terme à la dispute entre les partisans des idées innées et la doctrine de la sensation, en montrant qu'il y a des tendances innées, tant affectives qu'intellectuelles, qui appartiennent à la structure organique de l'homme. Deux faits psychologiques déjà vaguement entrevus ont été bien dégagés par lui :

Les tendances fondamentales sont innées et ne peuvent être créées par l'éducation.

Les diverses facultés sont essentiellement distinctes et indépendantes quoique intimement unies entre elles.

Il a aussi vu clairement et clairement exprimé que le plus grand obstacle au progrès des recherches psychologiques, c'est d'isoler l'homme de la série animale, de le considérer comme gouverné par des lois organiques toutes particulières.

Il a compris que la psychologie étant une branche de la biologie, soumise par conséquent à toutes les lois biologiques, il fallait l'étudier d'après les méthodes biologiques. Observations zoologiques, anatomiques, physiologiques, pathologiques, voilà ce qu'il faut pour base ; et certes, Gall a amassé plus de faits de cette sorte qu'aucun de ses prédécesseurs ; il a montré la patience et l'habileté d'un investigateur, bien qu'il ait tiré de toute cette collection de matériaux des interprétations fausses et des conclusions non vérifiées. Mais il y a un autre instrument de recherche, très-important, que Gall a omis, c'est *l'analyse subjective;* instrument si nécessaire que quelques psychologues, négligeant l'importance des recherches biologiques, maintiennent que la psychologie doit être érigée en science distincte et fondée sur cette analyse. De là la faiblesse des classifications psychologiques de Gall. Spurzheim et Georges Combe les ont rendues un peu plus acceptables; mais aucun n'a eu la plus faible conception de ce que doit être l'analyse psychologique de ses moyens, de ses conditions et des problèmes qu'elle a à résoudre. Comment déterminer si une manifestation mentale est le produit direct d'une faculté ou le produit indirect de deux ou plusieurs facultés? Comment distinguer entre des facultés et des modes, entre des actions élémentaires et des actions associées, entre des énergies et des synergies? Voilà des questions très importantes qu'aucun n'a essayé de résoudre. Gall nous attribue vingt-sept facultés, parmi lesquelles celles de la vénération, de l'individualité, de la couleur, de l'éventualité, et bien d'autres qui évidemment ne sont point du tout des facultés originales. La doctrine est donc très-faible sur ce point. Cependant le grand principe de Kant, qu'il faut chercher dans les lois de la pensée une solution des problèmes philosophiques, Gall a eu le mérite d'en approcher par le côté biologique : « Nous devons chercher nos idées et nos connaissances, en partie dans les phénomènes du monde extérieur et dans leur emploi raisonné, et en partie dans les lois innées des facultés morales et intellectuelles (1). »

Physiologiquement, il prend sa revanche. Sa nouveauté consiste dans sa précision. On avait vaguement reconnu les rapports du physique et du moral, et les rapports généraux du système nerveux et des fonctions mentales : mais nul n'en avait tenté une démonstration précise. On connaissait beaucoup de faits comme ceux-ci : un mal de dent qui disparaît quand on entre chez le dentiste ; prendre de l'eau en s'imaginant que c'est de l'émétique, et vomir, etc. On expliquait ces faits en les attribuant à l'imagination. Bien; mais

1. Gall, *Fonctions du cerveau*, I, 84.

par quelles conditions matérielles l'imagination a-t-elle pu agir sur les viscères ou sur la dent? Ces explications naïves supposaient une sorte d'imagination autocrate, sans sentir aucunement le besoin de découvrir un mécanisme particulier pour la production des résultats. Gall n'a point réussi à le faire; mais du moins a-t-il vu qu'il fallait substituer des idées précises aux généralités vagues qui avaient cours. La phrénologie ou crânioscopie avait ce but; elle assignait chaque partie de la masse cérébrale, comme siége, à une faculté particulière. Mais cette hypothèse a dû être confrontée avec les faits et a été trouvée fausse. Les névrologistes les plus éminents se sont déclarés contre elle, de sorte que maintenant la phrénologie se trouve en arrière sur les découvertes de physiologie, sans avoir jamais réussi à constituer sa psychologie.

Nous n'avons pas à suivre M. Lewes dans son exposition de la philosophie allemande, ni dans son travail sur Auguste Comte. Ici pourtant il y a un point à noter pour nous. On sait que Stuart Mill a vivement critiqué l'omission de la psychologie dans la classification des sciences telle qu'elle est admise par l'école positive. M. Lewes répond à cette critique par la distinction suivante : s'il s'agit de reconnaître que la psychologie est une science possible, et de grande valeur; que l'analyse subjective a été méconnue par Comte, et qu'il a eu le tort de regarder l'observation interne comme un procédé illusoire; je suis avec M. Mill. Mais s'il s'agit de reconnaître dans la psychologie une science indépendante, séparée de la biologie, et de lui assigner une place à part dans la hiérarchie des sciences abstraites, alors je suis avec M. Comte. La psychologie peut être une science concrète, comme le sont la physiologie et la botanique, mais elle doit être dérivée de la science abstraite, de la biologie (1).

1. P. 624.

La conclusion de l'ouvrage est une revue rapide de la situation philosophique de l'Europe actuelle. L'auteur pense, qu'en dépit des apparences, c'est au positivisme qu'est l'avenir; et il en note curieusement tous les symptômes. Si, comme on s'est plu à le dire, le jugement des étrangers est pour nous comme une postérité contemporaine, peut-être n'est-il pas sans intérêt de savoir ce que M. G. Lewes pense de la philosophie française.

Elle a commencé, dit-il, par un mouvement de réaction contre les doctrines du XVIIIe siècle : réaction vigoureuse parce que les excès de la Révolution, et les saturnales de la Terreur, s'étaient associés dans les esprits avec les opinions philosophiques de Condillac, Diderot, Cabanis. On a eu peur des conséquences, et l'on a rejeté ces doctrines en bloc, sans s'inquiéter de ce qu'elles contenaient de bon. « On peut malheureusement faire craindre la vérité aux hommes, en les trompant et en les cajolant. En France, la cajolerie a été ouvertement avouée : Victor Cousin faisait franchement appel au « patriotisme » de son auditoire en faveur « de nos belles doctrines » (1). Il y eut dans cette réaction quatre courants : les catholiques avec de Maistre et de Bonald ; les royalistes avec Chateaubriand et madame de Staël, les métaphysiciens avec Laromiguière et Maine de Biran, les moralistes avec Royer Collard. Tout argument fut bon. « Les appels aux préjugés et au sentiment sont incessants. Quand les arguments font défaut, l'éloquence les remplace, l'émotion tient lieu de démonstration. » Une doctrine, une seule, l'éclectisme est sorti de ce mouvement et a tenu quelque temps la position d'une école. « Il est mort, mais il a produit quelques bons résultats, par le mouvement qu'il imprima aux recherches historiques, et en

1. Ces mots sont en français dans le texte.

confirmant par sa propre faiblesse cette conclusion : que toute solution *à priori* du problème transcendental est impossible (1).

« Victor Cousin et Théodore Jouffroy sont les chefs de cette école : l'un, brillant rhétoricien totalement dépourvu d'originalité; l'autre, penseur sincère dont le mérite a été éclipsé par son brillant collègue. Comme lettré, M. Cousin est digne du respect qui s'est attaché à son nom, à part l'usage plus que suspect qu'il a fait des travaux d'élèves et d'auxiliaires, sans l'avouer. » Son activité sans relâche le conduisit de Reid à Kant, de Kant aux Alexandrins; il édita Proclus et l'aurait mis sur le trône de la philosophie, si le public y avait consenti. Son voyage d'Allemagne, en 1824, lui fit connaître le moderne Proclus : Hégel, qu'il accommoda au goût du public parisien (2). « Son célèbre « éclectisme n'est qu'une fausse interprétation de l'histoire « de la philosophie de Hégel, fortifiée de quelques argu- « ments plausibles. Doué d'une grande puissance oratoire, « flattant les préjugés et les passions de la majorité, tenté, « comme le sont la plupart des orateurs, de tout sacrifier à « l'effet, et incapable, soit par incapacité native, soit par « les défauts de son éducation, d'arriver à quelque con- « naissance claire et approfondie, Victor Cousin, par ses « qualités et ses défauts, s'éleva à une hauteur regrettable « parce qu'elle éclipsa les efforts de plus nobles esprits. Il « fut la source du patronage philosophique, et remplit les « chaires françaises de professeurs qui étaient ses adhé- « rents ou n'osaient exposer ouvertement sa faiblesse. La « conséquence fut qu'étant d'une ignorance grossière des « sciences, il tint la philosophie éloignée de toutes les in- « fluences scientifiques. On oublia le progrès des siècles, et

1. P. 644-645.
2. P. 645.

« les méthodes des scolastiques furent de nouveau mises « en vogue. Un mauvais jargon, une éloquence toute en « pétition de principe, tenaient lieu de recherches. Le génie « clair et précis de la France rougit pour un temps de sa « clarté ; et dans la seule crainte de paraître superficiel et « immoral, rejeta l'aide de la science et se mit à marmot- « ter d'une manière pitoyable sur « le Moi, l'œil interne, « l'Infini, le Vrai, le Beau, le Bien » (1). — Le jugement est sévère, au moins dans la forme ; mais nous nous sommes borné à traduire.

Est-ce une histoire ordinaire de la philosophie que celle dont l'exposition précède ? évidemment non ; il n'y faut point chercher des éclaircissements sur les points obscurs, sur les passages controversés ; mais dans ce long voyage de Thalès à Comte, l'auteur a payé de sa personne, et il y a assez de doctrine émise pour contenter les uns, pour mécontenter les autres, et pour faire réfléchir tout le monde. Nous connaissons déjà notre philosophe, quoique nous n'ayons examiné en lui que l'historien. Nous abordons maintenant plus directement le psychologue.

1. P. 646. Les derniers mots, entre guillemets, sont en français dans le texte.

CHAPITRE II

La Psychologie

I

L'homme, dit M. Lewes, dans son récent ouvrage (1), n'est pas simplement un organisme animal ; c'est aussi une unité dans un organisme social. Sa vie individuelle entre comme élément dans une vie collective. De là deux espèces de moteurs : les uns personnels, égoïstes, animaux ; les autres sympathiques, altruistes, humains.

La psychologie humaine, c'est-à-dire la science du phénomène psychique, doit donc chercher des données dans la biologie et dans la sociologie. La grande erreur commise jusqu'ici a été, ou bien de ne s'occuper que des données de la conscience et de l'observation interne, comme les métaphysiciens ; ou bien de se borner, comme les biologistes, à combiner les données de l'observation interne avec l'interprétation du phénomène nerveux.

Le biologiste qui suit la vraie méthode scientifique accepte la vie, comme un fait dernier, dont il ne cherche que les facteurs : ses conditions et les lois de sa manifestation. Le psychologiste doit de même accepter la conscience — ou pour parler d'une manière plus précise, la sensibilité — comme un fait ultime, dont il ne peut non plus étudier que les facteurs : ses conditions et ses lois.

Bien longtemps les philosophes ont pensé qu'on pouvait étudier l'esprit en ne s'occupant que très-peu de l'organisme

1. *Problems of life and mind*, t. I, p. 109 et suiv.

dont il dépend. La « méthode intérieure » était supposée suffisante; même quand la physiologie eut commencé à fournir des indications sur la dépendance des faits mentaux à l'égard des états nerveux, les psychologistes insistèrent sur ce fait que la conscience ne nous dit rien de cette dépendance, et ils en concluaient qu'ils n'avaient rien à faire de la physiologie et de ses lois.

Bien interprété, ce fait que la conscience ne nous dit rien de ses conditions physiologiques aurait dû au contraire être fatal aux prétentions de la méthode intérieure. En fait, la psychologie non éclairée par la biologie ressemble à l'astronomie des Chaldéens, faite sans l'aide des mathématiques. L'observation la plus patiente des astres ne révélera pas plus le secret de leurs mouvements, que l'observation la plus attentive des états de conscience ne découvrira leurs lois. Non seulement des siècles d'une pareille observation resteraient insuffisants ; mais nous savons maintenant que même des faits élémentaires resteraient hors de notre connaissance, nous échapperaient pour toujours, si l'observation ne recevait quelque secours d'ailleurs.

M. Lewes rappelle que, le premier, il a énoncé ce fait physiologique : *Le système nerveux est identique partout en propriété et en structure ;* fait qui a des conséquences très-importantes (1) car si la propriété est partout la même, les fonctions dans lesquelles entre cette propriété doivent avoir une identité commune : les différences ne pouvant venir que des divers éléments (muscles, glandes, etc.) sur lesquels agit la névrilité. Par suite, le grand problème de la psychologie, comme section de la biologie, c'est de tirer tous les phénomènes psychiques du processus fondamental d'un

1. Les conséquences psychologiques de ce principe viennent d'être exposées en Allemagne, par Wundt, *Grundzuge der physiologischen Psychologie*, 1874, et Horwicz, *Psych. Analysen auf physiol. Grundlage*, 1872.

tissu vivant. Ce tissu est le tissu nerveux. Ce processus est un groupement d'unités nerveuses. Une unité nerveuse est une vibration (*tremor*). Plusieurs unités sont groupées en une unité plus haute, en un processus nerveux qui est une fusion de vibrations : chaque processus peut se grouper avec d'autres et de ce groupement de groupes naissent toutes les variétés. Ce qui, par le côté physiologique, est simplement un processus nerveux, par le côté psychologique est un processus sensitif.

Sans prétendre expliquer la conscience qui est, comme nous l'avons vu, le postulat nécessaire de toute psychologie, M. Lewes la représente « comme la masse des *ondes stationnaires* formées par les ondes individuelles des vibrations nerveuses. »

« Les ondes stationnaires, dit-il, jouent un grand rôle « dans les spéculations des physiciens modernes. Voici com« ment on peut les expliquer. Si la surface d'un lac est mise « en mouvement par divers courants qui entrent dans ce « lac par plusieurs points, chaque courant répand des ondes « sur la surface, celles-ci atteignent finalement le rivage, « d'où elles sont réfléchies vers le centre du lac. Les ondes « réfléchies rencontrent de nouvelles vagues qui arrivent « et le produit des deux est une vague stationnaire, formant « pour ainsi dire un patron ou un type sur la surface. Na« turellement la forme de ce patron dépend des vagues con« courantes. Maintenant, si un nouveau courant entre dans « le lac, ses ondes passeront d'abord sur ce patron d'ondes « stationnaires sans l'altérer ni être altéré. Mais après avoir « atteint le rivage, ces ondes à leur tour seront réfléchies « vers le centre, où elles se mêleront aux ondes venues de « la même source. Alors il arrivera, selon les circonstances, « ou bien qu'elles changeront d'une manière marquée le « patron de vagues stationnaires, ou qu'elles ne le modi-

« fieront que très-légèrement. Ainsi, dans un cas, il y aura « un changement appréciable dans la conscience ; dans un « autre cas, il n'y en aura pas (1). »

On ne saurait ici, nous le répétons, essayer une exposition systématique qui ne se trouve pas dans M. Lewes et qu'il ne s'est pas proposée. Nous nous bornerons à grouper, sous les titres suivants, les études psychologiques éparses dans ses livres : nature de la vie, la conscience et ses formes, les actions reflexes, l'instinct, les sensations, le sommeil, l'hérédité.

Avant d'entrer dans cette exposition, indiquons une vue originale sur le « *spectre psychologique* » que l'auteur propose aux méditations du lecteur. Le spectre optique est constitué par trois couleurs fondamentales — le rouge, le violet, le vert — dues à trois modes de vibration affectant les bâtonnets et les cônes de la rétine. Chaque sensation de couleur particulière dépend de la *proportion* dans laquelle ces trois modes de vibration affectent la rétine : en d'autres termes, chaque couleur contient toutes les vibrations caractéristiques des autres et ne doit son individualité qu'à la *prédominance* d'un certain ordre de vibrations. Le spectre psychologique serait de même, d'après M. Lewes, constitué par trois modes fondamentaux d'excitations : la sensation, la pensée, le mouvement. Ces trois genres d'excitations nervoso-musculaires seraient impliqués dans chaque sensation, perception, image, conception, émotion, désir, volition, etc. En un mot, le processus psychique est toujours un processus triple. Chaque processus psychique est le produit d'un travail sensoriel, d'un travail cérébral et d'un travail musculaire. Chaque phénomène ne tire son caractère individuel ou spécifique que de la *prédominance* de l'un des trois ordres. Chaque état mental est ainsi une *fonction de trois variables*.

1. *Problems of life and mind*, t. I, p. 150.

Si l'on combine cette conception avec la loi de Fechner sur le rapport proportionnel de la sensation à l'excitation, le lecteur comprendra peut-être que le calcul puisse être un jour appliqué à la psychologie ; quoique pour le moment, ajoute M. Lewes, les éléments ne puissent être donnés sous une forme adaptée au calcul (1).

II

Il faut compter au nombre des infirmités de la pensée, dit M. Lewes (2), la tendance de l'esprit humain à réaliser des abstractions, à leur donner une existence objective et indépendante. Un bon exemple de cette tendance est la doctrine jadis populaire du principe vital, qui maintenant disparaît peu à peu.

La vie est le connexus des activités organiques ; c'est un ensemble de divers faits particuliers, abstrait de ces faits et érigé en réalité objective : chaque organe est composé de tissus constituants, chaque tissu a ses éléments constitutifs, chaque élément, chaque tissu a ses propriétés spécifiques, l'activité de chaque organe est la somme de ces propriétés, l'organisme est le connexus de la totalité. La vie n'est donc qu'un concept tiré des faits particuliers. Mais on l'a oublié, et on a réalisé cette abstraction ; on a déclaré que cette *résultante* est un *antécédent* nécessaire. On a parlé d'un principe vital, antérieur à toutes les activités organiques et indépendant d'elles. Quoique cette hypothèse ait encore à l'heure actuelle des partisans éminents, il suffit, pour dissiper l'illusion, de résoudre l'abstrait dans les concrets dont il est tiré.

1. *Problems of life and mind*, t. I. p. 146.
2. *History of phil.*, *Proleg.*, § 45-49.

Un lambeau de muscle détaché de l'organisme manifestera toutes ses propriétés vitales, tant que subsistera sa constitution spécifique de muscle, tant qu'il résistera à la désintégration; il absorbera de l'oxygène, exhalera de l'acide carbonique et se contractera sous un stimulus approprié. Une glande séparée du corps continue d'être un petit laboratoire de changements chimiques, sécrétant comme il sécrétait dans l'organisme. Un nerf détaché du corps continue à manifester sa propriété spécifique de névrilité. Ces phénomènes prouvent que ce que chaque partie fait *dans* l'organisme, chaque partie le fait *hors* de l'organisme. En d'autres termes, la vie de l'animal est la somme des activités vitales particulières; elle n'est point la *source* des phénomènes, mais leur personnification. L'action de la vie est semblable à celle d'un mécanisme et n'en diffère que par la plus grande complication de ses parties et de ses effets.

Beaucoup de gens, cependant, répugnent à une pareille conception. La vie leur semble l'antithèse de l'action mécanique. Cette répugnance diminuera si l'on se met bien dans l'esprit qu'entre un mécanisme et un organisme il y a *ressemblance*, non *identité;* que l'organisme est un mécanisme, mais un mécanisme *vital*, la vitalité étant la source de profondes différences. On a, en général, fixé son attention sur l'ajustement mécanique et l'on a oublié les *sensations qui le guident*. Sans doute, le mécanisme animal, quand il est mis en jeu, agit comme le mécanisme d'une montre, mais pour le mettre en jeu et l'y maintenir, il faut la présence constante de la sensation. La sensation est une partie nécessaire du mécanisme; c'est le grand ressort de la montre, le feu de la machine à vapeur. En somme, l'organisme est un mécanisme et il agit mécaniquement, en tant que ses actions sont nécessairement déterminées par l'ajustement de ses organes; mais l'organisme diffère du mécanisme en ce qu'il a la sensibilité pour grand ressort et que ses actions dites automatiques sont toutes déterminées par l'impulsion des sensations directrices (1).

L'hypothèse d'un principe vital, qui a dominé pendant des siècles et qui est maintenant rejetée par tout le monde, sauf par quelques métaphysiciens et métaphysiologistes, n'était qu'une explication verbale ; elle substituait des mots à des idées. On en peut dire presque autant de la doctrine moderne d'une force vitale ou de forces vitales; ce n'est aussi qu'une abstraction réalisée (2), un terme qui sert à voiler notre ignorance.

Les trois seuls arguments donnés en faveur d'un principe vital qui méritent d'être considérés, sont les suivants : 1° la vie gouverne les affinités chimiques ; 2° la vie *précède* l'organisation et par conséquent ne peut en être le *résultat ;* 3° la vie est une unité directrice.

La vie gouverne-t-elle les affinités chimiques ? Rien de plus frappant d'abord que ce fait : un corps vivant conserve sa forme et ne semble pas céder à l'action destructive des agents chimiques ; tandis que, dès que la vie est éteinte, les molécules cèdent à l'action des affinités chimiques. Mais en y regardant de plus près, on voit qu'au lieu de dire que les affinités chimiques sont contrôlées par la vitalité, il faut dire qu'il n'y a pas d'action vitale possible, sans l'action incessante et compliquée des affinités chimiques : nutrition, sécrétion, mouvement, tout dépend d'actions chimiques.

La vie précède-t-elle l'organisation ? le mot organisation renferme une ambiguïté ; mais si l'on remarque que par ce mot on entend la *totalité des conditions nécessaires*, non moins que la constitution organique, on comprendra facile-

1. *Physiology of common life*, II, ch. IX.
2. *Ibid.*, ch. XIII.

ment que *la vie est proportionnelle à l'organisation.* La vie d'une simple cellule est la totalité des activités de cette cellule. La vie d'un animal d'organisation supérieure est la somme des activités de toutes les forces en jeu, et sa complexité est en proportion de la complexité de l'organisme. La vie donc étant une résultante et variant selon les degrés de l'organisme, on ne peut dire qu'elle précède l'organisation.

Est-elle un principe directeur ? une unité supérieure ? On dit : le corps est un, toutes ses parties sont subordonnées, rassemblées pour former une unité supérieure ; notre conscience nous assure que notre vie est une unité. — Cet argument se fonde sur un fait important, mais qui est mal interprété. Oui, il y a une unité, un consensus dans l'organisme ; mais on ne doit pas l'attribuer à un principe vital, indépendant de l'organisme. Il est dû à la subordination des organes ; toutes les parties ont des rapports ; toutes agissent ensemble par le moyen du système nerveux. Là où il n'y a pas cette connexion des parties, il ne peut y avoir connexion d'organes. Coupons un polype ou un ver en plusieurs morceaux, chaque morceau continuera à vivre et à se développer ; et cependant nous ne pouvons supposer qu'en pareil cas nous avons coupé le principe vital en plusieurs principes. C'est qu'il y a une vie de chaque partie, et une vie de l'organisme entier ; chaque cellule microscopique a son existence indépendante, fournit sa carrière de la naissance à la mort, et *la totalité de ces vies* forme ce que nous appelons la vie de l'animal : l'unité est un agrégat de forces et non une force supérieure.

« Il est, certes, plus philosophique de considérer la vie « comme un fait ultime, comme l'une des grandes révéla- « tions de l'Inconnaissable, comme l'un des nombreux « mystères qui nous environnent... Ne substituons plus les

« fictions de notre imagination à la place d'une observation « respectueuse. Il y a des esprits, sans doute, qui auront « de la peine à s'y résigner. Ils semblent craindre que la vie « ne soit dépouillée de son sens solennel, si on essaie de « l'associer même de loin, aux phénomènes inorganiques. « Mais cette crainte naît d'une vue étroite de la nature. « C'est parce que notre respect pour la nature n'a pas été « bien cultivé; parce que notre familiarité avec les phé- « nomènes inorganiques a émoussé en nous le sentiment « de leur ineffable mystère. Les vestiges du passé de l'hu- « manité, les cités ensevelies de Palmyre, de Ninive, « du Yucatan nous émeuvent, soit dans la réalité, soit dans « les livres, et nous ne sommes point saisis d'une crainte « délicieuse, quand nous parcourons une carrière ou un « musée géologique. Cependant le cristal n'est pas moins « mystérieux que la plante; le flux et le reflux des mers « ne sont pas moins solennels que le battement du cœur « humain. Et si l'observation et l'induction patientes nous « ont permis de découvrir quelque chose dans l'ordre de « la nature, dans la cristallisation et les marées, sans l'aide « de la métaphysique; elles peuvent aussi nous permettre « de comprendre quelque chose aux lois de la vie (1). »

III

La théorie de la conscience, dont nous abordons l'étude, est originale à divers égards. L'auteur en se plaçant surtout à un point de vue physiologique, examine la question des *perceptions latentes* ou *insensibles*, fort discutée depuis Leibniz, mais qui paraît dans ces derniers temps presque

1. *Physiol. of com. life*, t. II, p. 423.

universellement acceptée. Ces infiniment petits de la perception pourraient bien jouer, dans la vie psychologique, un rôle aussi important que les organismes microscopiques dans le monde matériel; et l'on peut être plus d'une fois surpris de la disproportion qui existe entre ces causes infinitésimales et les conséquences qu'elles engendrent. M. Lewes les accepte; il distingue même, nous allons le voir, des variétés et comme une hiérarchie de consciences.

L'un des points que notre auteur tient le plus à établir c'est que le *sensorium*, c'est-à-dire le siége de la sensation et de la conscience, n'est pas limité au cerveau; que la sensibilité étant la propriété fondamentale du tissu ganglionnaire, inhérente à ce tissu, nous devons considérer le sensorium comme ayant la même extension que les centres nerveux. Il définit donc le *sensorium commune* : « La somme de tous les centres nerveux, chaque centre étant lui-même un petit sensorium (1). » La sensibilité est une propriété *histologique* et non *morphologique;* la disposition de l'organe est donc secondaire. « Cette doctrine diffère de « la doctrine courante des physiologistes qui est celle-ci : « La sensibilité n'appartient qu'aux centres qui sont dans « le crâne; tous les autres centres ont la propriété de *réflé-* « *chir* seulement les impressions. Par cette réflexion d'im- « pressions, on entend que quand une impression est faite « sur un nerf sensitif et transmise par lui à la moelle épi- « nière, là, l'impression est *réfléchie* en un mouvement; le « nerf moteur transmet l'impulsion à un muscle; et ainsi ré- « sulte une action non suggérée, non accompagnée de sensa- « tion quelconque. Je maintiens, au contraire, qu'à moins « qu'une impression sur le nerf sensitif n'excite une sensa- « tion dans le centre, *aucun* mouvement n'aura lieu (2). »

1. *Ibid.*, p. 43.
2. *Ibid.*, p. 47.

Dans la doctrine ordinaire, la conscience étant considérée comme ayant son siége dans le cerveau, on admet naturellement que l'impression, tant qu'elle n'atteint pas le cerveau, ne produit aucune sensation; et si un animal privé de cerveau donne des signes de sensation, les physiologistes soutiennent qu'il n'a point réellement des sensations, mais des *impressions sensitives* qui produisent des actions réflexes, sans conscience de la part de l'animal.

Le mot conscience a un sens très-vague; le plus général est sensation. Il est indiscutable que nous avons un organisme sensitif, qui est excité incessamment par des stimulus internes et externes, que chacune de ces excitations est une sensation, et que toutes ces sensations doivent être les éléments de la conscience. On admet aussi que parmi ces excitations, celles-là seulement qui sont assez vives pour prédominer sur les myriades d'excitations vagues de l'organisme, sont appelées proprement sensations. On dit que nous en avons conscience; le reste est considéré comme non existant; ce sont des impressions inconscientes qui peuvent conduire à l'action, mais ne sont pas des sensations.

Les expressions en apparence contradictoires de « conscience inconsciente, » « sensations non senties, » souvent employées en pareil cas, n'auraient pas embarrassé la question, si l'on avait nettement distingué entre la *sensation* et la *perception*. « La sensation est simplement l'état actif de la sensibilité, laquelle est la propriété du tissu ganglionnaire. » La sensation étant ainsi définie, peut-il y avoir sensation sans perception?

Il est très-certain que nous avons beaucoup de sensations qui ne sont pas du tout perçues et dont nous sommes, comme on dit, totalement inconscients. » Elles sont ou si faibles, ou si familières, ou si bien noyées dans des sensations plus fortes, ou si incapables d'exciter des associations d'idées, que nous n'en sommes pas « conscients » dans le présent et que nous ne pouvons nous les rappeler plus tard. C'est ce qui arrive lorsqu'on dort pendant un sermon ou une lecture : on a la sensation des sons émis par celui qui parle, on n'en a pas la perception. Il n'y a pas à en douter; car, d'une part, on ne sait pas ce qui a été dit ou lu, et d'autre part, si le lecteur cesse subitement, nous nous éveillons, ce qui montre que nous avions la *sensation* des sons. M. Lewes raconte que, étant entré dans un restaurant, il y trouva un garçon endormi au milieu du bruit; qu'il l'appela vainement par son nom et par son prénom, mais dès qu'il eut prononcé le mot « garçon! » le dormeur s'éveilla. L'amiral Codrington, alors simple aspirant de marine, ne put être tiré d'un profond sommeil que par le mot « *signal.* » Ces faits, auxquels bien d'autres ressemblent, montrent qu'il peut y avoir sensation sans perception et sensation accompagnée de perception.

« Il y a, je le répète, une malheureuse équivoque de langage qui fait paraître absurde de parler de sensations non perçues. On a tant de fois confondu la perception avec la sensation, parce qu'elles sont constamment mélangées, qu'on s'étonne d'entendre dire que l'une se produit sans l'autre (1). En dépit des difficultés verbales, il faut bien nous mettre dans l'esprit que toute excitation d'un centre nerveux quelconque produit une sensation, et que la totalité de ces excitations forme la conscience générale ou sens de l'existence.

1. Fechner, dit M. Lewes, fait remarquer qu'il semble paradoxal de dire que la conscience sort d'une intégration d'états inconscients; mais que ce qui embarrasse le métaphysicien est tout naturel pour un mathématicien Supposons que y soit une fonction de x; (y représentant la sensation et x l'excitation) : la valeur de y diminuera comme celle de x; à un certain moment on peut avoir $y = 0$, ou même y peut devenir une quantité négative, x restant une quantité positive : c'est-à-dire que la sensation peut s'évanouir, l'excitation continuant encore à agir. (*Problems of life*, etc., t. II, p. 500-501.)

« Nous ne voyons pas les étoiles en plein jour, quoiqu'el-
« les brillent. Nous ne voyons pas les rayons du soleil se
« jouer sur les feuilles dans un jour nébuleux, et cependant
« ce sont ces rayons qui rendent les feuilles et les autres
« objets visibles. Il y a une illumination générale venant du
« soleil et des étoiles ; mais nous y prenons rarement garde,
« parce que notre attention s'attache aux objets illuminés,
« plus brillants ou moins brillants que ce jour général.
« Cela ressemble à la conscience générale qui est composée
« de la somme des sensations, excitées par l'action inces-
« sante et simultanée des stimulus internes et externes.
« Cela forme pour ainsi dire la lumière du jour de notre
« existence. Habituellement nous n'y prenons pas garde,
« parce que notre attention tombe sur ces sensations
« particulières, plus ou moins intenses, de plaisir et de
« douleur, qui prédominent sur les objets de ce panorama
« sensitif. »

« La quantité de lumière qui nous vient des étoiles peut
« être petite, mais elle existe. L'éclat plus grand du soleil
« peut rendre inappréciable la lumière stellaire, mais elle
« n'empêche pas son action. De même, la quantité de sen-
« sation qui provient des petits ganglions peut être inappré-
« ciable, en présence des influences prépondérantes des
« autres centres ; mais quoique inappréciable, elle ne peut
« être sans action ; elle est une des parties intégrantes de
« la totalité (1). »

Nous pouvons clore ici cette discussion, en rejetant l'hypothèse courante qui veut qu'une sensation n'existe que si elle est perçue, sans quoi elle n'est qu'une pure *impression*. M. Lewes fait remarquer qu'en distinguant la sensation de la perception, il ne fait pas une distinction purement

1. *Ibid.*, p. 67, 68.

verbale, qui consisterait à appeler sensation ce que les autres appellent impression. Nullement : par sensation il entend la sensibilité propre à chaque centre. Le naturaliste, dit-il, sait qu'il y a une différence énorme entre le singe et l'huître ; mais il sait aussi que malgré leurs différences, tous les animaux obéissent aux mêmes lois biologiques. Je voudrais voir introduire la même réforme dans notre physiologie du système nerveux, je voudrais voir reconnaître que, malgré les diversités, *tous* les centres nerveux, en tant que centres, ont des propriétés et des lois en commun.

La conscience, dans son sens général, étant la somme de toutes nos sensibilités, le confluent de plusieurs courants de sensations ; il en résulte que dans les animaux inférieurs, doués d'un système nerveux simple, les phénomènes sensitifs sont simples et qu'à mesure que l'organisation croît en complexité, les phénomènes sensitifs deviennent nécessairement plus complexes, et les éléments de la conscience générale plus nombreux. Ceci conduit à examiner la question des diverses formes de conscience.

L'unité du système nerveux dans tout le règne animal a été généralement reconnue ; mais, chose étrange, on n'en a pas déduit l'unité de conscience. « Les diverses formes de la conscience ou sensibilité peuvent être groupées convenablement sous ces trois titres : 1° Conscience du système (*systemic consciousness*) ; 2° conscience des sens (*sense-C.*) ; 3° conscience de la pensée (*thought-C.*) (1).

La *conscience du système*, qui nous donne les principaux éléments du sens de l'existence, renferme toutes les sensations naissant du système en général et en particulier des fonctions organiques. A moins d'adopter l'hypothèse de Descartes sur les bêtes-machines, il faut admettre que les

1. *Ibid.*, p. 74.

animaux les plus humbles ont cette forme de la conscience. Ceux qui rejettent cette conclusion sont dupes d'une équivoque de langage, qui leur fait supposer qu'il y a quelque élément de *pensée* renfermé dans la conscience et même dans la sensation. Mais quoique tout animal doive *sentir*, il ne s'ensuit pas qu'il doive *penser*. Qu'on remarque, d'ailleurs, l'absurdité des conséquences. Si un mollusque n'a pas de sensation, il en sera de même du crustacé. Si le crabe est une machine, de même pour l'abeille, pour le castor, pour l'éléphant, pour le chien, pour le singe. « A moins de jeter la science aux vents, nous devons admettre que *tous* les animaux sont conscients (ont des sensations) quoiqu'ils n'aient pas chaque forme de conscience. »

La *conscience des sens* renferme toutes les sensations dérivées des organes des cinq sens.

La *conscience de la pensée* renferme toutes ces phénomènes de pensée et d'émotion qui regardent plutôt le psychologue. Tout ce que le physiologiste peut faire, c'est d'indiquer les rapports de cette forme de la conscience, avec les formes inférieures et les parties du système nerveux qui leur servent d'organes. Quant à la pensée, nous ne savons pas et ne saurons peut-être jamais ce qu'elle est. Nous ne savons pas plus ce qu'est la vie. Mais nous pouvons apprendre quelles sont les *lois* de la vie et les *lois* de la pensée. Au physiologiste la première tâche, au psychologue la seconde.

On s'expliquera ce que la théorie qui précède peut avoir ... en se rappelant que M. Lewes n'entend se placer qu'au point de vue physiologique. M. Herbert Spencer ... Bain nous ont fait pénétrer bien plus avant dans ... nisme de la conscience humaine, en nous montrant ... courant d'intégration et de désintégration qui la ..., cette condition du temps qui s'impose à elle et lui donne la forme d'une succession. Mais M. Lewes nous introduit dans un autre monde, et cet exemple nous parait propre à montrer ce que nous avons essayé d'établir dans l'introduction; c'est qu'en psychologie, la méthode subjective et la méthode objective sont aussi nécessaires l'une que l'autre.

IV

Aux considérations qui précèdent sur les sensations inconscientes se rattache étroitement la théorie des actions réflexes. Il est frappant et instructif de remarquer combien la psychologie française s'en est peu occupée. Restreinte aux faits de conscience, elle a fui tout ce qui avait une apparence physiologique. Et tandis que l'humeur envahissante de la physiologie la conduisait à étendre constamment son domaine, et même à en sortir de tout côté, la psychologie, confinée dans d'étroites limites, laissait échapper mainte portion de son domaine, et ne demandait qu'à subsister. Les discussions sur la limite des deux sciences, qui ont rempli la première moitié du XIXe siècle, cherchaient à déterminer des frontières qui n'existent pas. Entre la psychologie et la physiologie, il n'y a pas de limites naturelles. Sans doute un acte purement physiologique (la circulation) diffère totalement d'un acte purement psychologique (un raisonnement déductif) : mais il y a tout un ordre de faits (perceptions insensibles, actions réflexes, instincts, etc.) par lesquels les deux vies se mêlent et se confondent. On aurait moins discuté sur ce sujet, si l'on avait mieux compris que nos divisions sont en grande partie arbitraires, par suite de la continuité des phénomènes; que l'homme distingue ce que la nature mélange, et que si la science est une analyse, le monde est une synthèse.

L'étude des actions réflexes est la continuation de celle de la conscience. En effet, tandis que dans la théorie courante, le sensorium étant restreint au cerveau, l'action qui a son centre dans la moelle épinière est dite réflexe et considérée comme d'une nature toute différente, la théorie de M. Lewes qui étend le sensorium à tous les centres nerveux, n'admet plus entre l'action du cerveau et celle de la moelle épinière qu'une différence de degré. Etablir que la *corde spinale est un centre sentant*, tel est le but qu'il se propose, en se fondant sur ses propres expériences, sur celle d'autrui et sur les déductions qui en découlent. Il veut « donner le coup final (1) » à la théorie de l'action réflexe, à laquelle il n'épargne pas même la raillerie.

La doctrine des écoles, dit-il, est celle-ci : « Les actions nerveuses mentales, les actes de sensation et de volition, ne peuvent avoir lieu sans cerveau (2). » Vous tirez sur la queue d'un chien, il crie. « Et le physiologiste qui vous reprocherait d'avoir fait mal à son chien, vous assurera tranquillement que ses cris ne marquent ni douleur ni sensation, quand son cerveau a été enlevé. « Purement réflexe, mon cher monsieur! » et il sourirait à votre supposition qu'un animal sans cerveau puisse éprouver une sensation (3). »

A l'appui de cette doctrine, on cite des faits et des expériences. « Les recherches de Flourens firent époque. Elles étaient vraiment frappantes : les conclusions qu'il en tira furent annoncées dans ce style systématique, tranchant, absolu, qui caractérise les écrivains français; » de là, leur popularité européenne, malgré les réserves de Müller et de Cuvier. Flourens soutenait que l'animal privé de cerveau

1. P. 526.
2. P. 84.
3. P. 85.

perdait toute sensation, toute perception, tout instinct et toute volition. Mais les expériences contraires de Bouillaud, Longet, Dalton ont infirmé ses conclusions.

Ce serait mal me comprendre, dit M. Lewes, que de supposer que je ne considère pas le cerveau comme l'organe principal et dominateur de toute la vie psychique. « J'ai « déjà dit qu'il a les fonctions les plus nobles, mais il n'ex« clut pas la part des autres ganglions à la conscience gé« nérale. Les sensations qui viennent des sens et des vis« cères, il les additionne, les combine, les modifie, et par « un mode de transformation profondément mystérieux, les « élabore en idées. Il est le *généralissime* qui contrôle, « dirige et inspire les actions de tous les officiers subor« donnés. Mais supposer que ces subordonnés n'ont pas « aussi leurs fonctions indépendantes, c'est une erreur. « Généraux, colonels, capitaines, sergents, caporaux, sim« ples soldats, tous sont des individus comme le généralis« sime, avec un pouvoir inférieur et des fonctions diffé« rentes, selon leurs positions respectives. Mais si le com« mandant en chef est tué, l'armée a encore ses généraux; « si les généraux sont tués, les régiments ont encore leurs « colonels. Bien plus, par un effort énergique, un caporal « peut faire tenir ferme à sa compagnie. C'est là la situa« tion de l'animal dont le cerveau a été enlevé; chaque « partie séparée de l'organisme a son général, son colonel, « ou son caporal (1). »

Tout centre nerveux ayant donc une sensibilité qui lui est propre, « un point fondamental qui me paraît, dit M. Lewes, totalement inadmissible, c'est l'hypothèse que le mécanisme réflexe est indépendant de la sensibilité, que les actions réflexes ont lieu *sans sensation* (2). » Il ne peut

1. *Physiol. of common life*, t. II, p. 97.
2. P. 167.

« s'empêcher d'exprimer sa surprise sur la faiblesse d'évidence qui sert de base à la célèbre théorie des actions réflexes (1). » Pour prouver que les actions réflexes sont indépendantes de la sensation, il est nécessaire de prouver d'abord que les actions du cordon spinal *sont* indépendantes de la sensation. Ce qui n'a jamais été prouvé, et a même été posé contre toute évidence (2).

Il serait hors de notre sujet, et de notre compétence, de suivre M. Lewes dans sa longue étude sur les actions réflexes; il nous suffira d'en résumer les points principaux et d'exposer brièvement les raisons sur lesquelles il se fonde, pour établir que la moelle épinière est un centre de sensation:

1° *Opinion des physiologistes antérieurs.* La doctrine qui reconnaît au cordon spinal des fonctions sensitives, n'est point neuve. Robert Whitt l'a soutenue. Prochaska considérait le cordon spinal comme formant une grande partie du *sensorium commune*, et il en donnait pour preuve les faits connus de sensibilité, manifestée par des animaux sans tête. J.-J. Sue, père du célèbre romancier, vit que la moelle épinière pouvait, en une certaine mesure, remplacer les fonctions du cerveau. Legallois, Wilson, Philipi, Lallemand, Calmeil arrivèrent à des conclusions analogues, sous diverses formes. Ainsi beaucoup de faits établissant les fonctions sensitives du cordon spinal étaient connus, et même une vague conception de leur sens réel était généralement répandue, jusqu'au moment où la *Théorie réflexe* vint expliquer ces faits comme le résultat d'un ajustement mécanique. Mais cette doctrine même n'a pas manqué d'opposants. J.-W. Arnold l'a réfutée. Carus disait ironiquement que le mot réflexe était une clef pour débrouiller toutes les serrures. Schiff soutient que toutes les actions

1. P. 183.
2. P. 226.

cérébrales, aussi bien que spinales, sont réflexes et dépendent d'un arrangement mécanique (1).

Si des considérations historiques nous passons aux faits eux-mêmes, nous pouvons considérer sous deux aspects l'évidence qu'ils nous fournissent : déductivement et inductivement.

2° *Evidence déductive.* Une ressemblance de structure implique une ressemblance de propriétés, et la substance ganglionnaire du cordon spinal étant d'une nature semblable à la substance ganglionnaire du cerveau, il doit y avoir nécessairement entre les deux une communauté de propriétés. « Le seul fondement pour nier que les actes des animaux décapités sont déterminés par une sensation, c'est que le cerveau ou encéphale est considéré comme l'unique siége de la sensation. Pour expliquer la ressemblance entre les actes de l'animal qui a un cerveau et ceux de l'animal qui n'en a pas, on a inventé une théorie qui dit : ces actions sont réflexes. Mais, dans l'animal sain il y a action réflexe, *plus* la transmission d'une impression au cerveau, et c'est *ce qui* produit la sensation ; dans l'animal décapité, nous voyons une action réflexe, *moins* la transmission au cerveau. »

Un gentleman soutenait, un jour, qu'il n'y avait de mines d'or qu'au Mexique et au Pérou. A l'encontre de son assertion, on lui montre un lingot venant de Californie. Lui, sans se déconcerter le moins du monde : Ce métal, je l'avoue, *ressemble* extrêmement à l'or ; vous me dites qu'il passe pour tel chez les essayeurs et sur le marché. Je ne le conteste pas. Néanmoins, ce métal n'est pas de l'or, mais de l'*auruminium* ; il ne peut être de l'or, *parce que* l'or ne vient que du Mexique et du Pérou.

1. P. 231.

L'animal décapité se défend, se dérobe aux vexations qu'on lui cause, se débrouille, accomplit plusieurs de ses actions ordinaires ; mais on dit qu'il fait tout cela sans cette sensibilité qui le guiderait, s'il n'était décapité. Ce n'est point de l'or, c'est de l'*auruminium*.

Dans les îles Fidji, quand un homme va mourir, quelques heures avant sa mort, on porte son corps au dehors. Là quelques-uns peuvent encore manger, parler. Mais pendant tout ce temps, il est réputé mort. Manger, boire, parler, ce sont des actes involontaires du corps, de la coquille vide, comme disent ces insulaires ; mais l'âme est partie, suivant eux. La théorie de l'action reflexe a remis en mémoire à M. Lewes cette bizarre croyance (1).

3. *Évidence inductive.* La *spontanéité* et le *choix* sont deux signes palpables, auxquels nous reconnaissons la présence de la sensation et de la volition. Cherchons donc si les animaux décapités manifestent ces signes palpables. Voici d'abord pour la spontanéité. On doit remarquer d'abord, dit M. Lewes, qu'un animal décapité est privé des divers stimulus qu'il peut recevoir par les yeux, les oreilles, l'odorat, lesquels déterminent des mouvements ; il reste donc nécessairement en repos, à moins d'être excité par des sensations viscérales. Il affirme qu'un examen attentif et répété d'animaux décapités fournit une abondante évidence d'actions spontanées (2). Passons au choix. M. Lewes soumet un triton sain et vigoureux à diverses expériences. Il le touche, le pince, le brûle avec de l'acide acétique, etc..... Il note soigneusement les actes de l'animal. Puis l'ayant décapité, il le soumet de nouveau aux mêmes expériences ; les réactions de l'animal sont exactement semblables : il cherche à se dérober à la douleur, à se débarrasser de l'acide qui le brûle.

1. P. 236.
2. P. 240.

Ces expériences, auxquelles M. Lewes en joint bon nombre d'autres, l'amènent à conclure « que l'évidence de la spontanéité et du choix, de la sensibilité et de la volition ne permet pas de méprise, et que par conséquent le cordon spinal est un centre sentant (1). »

4° *Examen des objections*. Après avoir examiné les raisons et les faits en faveur de la sensibilité de la moelle épinière, il faut voir ce que l'on fait valoir contre elle. Laissons de côté le premier argument tiré de ce préjugé universel que le cerveau est le seul sensorium; car c'est là une simple pétition de principe. Laissons de côté un second argument, tiré de ce que beaucoup d'actions ont lieu sans éveiller une conscience ou une attention distincte (comme respirer, digérer, etc.). Cet argument ne prouve rien ou prouve trop. Une action peut être sensationnelle, sans produire ce sentiment secondaire, ordinairement appelé « conscience; » et en ce sens on pourrait même dire que la pensée est inconsciente; bien plus, que les sensations même le sont. Il reste le cas frappant des maladies ou lésions de la moelle épinière, à la suite desquelles on ne sent rien *au-dessous* de l'endroit blessé. C'est là le « cheval de bataille » de la théorie reflexe. Je ne conteste aucunement ces faits, dit M. Lewes (2), mais je fais remarquer que dans ce cas il se produit une division de l'axe cérébro-spinal en deux centres indépendants. Pour ce qui concerne la sensation et la volition, le malade est comme coupé en deux. En faut-il conclure que la partie inférieure ne sent pas? Elle sent, mais à sa manière. Si lorsqu'un bras, séparé du corps, est disséqué par l'anatomiste, on voyait les doigts saisir le scalpel, le repousser, ou le pouce essuyer l'acide irritant, je ne vois pas pourquoi on refuserait d'admettre que le *bras* sent,

1. P. 215-258.
2. *Ibid.*, p. 263.

quoique l'*homme* ne sente pas. Il en est de même dans le cas de ces malades. Si une jambe est pincée, piquée, l'*homme* ne sent pas ; mais *elle* s'agite et se remue. Le segment cérébral possède les organes de la parole et les traits du visage, par lesquels il peut communiquer ses sensations aux autres ; tandis que le segment spinal n'a aucun moyen semblable de communiquer ses sensations. *Mais ceux qu'il a, il les emploie.*

Nous terminons ici l'exposé sommaire des opinions de notre auteur, sur la doctrine courante des actions reflexes. Peut-être aura-t-elle paru un peu en dehors de notre sujet. Mais la psychologie nouvelle que nous essayons d'exposer ici, d'après ses principaux représentants, embrasse dans la région des faits un domaine bien plus large que la psychologie ordinaire. Elle pense que ces phénomènes obscurs, où la vie psychique commence à peine à poindre, sont à beaucoup d'égards les plus curieux à étudier et les plus féconds.

En résumé, l'action réflexe est un processus de groupement qui fait le fond de tous les phénomènes psychiques. Ses genres les plus élevés sont la *sensation* et l'*action*. Nous avons déjà vu que M. Herbert Spencer assigne une place à l'action réflexe dans l'évolution ascendante de la vie psychique : M. Lewes la rapproche de même de l'instinct.

L'instinct, dit-il (1), a été souvent invoqué pour prouver la théorie des idées innées ; il sert beaucoup mieux à appuyer la doctrine de l'évolution. Par son caractère merveilleux et mystérieux il est devenu naturellement le sujet favori des adversaires de l'école expérimentale. Mais que nous apprend la *psychogenèse* sur cette question ? C'est que l'instinct est une expérience organisée, une intelligence *non discursive ;* en d'autres termes, que dans l'intelligence

1. *Problems of life and mind*, t. I p. 226.

et dans l'instinct, les processus nerveux et logiques sont les mêmes. Seulement, dans l'intelligence, les opérations sont facultatives, impliquent le choix des moyens pour arriver à une fin ; dans l'instinct, les opérations sont fixées, uniformes, sans hésitation dans le choix des moyens.

Nous pouvons distinguer dans l'organisme trois ordres de phénomènes : 1° ceux qui sont absolument nécessaires, comme la respiration, la sécrétion, etc. ; 2° ceux qui ont admis *autrefois* une alternative dans le choix des moyens, mais qui sont fixés maintenant, quoique variables encore dans certaines limites (les instincts) ; 3° ceux qui admettent diverses alternatives pour arriver à une fin (actes intellectuels, discursifs).

Le caractère d'uniformité sur lequel on insiste souvent vient naturellement du succès dû aux moyens choisis. L'impulsion ayant été une fois satisfaite par un objet, le choix fait une fois a été fait pour toujours. Mais ce qui prouve que l'objet a bien été en réalité choisi, c'est que si les conditions changent, il ne satisfait plus les impulsions de l'animal ; cet objet est rejeté et un autre cherché à sa place. Bien plus, non-seulement, l'ancien objet est rejeté quand il ne satisfait plus les impulsions, mais un nouvel objet est recherché de préférence s'il offre un caractère agréable. Ainsi, nous voyons dans nos serres, les insectes chercher leur nourriture et leur nid dans des plantes tropicales qui ne peuvent vivre en plein air dans les pays où ces insectes sont nés. Ainsi les plantes indigènes qui ont servi de nourriture et de nid à des générations successives sont négligées pour des plantes nouvelles que l'insecte découvre actuellement pour la première fois. Quiconque a étudié les oiseaux sait bien qu'ils choisissent toujours pour leurs nids les meilleurs matériaux, qu'ils laisseront intacts ceux que leur espèce a l'habitude d'employer, s'ils en ont de plus doux à leur portée. Enfin l'hypothèse du choix est confirmée par ce fait que les instincts *sont sujets à des illusions tout comme la raison* (1).

V

Le reste de l'ouvrage est consacré aux sens et sensations, au sommeil et aux phénomènes d'hérédité.

« Combien de sens avez-vous ? » demande le voyageur de Sirius, dans Voltaire. Et l'habitant de Saturne répond : « Soixante-douze, mais tous les jours nous nous lamentons d'en avoir si peu. » L'Européen a si bien appris à se contenter de cinq sens, qu'il regarde comme une absurdité, d'essayer d'en changer ou d'en augmenter le nombre. Cependant plusieurs physiologistes et psychologistes n'ont pas craint de dire que la réduction de nos sens à cinq est une « idée des plus ridicules » (2). M. Lewes pense que c'est une question fort difficile, et qu'il n'y a qu'un profond anatomiste qui puisse déterminer combien nous avons d'organes distincts pour les sens. Il adopte cependant la division suivante :

I. Sensations venant du système qui comprennent, 1° les sensations organiques, 2° les sensations de surface, qui nous sont données par la peau.

II. Sensations venant des sens proprement dits et qui comprennent le toucher, le goût, l'odorat, l'ouïe et la vue.

« Je voudrais, dit l'auteur, appeler l'attention sur l'im-

1. Sur la question de l'instinct et de ses variations, voir les expériences instructives et ingénieuses de M. Spalding. (*Macmillan's Magazine*, février 1873, et *Nature*, mars, avril, mai 1873.) « Un oison, dit M. Spalding, avait été élevé dans une cuisine, loin de l'eau. Quand il eut quelques mois, on le mit près d'un étang : non-seulement il refusa d'aller à l'eau, mais quand on l'y jetait, il en sortait au plus vite comme une poule aurait fait.

2. Tom. II, ch. x, p. 274.

« portance psychologique de cette vaste classe de sensations « qui ont été appelées sensations venant du système, et que « les psychologistes et les physiologistes ont si étrangement « négligées. Ils ont donné aux sensations, venant des sens, « une part presque exclusive dans la formation de notre ac« tivité sensitive, et ont souvent parlé de l'esprit comme « étant un pur produit des cinq sens. » L'exemple le plus frappant est la statue de Condillac, et si monstrueuse que soit cette hypothétique statue, elle n'est qu'un développement logique de cette idée, que tout provient des cinq sens externes. « On a essayé de montrer ici que l'esprit est l'as« pect psychique de la vie ; qu'il est la somme de l'organisme « sensible, tout comme la vie est la somme de l'organisme « vital ; que les divers organes peuvent produire séparé« ment des fonctions spéciales, soit vitales, soit mentales, « mais qu'on ne peut pas dire qu'il existe un organe exclu« sif de la vie. Le lecteur peut rejeter cette opinion ; mais « elle lui est soumise après bien des années de méditation, « et avec cette hésitation naturelle à produire tout ce qui « n'est pas susceptible de preuve (1). »

Si nous cherchons maintenant (2) sous quelles divisions principales peuvent se grouper les phénomènes psychiques, nous trouverons que la classification populaire en *sentir* et *penser*, ou esprit et cœur, indique en gros les premiers groupes. Nous pouvons ensuite les décomposer en « six centres, trois pour chaque division. » Dans le premier groupe, nous pouvons mettre les *sensations*, les *perceptions* et les *idées*, qui représentent l'activité intellectuelle. Dans le second groupe nous pouvons mettre les *sensations*, les *instincts*, ou appétits, et les *émotions* qui représentent l'activité morale.

1. *Ibid.*, p. 244.
2. P. 1:6.

La sensation forme ainsi le point de départ de chaque série. Mais nous avons déjà vu qu'il y a diverses *espèces* de sensations formant deux groupes principaux : sensations des sens, sensations du système. Les premières ont presque toujours été considérées comme *impersonnelles*, parce qu'elles nous mettent en relation consciente avec des objets externes, avec le non-moi. Les secondes (sensations des muscles, des viscères) sont au contraire extrêmement *personnelles*, parce qu'elles ne nous mettent en relation consciente qu'avec ce qui se passe dans notre corps. Les émotions ont leur racine profonde dans notre personnalité.

L'extériorité des sensations des sens et l'intériorité des sensations du système, créent une large ligne de démarcation entre les perceptions qui naissent des unes, et les appétits ou instincts qui naissent des autres ; et celles-ci à leur tour donnent naissance aux diverses formes de sensibilité, connues sous les noms de pensée et d'émotion.

On n'a jamais douté que nos perceptions et idées aient leur origine dans la sensation. Le vieil adage : *Nihil est in intellectu*, etc... peut être équivoque ; mais il montre ce fait incontestable, que la sensation est la base de toute opération intellectuelle. « Je me sens donc justifié à considérer l'*idéation*, comme la forme de la sensibilité cérébrale qui est déterminée par les connexions cérébrales avec les ganglions des centres spéciaux. De même, l'*émotion* peut être considérée comme la forme de sensibilité cérébrale qui est déterminée par les connexions avec les ganglions de sensation des viscères (1). » Et ainsi se trouverait justifiée l'opinion populaire qui place dans les « entrailles » la principale source des émotions.

Le sommeil et la transmission héréditaire ont été en

1. *Ibid.*, p. 11[illegible].

France l'objet de travaux si importants et si nombreux, qu'il n'y a pas lieu de nous y arrêter longtemps; notre but étant surtout de faire connaître les *résultats les plus nouveaux* de la psychologie anglaise.

Sous le titre de « nouvelle théorie du rêve » M. Lewes explique ce phénomène comme il suit (1) :

Les centres nerveux sont mis constamment en activité par divers *stimulus*, qui entrent par le canal imparfaitement clos des cinq sens, ou mieux encore qui proviennent des états organiques, des sensations du système. Cette activité donne naissance à une suite d'idées, en vertu de la loi d'association. Car c'est une loi de la sensibilité que toute sensation doit se décharger, soit en une action réflexe, soit en un sentiment réflexe, soit dans les deux. De plus, c'est une tendance inévitable de notre nature, de lier toute sensation à une cause externe, de la projeter hors de nous, pour ainsi dire. Dans l'état de veille, rien de plus fréquent que de *voir* des objets, d'*entendre* des sons qui ne correspondent à rien de réel. Nous sentons la puanteur horrible d'un égout longtemps après avoir passé hors de sa portée. Un goût amer nous reste dans la bouche, longtemps après que la substance amère a disparu. Pour que ces sensations ne soient pas considérées comme produites par des objets réels, présents, que faut-il? une confrontation constante avec les données des autres sens. Si je me laisse aller à la rêverie, je puis bien m'imaginer errer dans les rues de Bagdad ou de Bassora; mais en ouvrant les yeux, je me retrouve dans mon cabinet et je suis ramené bien vite à la réalité. Dans l'état d'excitation cérébrale appelé hallucination, cette confrontation des diverses données des sens est négligée; dans l'état d'isolement cérébral nommé rêve,

1. P. 207 et suiv.

cette confrontation est *impossible*. Dans l'hallucination, l'activité cérébrale domine complétement toutes les excitations de dehors; dans le sommeil l'activité cérébrale, quoique faible, est entièrement isolée des excitations externes. Ainsi s'explique le phénomène du rêve et la croyance à la réalité objective de nos idées et de nos sensations.

Cette doctrine, qui s'accorde avec celle des écrivains français les plus autorisés, conduit M. Lewes à résoudre affirmativement la question : Si nous rêvons toujours? Puisque les centres nerveux sont constamment excités par des stimulus internes ou externes, et que cette activité donne naissance à des suites d'idées, l'induction nous amène à conclure que nous pensons toujours, bien que nous en puissions perdre le souvenir.

On pourra trouver un peu maigre le chapitre consacré à l'hérédité. Mais dans une *Physiologie de la vie commune*, on ne pouvait guère qu'effleurer ce sujet encore plein d'obscurité et de problèmes. A notre avis, les études sur la transmission héréditaire, considérée au point de vue psychologique, sont destinées à jouer un grand rôle, quand la science sera entrée complétement dans la voie qu'elle ne fait que d'essayer. Nous avons vu M. Herbert Spencer et M. Lewes demander à l'hérédité une solution toute nouvelle sur l'origine des idées. Mais ceux qui refuseraient de les suivre jusque-là et d'admettre que l'hérédité puisse trancher une des questions les plus importantes et les plus controversées de la philosophie, ceux-là même seront pourtant bien obligés d'accorder qu'un grand nombre de faits psychologiques ont leur source dans la transmission héréditaire. Comme il n'y a, je pense, aucun spiritualiste qui veuille nier l'influence de l'organisme sur nos tendances, nos passions, nos idées, nos aptitudes, et comme l'organisme est hérité, il faut bien que l'influence de l'hérédité se fasse sentir, au moins médiatement, sur notre constitution psychologique. L'expérience vulgaire a fait depuis longtemps cette découverte ; il reste à la science à la préciser et à l'expliquer. Certaines monstruosités de l'ordre moral, des dépravations précoces, des goûts bizarres, ne semblent explicables que par l'hérédité. Aussi peut-on s'étonner, avec M. Lewes, de voir l'un des plus célèbres historiens philosophes de l'Angleterre, Buchle, soutenir qu'il n'y a dans les cas cités que des coïncidences empiriques, dont on peut faire ce qu'on veut (1).

Ceux qui combattent l'hérédité citent des faits qui leur semblent concluants : le fréquent défaut de ressemblance des parents et des enfants, la postérité des hommes de génie si souvent médiocre. Périclès produit un Paralos et un Xanthippos. L'austère Aristide produit l'infâme Lysimaque. Le puissant esprit de Thucydide était-il représenté par un Milésias idiot et un Stéphanos stupide ? La grande âme d'Olivier Cromwell se retrouvait-elle dans son fils Richard ? Qu'étaient les héritiers de Henri IV et de Pierre le Grand ? Qu'étaient les enfants de Shakespeare et les filles de Milton ? Qu'était le fils unique d'Addison ? Un idiot.

Ceux qui soutiennent l'hérédité rétorquent l'argument et disent : Pourquoi ces phrases proverbiales : « l'esprit des Mortemart, » « l'esprit des Sheridan, » si l'on ne croit à la transmission ? Torquato Tasso était fils d'un père célèbre. On a de même les deux Herschell, les deux Colman, la famille Kemble, les Coleridge. Enfin, l'exemple le plus frappant est celui de Sébastien Bach, dont le génie musical se retrouve, à un degré inférieur, chez trois cents Bach, issus de diverses mères (2).

La question de l'hérédité se complique encore quand on

1. Buckle, *Civilis. en Anglet.*, tom. I, ch. II.
2. *Physiol. of com. life*, p. 40?, tom. II.

recherche s'il est vrai, comme l'ont avancé certains auteurs, que le père donne les organes de la vie animale, et la mère les organes de la vie végétative.

M. Lewes, qui rejette cette opinion, maintient la loi d'hérédité, en faisant remarquer qu'elle est la *règle*, mais qu'il faut tenir compte des *causes perturbatrices* qui expliquent les exceptions. La physiologie nous dit que toujours et nécessairement la race hérite de l'organisation des parents; et que si l'organisation est héritée, il en est de même des tendances et des aptitudes. Notre expérience de l'hérédité est si constante, que rien ne nous paraîtrait plus incroyable que des parents nègres donnant naissance à un enfant ayant les traits d'un Européen, ou que deux moutons produisant une chèvre. Mais tandis qu'il y a constance dans la transmission des caractères *généraux*, il y a une variation considérable dans la transmission des particularités *individuelles*. L'enfant peut hériter des deux parents ou de l'un seulement. Nous n'attendons pas que deux scrofuleux engendrent un enfant sain, que des parents irascibles produisent un caractère doux, que deux idiots donnent naissance à un homme de génie. Mais si les aptitudes des parents sont différentes, si le père a du talent pour la musique, et que la mère n'en ait pas, et si deux enfants naissent de ce mariage, il se peut que l'un soit musicien comme son père, l'autre insensible comme sa mère, ou que tous deux soient musiciens, ou qu'aucun ne le soit. On n'aurait pas exagéré la portée des objections, si l'on avait remarqué que l'influence de l'un des deux parents peut détruire celle de l'autre, et que, par suite, les exceptions apparentes à la loi d'hérédité viennent au contraire confirmer cette loi.

Cette question tient à beaucoup d'autres, dit M. Lewes, tout en refusant de les aborder ; et pour ce qui concerne la transmission héréditaire du développement intellectuel et moral, il nous renvoie à M. Herbert Spencer. Il n'est peut-être pas inutile de faire remarquer qu'il y a là un ensemble de faits qui pourraient servir de preuves en faveur de la loi d'évolution, et de la continuité des phénomènes naturels.

En finissant, au risque d'élargir un peu trop notre cadre, nous essayerons d'indiquer par quelle conclusion hardie M. Lewes termine son nouveau livre. Sa thèse, qui est celle de l'*identité du mouvement et du fait de conscience*, dépasse et à beaucoup d'égards contredit tout ce que Mill, Spencer et Bain ont avancé sur ce point.

L'identité du sujet et de l'objet, dans la sphère du connaissable, est, dit-il, généralement acceptée parmi les philosophes. De même pour l'identité de la matière et de la force. Parmi les physiologistes, on reconnaît aussi que toute sensation est accompagnée d'un processus nerveux. Mais on déclare bien haut qu'entre le mouvement et la sensation (*feeling*), il n'y a, il ne peut y avoir aucun passage.

Je reconnais, dit l'auteur, que le passage du mouvement à la sensation, que la transformation de l'un en l'autre est inintelligible. Aussi je n'admets pas cette transformation : et quand on me dit qu'une excitation nerveuse en atteignant le cerveau est *transformée* en sensation, je demande d'où on le sait et comment on le prouve. En fait, on ne le prouve pas.

Il n'est pas étonnant que des concepts aussi dissemblables que ceux de mouvement et de sensation semblent irréductibles à un terme commun, puisque l'un est regardé comme le signe d'un processus dans l'objet, l'autre comme un processus dans le sujet. Mais l'analyse psychologique conduit à cette conclusion que les processus objectifs et subjectifs ne sont que deux aspects d'un seul et même fait : un aspect est le *senti*, l'autre est le *sentant*. Je n'entends nullement dire que le changement dans l'existence externe (qui nous est connu comme mouvement) n'a lieu qu'en nous, car je rejette l'hypothèse idéaliste : mais, quel que puisse être ce changement en dehors de la sphère de notre sensibilité, *dans* cette sphère, il est un mouvement senti et rien de plus. Le mouvement est un fait spécial en termes duquel tous les autres états de conscience sont traduits, quand nous les considérons objectivement. Ayant ce caractère objectif et paraissant être la marque distinctive du non-moi, il est séparé par abstraction de la sensation ; cette abstraction est substantialisée, de sorte que les deux aspects deviennent deux entités qui ne servent qu'à embarrasser les philosophes.

Il importe avant tout de bien concevoir que la distinction logique entre les conditions d'un phénomène et le phénomène lui-même, est simplement un artifice. Il y a là non pas deux choses — d'une part, un groupe de conditions (causes), d'autre part, un résultat (effet) — mais une seule et même chose vue différemment. Ce que nous appelons les conditions, ce sont les facteurs analytiques que nous avons découverts dans le fait. Appliquons ceci à la question qui nous occupe et nous verrons que le processus nerveux n'est pas l'*antécédent* de la sensation, mais que tous deux sont identiques.

Il est surabondamment prouvé qu'un mouvement externe précède un mouvement interne dans les nerfs sensoriels, que celui-ci précède un processus nerveux ; mais il n'y a absolument aucune preuve que ce processus nerveux *précède* et *produise* sa sensation. Si cela était, la loi de conservation de l'énergie serait en défaut, puisqu'un mouvement aboutirait à quelque chose qui n'est ni un mouvement ni un mode de mouvement. Il est aussi absurbe de chercher comment une excitation nerveuse se transforme en mouvement musculaire, — comment la contractilité, quand elle est excitée, *est liée* à une contraction. Cette question ne peut avoir qu'un seul sens : quelles sont les conditions connues du tissu musculaire vivant et les modes de réaction de ce tissu, quand on l'excite ? C'est là une recherche physiologique. Et si, après avoir déterminé ces conditions, nous les isolons dans la pensée, mettant d'une part le tissu, d'autre part l'agent stimulant, assurément rien n'en différera plus que la contraction qui en est le résultat. Mais c'est par un artifice qu'on les isole ainsi ; en réalité, la contraction est identique à ses conditions et n'est rien de surajouté à elles. La seule transformation qui ait lieu ici est celle de certains facteurs analytiques en un fait synthétique.

Il en est de même pour la transformation supposée du processus nerveux en sensation. Ce processus est l'aspect objectif de la sensation. Si la sensation paraît différente de lui, la raison en est simple. Ce caractère d'*intériorité* qui la distingue rend impossible l'explication de son objectivité, de son *extériorité*. Quand on essaie de passer de l'une à l'autre, on ne le peut ; il n'y a aucun pont entre ces deux opposés, qui se combattent et s'excluent réciproquement.

Le spiritualiste croit que le mouvement nerveux est perçu par un agent spécial. Mais nous n'avons aucune preuve, quelle qu'elle soit, de l'existence de cet agent. De plus, comme le phénomène de conscience varie avec le phénomène nerveux, outre ces deux quantités qui sont en fonction l'une de l'autre, il n'y a aucune raison d'en admettre une troisième qui n'expliquerait rien.

D'un autre côté, le physiologiste suppose que le mouvement se transforme en sensation, sans spécifier où le nouveau phénomène se produit ; il le laisse flottant dans le vague et se contente de l'appeler un mystère.

Je n'accepte ni l'une ni l'autre de ces explications, dit

M. Lewes. Le processus nerveux et le processus sensitif ne sont pas pour moi deux processus, mais deux aspects d'un processus seul et unique.

Il finit par cette conclusion : « Que l'existence — l'absolu — nous est connue dans l'acte de sentir qui, dans son expression la plus abstraite, est changement, externe et interne. Le mouvement est le symbole des changements externes parce qu'il est le mode de sensation dans lequel tous les autres sont traduits, quand on les considère objectivement (1). »

1. *Problems of life and mind.* Tom. II, p. 457-504. Nous n'avons pu donner ici qu'une esquisse de cette conclusion. Beaucoup d'objections qui se présenteront peut-être au lecteur y sont exposées et débattues.

M. SAMUEL BAILEY

Par le nombre de ses publications philosophiques, dont quelques-unes remontent à une époque déjà fort ancienne (1), M. Samuel Bailey mériterait une étude à part, si nous nous étions proposé ici autre chose qu'une courte esquisse de la psychologie anglaise contemporaine. Il n'est guère possible de le classer. Partisan déclaré de l'expérience, il forme comme une transition entre l'école écossaise et les psychologistes dont nous venons de parler. Sa manière nette, exacte, précise, non sans quelque sécheresse, diffère totalement de la psychologie descriptive dont M. Bain nous a offert le type le plus complet. Elle rappelle plutôt le XVIIIe siècle et la clarté un peu maigre de Condillac et de Destutt de Tracy. M. Bailey est, comme eux, plus logicien que psychologue, et son analyse verbale ne pénètre pas assez dans une science « aussi enfoncée dans les faits » que la psychologie. Esprit plus pénétrant qu'étendu, avide

1. Ses principaux ouvrages sont : *Letters on the philosophy of the human mind*, 3 vol. 1855-1863 ; *the Theory of Reasoning; A Review of Berkeley's Theory of vision*, etc.

de clarté, il poursuit en ennemi acharné les métaphores, la phraséologie vague, les arguments de rhétorique qui usurpent la place de la science, les explications qui font semblant de résoudre les difficultés : il demande pour la psychologie une langue aussi précise que possible. Il n'est point cependant si épris d'algèbre qu'il ne cède aux entraînements de l'éloquence, quand c'est le lieu : et il a revendiqué les droits de la science, dans un langage si ferme et si élevé, qu'il faut traduire :

« Quoi! salués d'applaudissements de triomphe, des « milliers de savants s'emploieront à des investigations « physiques presque infinitésimales; à rechercher la com« position atomique et la structure microscopique du « corps; à explorer les formes innombrables de la vie ani« male et végétale, invisibles à l'œil tout seul; à découvrir « des planètes qui ont parcouru, inconnues pendant des « siècles, leurs orbites obscurs; à condenser, par la « puissance du télescope, en soleils et systèmes, ce qui « était regardé récemment encore comme la vapeur élémen« taire des étoiles; à traduire en formules numériques l'in« concevable rapidité des vibrations qui constituent ces « rayons, si fermes en apparence que les plus forts vents ne « les ébranlent pas; à mettre ainsi en vue les parties les « plus mystérieuses de l'univers matériel, depuis l'infini« ment loin jusqu'à l'infiniment petit; mais l'analyse exacte « des phénomènes de conscience, la distinction entre les « différences, si fines pourtant et si petites, des sentiments « et des opérations; l'investigation attentive des enchaîne« ments les plus subtils de la pensée, la vue ferme mais « délicate de ces analogies mentales qui se dérobent au « maniement grossier et négligent de l'observation vulgaire, « l'appréciation exacte du langage et de tous ses change« ments de nuances et de tous ses expédients cachés, la dé-

« composition des procédés du raisonnement, la mise à nu « des fondements de l'évidence : tout cela serait stigmatisé « comme un exercice superflu de pénétration, comme une « perte de puissance analytique, comme une vaine dissection « de cheveux, comme un tissage inutile de toiles d'araignées? « Au milieu des honneurs prodigués aux recherches sur les « recoins les plus cachés du monde matériel, entendrons-« nous dire que l'examen exact, minutieux, pénétrant de « notre nature mentale est un travail vain et superflu, sans « bénéfice, sans issue qui vaille?

« Ne le croyez pas. Soyez sûr qu'ici l'investigation infa-« tigable, la minutieuse analyse, la recherche exacte, la « distinction attentive des choses qu'on peut confondre, le « soin scrupuleux dans l'étude des procédés, la précision à « enregistrer les résultats, sont aussi bien placés, aussi « fructueux, aussi importants, aussi indispensables, aussi « élevés en dignité, si vous voulez, qu'ils le sont (je le dis « sans vouloir les déprécier) quand il s'agit de rechercher « d'invisibles étoiles, de calculer les millions d'ondulations « imperceptibles d'un rayon de soleil, de peser les atomes « des éléments chimiques, d'observer les cellules des corps « organiques, d'étudier l'anatomie des cousins et des mi-« tes, et même de rechercher les caractères spécifiques et « les habitudes particulières de mollusques et d'animal-« cules (1). »

M. Bailey ne reconnaît pour les faits de conscience qu'une méthode, celle des sciences de la matière (tom. I, lett. 2). Il se plaint cependant ailleurs (tom. II, lett. 16) des envahissements de la physiologie; il prétend même que la connaissance des faits physiologiques n'éclaircit pas celle des faits psychologiques, que quand même nous connaîtrions les

1. *Letters*, etc. II, lett. 21.

conditions matérielles de la mémoire, de la perception, etc., nous n'en saurions pas mieux ce que c'est. La science de l'acoustique, dit-il, est inutile pour faire de bonne musique : de même, connaître les moyens physiques ou mécaniques qui engendrent ou influencent les phénomènes psychologiques, ce n'est pas en pénétrer la nature.

Il n'est pas très-facile de concilier ces assertions. En tout cas, le raisonnement de l'auteur, incontestable au point de vue des causes premières, nous paraît manquer de solidité en ce qui concerne les causes secondes : or, l'objet propre de toute science qui se sépare de la métaphysique, c'est la recherche de ces causes immédiates et prochaines. Ajoutons que les progrès de la science semblent donner à l'auteur un démenti.

Nous avons vu, dans l'Introduction (§ 8), avec quelle vivacité il combat la doctrine des facultés : aussi ne classe-t-il les faits de conscience qu'en passant et en déclarant bien vite qu'il ne tient guère à sa classification. (*Without attaching much importance to matter.*) (Tom. I, lett. 6.) La voici :

Classe. Les phénomènes de conscience.

Ier ORDRE : *Affections sensitives.*
Genre I. Sensations corporelles.
Genre II. Emotions mentales.

IIe ORDRE : *Opérations intellectuelles.*
Genre I. Percevoir.
Genre II. Concevoir.
Genre III. Croire (juger).
Genre IV. Raisonner.

IIIe ORDRE. *Volitions.*
Genre I. Relatives aux corps.
Genre II. Relatives à l'esprit.

Nous ne le suivrons pas dans le détail, qui est d'ailleurs exposé sans beaucoup de suite, car l'auteur a eu l'intention non de faire un traité complet et méthodique, mais d'aborder seulement les questions où il a quelque chose à dire. Bornons-nous à deux points : la perception extérieure et la volonté. Sur la première, il parle à peu près comme Reid; sur la seconde, il devance les contemporains.

Rappelons brièvement comment l'Ecole écossaise explique la perception extérieure. A proprement parler, elle ne l'explique point; tout se réduit à dire que nous percevons le monde externe, parce que nous avons la faculté de le percevoir. C'est un fait irréductible. De plus, nous percevons les choses comme elles sont. Je vois un chat, je touche un verre. Suivant Reid et ses disciples, le chat est en lui-même tel que je le vois, le verre tel que je le touche. Quand bien même ni moi, ni aucun de mes semblables ne verrait le chat ni ne toucherait le verre, ces objets n'en resteraient pas moins avec leurs qualités propres de forme, de résistance, etc., telles que je les perçois. Soutenir le contraire, suivant eux, c'est introduire le scepticisme. — Selon les contemporains, la perception est l'acte commun du sujet et de l'objet : ma perception est mon œuvre, je mets dans le monde extérieur au moins autant que j'en reçois. Il y a bien quelque chose d'externe que j'appelle chat et verre; mais rien ne prouve qu'ils répondent à l'idée que je m'en fais; il est même vraisemblable qu'ils en diffèrent beaucoup. La perception étant un rapport, rien d'étonnant qu'elle varie avec les deux termes et comme eux : c'est là un fait tout naturel, et il n'y a pas ombre de scepticisme à le soutenir.

M. Bailey est avec Reid ou n'en diffère que par des nuances : « Je diffère, dit-il (1), de l'École Écossaise, en ce

1. *Letters*, tom. I, lett. 1 et 2.

qu'elle admet une *croyance* irrésistible en un monde extérieur, et que moi j'admets une *connaissance.* » La critique qu'il fait de Berkeley ne me paraît pas entrer dans le vif de la question : celle de Kant est inexacte. Croirait-on qu'il lui reproche d'avoir regardé la perception comme un acte analysable, au lieu d'y voir un fait de conscience indécomposable? (tom. II, lettre IIe); or, c'est là précisément qu'est le progrès.

A cette doctrine de la perception immédiate et passive se rattache l'opinion de l'auteur sur la vision. On donne, en Angleterre, le nom de théorie Berkeleyenne de la vision à celle qui distingue les perceptions naturelles de la vue (lumière, couleurs) des perceptions acquises (distance, mouvement, etc.), ces dernières étant induites et non perçues directement. L'œil ne nous donne que la figure, la position et la grandeur apparentes : le toucher seul nous donne la figure, la position et la grandeur réelles. Mais comme les différences dans la réalité sont aussi communément accompagnées de différences dans les apparences, l'esprit *induit* le réel en se fondant sur l'apparent. M. Bailey a vivement combattu cette théorie pour admettre expressément une vision directe et immédiate. Quoique l'ensemble de ses arguments ne paraisse pas de nature à produire la conviction, il faut reconnaître qu'il a produit des faits difficiles à expliquer dans l'opinion contraire à la sienne. Chez les enfants, prétend-il, la vue est développée avant le toucher. Il soutient avec plus de vraisemblance, que les jeunes animaux voient *aussitôt qu'ils sont nés.* Le caneton court à l'eau en sortant de sa coquille; le petit crocodile, éclos sans être couvé par ses parents, court à l'eau aussi, mord un bâton, si on le lui présente, etc., etc. Enfin, il conteste que le fameux opéré de Cheselden, qui disait que tous les objets touchaient ses yeux, soit un argument contre sa doctrine.

M. J. Stuart Mill (1), qui a discuté cette théorie, conclut que les arguments de M. Bailey n'ont jeté aucune lumière nouvelle sur la question et ont laissé la théorie de Berkeley telle qu'elle était. Il semble difficile d'être d'un autre avis.

Nous avons dit que dans son étude sur la volonté, M. Bailey apparaît, non plus comme un dissident de l'École écossaise, mais comme un précurseur des contemporains.

« Si la psychologie, dit-il (2), étudiait les affections et opérations au lieu des facultés, et réglait son langage en conséquence, il semble qu'on se débarrasserait d'un bon nombre de questions embarrassantes parmi lesquelles il faut mettre la controverse sur la liberté de la volonté, ce qui est littéralement la liberté d'une non-existence. »

La question examinée de près se réduit, suivant l'auteur, à se demander, non pas si nous sommes libres d'agir dans certains cas comme il nous plaît, — car personne, je pense, ne conteste que nous le soyons ; — mais s'il y a des causes régulières qui nous mettent en état de « vouloir » agir comme nous agissons. Or, c'est là une question de fait : et les exemples abondent pour montrer que, dans beaucoup de cas, les circonstances étant déterminées, nos actes peuvent être prédits ; et qu'il y a des causes régulières qui nous déterminent à vouloir, comme il y a des causes physiques qui produisent les divers faits matériels.

Il y a quarante-trois ans (en 1826), M. Bailey publiait déjà sur l'*uniformité de la causalité*, une dissertation ayant pour objet de faire rentrer les phénomènes volontaires sous la loi commune. Voici la substance de ce morceau curieux, qu'il a reproduit dans ses *Lettres sur la philosophie de l'esprit humain* (3).

1. Dans un article de la *Westminster Review*, réimprimée dans les *Diss. and Discuss.*, tom. II, p. 84.
2. *Letters*, etc., tom. II, ch. xv.
3. P. 166, *loc. citato*.

Il est surprenant qu'on ait pu théoriquement révoquer en doute la connexion des motifs et des actions. La vie pratique dépend tout entière de ce principe qu'on rejette en spéculation. Les discours d'un orateur, les traités d'un auteur, les prescriptions du législateur, les manœuvres du général, les décrets du monarque l'impliquent également. Un général qui commande une armée et dirige une bataille, compte sur l'obéissance de ses officiers et de ses soldats : est-il moins confiant dans le résultat de ses ordres que quand il accomplit quelque acte matériel, comme tirer une épée ou sceller une dépêche?

Les transactions commerciales de toute sorte attestent un même genre de confiance. Un marchand tire sur son banquier un billet payable tel jour : le billet circule, sans que le tireur doute de la volition finale qui fait que le banquier le paiera.

L'économie politique nous offre des exemples encore plus nombreux ; elle est en grande partie une enquête sur l'action des motifs, et elle se fonde sur ce principe que les volitions humaines sont sous l'influence de causes précises et déterminables. La hausse et la baisse, les fluctuations du change, les variations de l'offre et de la demande, le retour du papier chez le banquier après une émission excessive, la disparition des espèces, tous les faits de cette nature résultent de causes déterminées qui agissent avec régularité.

Ainsi lorsqu'on laisse de côté le langage vague sur la liberté de la volonté — qui est, comme on l'a dit, la liberté de quelque chose qui n'existe pas — la véritable question se présente sous une forme qui ne laisse plus guère de place à une divergence d'opinions.

Mais, après tout, peut-on objecter, quand nous prédisons ou calculons ainsi les actions volontaires de nos semblables, nous ne regardons leur production que comme *vraisemblable;* il n'y a point de nécessité dans ce cas; elles peuvent se produire ou ne pas se produire. Il y a une sorte de latitude qui prévaut, et nous permet de ne pas supposer que ces actions dépendent de causes régulières et invariables.

A cela M. Bailey répond, comme on pouvait s'y attendre, que c'est notre ignorance de toutes les causes en jeu qui fait que les événements volontaires ne sont pour nous que probables : si nous les connaissions *toutes*, il y aurait une certitude parfaite. Les variations en probabilité sont entièrement dues aux variations dans l'état de notre propre connaissance ; et cela est également vrai pour les phénomènes physiques et pour les phénomènes moraux.

En somme, deux faits incontestables, dit M. Bailey

1. Les actions volontaires résultent de motifs et peuvent être constamment prédites ;

2. En accomplissant ces actions, nous n'en faisons pas moins ce qui nous plaît ; nous agissons avec une parfaite liberté.

Je ne sais, ajoute-t-il, pourquoi on voit d'ordinaire une incompatibilité dans ces deux faits. Pour ma part, je n'en vois aucune et il ne peut y en avoir, si tous deux sont des faits réels. Pourquoi serait-il incompatible que vous fassiez ce qu'il vous plaît, et que je prédise, moi, ce que vous feriez ou même que je sois cause que vous désiriez le faire? Je produis en vous le désir de faire une chose, — ce qui implique naturellement que je prévois votre action : — ce n'est pas vous forcer à la faire. Les mêmes actions humaines peuvent être voulues avec une liberté parfaite par l'auteur, et prédites avec une certaine confiance par l'observateur.

Cette théorie de la volonté est si bien d'accord avec celle d s contemporains, que M. Bain en a transcrit quelques pages dans son grand ouvrage *the Emotions and the Will.* Si l'on ajoute que dans son traité spécial du raisonnement (*Theory of Reasoning*, 2e édit.) M. Bailey se rapproche à beaucoup d'égards de M. Stuart Mill, on conclura avec nous que sa psychologie porte la marque d'une époque de transition, plus près de l'avenir pourtant que du passé.

CONCLUSION

I

On peut se demander si les psychologues dont nous venons de parler constituent proprement une Ecole. Ce mot n'est exact qu'autant qu'il exprime une communauté de principes et de méthode : — constituer la psychologie comme science naturelle, avec l'appui de l'expérience et en l'absence de toute métaphysique. D'ailleurs, indépendance absolue dans les recherches et les vues d'ensemble.

Nous n'avons pu donner un tableau complet des travaux psychologiques en Angleterre. Aux écrivains que nous avons cités, il aurait fallu ajouter leurs disciples et même leurs critiques ; mais surtout ces savants — physiciens ou naturalistes — qui ont traité avec une grande compétence plusieurs points de psychologie. Bornons-nous à indiquer quelques noms en commençant par les physiologistes.

Il est bien remarquable, en effet, que tandis qu'en France nos plus volumineuses physiologies (1) se bornent généra-

1. Longet, *Traité de Physiologie.*

lement à réimprimer sur ces questions quelques phrases de Condillac, les physiologistes anglais sont au courant des plus récents travaux psychologiques et y contribuent pour leur part. Si j'ouvre Carpenter (1) je vois qu'il parle à beaucoup d'égards, comme Herbert Spencer ou Bain : « L'objet de la psychologie, c'est de rassembler sous une forme systématique les phénomènes qui se produisent naturellement dans les esprits pensants, de les classer et de les comparer, de façon à en déduire les lois générales suivant lesquels ils se produisent et leurs causes assignables. » Il compare la querelle des spiritualistes et des matérialistes aux deux chevaliers qui se battaient pour la couleur d'un écu qu'aucun deux n'avait jamais pu voir ; et il ajoute : « L'esprit a été étudié par les métaphysiciens, sans s'occuper en rien de ses instruments matériels ; tandis que le cerveau a été disséqué par les anatomistes et analysé par les chimistes, comme s'ils espéraient dessiner le cours de la pensée, peser ou mesurer l'intensité des émotions ». Sa récente *Physiologie mentale* (1875) est un abondant répertoire d'observations, de documents, de faits peu connus de psychologie normale ou morbide.

Nous retrouvons les mêmes tendances dans le grand physicien Tyndall, dans Huxley, qui s'élève même parfois aux plus hautes conceptions philosophiques, soit pour faire ses réserves à l'égard du positivisme, soit pour adhérer à l'idéalisme de Berkeley.

En psychologie, le nom du Dr Laycock reste surtout attaché à la théorie de la *cérébration inconsciente,* exposée par lui, dès 1838, dans un journal médical d'Edimbourg ; puis, avec plus de développement, dans son Mémoire *Sur l'action*

1. Carpenter, *Principles of human Physiology* : V. les sections : *of Mind and its operations; of Sleep*, etc. Son exposition des lois de l'Association est empruntée à Bain.

réflexe du cerveau (1844). Cette théorie qui a donné lieu de sa part à une revendication de priorité (1) joue, comme nous l'avons vu, un rôle important dans les plus récents travaux.

On ne peut guère séparer de l'école qui nous occupe le docteur Maudsley dont la *Physiologie et Pathologie de l'Esprit* (2) est, comme le fait remarquer Herbert Spencer, tout imprégnée de l'idée d'évolution. L'introduction de cet ouvrage qui a pour sujet « la Méthode en psychologie », est très-sévère pour la métaphysique et pour l'emploi exclusif de cette méthode que les Anglais appellent *introspective :* (l'observation intérieure de Jouffroy et de l'école spiritualiste). On y trouvera un bon exposé de la méthode physiologique ou objective; et, plus loin, des chapitres substantiels et suggestifs sur la Mémoire et les Sentiments. — Le docteur Maudsley a développé avec beaucoup d'ardeur cette thèse : que les phénomènes ne diffèrent qu'en ce que les plus élevés sont produits par une concentration, les moins élevés par une dispersion de la force : une unité de pensée équivaudrait à plusieurs unités de vie, une unité de vie à plusieurs unités de force purement mécanique. « Toute transformation ascendante de la matière et de la force en est pour ainsi dire la concentration sur un plus petit espace. »

Enfin Darwin, indépendamment de ses travaux comme naturaliste et de sa grande théorie de l'évolution, a contribué pour sa part à la constitution de la psychologie comme science expérimentale (3). On peut reprocher aux essais psychologiques, épars dans ses œuvres, d'être trop souvent

1. Sur ce point, voir son livre *Mind and Brain*, 1re édit. 1860. Appendix. Il a aussi traité cette question dans son *Traité* des Maladies nerveuses des femmes (1840) et dans son opuscule *sur les désordres organiques de la Mémoire, 1874.*

2. *The physiology and Pathology of Mind. — Body and Mind. — La Responsabilité dans les Maladies.* (Biblioth. scientifiq. internat.)

3. *La Descendance de l'homme. — L'expression des Emotions.*

vagues, peu exacts dans l'expression, et de n'être pas fondés sur une classification rigoureuse des phénomènes. Mais dans son *Origine des espèces* il a posé la question de l'instinct sous un nouveau jour. Au lieu d'y voir, avec l'école de Cuvier, un principe inné et invariable, il l'expliquait par la variation, la sélection naturelle, et l'accumulation des petits changements fixés par l'hérédité dans les générations successives. On peut donc dire que Darwin est le premier avec Herbert Spencer qui ait introduit en psychologie les explications fondées sur l'évolution. — *La Descendance de l'homme* contient des fragments de psychologie comparée; mais il n'a fait que montrer la route à suivre. Dans ce champ immense encore presque inexploré, Darwin n'a creusé qu'un seul point : le sens moral. Les deux chapitres (1) qu'il a consacrés à étudier ce fait psychologique chez l'homme et chez les autres animaux, à en montrer les conséquences sociales, à rechercher comment la puissance intellectuelle et les aptitudes morales ont dû jouer un grand rôle dans le *struggle for life* de l'homme contre la nature, contre les autres espèces animales, contre les formes inférieures de sa propre espèce, renferment un grand nombre de faits intéressants, de vues curieuses et neuves ; bref, sont très-propres à initier à la nouvelle méthode philosophique les esprits imbus des idées courantes. — Son *Expression des Emotions* traite un point de la corrélation du physique et du moral. De nombreuses observations étendues aux adultes, aux enfants, aux aliénés, aux diverses races humaines, il conclut que les modes d'expression sont les mêmes partout et qu'ils peuvent s'expliquer par trois principes fondamentaux : la loi d'association ou d'habitude ; le principe de l'antithèse ; l'action directe du système nerveux indépendamment de la volonté. — On peut

1. Chapitre III et chapitre V.

se demander si Darwin a résolu la question capitale et dernière : pourquoi telle émotion agit sur tel muscle ou tel groupe de muscles plutôt que sur tel autre ; si les trois principes par lui posés sont réellement irréductibles ; si le troisième n'est pas en réalité le fondement des deux autres : l'ouvrage n'en a pas moins une grande valeur psychologique par les résultats et par la méthode.

En dehors des naturalistes, les tendances expérimentales se rencontrent chez plusieurs psychologues anglais contemporains, parmi lesquels nous ne citerons que MM. Morell, Sully, Murphy.

Dans son *Introduction à la psychologie d'après la méthode inductive* (1) M. Morell « se propose de traiter la psychologie sur le plan et d'après les principes d'une *science naturelle.* » D'accord avec les auteurs qui précèdent sur toutes les questions de fait, il diffère quelquefois d'eux en théorie par certains points que je réduirai à deux : l'influence des doctrines allemandes, des tendances religieuses et métaphysiques. On ignore généralement en France que depuis environ quinze ans, il s'est produit en Allemagne des travaux remarquables sur la psychologie, considérée *als Naturwissenschaft* (2). Quoiqu'ils nous paraissent inférieurs à ceux de l'Angleterre, cette terre classique de la psychologie expérimentale, cependant, comme ils leur ressemblent à beaucoup d'égards, on pouvait souhaiter de voir ces deux courants de recherches, distincts l'un de l'autre, se rencontrer, se mêler et se confondre. Le livre de M. Morell nous offre un exemple de cette fusion. Après avoir indiqué ce qu'il doit aux travaux de ses modernes compatriotes, physiologistes

1. *An Introduction to mental Philosophy on the inductive Method by* J.-D. Morell.
2. Nous nous proposons de publier prochainement un résumé de ces travaux.

ou psychologistes, il ajoute qu'il renvoie aussi le lecteur à l'école contemporaine de psychologie allemande, et en particulier à celle qui est issue de Herbart. « Herbart, dit-il, eut le mérite, durant la longue période où l'Allemagne était perdue dans les rêves de l'idéalisme, de maintenir toutes ses spéculations sur une base réelle, et de ne jamais noyer les faits de conscience dans les phrases et formes purement dialectiques. Aussi, depuis que la fureur des systèmes a passé, sa psychologie a augmenté en crédit. » M. Morell reconnaît devoir à Herbart ou à ses disciples, Drobisch, Waitz et Volkmann, la doctrine de l'élaboration des idées, de leur action et réaction, de leur transformation de l'état conscient à l'état inconscient, *et vice versa*, de leur fusion par la loi de ressemblance, de leur combinaison en groupes, en séries, etc. En dehors de cette école, il cite Georges (de Rostock), Lazarus (de Berne), Fichte fils, Ulrici, Beneke, etc., comme lui ayant fourni des matériaux. Il diffère donc, sous ce rapport, des psychologues précédemment étudiés, dont la doctrine est presque tout entière indigène.

Les théories sur l'activité inconsciente ou préconsciente, sur les *résidus* indestructibles considérés comme phénomènes fondamentaux de la mémoire, sur la statique et la dynamique des idées, sont d'importation allemande. Parmi les psychologistes anglais, l'auteur auquel il doit le plus, dit-il, est Herbert Spencer, « en particulier pour l'habile analyse qu'il a donnée du raisonnement sous sa forme qualitative et quantitative. Pour tout ce qui touche à cette théorie, j'ai suivi en une large mesure la route qu'il a indiquée et qui me paraît la plus heureuse qui ait encore été faite sur ce sujet, dans ce pays. »

L'influence des travaux allemands se remarque de même dans le recueil d'essais récemment publiés par M. Sully, sous le titre de *Sensation et Intuition* (1). Mais ces travaux, bien loin de tendre vers la métaphysique, reposent sur l'expérience, au sens strict du mot. Ainsi ce sont des recherches faites dans les laboratoires par Fechner, Helmholtz, Wundt, Volkmann, etc., que M. Sully a résumées et interprétées physiologiquement dans son essai *Recent german experiments with sensation*. On ne lira pas non plus sans profit ses études sur le Darwinisme psychologique et sur les rapports de l'hypothèse de l'évolution avec la psychologie humaine. Au reste, les critiques anglais, et Bain à leur tête, viennent de reconnaître en lui « un psychologiste d'un ordre peu commun » ; et nous nous associons pleinement à leur jugement : « que ses traités sont des plus suggestifs que l'École de l'expérience ait publiés en Angleterre, dans ces dernières années. »

Signalons encore M. Murphy qui croit pouvoir faire la part aussi large que possible à l'Associationnisme, sans entamer le domaine de la foi. Dans son livre sur *L'habitude et l'intelligence* (2), il admet « la loi d'association comme loi dernière, mais pour la psychologie seulement. Elle est vraie de tous les phénomènes mentaux et n'est réductible à aucune autre loi mentale. Mais les phénomènes de l'esprit ne sont qu'une partie des phénomènes de la vie et la loi d'association n'est qu'un cas particulier, quoique très-important d'une loi qui est vraie de tous les phénomènes de la vie, — la loi d'habitude. » Il considère aussi les concepts de temps et d'espace, comme les résultats de l'expérience, *mais de l'expérience de la race et non de l'expérience individuelle*. « Cette doctrine qui réconcilie Locke et Kant sera,

1. *Sensation and Intuition*. — *Studies in psychology and Æsthetics, by James Sully*. — King. 1874.
2. *Habit and Intelligence in their connexion with the laws of matter and force*. 2 vol. 1869. Complété par *The scientific bases of faith*, 1873

dans une génération ou deux, universellement acceptée et la controverse séculaire sur ce sujet cessera. »

Nous ne prolongerons pas cette revue rapide. Elle suffit à montrer combien les études psychologiques sont plus vigoureuses et plus variées en Angleterre qu'en France. Nous ne dirons rien non plus des critiques que notre École a soulevées dans son propre pays (1), car ceci est un livre d'exposition, non de critique. Il sera plus utile pour nous de résumer en quelques mots ce qu'elle a fait.

II

Il n'est guère possible, qu'en parcourant les études qui précèdent, le lecteur n'ait pas été frappé de deux choses : de l'accord des philosophes que nous avons passés en revue, sur les questions capitales de la psychologie, et de leurs dissentiments sur quelques points secondaires. Si donc, laissant de côté les opinions personnelles et les solutions discutées, nous mettons en lumière les points sur lesquels ils s'accordent, ce sera donner le résumé des travaux et des résultats de l'École expérimentale, en psychologie. Nous essayerons de les ramener à quelques propositions fondamentales et les exposer dans un ordre méthodique.

1. On en trouve un résumé dans *The human Intellect* (1872, Strahan and C°). Les objections des spiritualistes, en Angleterre, sont à peu près celles de leurs coreligionnaires français. Ils combattent les *cérébralistes* (Bain), qui s'appuient sur la corrélation des forces, en disant que les théories cérébrales n'expliquent pas du tout le fait de conscience; qu'expliquer la conscience par le mécanisme, c'est expliquer ce qu'on connaît peu par ce qu'on ne connaît pas. — Ils combattent l'*Associationisme* en disant « que son πρῶτον ψεῦδος c'est de ne pas reconnaître l'activité de l'esprit dans la connaissance; » que la théorie de l'Association n'explique bien que les processus inférieurs de l'esprit ; que dans sa théorie du raisonnement Stuart Mill est obligé d'ajouter à l'Association « *the exspectation concerning the uniformity of nature* » et que Bain *resorts to emotional nature to explain belief*, etc., etc.

La psychologie a pour objet les faits de conscience, leurs lois, leurs causes immédiates, leurs conditions. Elle se propose, soit d'analyser les faits complexes, soit de montrer comment ils se forment par une synthèse de faits simples.

Elle ne s'occupe que des phénomènes. Ce qu'est l'âme ou l'esprit, elle l'ignore. C'est une question hors de sa portée qu'elle renvoie à la métaphysique. Elle n'est ni spiritualiste ni matérialiste : elle est expérimentale.

Sa méthode est double : elle étudie les phénomènes psychologiques, subjectivement, au moyen de la conscience, de la mémoire et du raisonnement; objectivement, au moyen des faits, signes, opinions et actions qui les traduisent.

La psychologie n'étudie pas les faits de conscience, simplement à l'état adulte : elle essaie d'en découvrir et d'en suivre le développement. Elle contient une embryologie.

Elle a aussi recours à la méthode comparative. Elle ne dédaigne point les manifestations les plus humbles de la vie psychique, se rappelant que rien n'a été plus utile à la physiologie comparée que l'étude des organismes infimes.

La conscience est le mot qui exprime, de la manière la plus générale, les diverses manifestations de la vie psychologique. Elle consiste en un courant continu de sensations, idées, volitions, sentiments, etc.

Le premier fait fondamental, celui qui constitue la conscience, c'est la perception d'une différence.

Le second fait fondamental, celui qui continue la conscience, c'est la perception d'une ressemblance.

Le seul fait psychologique, primitif et irréductible, est la SENSATION.

Nos diverses sensations peuvent se classer en sept groupes principaux : 1° sensations musculaires; elles nous informent de la nature et du degré d'effort de nos muscles. Ces sensations, d'un caractère très-général et les premières dans l'ordre chronologique, forment comme un genre à part; 2° sensations organiques qui nous révèlent le bon ou le mauvais état de nos organes internes; 3° goût; 4° odorat; 5° toucher; 6° ouïe; 7° vue. Les sensations de ce dernier groupe sont les plus élevées et les plus importantes; seules avec les sensations de l'ouïe, elles ont un caractère esthétique.

La loi la plus générale qui régisse les phénomènes psychologiques est la LOI D'ASSOCIATION. Par son caractère compréhensif, elle est comparable à la loi d'attraction dans le monde physique. L'association a lieu soit entre des faits de même nature : association des sensations entre elles, des idées entre elles, des volitions entre elles, etc.; soit entre des faits de différente nature; association des sentiments avec des idées, des sensations avec des volitions, etc.

Les deux faits principaux qui servent de base à l'association, sont la ressemblance et la contiguïté.

L'association produit soit des successions, soit des simultanéités.

Les objets que nous appelons externes (un homme, une maison), sont des agrégats formés par association simultanée. Comment les percevons-nous?

La perception du monde extérieur n'est pas un état purement passif, où l'esprit ressemblerait à un miroir reflétant fatalement les objets. Elle est l'œuvre commune du sujet sentant et de l'objet senti (1).

Il est conforme aux données des sciences de croire que ce monde matériel, pris en lui-même, ne ressemble nulle-

1. Toute solution dernière sur cette question dépasse la psychologie expérimentale : ce serait l'idéalisme pour Mill et Bain, le réalisme pour Spencer.

ment aux perceptions que nous en avons : ce qui condamne le réalisme vulgaire.

Nos perceptions sont donc les états internes qui *correspondent* aux existences externes, mais qui ne leur *ressemblent* pas. Quand je perçois un chêne, ma perception correspond à un objet externe particulier, *mais n'en est pas la copie.*

La perception est un produit qui diffère de ses deux facteurs (sujet. objet), comme l'eau diffère de l'oxygène et de l'hydrogène.

Les corrélatifs « sujet » et « objet » sont les deux termes les moins inexacts, pour exprimer l'antithèse fondamentale de la connaissance et de l'existence. Matière et Esprit, Externe et Interne en sont les synonymes populaires, mais prêtent plus à l'équivoque.

L'expérience fondamentale, irréductible, qui donne la notion de l'extériorité, c'est la résistance.

Les faits de conscience ayant la propriété de durer, de laisser leur trace, et de réapparaître, de là résultent la mémoire et l'imagination. L'association est le fond de ces phénomènes, quoiqu'elle ne les explique pas tout entiers.

La question de la croyance ou affirmation reste posée, mais non résolue d'un commun accord. Les uns (M. J. Mill, H. Spencer) l'expliquent par une association indissoluble ; d'autres (M. Bain et M. Stuart Mill) y voient une forme de notre nature active, c'est-à-dire de notre volonté.

Le raisonnement, sous sa forme primitive, va du particulier au particulier. Par l'accumulation des vérités particulières se forment les propositions générales : le raisonnement s'appelle alors induction. La proposition générale est une simplification, un *memorandum*, un registre de notes groupées sous une seule formule. Elle sert de point de départ à la déduction.

En somme, le procédé du raisonnement, pris dans sa totalité, part du particulier et aboutit au particulier, en traversant le général qui est un amas de particuliers.

Le syllogisme est si peu le type du raisonnement qu'il n'est, à proprement parler, qu'un procédé de vérification.

Sur l'origine des idées, l'École qui nous occupe n'est ni avec les sensualistes (Locke, Condillac), ni avec les rationalistes (Descartes, Leibniz), ni avec les criticistes (Kant).

Elle dit aux sensualistes : Votre hypothèse de la « table rase » est fausse, contraire aux faits. Elle oublie que dans l'acte de la connaissance, l'esprit met du sien au moins autant qu'il en reçoit. D'où vient que deux hommes ayant eu même éducation, mêmes impressions, même millieu, diffèrent quelquefois du tout au tout ? Ce fait à lui seul tiendrait en échec votre théorie.

Elle dit aux rationalistes : Vous avez bien vu qu'il y a dans l'acte de la connaissance quelque chose qui vient du dedans ; mais votre hypothèse d'idées innées ou à l'état virtuel est insoutenable. Qu'est-ce qu'une idée à l'état latent, une idée qu'on ne pense point ? D'ailleurs si ces idées sont primitives et toutes faites dans l'intelligence, pourquoi se produisent-elles si tard, au lieu d'être les premières dans l'ordre chronologique ?

Elle dit aux partisans de Kant : votre doctrine transcendante des *formes* de la pensée, bonne en logique, est mauvaise en psychologie. Il est vrai que ces formes se trouvent au fond de nos connaissances puisqu'on peut les en tirer ; mais comment s'y trouvent-elles ? C'est une question de genèse que vous n'examinez pas, parce que vous raissonnez toujours dans l'hypothèse d'un esprit adulte et complétement constitué.

Ces solutions écartées, l'école donne la sienne. Elle reconnaît à l'esprit une spontanéité propre qui élabore et transforme les matériaux venant du dehors ; mais cette spontanéité a sa racine dans l'organisme, en particulier dans la constitution du système nerveux. Quelques particularités s'expliquent par la transmission héréditaire.

En somme, cette solution est la transformation physiologique de la doctrine kantienne des formes de la pensée.

Les deux rapports les plus généraux que conçoive l'intelligence humaine sont ceux de succession et de simultanéité.

Le rapport de succession est le plus simple : il constitue le fait de conscience primitif.

Le rapport de simultanéité est une duplication du précédent : il consiste en une succession qui peut être renversée, c'est-à-dire pensée indifféremment, d'abord dans un certain ordre, ensuite dans l'ordre contraire; de sorte que l'on va également de A à C et de C à B.

Au rapport de succession se rattache une notion importante, celle de cause, ou, comme dit l'École, de séquence ; elle n'en est qu'un cas particulier.

La causalité est la succession constante et uniforme.

L'antécédent invariable est appelé cause; le conséquent invariable, effet. L'hypothèse d'un pouvoir efficace formant entre eux un lien mystérieux, est une complication imaginaire, en tant qu'on s'en tient aux causes phénomènes, comme l'École entend le faire.

L'ensemble des rapports de succession est le temps.

L'ensemble des rapports de simultanéité est l'espace.

Le caractère d'infini, propre à ces deux idées de temps et d'espace, c'est-à-dire l'impossibilité pour notre intelligence de leur concevoir des bornes, s'explique par la loi d'association. Nous ne pouvons concevoir un moment du temps sans que cette idée éveille irrésistiblement en nous celle d'un moment qui suit, puis d'un autre. Il en est de même pour l'espace. L'association est irrésistible, parce que les données expérimentales qui lui servent de base ont toujours été sans exception.

L'étude des phénomènes affectifs, émotions, sentiments, est assez incomplète, avons-nous dit, dans l'école expérimentale d'Angleterre. Voici le petit nombre de points sur lesquels on est d'accord.

Les deux faits fondamentaux sont le plaisir et la douleur.

Les émotions ou passions sont de deux sortes : simples, composées.

On ne s'entend ni sur le nom, ni sur le nombre des émotions simples.

On est unanime à ranger parmi les émotions composées toutes les manifestations du sentiment esthétique et du sentiment moral.

La volonté a sa source dans l'activité soit de l'organisme, soit des instincts, appétits et passions.

Sous sa forme adulte, la volonté est un pouvoir directeur, régulateur. Mais avant d'y parvenir, elle traverse une période de tâtonnements, d'efforts et de conquêtes. Le pouvoir volontaire, simple en apparence, est une machine compliquée, faite de pièces de rapport.

Les faits volontaires sont soumis à la loi universelle de la causalité.

Sont-ils notre œuvre? Sans doute, puisqu'ils sont le résultat de la totalité des états de conscience qui précèdent la résolution, et que cet ensemble d'états de conscience est notre *moi*.

Sont-ils libres? — Cette question est factice, inintelligible, par conséquent insoluble. Il faut rayer de la psychologie le mot « liberté, » terme inexact qui n'est bon qu'à tout confondre, et y substituer le mot aptitude.

La psychologie ainsi conçue peut et *doit* être une science distincte. Mais elle ne peut ni ne doit s'isoler des sciences voisines, notamment de la physiologie ; et même, à rigoureusement parler, on ne peut tracer entre elles aucune ligne de démarcation, parce que certains phénomènes appartiennent à l'une comme à l'autre.

Si la psychologie a sa base dans la physiologie, elle sert de base à son tour aux sciences morales, sociales et politiques.

Elle doit pour cela se compléter par une étude pratique : l'éthologie ou science de la formation des caractères, soit individuels, soit nationaux.

FIN.

TABLE DES MATIÈRES

FIN DE LA TABLE DES MATIÈRES.

Coulommiers. — Imprimerie Paul BRODARD.

CATALOGUE

DES

LIVRES DE FONDS

OUVRAGES HISTORIQUES

ET PHILOSOPHIQUES

TABLE DES MATIÈRES

PARIS

LIBRAIRIE GERMER BAILLIÈRE ET Cie

108, BOULEVARD SAINT-GERMAIN, 108

Au coin de la rue Hautefeuille

SEPTEMBRE 1881

COLLECTION HISTORIQUE DES GRANDS PHILOSOPHES

PHILOSOPHIE ANCIENNE

ARISTOTE (Œuvres d'), traduction de M. BARTHÉLEMY SAINT-HILAIRE.

— **Psychologie** (Opuscules), trad. en français et accompagnée de notes. 1 vol. in-8 . . . . 10 fr.

— **Rhétorique**, traduite en français et accompagnée de notes. 1870, 2 vol. in-8 . . . . 16 fr.

— **Politique**, 1868, 1 v. in-8 10 fr.

— **Traité du ciel**, 1866; traduit en français pour la première fois. 1 fort vol. grand in-8 . . . . 10 fr.

— **Météorologie**, avec le petit traité apocryphe : *Du Monde*, 1863. 1 fort vol. grand in 8 . . . . 10 fr.

— **La métaphysique d'Aristote.** 3 vol. in-8, 1879 . . . . 30 fr.

— **Poétique**, 1858. 1 vol. in-8. 5 fr.

Traité de la production et de la destruction des choses, trad. en français et accomp. de notes perpétuelles. 1866. 1 v. gr. in-8. 10 fr.

— **De la logique d'Aristote**, par M. BARTHÉLEMY SAINT-HILAIRE. 2 volumes in-8 . . . . 10 fr.

— **Psychologie**, Traité de l'âme, 1 vol. in-8 . . . . (*Épuisé.*)

— **Physique**, ou leçons sur les principes généraux de la nature. 2 forts vol. in-8 . . . . (*Épuisé.*)

— **Morale**, 1856. 3 vol. grand in-8. (*Épuisé.*)

— **La logique**, 4 vol. in-8. (*Épuisé.*)

SOCRATE. **La philosophie de Socrate**, par M. Alf. FOUILLÉE. 2 vol. in-8 . . . . 16 fr.

PLATON. **La philosophie de Platon**, par M. Alfred FOUILLÉE. 2 volumes in-8 . . . . 16 fr.

— **Études sur la Dialectique dans Platon et dans Hegel**, par M. Paul JANET. 1 vol. in 8 . . . 6 fr.

PLATON et ARISTOTE. **Essai sur le commencement de la science politique**, par VAN DER REST. 1 vol. in-8 . . . . 10 fr.

ÉPICURE. **La Morale d'Épicure** et ses rapports avec les doctrines contemporaines, par M. GUYAU. 1 vol. in-8 . . . . 6 fr. 50

ÉCOLE D'ALEXANDRIE. **Histoire critique de l'École d'Alexandrie**, par M. VACHEROT. 3 vol. in-8. 24 fr.

—**L'École d'Alexandrie**, par M. BARTHÉLEMY SAINT-HILAIRE. 1 v. in-8. 6 fr.

MARC-AURÈLE. **Pensées de Marc-Aurèle**, traduites et annotées par M. BARTHÉLEMY SAINT-HILAIRE. 1 vol. in-18 . . . . 4 fr. 50

RITTER. **Histoire de la philosophie ancienne**, trad. par TISSOT. 4 vol. in-8 . . . . 30 fr.

FABRE (Joseph). **Histoire de la philosophie, antiquité et moyen âge.** 1 vol. in-18 . . . . 3 50

PHILOSOPHIE MODERNE

LEIBNIZ. **Œuvres philosophiques**, avec introduction et notes par M. Paul JANET. 2 vol. in-8. 16 fr.

— **La métaphysique de Leibniz et la critique de Kant**, par D. NOLEN. 1 vol. in-8 . . . . . 6 fr.

— **Leibniz et Pierre le Grand**, par FOUCHER DE CAREIL. In-8. 2 fr.

— **Lettres et opuscules de Leibniz**, par FOUCHER DE CAREIL. 1 vol. in-8 . . . . 3 fr. 50

— **Leibniz, Descartes et Spinoza**, par FOUCHER DE CAREIL. 1 vol. in-8 . . . . 4 fr.

— **Leibniz et les deux Sophie**, par FOUCHER DE CAREIL. 1 vol. in-8 . . . . 2 fr.

SCARTES. **Descartes, la princesse Élisabeth et la reine Christine**, par FOUCHER DE CAREIL.

SPINOZA. **Dieu, l'homme et la béatitude**, trad. et précédé d'une introduction par M. P. JANET. 1 vol. in-18 . . . . 2 fr. 50

LOCKE. **Sa vie et ses œuvres**, par M. MARION. 1 vol. in-18. 2 fr. 50

MALEBRANCHE. **La philosophie de Malebranche**, par M. OLLÉ-LAPRUNE. 2 vol. in-8 . . . . . . 16 fr.

VOLTAIRE. **Les sciences au XVIIIe siècle.** Voltaire physicien, par M. Em. SAIGEY. 1 vol. in-8 . . 5 fr.

BOSSUET. **Essai sur la philosophie de Bossuet**, par Nourrisson, 1 vol. in-8 . . . . 4 fr.

RITTER. **Histoire de la philosophie moderne**, traduite par P.

FRANCK (Ad.). **La philosophie mystique en France** au XVIIIe siècle. 1 vol. in-18.... 2 fr. 50

DAMIRON. **Mémoires pour servir à l'histoire de la philosophie au XVIIIe siècle.** 3 vol. in-8. 15 fr.

MAINE DE BIRAN. **Essai sur sa philosophie**, suivi de fragments inédits, par JULES GÉRARD. 1 fort vol. in-8. 1876............ 10 fr.

BERKELEY. **Sa vie et ses œuvres**, par PENJON. 1 v. in-8 (1878). 7 fr. 50

PHILOSOPHIE ÉCOSSAISE

DUGALD STEWART. **Éléments de la philosophie de l'esprit humain**, traduits de l'anglais par L. PEISSE. 3 vol. in-12........... 9 fr.

W. HAMILTON. **Fragments de philosophie**, traduits de l'anglais par L. PEISSE. 1 vol. in-8.. 7 fr. 50

— **La philosophie de Hamilton**, par J. STUART MILL. 1 v. in-8. 10 fr.

PHILOSOPHIE ALLEMANDE

KANT. **Critique de la raison pure**, trad. par M. TISSOT. 2 v. in-8. 16 fr.

— Même ouvrage, traduction par M. Jules BARNI. 2 vol. in-8. . 16 fr.

— **Éclaircissements sur la critique de la raison pure**, trad. par J. TISSOT. 1 volume in-8... 6 fr.

— **Examen de la critique de la raison pratique**, traduit par M. J. BARNI. 1 vol. in-8.... (*Epuisé.*)

— **Principes métaphysiques du droit**, suivis du *projet de paix perpétuelle*, traduction par M. TISSOT. 1 vol. in-8......... 8 fr.

— Même ouvrage, traduction par M. Jules BARNI. 1 vol. in-8... 8 fr.

— **Principes métaphysiques de la morale**, augmentés des *fondements de la métaphysique des mœurs*, traduct. par M. TISSOT. 1 v. in-8. 8 fr.

— Même ouvrage, traduction par M. Jules BARNI. 1 vol. in-8... 8 fr.

— **La logique**, traduction par M. TISSOT. 1 vol. in-8..... 4 fr.

— **Mélanges de logique**, traduction par M. TISSOT. 1 vol. in-8. 6 fr.

— **Prolégomènes à toute métaphysique future** qui se présentera comme science, traduction de M. TISSOT. 1 vol. in-8... 6 fr.

— **Anthropologie**, suivie de divers fragments relatifs aux rapports du physique et du moral de l'homme, et du commerce des esprits d'un monde à l'autre, traduction par M. TISSOT. 1 vol. in-8.... 6 fr.

KANT. **La critique de Kant et la métaphysique de Leibniz.** Histoire et théorie de leurs rapports, par D. NOLEN. 1 vol. in-8. 1875. 6 fr.

FICHTE. **Méthode pour arriver à la vie bienheureuse**, traduit par Francisque BOUILLIER. 1 vol. in-8................. 8 fr.

— **Destination du savant et de l'homme de lettres**, traduit par M. NICOLAS. 1 vol. in-8. 3 fr.

— **Doctrines de la science.** Principes fondamentaux de la science de la connaissance, traduit par GRIMBLOT. 1 vol. in-8..... 9 fr

SCHELLING. **Bruno** ou du principe divin, trad. par Cl. HUSSON. 1 vol. in-8................ 3 fr. 50

— **Écrits philosophiques** et morceaux propres à donner une idée de son système, trad. par Ch. BÉNARD. 1 vol. in-8......... 9 fr.

HEGEL. **Logique**, traduction par A. VÉRA. 2e édition. 2 volumes in-8................... 14 fr.

— **Philosophie de la nature**, traduction par A. VÉRA. 3 volumes in-8................... 25 fr.

Prix du tome II..... 8 fr. 50
Prix du tome III..... 8 fr. 50

— **Philosophie de l'esprit**, traduction par A. VÉRA. 2 volumes in-8.................. 18 fr.

— **Philosophie de la religion**, traduction par A. VÉRA. 2 vol. 20 fr.

— **Introduction à la philosophie de Hegel**, par A. VÉRA. 1 volume in-8................ 6 fr. 50

— **Essais de philosophie hegelienne**, par A. VÉRA. 1 vol. 2 fr. 50

— **L'Hegelianisme et la philosophie**, par M. VÉRA. 1 volume in-18............... 3 fr 50.

HEGEL. **Antécédents de l'Hegelianisme dans la philosophie française**, par BEAUSSIRE. 1 vol. in-18 . . . . 2 fr. 50

— **La dialectique dans Hegel et dans Platon**, par Paul JANET. 1 vol. in-8 . . . . 6 fr.

— **La Poétique**, traduction par Ch. BÉNARD, précédée d'une préface et suivie d'un examen critique. Extraits de Schiller, Gœthe, Jean Paul, etc., et sur divers sujets relatifs à la poésie. 2 vol. in-8 . . . 12 fr.

Esthétique. 2 vol. in-8, traduit par M. BÉNARD . . . . 16 fr.

RICHTER (Jean-Paul). **Poétique ou Introduction à l'esthétique**, traduit de l'allemand par Alex. BUCHNER et Léon DUMONT. 2 vol. in-8. 15 fr.

HUMBOLDT (G. de). **Essai sur les limites de l'action de l'État**, traduit de l'allemand, et précédé d'une Étude sur la vie et les travaux de l'auteur, par M. CHRÉTIEN. 1 vol. in-18 . . . . 3 fr. 50

— **La philosophie individualiste**, étude sur G. de HUMBOLDT, par CHALLEMEL-LACOUR. 1 vol. 2 fr. 50

STAHL. **Le Vitalisme et l'Animisme de Stahl**, par Albert LEMOINE. 1 vol. in-18 . . . . 2 fr. 50

LESSING. **Le Christianisme moderne**. Étude sur Lessing, par FONTANÈS. 1 vol. in-18 . . 2 fr. 50

PHILOSOPHIE ALLEMANDE CONTEMPORAINE

L. BUCHNER. **Science et nature**, traduction de l'allemand, par Aug. DELONDRE. 2 vol. in-18 . . . . 5 fr.

— **Le Matérialisme contemporain**, par M. P. JANET. 3e édit. 1 vol. in-18 . . . . 2 fr. 50

HARTMANN (E. de). **La Religion de l'avenir**. 1 vol. in-18 . . 2 fr. 50

— **La philosophie de l'inconscient**. 2 vol. in-8. 20 fr.

— **Le Darwinisme**, ce qu'il y a de vrai et de faux dans cette doctrine, traduit par M. G. GUÉROULT. 1 vol. in-18, 2e édit . . . . 2 fr. 50

HÆCKEL. **Hæckel et la théorie de l'évolution en Allemagne**, par Léon DUMONT. 1 vol. in-18. 2 fr. 50

— **Les preuves du transformisme**, trad. par M. SOURY. 1 vol. in-18 . . . . 2 fr. 50

— **Essais de psychologie cellulaire**, traduit par M. J. SOURY. 1 vol. in-12 . . . . 2 fr. 50

O. SCHMIDT. **Les sciences naturelles et la philosophie de l'inconscient**. 1 v. in-18. 2 f. 50

LOTZE (H.). **Principes généraux de psychologie physiologique**, trad. par M. PENJON. 1 vol. in-18. 2 fr. 50

STRAUSS. **L'ancienne et la nouvelle foi de Strauss**, étude critique par VÉRA. 1 vol. in-8. 6 fr.

MOLESCHOTT. **La Circulation de la vie**, Lettres sur la physiologie, en réponse aux Lettres sur la chimie de Liebig, traduction de l'allemand par M. CAZELLES. 2 volumes in-18. Pap. vélin . . . . 10 fr.

SCHOPENHAUER. **Essai sur le libre arbitre**. 1 vol. in-18 . . . 2 fr. 50

— **Le fondement de la morale**. traduit par M. BURDEAU. 1 vol, in-18 . . . . 2 fr. 50

— **Essais et fragments**, traduit et précédé d'une vie de Schop., par M. BOURDEAU. 1 vol. in-18. 2 fr. 50

— **Aphorisme sur la sagesse dans la vie**, traduit par M. CANTACUZÈNE. In-8 . . . . 5 fr.

— **Philosophie de Schopenhauer**, par Th. RIBOT. 1 vol. in-18. 2 fr. 50

RIBOT (Th.). **La psychologie allemande contemporaine** (HERBART, BENEKE, LOTZE, FECHNER, WUNDT, etc.). 1 vol. in-8. 7 fr. 50

PHILOSOPHIE ANGLAISE CONTEMPORAINE

STUART MILL. **La philosophie de Hamilton**. 1 fort vol. in-8. 10 fr.

— **Mes Mémoires**. Histoire de ma vie et de mes idées. 1 v. in-8. 5 fr.

— **Système de logique** déductive et inductive. 2 v. in-8. 20 fr.

STUART MILL. **Essais sur la Religion**. 1 vol. in-8 . . . . 5 fr.

— **Le positivisme anglais**, étude sur Stuart Mill, par H. TAINE. 1 volume in-18 . . . . 2 fr. 50

HERBERT SPENCER. **Les premiers Principes.** 1 fort vol. in-8. 10 fr.

— **Principes de psychologie.** 2 vol. in-8........... 20 fr.

— **Principes de biologie.** 2 forts volumes in-8........... 20 fr.

— **Introduction à la Science sociale.** 1 v. in-8 cart. 5e éd. 6 fr.

— **Principes de sociologie.** 2 vol. in-8.............. 17 fr. 50

— **Classification des Sciences.** 1 vol. in-18.......... 2 fr. 50

— **De l'éducation intellectuelle, morale et physique.** 1 vol in-8.................. 5 fr.

— **Essais sur le progrès.** 1 vol. in-8................. 7 fr. 50

— **Essais de politique.** 1 vol. 7 fr. 50

— **Essais scientifiques.** 1 vol. 7 fr. 50

— **Les bases de la morale.** In-8. 6 f.

BAIN. **Des Sens et de l'Intelligence.** 1 vol. in-8. 10 fr.

— **La logique inductive et déductive.** 2 vol. in-8.. 20 fr.

— **L'esprit et le corps.** 1 vol. in-8, cartonné, 2e édition.. 6 fr.

— **La science de l'éducation.** In-8................. 6 fr.

DARWIN. **Ch. Darwin et ses précurseurs français**, par M. de QUATREFAGES. 1 vol. in-8.. 5 fr.

— **Descendance et Darwinisme**, par Oscar SCHMIDT. In-8, cart. 6 fr.

DARWIN. **Le Darwinisme**, ce qu'il y a de vrai et de faux dans cette doctrine, par E. DE HARTMANN. 1 vol. in-18............... 2 fr. 50

DARWIN. **Le Darwinisme**, par ÉM. FERRIÈRE. 1 vol. in-18.. 4 fr. 50

— **Les récifs de corail**, structure et distribution. 1 vol. in-8. 8 fr.

CARLYLE. **L'idéalisme anglais**, étude sur Carlyle, par H. TAINE. 1 vol. in-18........... 2 fr. 50

BAGEHOT. **Lois scientifiques du développement des nations** dans leurs rapports avec les principes de la sélection naturelle et de l'hérédité. 1 vol. in-8, 3e édit. 6 fr.

RUSKIN (JOHN). **L'esthétique anglaise**, étude sur J. Ruskin, par MILSAND. 1 vol. in-18 ... 2 fr. 50

MATTHEW ARNOLD. **La crise religieuse.** 1 vol. in-8.... 7 fr. 50

FLINT. **La philosophie de l'histoire en France et en Allemagne**, traduit de l'anglais par M. L. CARRAU. 2 vol. in-8. 15 fr.

RIBOT (Th.). **La psychologie anglaise contemporaine** (James Mill, Stuart Mill, Herbert Spencer, A. Bain, G. Lewes, S. Bailey, J.-D. Morell, J. Murphy), 1875. 1 vol. in-8, 2e édition....... 17 fr. 50

LIARD. **Les logiciens anglais contemporains** (Herschell, Whewell, Stuart Mill, G. Bentham, Hamilton, de Morgan, Beele, Stanley Jevons). 1 vol. in-18.......... 2 fr. 50

GUYAU. **La morale anglaise contemporaine.** Morale de l'utilité et de l'évolution. 1 vol. in-8. 7 fr. 50

HUXLEY. **Hume, sa vie, sa philosophie.** 1 vol. in-8...... 5 fr. d'une préface par M. G. COMPAYRÉ.

JAMES SULLY. **Le pessimisme**, traduit par M. A. BERTRAND. 1 vol. in-8. (*Sous presse.*)

PHILOSOPHIE ITALIENNE CONTEMPORAINE

SICILIANI. **Prolégomènes à la psychogénie moderne**, traduit de l'italien par M. A. HERZEN. 1 vol. in-18......... 2 fr. 50

ESPINAS. **La philosophie expérimentale en Italie**, origines, état actuel. 1 vol. in-18. 2 fr. 50

MARIANO. **La philosophie contemporaine en Italie**, essais de philos. hegelienne. In-18. 2 fr. 50

TAINE. **La philosophie de l'art en Italie.** 1 vol. in-18. 2 fr. 50

FERRI (Louis). **Essai sur l'histoire de la philosophie en Italie au XIXe siècle.** 2 vol. in-8. 12 fr.

BIBLIOTHÈQUE

DE

PHILOSOPHIE CONTEMPORAINE

Volumes in-18 à 2 fr. 50

Cartonnés. . . 3 fr. — Reliés. . . 4 fr.

M. Taine.

LE POSITIVISME ANGLAIS, étude sur Stuart Mill. 2e édit.

L'IDÉALISME ANGLAIS, étude sur Carlyle.

PHILOSOPHIE DE L'ART. 3e édit.

PHILOSOPHIE DE L'ART EN ITALIE. 3e édition.

DE L'IDÉAL DANS L'ART. 2e édit.

PHILOSOPHIE DE L'ART DANS LES PAYS-BAS.

PHILOSOPHIE DE L'ART EN GRÈCE.

Paul Janet.

LE MATÉRIALISME CONTEMPORAIN, 2e édit.

LA CRISE PHILOSOPHIQUE. Taine, Renan, Vacherot, Littré.

LE CERVEAU ET LA PENSÉE.

PHILOSOPHIE DE LA RÉVOLUTION FRANÇAISE.

SAINT-SIMON ET LE SAINT-SIMONISME.

DIEU, L'HOMME ET LA BÉATITUDE. (*Œuvre inédite de Spinoza.*)

Odysse Barot.

PHILOSOPHIE DE L'HISTOIRE.

Alaux.

PHILOSOPHIE DE M. COUSIN.

Ad. Franck.

PHILOSOPHIE DU DROIT PÉNAL. 2e édit.

PHILOS. DU DROIT ECCLÉSIASTIQUE.

LA PHILOSOPHIE MYSTIQUE EN FRANCE AU XVIIIe SIÈCLE.

Charles de Rémusat.

PHILOSOPHIE RELIGIEUSE.

Charles Lévêque.

LE SPIRITUALISME DANS L'ART.

LA SCIENCE DE L'INVISIBLE.

Émile Saisset.

L'AME ET LA VIE, suivi d'une étude sur l'Esthétique française.

CRITIQUE ET HISTOIRE DE LA PHILOSOPHIE (frag. et disc.).

Auguste Laugel.

LES PROBLÈMES DE LA NATURE.

LES PROBLÈMES DE LA VIE.

LES PROBLÈMES DE L'AME.

LA VOIX, L'OREILLE ET LA MUSIQUE.

L'OPTIQUE ET LES ARTS.

Challemel-Lacour.

LA PHILOSOPHIE INDIVIDUALISTE.

Albert Lemoine.

LE VITALISME ET L'ANIMISME DE STAHL.

DE LA PHYSION. ET DE LA PAROLE.

L'HABITUDE ET L'INSTINCT.

Milsand.

L'ESTHÉTIQUE ANGLAISE, étude sur John Ruskin.

A. Véra.

ESSAIS DE PHILOSOPHIE HEGÉLIENNE.

Beaussire.

ANTÉCÉDENTS DE L'HEGÉLIANISME DANS LA PHILOS. FRANÇAISE.

Bost.

LE PROTESTANTISME LIBÉRAL.

Francisque Bouillier.

DE LA CONSCIENCE.

Ed. Auber.

PHILOSOPHIE DE LA MÉDECINE.

Leblais.

MATÉRIALISME ET SPIRITUALISME.

Ad. Garnier.

DE LA MORALE DANS L'ANTIQUITÉ.

Schœbel.

PHILOSOPHIE DE LA RAISON PURE.

Tissandier.

DES SCIENCES OCCULTES ET DU SPIRITISME.

Ath. Coquerel fils.

PREMIÈRES TRANSFORMATIONS HISTORIQUES DU CHRISTIANISME. 2e édit.

LA CONSCIENCE ET LA FOI.

HISTOIRE DU CREDO.

Jules Levallois.
DÉISME ET CHRISTIANISME.

Camille Selden.
LA MUSIQUE EN ALLEMAGNE. Étude sur Mendelssohn.

Fontanès.
LE CHRISTIANISME MODERNE. Étude sur Lessing.

Stuart Mill.
AUGUSTE COMTE ET LA PHILOSOPHIE POSITIVE. 2e édition.

Mariano.
LA PHILOSOPHIE CONTEMPORAINE EN ITALIE.

Saigey.
LA PHYSIQUE MODERNE, 2e tirage.

E. Faivre.
DE LA VARIABILITÉ DES ESPÈCES.

Ernest Bersot.
LIBRE PHILOSOPHIE.

A. Réville
HISTOIRE DU DOGME DE LA DIVINITÉ DE JÉSUS-CHRIST. 2e édition.

W. de Fonvielle.
L'ASTRONOMIE MODERNE.

C. Coignet.
LA MORALE INDÉPENDANTE.

Et. Vacherot.
LA SCIENCE ET LA CONSCIENCE.

E. Boutmy.
PHILOSOPHIE DE L'ARCHITECTURE EN GRÈCE.

Ém. de Laveleye.
DES FORMES DE GOUVERNEMENT.

Herbert Spencer.
CLASSIFICATION DES SCIENCES. 2e édit.

Gauckler.
LE BEAU ET SON HISTOIRE.

Max Müller.
LA SCIENCE DE LA RELIGION.

Léon Dumont.
HAECKEL ET LA THÉORIE DE L'ÉVOLUTION EN ALLEMAGNE.

Bertauld.
L'ORDRE SOCIAL ET L'ORDRE MORAL.
DE LA PHILOSOPHIE SOCIALE.

Th. Ribot.
PHILOSOPHIE DE SCHOPENHAUER.
LES MALADIES DE LA MÉMOIRE.

Al. Herzen.
PHYSIOLOGIE DE LA VOLONTÉ.

Bentham et Grote.
LA RELIGION NATURELLE.

Hartmann.
LA RELIGION DE L'AVENIR. 2e édit.
LE DARWINISME. 3e édition.

H. Lotze.
PSYCHOLOGIE PHYSIOLOGIQUE.

Schopenhauer.
LE LIBRE ARBITRE. 2e édit.
LE FONDEMENT DE LA MORALE.
PENSÉES ET FRAGMENTS. 3e édit.

Liard.
LES LOGICIENS ANGLAIS CONTEMP.

Marion.
J. LOCKE. Sa vie, son œuvre.

O. Schmidt.
LES SCIENCES NATURELLES ET LA PHILOSOPHIE DE L'INCONSCIENT.

Haeckel.
LES PREUVES DU TRANSFORMISME.
ESSAIS DE PSYCHOLOGIE CELLULAIRE.

Pi Y. Margall.
LES NATIONALITÉS.

Barthélemy Saint-Hilaire.
DE LA MÉTAPHYSIQUE.

A. Espinas.
PHILOSOPHIE EXPÉR. EN ITALIE.

P. Siciliani.
PSYCHOGÉNIE MODERNE.

Léopardi.
OPUSCULES ET PENSÉES.

Roisel.
LA SUBSTANCE.

Les volumes suivants de la collection in-18 sont épuisés; il en reste quelques exemplaires sur papier vélin, cartonnés, tranche supérieure dorée :

LETOURNEAU. **Physiologie des passions.** 1 vol.		5 fr.
MOLESCHOTT. **La Circulation de la vie.** 2 vol.		10 fr.
BEAUQUIER. **Philosophie de la musique.** 1 vol.		5 fr.

BIBLIOTHÈQUE DE PHILOSOPHIE CONTEMPORAINE

FORMAT IN-8

Volumes à 5 fr., 7 fr. 50 et 10 fr.; cart., 1 fr. en plus par vol.; reliure, 2 fr.

JULES BARNI.

La morale dans la démocratie. 1 vol. 5 fr.

AGASSIZ.

De l'espèce et des classifications, traduit de l'anglais par M. Vogeli. 1 vol. 5 fr.

STUART MILL.

La philosophie de Hamilton, trad. par M. Cazelles. 1 fort vol. 10 fr.

Mes mémoires. Histoire de ma vie et de mes idées, traduit de l'anglais par M. E. Cazelles. 1 vol. 5 fr.

Système de logique déductive et inductive. Traduit de l'anglais par M. Louis Peisse. 2 vol. 20 fr.

Essais sur la Religion, traduit par M. E. Cazelles. 1 vol. 5 fr.

DE QUATREFAGES.

Ch. Darwin et ses précurseurs français 1 vol. 5 fr.

HERBERT SPENCER.

Les premiers principes. 1 fort vol., traduit par M. Cazelles. 10 fr.

Principes de psychologie, traduit de l'anglais par MM. Th. Ribot et Espinas. 2 vol. 20 fr.

Principes de biologie, traduit par M. Cazelles. 2 vol. in-8. 1877-1878. 20 fr.

Principes de sociologie :

Tome Ier, traduit par M. Cazelles. 1 vol. in-8. 1878. 10 fr.

Tome II, traduit par MM. Cazelles et Gerschel. 1 vol. in-8. 1879. 7 fr. 50

Tome III, traduit par M. Cazelles. 1 vol. in-8. (*Sous presse.*)

Essais sur le progrès, traduit par M. Burdeau. 1 vol. in-8. 7 fr. 50

Essais de politique. 1 vol. in-8, traduit par M. Burdeau. 7 fr. 50

Essais scientifiques. 1 vol. in-8, traduit par M. Burdeau. 7 fr. 50

De l'éducation physique, intellectuelle et morale. 1 volume in-8, 2e édition. 1879. 5 fr.

Introduction à la science sociale. 1 vol. in-8, 5e édit. 6 fr.

Les bases de la morale évolutionniste. 1 vol. in-8. 6 fr.

Classification des sciences. 1 vol. in-18. 2e édit. 2 fr. 50

AUGUSTE LAUGEL

Les problèmes (Problèmes de la nature, problèmes de la vie, problèmes de l'âme). 1 fort vol. 7 fr. 50

ÉMILE SAIGEY.

Les sciences au XVIIIe siècle. La physique de Voltaire. 1 vol. 5 fr.

PAUL JANET.

Histoire de la science politique dans ses rapports avec la morale. 2e édition, 2 vol. 20 fr.

Les causes finales. 1 vol. in-8. 1876. 10 fr.

TH. RIBOT.

De l'hérédité 1 vol. in-8. 10 fr.

La psychologie anglaise contemporaine (école expérimentale). 1 vol. in-8, 3e édition. 1881. 7 fr. 50

La psychologie allemande contemporaine (école expérimentale). 1 vol. in-8. 1879. 7 fr. 50

HENRI RITTER.

Histoire de la philosophie moderne, traduction française, précédée d'une introduction par M. P. Challemel-Lacour. 3 vol. in 8. 20 fr.

ALF. FOUILLÉE.

La liberté et le déterminisme. 1 vol. in-8. 7 fr. 50

DE LAVELEYE.

De la propriété et de ses formes primitives. 1 vol. in-8. 2e édit. 1877. 7 fr. 50

Le socialisme contemporain. 1 vol. in-8 (1881). 7 fr. 50

BAIN (ALEX.).

La logique inductive et déductive, traduit de l'anglais par M. Compayré. 2 vol. 2e édit. 20 fr.

Les sens et l'intelligence. 1 vol., traduit par M. Cazelles. 10 fr.

L'esprit et le corps. 1 vol. in-8, 4e édit. 6 fr.

La science de l'éducation. 1 vol. in-8, 2e édit. 6 fr.

Les émotions et la volonté. 1 fort vol. (*Sous presse.*)

MATTHEW ARNOLD.

La crise religieuse. 1 vol. in-8. 1876. 7 fr. 50

BARDOUX.

Les légistes et leur influence sur la société française. 1 vol. in-8. 1877. 5 fr.

HARTMANN (E. DE).

La philosophie de l'inconscient, traduit par M. D. Nolen, avec préface de l'auteur pour l'édition française. 2 vol. in-8. 1877. 20 fr.

La philosophie allemande du XIXe siècle, dans ses principaux représentants, traduit par M. D. Nolen. 1 vol. in-8. (*Sous presse.*)

ESPINAS (ALF.).

Des sociétés animales. 1 vol in-8, 2e édition. 7 fr. 50

FLINT.

La philosophie de l'histoire en France, traduit de l'anglais par M. Ludovic Carrau. 1 vol. in-8. 1878. 7 fr. 50

La philosophie de l'histoire en Allemagne, traduit de l'anglais par M. Ludovic Carrau. 1 vol. in-8 1878. 7 fr. 50

LIARD.

La science positive et la métaphysique. 1 v. in-8. 1879. 7 fr. 50

GUYAU.

La morale anglaise contemporaine. 1 vol. in-8. 1879. 7 fr. 50

HUXLEY

Hume, sa vie, sa philosophie, traduit de l'anglais et précédé d'une introduction par M. G. Compayré. 1 vol. in-8. 5 fr.

E. NAVILLE.

La logique de l'hypothèse. 1 vol. in-8. 5 fr.

VACHEROT (ET.).

Essais de philosophie critique. 1 vol. in-8. 7 fr. 50

La religion. 1 vol. in-8. 7 fr. 50

MARION (H.).

De la solidarité morale. 1 vol. in-8. 5 fr.

COLSENET (ED.).

La vie inconsciente de l'esprit. 1 vol. in-8. 5 fr.

SCHOPENHAUER.

Aphorismes sur la sagesse dans la vie. 1 vol. in-8. 5 fr.

BERTRAND (A.).

L'aperception du corps humain par la conscience. 1 vol. in-8. 5 fr.

JAMES SULLY

Le pessimisme, traduit de l'anglais par MM. Humbert et Gérard. 1 vol. in-8. (*Sous presse.*)

BUCHNER.

Science et nature. 1 vol. in-8, 2e édition. (*Sous presse.*)

BIBLIOTHÈQUE
D'HISTOIRE CONTEMPORAINE

Vol. in-18 à 3 fr. 50.

Vol. in-8 à 5 et 7 fr.; cart., 1 fr. en plus par vol.; reliure, 2 fr.

EUROPE

HISTOIRE DE L'EUROPE PENDANT LA RÉVOLUTION FRANÇAISE, par *H. de Sybel*. Traduit de l'allemand par Mlle Dosquet. 3 vol. in-8. . . 21 »
Chaque volume séparément . . . . 7 »
HISTOIRE DIPLOMATIQUE DE L'EUROPE DEPUIS 1815 JUSQU'A NOS JOURS, par *Debidour*. 1 vol. in-8. (*Sous presse.*)

FRANCE

HISTOIRE DE LA RÉVOLUTION FRANÇAISE, par *Carlyle*. Traduit de l'anglais. 3 vol. in-18; chaque volume. 3 50
NAPOLÉON Ier ET SON HISTORIEN M. THIERS, par *Barni*. 1 vol. in-18. 3 50
HISTOIRE DE LA RESTAURATION, par *de Rochau*. 1 vol. in-18, traduit de l'allemand. 3 50
HISTOIRE DE DIX ANS, par *Louis Blanc*. 5 vol. in-8. . . . . 25 »
Chaque volume séparément . . . . 5 »
— 25 planches en taille-douce. Illustrations pour l'*Histoire de dix ans*. 6 »
HISTOIRE DE HUIT ANS (1840-1848), par *Elias Regnault*. 3 vol. in-8.. 15 »
Chaque volume séparément . . . . 5 »
— 14 planches en taille-douce. Illustrations pour l'*Histoire de huit ans*. 4 fr.
HISTOIRE DU SECOND EMPIRE (1848-1870), par *Taxile Delord*. 6 volumes in-8. . . . . 42 fr.
Chaque volume séparément . . . . 7 »
LA GUERRE DE 1870-1871, par *Boert*, d'après le colonel fédéral suisse Rustow. 1 vol. in-18. . . . . 3 50
LA FRANCE POLITIQUE ET SOCIALE, par *Aug. Laugel*. 1 volume in-8. 5 fr.
HISTOIRE DES COLONIES FRANÇAISES, par *P. Gaffarel*. 1 vol. in-8. . . 5 fr.

ANGLETERRE

HISTOIRE GOUVERNEMENTALE DE L'ANGLETERRE, DEPUIS 1770 JUSQU'A 1830, par sir *G. Cornewal Lewis*. 1 vol. in-8, traduit de l'anglais . . . . . 7 fr.
HISTOIRE DE L'ANGLETERRE, depuis la reine Anne jusqu'à nos jours, par *H. Reynald*. 1 vol. in-18. . . . . 3 50
LES QUATRE GEORGES, par *Thackeray*, trad. de l'anglais par Lefoyer. 1 vol. in-18. . . . . 3 50
LA CONSTITUTION ANGLAISE, par *W. Bagehot*, traduit de l'anglais. 1 vol. in-18. . . . . 3 50
LOMBART-STREET, le marché financier en Angleterre, par *W. Bagehot*. 1 vol. in-18. . . . . 3 50
LORD PALMERSTON ET LORD RUSSEL, par *Aug. Laugel*. 1 volume in-18 (1876) 3 50
QUESTIONS CONSTITUTIONNELLES (1873-1878). — Le Prince-Epoux. — Le Droit électoral, par *E. W. Gladstone*. Traduit de l'anglais, et précédé d'une introduction, par *Albert Gigot*. 1 vol. in-8 . . . . 5 fr.

ALLEMAGNE

LA PRUSSE CONTEMPORAINE ET SES INSTITUTIONS, par *K. Hillebrand*. 1 vol. in-18. . . . . 3 50
HISTOIRE DE LA PRUSSE, depuis la mort de Frédéric II jusqu'à la bataille de Sadowa, par *Eug. Véron*. 1 vol. in-18 . . . . 3 50
HISTOIRE DE L'ALLEMAGNE, depuis la bataille de Sadowa jusqu'à nos jours, par *Eug. Véron*. 1 vol. in-18. . . . . 3 50
L'ALLEMAGNE CONTEMPORAINE, par *Ed. Bourloton*. 1 vol. in-18. . .

AUTRICHE-HONGRIE

HISTOIRE DE L'AUTRICHE, depuis la mort de Marie-Thérèse jusqu'à nos jours, par *L. Asseline*. 1 volume in-18. . . . . 3 50
HISTOIRE DES HONGROIS et de leur littérature politique, de 1790 à 1815, par *Ed. Sayous*. 1 vol. in-18. 3 50

ESPAGNE

L'ESPAGNE CONTEMPORAINE, journal d'un voyageur, par *Louis Teste*. 1 vol. in-18. . . . . 3 50
HISTOIRE DE L'ESPAGNE, depuis la mort de Charles III jusqu'à nos jours, par *H. Reynald*. 1 vol. in-18. . . . . 3 50

RUSSIE

LA RUSSIE CONTEMPORAINE, par *Herbert Barry*, traduit de l'anglais. 1 vol. in-18. . . . . 3 50
HISTOIRE CONTEMPORAINE DE LA RUSSIE, par M. *Créhange*. 1 volume in-18 . . . . (*Sous presse*.) 3 50

SUISSE

LA SUISSE CONTEMPORAINE, par *H. Dixon*. 1 vol. in-18, traduit de l'anglais. 3 50
HISTOIRE DU PEUPLE SUISSE, par *Daendliker*, traduit de l'allemand par madame *Jules Favre*, et précédé d'une Introduction de M. *Jules Favre*. 1 vol. in-8 . . . . 5 fr.

AMÉRIQUE

HISTOIRE DE L'AMÉRIQUE DU SUD, depuis sa conquête jusqu'à nos jours, par *Alf. Deberle*. 1 vol. in-18 . . . . 3 50
HISTOIRE DE L'AMÉRIQUE DU NORD (États-Unis, Canada, Mexique), par *Ad. Cohn*. 1 vol. in-18. . . . . (*Sous presse*.)
LES ETATS-UNIS PENDANT LA GUERRE, 1861-1864. Souvenirs personnels, par *Aug. Laugel*. 1 vol. in-18. . . . . 3 50

Eug. Despois. LE VANDALISME RÉVOLUTIONNAIRE. Fondations littéraires, scientifiques et artistiques de la Convention. 1 vol. in-18. . . . . . 3 50
Victor Meunier. SCIENCE ET DÉMOCRATIE. 2 vol. in-18, chacun séparément 3 50
Jules Barni. HISTOIRE DES IDÉES MORALES ET POLITIQUES EN FRANCE AU XVIIIe SIÈCLE. 2 vol. in-18, chaque volume 3 50
— NAPOLÉON Ier ET SON HISTORIEN M. THIERS. 1 vol. in-18. . . . 3 50
— LES MORALISTES FRANÇAIS AU XVIIIe SIÈCLE. 1 vol. in 18. . . . 3 50
Émile Montégut. LES PAYS-BAS. Impressions de voyage et d'art. 1 vol. in-18. . . . . 3 50
Émile Beaussire. LA GUERRE ÉTRANGÈRE ET LA GUERRE CIVILE. 1 vol. in-18. . . . . 3 50
J. Clamageran. LA FRANCE RÉPUBLICAINE. 1 volume in-18. . . 3 50
E. Duvergier de Hauranne. LA RÉPUBLIQUE CONSERVATRICE. 1 vol. in-18. . . . . 3 50

ÉDITIONS ÉTRANGÈRES

Éditions anglaises.

AUGUSTE LAUGEL. The United States during the war. In-8. 7 shill. 6 p.
ALBERT RÉVILLE. History of the doctrine of the deity of Jesus-Christ. 3 sh. 6 p.
H. TAINE. Italy (Naples et Rome). 7 sh. 6 p.
H. TAINE. The Philosophy of art. 3 sh.
PAUL JANET. The Materialism of present day. 1 vol. in-18, rel. 3 shill.

Éditions allemandes.

JULES BARNI. Napoléon I. In-18. 3 m.
PAUL JANET. Der Materialismus unsere. Zeit. 1 vol. in-18. 3 m.
H. TAINE. Philosophie der Kunst. 1 vol. in-18. 3 m.

BIBLIOTHÈQUE HISTORIQUE ET POLITIQUE

Volumes in-8 à 5, 7 fr. 50

ALBANY DE FONBLANQUE. **L'Angleterre, son gouvernement, son institution.** Traduit de l'anglais sur la 14e édition par F. DREYFUS, avec introd. par H. BRISSON. 1 vol. in-8. 5 fr.

BENLOEW. **Les lois de l'Histoire.** 1 vol. in-8. 7 fr. 50

E. DESCHANEL. **Le peuple et la bourgeoisie.** 1 vol. in-8. 5 fr.

MINGHETTI. **L'État et l'Église.** 1 vol. in-8. 5 fr.

PUBLICATIONS HISTORIQUES PAR LIVRAISONS

HISTOIRE ILLUSTRÉE
du
SECOND EMPIRE
PAR TAXILE DELORD
Paraissant par livraisons à 10 cent. deux fois par semaine, depuis le 10 janvier 1880.
Tomes I et II. Chaque vol. . 8 fr.

HISTOIRE POPULAIRE
de
LA FRANCE
Nouvelle édition
Paraissant par livraisons à 10 cent. deux fois par semaine, depuis le 16 février 1880.
Tomes I et II. Chaque vol.. 5 fr.

CONDITIONS DE SOUSCRIPTION.

L'*Histoire du second empire* et l'*Histoire de France* paraissent deux fois par semaine par livraisons de 8 pages, imprimées sur beau papier et avec de nombreuses gravures sur bois.

Prix de la livraison........................... 10 c.
Prix de la série de 5 livraisons, paraissant tous les 20 jours, avec couverture.............. 50 c.

ABONNEMENTS :

Pour recevoir *franco*, par la poste l'*Histoire du second empire* ou l'*Histoire de France* par livraisons, deux fois par semaine, ou par séries tous les 20 jours :

Un an..... **16** francs. | Six mois... **8** francs.

BIBLIOTHÈQUE SCIENTIFIQUE
INTERNATIONALE

VOLUMES IN-8, CARTONNÉS A L'ANGLAISE, A 6 FRANCS

1. J. TYNDALL. **Les glaciers et les transformations de l'eau,** avec figures. 1 vol. in-8. 3e édition. 6 fr.

2. MAREY. **La machine animale,** locomotion terrestre et aérienne, avec de nombreuses fig. 1 vol. in-8. 3e édition. 6 fr.

3. BAGEHOT. **Lois scientifiques du développement des nations** dans leurs rapports avec les principes de la sélection naturelle et de l'hérédité. 1 vol. in-8. 4e édition. 6 fr.

4. BAIN. **L'esprit et le corps.** 1 vol. in-8. 4e édition. 6 fr.

5. PETTIGREW. **La locomotion chez les animaux,** marche, natation. 1 vol. in-8, avec figures. 6 fr.

6. HERBERT SPENCER. **La science sociale.** 1 v. in-8. 5e éd. 6 fr.

7. SCHMIDT (O.). **La descendance de l'homme et le darwinisme.** 1 vol. in-8, avec fig. 3e édition. 6 fr.

8. MAUDSLEY. **Le crime et la folie.** 1 vol. in-8. 4e édit. 6 fr.

9. VAN BENEDEN. **Les commensaux et les parasites dans le règne animal.** 1 vol. in-8, avec figures. 2e édit. 6 fr.

10. BALFOUR STEWART. **La conservation de l'énergie,** suivi d'une étude sur la nature de la force, par *M. P. de Saint-Robert*, avec figures. 1 vol. in-8. 3e édition. 6 fr.

11. DRAPER. **Les conflits de la science et de la religion.** 1 vol. in-8. 6e édition. 6 fr.

12. SCHUTZENBERGER. **Les fermentations.** 1 vol. in-8, avec fig. 3e édition. 6 fr.

13. L. DUMONT. **Théorie scientifique de la sensibilité.** 1 vol. in-8. 2e édition. 6 fr.

14. WHITNEY. **La vie du langage.** 1 vol. in-8. 3e édit. 6 fr.

15. COOKE ET BERKELEY. **Les champignons.** 1 vol. in-8, avec figures. 3e édition. 6 fr.

16. BERNSTEIN. **Les sens.** 1 vol. in-8, avec 91 fig. 3e édit. 6 fr.

17. BERTHELOT. **La synthèse chimique.** 1 vol. in-8. 4e éd. 6 fr.

18. VOGEL. **La photographie et la chimie de la lumière,** avec 95 figures. 1 vol. in-8. 2e édition. 6 fr.

19. LUYS. **Le cerveau et ses fonctions,** avec figures. 1 vol. in-8. 4e édition. 6 fr.

20. STANLEY JEVONS. **La monnaie et le mécanisme de l'échange.** 1 vol. in-8. 2e édition. 6 fr.

21. FUCHS. **Les volcans.** 1 vol. in-8, avec figures dans le texte et une carte en couleur. 2e édition. 6 fr.

22. GÉNÉRAL BRIALMONT. **Les camps retranchés et leur rôle dans la défense des États**, avec fig. dans le texte et 2 planches hors texte. 2e édit. 6 fr.

23. DE QUATREFAGES. **L'espèce humaine.** 1 vol. in-8. 6e édition. 6 fr.

24. BLASERNA ET HELMHOLTZ. **Le son et la musique**, et *les Causes physiologiques de l'harmonie musicale*. 1 vol. in-8, avec figures. 2e édit. 6 fr.

25. ROSENTHAL. **Les nerfs et les muscles.** 1 vol. in-8, avec 75 figures. 2e édition. 6 fr.

26. BRUCKE ET HELMHOLTZ. **Principes scientifiques des beaux-arts**, suivi de **l'Optique et la Peinture**, avec 39 figures dans le texte, 2e édition. 6 fr.

27. WURTZ. **La théorie atomique.** 1 vol. in-8. 3e édition. 6 fr.

28-29. SECCHI (le Père). **Les étoiles.** 2 vol. in-8, avec 63 fig. dans le texte et 17 pl. en noir et en coul. hors texte. 2e édit. 12 fr.

30. JOLY. **L'homme avant les métaux.** 1 vol. in-8, avec fig. 3e édit. 6 fr.

31. A. BAIN. **La science de l'éducation.** 1 vol. in-8. 3e édit. 6 fr.

32-33. THURSTON (R.). **Histoire des machines à vapeur**, précédé d'une introduction par M. Hirsch. 2 vol. in-8, avec 140 fig. dans le texte et 16 pl. hors texte. 12 fr.

34. HARTMANN (R.). **Les peuples de l'Afrique** (avec figures). 1 vol. in-8. 6 fr.

35. HERBERT SPENCER. **Les bases de la morale évolutionniste.** 1 vol. in-8. 6 fr.

36. HUXLEY. **L'écrevisse**, introduction à l'étude de la zoologie. 1 vol. in-8, avec figures. 6 fr.

37. DE ROBERTY. **De la sociologie.** 1 vol. in-8. 6 fr.

38. ROOD. **Théorie scientifique des couleurs.** 1 vol. in-8 (avec figures). 6 fr.

39. DE SAPORTA et MARION. **L'évolution du règne végétal** (les cryptogames). 1 vol. in-8 avec figures. 6 fr.

OUVRAGES SUR LE POINT DE PARAITRE :

CHARLTON BASTIAN. **Le cerveau, organe de la pensée.** 2 vol. in-8, avec figures.

CARTAILHAC (E.). **La France préhistorique d'après les sépultures.**

PERRIER (Ed.). **La philosophie zoologique jusqu'à Darwin.** 1 vol. in-8, avec figures.

POUCHET (G.). **Le sang.** 1 vol. in-8, avec figures.

SEMPER. **Les conditions d'existence des animaux.** 1 vol. in-8, avec figures.

RÉCENTES PUBLICATIONS

HISTORIQUES, PHILOSOPHIQUES ET SCIENTIFIQUES

Qui ne se trouvent pas dans les Bibliothèques.

COQUEREL fils (Athanase). **Libres études** (religion, critique, histoire, beaux-arts). 1867. 1 vol. in-8. 5 fr.

COQUEREL fils (Athanase). **Pourquoi la France n'est-elle pas protestante ?** 2e édition. In-8. 1 fr.

COQUEREL fils (Athanase). **La charité sans peur**. In-8. 75 c.

COQUEREL fils (Athanase). **Évangile et liberté**. In-8. 50 c.

COQUEREL fils (Athanase). **De l'éducation des filles**, réponse à Mgr l'évêque d'Orléans. In-8. 1 fr.

CORBON. **Le secret du peuple de Paris**. 1 vol. in-8. 5 fr.

CORMENIN (DE)- TIMON. **Pamphlets anciens et nouveaux**. Gouvernement de Louis-Philippe, République, Second Empire. 1 beau vol. in-8 cavalier. 7 fr. 50

Conférences de la Porte-Saint-Martin pendant le siège de Paris. Discours de MM. *Desmarets* et *de Pressensé*. — *Coquerel* : sur les moyens de faire durer la République. — *Le Berquier* : sur la Commune. — *E. Bersier* : sur la Commune. — *H. Cernuschi* : sur la Légion d'honneur. In-8. 1 fr. 25

Sir G. CORNEWALL LEWIS. **Quelle est la meilleure forme de gouvernement ?** 1 vol. in-8. 3 fr. 50

CORTAMBERT (Louis). **La religion du progrès**. In-18. 3 fr. 50

DANICOURT (Léon). **La patrie et la république**. In-18. 2 fr. 50

DANOVER. **De l'esprit moderne**. Essai d'un nouveau discours sur la méthode. 1 vol. in-18. 1 fr. 50

DAURIAC (Lionel). **Des notions de force et de matière dans les sciences de la nature**. 1 vol. in-8, 1878. 5 fr.

DAVY. **Les conventionnels de l'Eure** : Buzot, Duroy, Lindet, à travers l'histoire. 2 forts vol. in-8 (1876). 18 fr.

DELBŒUF. **La psychologie comme science naturelle**. 1 vol. in-8, 1876. 2 fr. 50

DELEUZE. **Instruction pratique sur le magnétisme animal**. 1853. 1 vol. in-12. 3 fr. 50

DESTREM (J.). **Les déportations du Consulat**. 1 br. in-8. 1 fr. 50

DOLLFUS (Ch.). **De la nature humaine**. 1868, 1 v. in-8. 5 fr.

DOLLFUS (Ch.). **Lettres philosophiques**. In-18. 3 fr. 50

DOLLFUS (Ch.). **Considérations sur l'histoire**. Le monde antique. 1872, 1 vol. in-8. 7 fr. 50

DOLLFUS (Ch.). **L'âme dans les phénomènes de conscience**. 1 vol. in-18 (1876). 3 fr.

DUBOST (Antonin). **Des conditions de gouvernement en France**. 1 vol. in-8 (1875). 7 fr. 50

DUFAY. **Etudes sur la Destinée**. 1 vol. in-18, 1876. 3 fr.

DUMONT (Léon). **Le sentiment du gracieux**. 1 vol. in-8. 3 fr.

DUMONT (Léon). **Des causes du rire**. 1 vol. in-8. 2 fr.

DU POTET. **Manuel de l'étudiant magnétiseur**. Nouvelle édition. 1868, 1 vol. in-18. 3 fr. 50

DU POTET. **Traité complet de magnétisme**, cours en douze leçons. 1879, 4e édition, 1 vol. in-8 de 634 pages. 8 fr.

DUPUY (Paul). **Études politiques**, 1874. 1 v. in-8. 3 fr. 50

DUVAL-JOUVE. **Traité de Logique**, 1855. 1 vol. in-8. 6 fr.

Éléments de science sociale. Religion physique, sexuelle et naturelle. 1 vol. in-18. 3e édit., 1877. 3 fr. 50

ÉLIPHAS LÉVI. **Dogme et rituel de la haute magie**. 1861, 2e édit., 2 vol. in-8, avec 24 fig. 18 fr.

ÉLIPHAS LÉVI. **Histoire de la magie**. In-8, avec fig. 12 fr.

ÉLIPHAS LÉVI. **La science des esprits.** In 8. 7 fr.

ÉLIPHAS LÉVI. **Clef des grands mystères.** In-8. 12 fr.

EVANS (John). **Les âges de la pierre.** Grand in-8, avec 467 fig. dans le texte. 15 fr. — En demi-reliure. 18 fr.

EVELLIN. **Infini et quantité.** Étude sur le concept de l'infini dans la philosophie et dans les sciences. 1 vol. in-8. 5 fr.

FABRE (Joseph). **Histoire de la philosophie.** Première partie : Antiquité et moyen âge. 1 vol. in-12, 1877. 3 fr. 50

FAU. **Anatomie des formes du corps humain,** à l'usage des peintres et des sculpteurs. 1866, 1 vol. in-8 et atlas de 25 planches. 2e édition. Prix, fig. noires. 20 fr. ; fig. coloriées. 35 fr.

FAUCONNIER. **La question sociale.** In-18, 1878. 3 fr. 50

FAUCONNIER. **Protection et libre échange.** In-8. 2 fr.

FAUCONNIER. **La morale et la religion dans l'enseignement.** 1 vol. in-8 (1881). 75 c.

FAUCONNIER. **L'or et l'argent,** essai sur la question monétaire. 1 br. in-8 (1881). 2 fr. 50

FERBUS N.). **La science positive du bonheur.** 1 v. in-18. 3 fr.

FERRI (Louis). **Essai sur l'histoire de la philosophie en Italie au XIXe siècle.** 2 vol. in-8. 12 fr.

FERRIÈRE (Ém.). **Le darwinisme.** 1872, 1 v. in-18. 4 fr. 50

FERRIÈRE (Em.). **Les apôtres,** essai d'histoire religieuse, d'après la méthode des sciences naturelles. 1 vol. in-12. 4 fr. 50

FERRON (De). **Théorie du progrès.** 2 vol. in-18. 7 fr.

FONCIN. **Essai sur le ministère de Turgot.** Gr. in-8. 8 fr.

FOX (W.-J.). **Des idées religieuses.** In-8, 1876. 3 fr.

FRÉDÉRIQ. **Hygiène populaire.** 1 vol. in-12, 1875. 4 fr.

GALTIER-BOISSIÈRE. **Sématotechnie,** ou Nouveaux signes phonographiques. 1 br. in-8. 50 c.

GASTINEAU. **Voltaire en exil.** 1 vol. in-18. 3 fr.

GAUCKLER. **Les poissons d'eau douce et la pisciculture.** 1 vol. in-8 avec figures. 8 fr.

GÉRARD (Jules). **Maine de Biran, essai sur sa philosophie.** 1 fort vol. in-8, 1876. 10 fr.

GILLIOT (Alph.). **Études sur les religions et institutions comparées.** 1 vol. in-12. 3 fr. 50

GOUET (Amédée). **Histoire nationale de France,** d'après des documents nouveaux :

Tome I. Gaulois et Francks. — Tome II. Temps féodaux. — Tome III. Tiers état. — Tome IV. Guerre des princes. — Tome V. Renaissance. — Tome VI. Réforme. — Tome VII. Guerres de religion. (*Sous presse.*) Prix de chaque vol. in-8. 8 fr.

GRAD (Charles). **Études statistiques sur l'industrie de l'Alsace.** 2 vol. gr. in-8. 20 fr.

GUICHARD (V.). **La liberté de penser.** In-18. 3 fr. 50

GUILLAUME (de Moissey). **Nouveau traité des sensations.** 2 vol. in-8 (1876). 15 fr.

GUYAU. **Vers d'un philosophe.** 1 vol. in-18. 3 fr. 50

HAYEM (Armand). **L'être social.** 1 vol. in-18. 3 fr. 50

HERZEN. **Récits et Nouvelles.** 1 vol. in-18. 3 fr. 50

HERZEN. **De l'autre rive.** 1 vol. in-18. 3 fr. 50

HERZEN. **Lettres de France et d'Italie.** 1871, in-18. 3 fr. 50

ISAURAT. **Monuments perdus de Pierre-Jean,** observations, Spensées. 1868, 1 vol. in-18. 3 fr.

ISSAURAT. **Les alarmes d'un père de famille**, suscitées par les faits et gestes de Mgr Dupanloup. In-8. 1 fr.

JACOBY. **Études sur la solution dans ses rapports avec l'hérédité chez l'homme**. 1 vol. gr. in-8 (1881). 14 fr.

JOZON (Paul). **De l'écriture phonétique**. In-18. 3 fr. 50

JOYAU. **De l'invention dans les arts et dans les sciences**. 1 vol. in-8. 5 fr.

LABORDE. **Les hommes et les actes de l'insurrection de Paris** devant la psychologie morbide. 1 vol. in-18. 2 fr. 50

LACHELIER. **Le fondement de l'induction**. 1 vol. in-8. 3 fr. 50

LACOMBE. **Mes droits**. 1869, 1 vol. in-12. 2 fr. 50

LA LANDELLE (de). **Alphabet phonétique universel**. 1881. 1 vol. in-18. 2 fr. 50

LANGLOIS. **L'homme et la Révolution**. 2 vol. in-18. 7 fr.

LA PERRE DE ROO. **La consanguinité et les effets de l'hérédité**. 1 vol. in-8. 5 fr.

LAUSSEDAT. **La Suisse**. Études médicales et sociales. 2e édit., 1875. 1 vol. in-18. 3 fr. 50

LAVELEYE (Em. de). **De l'avenir des peuples catholiques**. 1 brochure in-8. 21e édit. 1876. 25 c.

LAVELEYE (Em. de). **Lettres sur l'Italie** (1878-1879). 1 vol. in-18. 3 fr. 50

LAVELEYE (Em. de). **L'Afrique centrale**. 1 vol. in-12. 3 fr.

LAVELEYE (Em. de). **La question monétaire en 1881**. 1 vol. in-8. 5 fr.

LAVERGNE (Bernard). **L'ultramontanisme et l'État**. 1 vol. in-8 (1875). 1 fr. 50

LE BERQUIER. **Le barreau moderne**. 1871, in-18. 3 fr. 50

LEDRU (Alphonse). **Organisation, attributions et responsabilité des conseils de surveillance des sociétés en commandite par actions**. Grand in-8 (1876). 3 fr. 50

LEDRU (Alphonse). **Des publicains et des Sociétés vectigaliennes**. 1 vol. grand in-8 (1876). 3 fr.

LEDRU-ROLLIN. **Discours politiques et écrits divers**. 2 vol. in-8 cavalier (1879). 12 fr.

LEMER (Julien). **Dossier des jésuites et des libertés de l'Église gallicane**. 1 vol. in-18 (1877). 3 fr. 50

LIARD. **Des définitions géométriques et des définitions empiriques**. 1 vol. in-8. 3 fr. 50

LITTRÉ. **Conservation, révolution et positivisme**. 1 vol. in-12. 2e édition (1879). 5 fr.

LITTRÉ. **De l'établissement de la troisième république**. 1 vol. gr. in-8 (1881). 9 fr.

LUBBOCK (sir John). **L'homme préhistorique**, suivi d'une Description comparée des mœurs des sauvages modernes, 526 figures intercalées dans le texte. 1876. 2e édition, suivie d'une conférence de M. P. Broca sur *les Troglodytes de la Vezère*. 1 beau vol. in-, br. 15 fr.

Cart. riche, doré sur tranche. 15 fr.

LUBBOCK (sir John). **Les origines de la civilisation**. État primitif de l'homme et mœurs des sauvages modernes. 1877, 1 vol. grand in-8 avec figures et planches hors texte. Traduit de l'anglais par M. Ed. Barbier. 2e édition. 1877. 15 fr.

Relié en demi-maroquin avec nerfs. 18 fr.

MAGY. **De la science et de la nature**. In-8. 6 fr.

MENIÈRE. **Cicéron médecin**. 1 vol. in-18. 4 fr. 50

MENIÈRE. **Les consultations de madame de Sévigné**, étude médico-littéraire. 1864, 1 vol. in-8. 3 fr.

MESMER. **Mémoires et aphorismes**, suivi des procédés de d'Eslon. 1846, in-18. 2 fr. 50

MICHAUT (N.). **De l'imagination**. 1 vol. in-8. 5 fr.

MILSAND. **Les études classiques** et l'enseignement public. 1873, 1 vol. in-18. 3 fr. 50

MILSAND. **Le code et la liberté**. 1865, in-8. 2 fr.

MIRON. **De la séparation du temporel et du spirituel**. 1866, in-8. 3 fr. 50

MORIN. **Du magnétisme et des sciences occultes**. 1860, 1 vol. in-8. 6 fr.

MORIN (Frédéric). **Politique et philosophie**, précédé d'une introduction de M. JULES SIMON. 1 vol. in-18, 1876. 3 fr. 50

MUNARET. **Le médecin des villes et des campagnes**. 4e édition, 1862, 1 vol. grand in-18. 4 fr. 50

NOLEN (D.). **La critique de Kant et la métaphysique de Leibniz**. 1 vol. in-8 (1875). 6 fr.

NOURRISSON. **Essai sur la philosophie de Bossuet**. 1 vol. in-8. 4 fr.

OGER. **Les Bonaparte** et les frontières de la France. In-18. 50 c.

OGER. **La République**. 1871, brochure in-8. 50 c.

OLLÉ-LAPRUNE. **La philosophie de Malebranche**. 2 vol. in-8. 16 fr.

PARIS (comte de). **Les associations ouvrières en Angleterre** (trades-unions). 1869, 1 vol. gr. in-8. 2 fr. 50
Édition sur pap. de Chine : Broché, 12 fr. ; rel. de luxe. 20 fr.

PELLETAN (Eugène). **La naissance d'une ville** (Royan). 1 vol. in-18. 2 fr.

PENJON. **Berkeley**, sa vie et ses œuvres. In-8, 1878. 7 fr. 50

PEREZ (Bernard). **L'éducation dès le berceau**, essai de pédagogie expérimentale. 1 vol. in-8, 1880. 5 fr.

PETROZ (P.). **L'art et la critique en France** depuis 1822. 1 vol. in-18, 1875. 3 fr. 50

POEY (André). **Le positivisme**. 1 fort vol. in-12 (1876). 4 fr. 50

POEY. **M. Littré et Auguste Comte**. 1 vol. in-18. 3 fr. 50

POULLET. **La campagne de l'Est** (1870-1871). 1 vol. in-8 avec 2 cartes, et pièces justificatives, 1879. 7 fr.

RAMBERT (E.) et P. ROBERT. **Les oiseaux dans la nature**, description pittoresque des oiseaux utiles. 3 vol. in-folio contenant chacun 20 chromolithographies, 10 gravures sur bois hors texte, et de nombreuses gravures dans le texte. Chaque volume, dans un carton, 40 fr. ; relié, avec son spécimen. 50 fr.
Les tomes I et II sont en vente.

RÉGAMEY (Guillaume). **Anatomie des formes du cheval**, à l'usage des peintres et des sculpteurs. 6 planches en chromolithographie, publiées sous la direction de FÉLIX RÉGAMEY, avec texte par le Dr KUHFF. 8 fr.

REYMOND (William). **Histoire de l'art**. 1874, 1 vol. in-8. 5 fr.

RIBOT (Paul). **Matérialisme et spiritualisme**. 1873, in-8. 6 fr.

SALETTA. **Principes de logique positive**. In-8. 3 fr. 50

SECRÉTAN. **Philosophie de la liberté**, l'histoire, l'idée. 3e édition, 1879, 2 vol. in-8. 10 fr.

SIEGFRIED (Jules). **La misère, son histoire, ses causes, ses remèdes**. 1 vol. grand in-18. 3e édition (1879). 2 fr. 50

SIÈREBOIS. **Autopsie de l'âme.** Identité du matérialisme et du vrai spiritualisme. 2e édit. 1873, 1 vol. in-18. 2 fr. 50

SIÈREBOIS. **La morale fouillée dans ses fondements.** Essai d'anthropodicée. 1867, 1 vol. in-8. 6 fr.

SMEE (A.). **Mon jardin**, géologie, botanique, histoire naturelle, 1876, 1 magnifique vol. gr. in-8, orné de 1300 fig. et 52 pl. hors texte. Broché, 15 fr. Cartonn. riche, tranches dorées.. 20 fr.

SOREL (ALBERT). **Le traité de Paris du 20 novembre 1815.** 1873, 1 vol. in-8. 4 fr. 50

TÉNOT (Eugène). **Paris et ses fortifications**, 1870-1880. 1 vol. in-8. 5 fr.

THULIÉ. **La folie et la loi.** 1867, 2e édit., 1 vol. in-8. 3 fr. 50

THULIÉ. **La manie raisonnante du docteur Campagne**, 1870, broch. in-8 de 132 pages. 2 fr.

TIBERGHIEN. **Les commandements de l'humanité.** 1872. 1 vol. in-18. 3 fr.

TIBERGHIEN. **Enseignement et philosophie.** In-18. 4 fr.

TIBERGHIEN. **La science de l'âme.** 1 v. in-12, 3e édit. 1879. 6 fr.

TIBERGHIEN. **Éléments de morale univ.** 1 v. in-12, 1879. 2 fr.

TISSANDIER. **Études de Théodicée.** 1869, in-8 de 270 p. 4 fr.

TISSOT. **Principes de morale.** In-8. 6 fr.

TISSOT. Voy. KANT, page 3.

TISSOT (J.). **Essai de philosophie naturelle**, tome I. 1 vol. in-8. 12 fr.

VACHEROT. **La science et la métaphysique.** 3 vol. in-18. 10 fr. 50

VACHEROT. Voyez pages 2 et 7.

VAN DER REST. **Platon et Aristote.** In-8, 1876. 10 fr.

VÉRA. **Strauss et l'ancienne et la nouvelle foi.** In-8. 6 fr.

VÉRA. **Cavour et l'Église libre dans l'État libre.** 1874, in-8. 3 fr. 50

VÉRA. **L'Hegelianisme et la philosophie.** In-18. 3 fr. 50

VÉRA. **Mélanges philosophiques.** 1 vol. in-8. 1862. 5 fr.

VÉRA. **Platonis, Aristotelis et Hegelii de medio termino doctrina.** 1 vol. in-8. 1845. 1 fr. 50

VÉRA. **Introduction à la philosophie de Hegel.** 1 vol. in-8. 2e édition. 6 fr. 50

VILLIAUMÉ. **La politique moderne**, 1873, in-8. 6 fr.

VOITURON (P.). **Le libéralisme et les idées religieuses.** 1 vol. in-12. 4 fr.

WEBER. **Histoire de la philos. europ.** In-8, 2e édit. 10 fr.

YUNG (EUGÈNE). **Henri IV, écrivain.** 1 vol. in-8. 1855. 5 fr.

ZEVORT (Edg.). **Le Marquis d'Argenson**, et le Ministère des affaires étrangères de 1744 à 1747. 1 vol. in-8. 6 fr.

ENQUÊTE PARLEMENTAIRE SUR LES ACTES DU GOUVERNEMENT

DE LA DÉFENSE NATIONALE

DÉPOSITIONS DES TÉMOINS :

TOME PREMIER. Dépositions de MM. Thiers, maréchal Mac-Mahon, maréchal Le Bœuf, Benedetti, duc de Gramont, de Talhouët, amiral Rigault de Genouilly, baron Jérôme David, général de Palikao, Jules Brame, Dréolle, etc.

TOME II. Dépositions de MM. de Chaudordy, Laurier, Cresson, Dréo, Ranc, Rampont, Steenackers, Fernique, Robert, Schneider, Buffet, Lebreton et Hébert, Bellangé, colonel Alavoine, Gervais, Bécherelle, Robin, Muller, Boutefoy, Meyer, Clément et Simonneau, Fontaine, Jacob, Lemaire, Petetin, Guyot-Montpayroux, général Soumain, de Legge, colonel Vabre, de Crisenoy, colonel Ibos, etc.

TOME III. Dépositions militaires de MM. de Freycinet, de Serres, le général Lefort, le général Ducrot, le général Vinoy, le lieutenant de vaisseau Farcy, le commandant Amet, l'amiral Pothuau, Jean Brunet, le général de Beaufort-d'Hautpoul, le général de Valdan, le général d'Aurelle de Paladines, le général Chanzy, le général Martin des Pallières, le général de Sonis, etc.

TOME IV. Dépositions de MM. le général Bordone, Mathieu, de Laborie, Luce-Villiard, Castillon, Debusschère, Darcy, Chenet, de La Taille, Baillehache, de Grancey, L'Hermite, Pradier, Middleton, Frédéric Morin, Thoyot, le maréchal Bazaine, le général Boyer, le maréchal Canrobert, etc. Annexe à la déposition de M. Testelin, note de M. le colonel Denfert, note de la Commission, etc.

TOME V. Dépositions complémentaires et réclamations. — Rapports de la préfecture de police en 1870-1871. — Circulaires, proclamations et bulletins du Gouvernement de la Défense nationale. — Suspension du tribunal de la Rochelle; rapport de M. de La Borderie; dépositions.

ANNEXE AU TOME V. Deuxième déposition de M. Cresson. Événements de Nîmes, affaire d'Aïn Yagout. — Réclamations de MM. le général Bellot et Engelhart. — Note de la Commission d'enquête (1 fr.).

RAPPORTS :

TOME PREMIER. M. *Chaper*, les procès-verbaux des séances du Gouvernement de la Défense nationale. — M. *de Sugny*, les événements de Lyon sous le Gouv. de la Défense nat. — M. *de Rességuier*, les actes du Gouv. de la Défense nat. dans le sud-ouest de la France.

TOME II. M. *Saint-Marc Girardin*, la chute du second Empire. — M. *de Sugny*, les événements de Marseille sous le Gouv. de la Défense nat.

TOME III. M. *le comte Daru*, la politique du Gouvernement de la Défense nationale à Paris.

TOME IV. M. *Chaper*, de la Défense nat. au point de vue militaire à Paris

TOME V. *Boreau-Lajanadie*, l'emprunt Morgan. — M. *de la Borderie*, le camp de Conlie et l'armée de Bretagne. — M. *de la Sicotière*, l'affaire de Dreux.

TOME VI. M. *de Rainneville*, les actes diplomatiques du Gouv. de la Défense nat. — M. *A. Lallié*, les postes et les télégraphes pendant la guerre. — M. *Delsol*, la ligne du Sud-Ouest. — M. *Perrot*, la défense en province (1re *partie*).

TOME VII. M. *Perrot*, les actes militaires du Gouv. de la Défense nat. en province (2e *partie* : Expédition de l'Est).

TOME VIII. M. *de la Sicotière*, sur l'Algérie.

TOME IX. Algérie, dépositions des témoins. Table générale et analytique des dépositions des témoins avec renvoi aux rapports (10 fr.).

TOME X. M. *Boreau-Lajanadie*, le Gouvernement de la Défense nationale à Tours et à Bordeaux (5 fr.).

PIÈCES JUSTIFICATIVES :

TOME PREMIER. Dépêches télégraphiques officielles, première partie.

TOME DEUXIÈME. Dépêches télégraphiques officielles, deuxième partie. — Pièces justificatives du rapport de M. Saint-Marc Girardin.

PRIX DE CHAQUE VOLUME. . . . . 15 fr.

PRIX DE L'ENQUÊTE COMPLÈTE EN 18 VOLUMES. . . . 241 fr.

COLLECTION ELZÉVIRIENNE

MAZZINI **Lettres de Joseph Mazzini** à Daniel Stern (1864-1872), avec une lettre autographiée. 3 fr. 50

MAX MULLER. **Amour allemand**, traduit de l'allemand. 1 vol. in-18. 3 fr. 50

CORLIEU (le Dr). **La mort des rois de France**, depuis François Ier jusqu'à la Révolution française, études médicales et historiques. 1 vol. in-18. 3 fr. 50

CLAMAGERAN. **L'Algérie**, impressions de voyage. 1 vol. in-18. 3 fr. 50

STUART MILL (J.). **La République de 1848**, traduit de l'anglais, avec préface par M. SADI CARNOT. 1 vol. in-18 (1875). 3 fr. 50

RIBERT (Léonce). **Esprit de la Constitution** du 25 février 1875. 1 vol. in-18. 3 fr. 50

NOEL (E.). **Mémoires d'un imbécile**, précédé d'une préface de *M. Littré*. 1 vol. in 18, 3e édition (1879). 3 fr. 50

PELLETAN (Eug.). **Jarousseau, le Pasteur du désert**. 1 vol. in-18 (1877). Couronné par l'Académie française. 6e édit. 3 fr. 50

PELLETAN (Eug.). **Élisée, voyage d'un homme à la recherche de lui-même**. 1 vol. in-18 (1877). 3 fr. 50

PELLETAN (Eug.). **Un roi philosophe, Frédéric le Grand**. 1 vol. in-18 (1878). 3 fr. 50

PELLETAN (Eug.). **Le monde marche** (la loi du progrès). 1 vol. in-18. 3 fr. 50

E. DUVERGIER DE HAURANNE (Mme). **Histoire populaire de la Révolution française**. 1 v. in-18, 2e édit., 1879. 3 fr. 50

ÉTUDES CONTEMPORAINES

BOUILLET (Ad.). **Les bourgeois gentilshommes. — L'armée d'Henri V**. 1 vol. in-18. 3 fr. 50

— **Types nouveaux et inédits**. 1 vol. in-18. 2 fr. 50

— **L'arrière-ban de l'ordre moral**. 1 vol. in-18. 3 fr. 50

VALMONT (V.). **L'espion prussien**, roman anglais, traduit par M. J. DUBRISAY. 1 vol. in-18. 3 fr. 50

BOURLOTON (Edg.) et ROBERT (Edmond). **La Commune et ses idées à travers l'histoire**. 1 vol. in-18. 3 fr. 50

CHASSERIAU (Jean). **Du principe autoritaire et du principe rationnel**. 1873. 1 vol. in-18. 3 fr. 50

NAQUET (Alfred). **La République radicale**. In-18. 3 fr. 50

ROBERT (Edmond). **Les domestiques**. In-18 (1875). 3 fr. 50

LOURDAU. **Le sénat et la magistrature dans la démocratie française**. 1 vol. in-18 (1879). 3 fr. 50

FIAUX. **La femme, le mariage et le divorce**, étude de sociologie et de physiologie. 1 vol. in-18. 3 fr. 50

PARIS (le colonel). **Le feu à Paris et en Amérique**. 1 vol. in-18. 3 fr. 50

BIBLIOTHÈQUE UTILE

LISTE DES OUVRAGES PAR ORDRE D'APPARITION

Le vol. de 190 p., br., 60 cent. — Cart. à l'angl., 1 fr.

Le titre de cette collection est justifié par les services qu'elle rend chaque jour et la part pour laquelle elle contribue à l'instruction populaire.

Les noms dont ses volumes sont signés lui donnent d'ailleurs une autorité suffisante pour que personne ne dédaigne ses enseignements. Elle embrasse *l'histoire, la philosophie, le droit, les sciences, l'économie politique* et *les arts*, c'est-à-dire qu'elle traite toutes les questions qu'il est aujourd'hui indispensable de connaître. Son esprit est essentiellement démocratique; elle s'interdit les hypothèses et n'a d'autre but que celui de répandre les saines doctrines que le temps et l'expérience ont consacrées. Le langage qu'elle parle est simple et à la portée de tous, mais il est aussi à la hauteur du sujet traité.

I. — **Morand**. Introd. à l'étude des Sciences physiques. 2e édit.
II. — **Cruveilhier**. Hygiène générale. 6e édition.
III. — **Corbon**. De l'enseignement professionnel. 2e édition.
IV. — **L. Pichat**. L'Art et les Artistes en France. 3e édition.
V. — **Buchez**. Les Mérovingiens. 3e édition.
VI. — **Buchez**. Les Carlovingiens.
VII. — **F. Morin**. La France au moyen âge. 3e édition.
VIII. — **Bastide**. Luttes religieuses des premiers siècles. 4e éd.
IX. — **Bastide**. Les guerres de la Réforme. 4e édition.
X. — **E. Pelletan**. Décadence de la monarchie française. 4e éd.
XI. — **L. Brothier**. Histoire de la Terre. 4e édition.
XII. — **Sanson**. Principaux faits de la chimie. 3e édition.
XIII. — **Turck**. Médecine populaire. 4e édition.
XIV. — **Morin**. Résumé populaire du Code civil. 2e édition.
XV. — **Zaborowski**. L'homme préhistorique. 2e édition.
XVI. — **A. Ott**. L'Inde et la Chine. 2e édition.
XVII. — **Catalan** Notions d'Astronomie. 2e édition.
XVIII. — **Cristal**. Les Délassements du travail.
XIX. — **Victor Meunier**. Philosophie zoologique.
XX. — **G. Jourdan**. La justice criminelle en France. 2e édition.
XXI. — **Ch. Rolland**. Histoire de la maison d'Autriche. 3e édit.
XXII. — **E. Despois**. Révolution d'Angleterre. 2e édition.
XXIII. — **B. Gastineau**. Génie de la Science et de l'Industrie.
XXIV. — **H. Leneveux**. Le Budget du foyer. Economie domestique.
XXV. — **L. Combes**. La Grèce ancienne.
XXVI. — **Fréd. Lock**. Histoire de la Restauration. 2e édition.
XXVII. — **L. Brothier**. Histoire populaire de la philosophie.
XXVIII. — **E. Margollé**. Les Phénomènes de la mer. 4e édition.
XXIX. — **L. Collas**. Histoire de l'Empire ottoman. 2e édition.
XXX. — **Zurcher**. Les Phénomènes de l'atmosphère. 3e édition.
XXXI. — **E. Raymond**. L'Espagne et le Portugal. 2e édition.
XXXII. — **Eugène Noël**. Voltaire et Rousseau. 2e édition
XXXIII. — **A. Ott**. L'Asie occidentale et l'Egypte.
XXXIV. — **Ch. Richard**. Origine et fin des Mondes. 3e édition.
XXXV. — **Enfantin**. La Vie éternelle. 2e édition.

XXXVI. — **L. Brothier**. Causeries sur la mécanique. 2e édition.
XXXVII. — **Alfred Doneaud**. Histoire de la marine française.
XXVIII. — **Fréd. Lock**. Jeanne d'Arc.
XXXIX. — **Carnot**. Révolution française. — Période de création (1789-1792).
XL. — **Carnot**. Révolution française. — Période de conservation (1792-1804).
XLI. — **Zurcher** et **Margollé**. Télescope et Microscope.
XLII. — **Blerzy**. Torrents, Fleuves et Canaux de la France.
XLIII. — **P. Secchi, Wolf, Briot** et **Delaunay**. Le Soleil, les Étoiles et les Comètes.
XLIV. — **Stanley Jevons**. L'Économie politique, trad. de l'anglais par H. Gravez.
XLV. — **Em. Ferrière**. Le Darwinisme. 2e édit.
XLVI. — **H. Leneveux**. Paris municipal.
XLVII. — **Boillot**. Les Entretiens de Fontenelle sur la pluralité des mondes, mis au courant de la science.
XLVIII. — **E. Zevort**. Histoire de Louis-Philippe.
XLIX. — **Geikie**. Géographie physique, trad. de l'anglais par H. Gravez.
L. — **Zaborowski**. L'origine du langage.
LI. — **H. Blerzy**. Les colonies anglaises.
LII. — **Albert Lévy**. Histoire de l'air.
LIII — **Geikie**. La Géologie (avec figures), traduit de l'anglais par H. Gravez.
LIV. — **Zaborowski**. Les Migrations des animaux et le Pigeon voyageur.
LV. — **F. Paulhan**. La Physiologie d'esprit (avec figures).
LVI. — **Zurcher** et **Margollé**. Les Phénomènes célestes.
LVII. — **Girard de Rialle**. Les peuples de l'Afrique et de l'Amérique.
LVIII. — **Jacques Bertillon**. La Statistique humaine de la France (naissance, mariage, mort).
LIX. — **Paul Gaffarel**. La Défense nationale en 1792.
LX. — **Herbert Spencer** De l'éducation.
LXI. — **Jules Barni**. Napoléon Ier.
LXII. — **Huxley**. Premières notions sur les sciences.
LXIII. — **P. Bondois**. L'Europe contemporaine (1789-1879).
LXIV. — **Grove**. Continents et Océans (avec figures)
LXV. — **Jouan**. Les îles du Pacifique (avec 1 carte).
LXVI. — **Robinet**. La Philosophie.
LXVII. — **Renard**. L'homme est-il libre ?
LXVIII. — **Zaborowski**. Les grands singes.
LXIX. — **Hatin**. Le journal.
LXX. **Gérard de Rialle**. Les peuples de l'Asie et de l'Europe.
LXXI. **Doneaud**. Histoire contemporaine de la Prusse.

SOUS PRESSE :

Dufour. Petit dictionnaire des falsifications
Henneguy. Histoire contemporaine de l'Italie.
Leneveux. Le travail manuel en France.

REVUE
Politique et Littéraire
(Revue des cours littéraires),
3e série.)
Directeur :
M. Eug. YUNG.

REVUE
Scientifique
(Revue des cours scientifiques,
3e série.)
Directeurs :
**MM. A. BREGUET,
et Ch. RICHET.**

REVUE POLITIQUE ET LITTÉRAIRE

En 1871, après la guerre, la *Revue des cours littéraires*, agrandissant son cadre, est devenue la *Revue polititique et littéraire*. Au lendemain de nos désastres, elle avait cru de son devoir de traiter avec indépendance et largeur toutes les questions d'intérêt public, sans diminuer cependant la part faite jusqu'alors à la littérature, à la philosophie, à l'histoire et à l'érudition. Le nombre de colonnes de chaque livraison fut alors élevé de 32 à 48.

Depuis le 1er janvier 1881, des raisons analogues nous ont décidé à agrandir encore le format de la *Revue*, et chaque livraison contient maintenant 64 colonnes de texte. Ce supplément est consacré à la littérature d'imagination qui répondait à un besoin souvent exprimé par nos lecteurs, et c'est surtout avec la *nouvelle*, ce genre charmant et délicat, que nous cherchons à lutter contre les tendances de plus en plus vulgaires auxquelles se laisse aller, sans trop y prendre garde, le goût contemporain.

Chacun des numéros, paraissant le samedi, contient : Un *article politique*, où sont appréciés, à un point de vue plus général que ne peuvent le faire les journaux quotidiens, les faits qui se produisent dans la politique intérieure de la France, discussions parlementaires, etc.

Une *Causerie littéraire* où sont annoncés, analysés et jugés les ouvrages récemment parus : livres, brochures, pièces de théâtre importantes, etc.; une *Nouvelle* et des articles géographiques, historiques, etc.

Parmi les collaborateurs nous citerons :

Articles politiques. — MM. de Pressensé, Ch. Bigot, Anat. Dunoyer, Anatole Leroy-Beaulieu, Clamageran, A. Astruc.

Diplomatie et pays étrangers. — MM. Van den Berg, C. de Varigny, Albert Sorel, Reynald, Léo Quesnel, Louis Leger, Jezierski, Joseph Reinach.

Philosophie. — MM. Janet, Caro, Ch. Lévêque, Véra, Th. Ribot, E. Boutroux, Nólen, Huxley.

Morale. — MM. Ad. Franck, Laboulaye, Legouvé, Bluntschli.

Philologie et archéologie. — MM. Max Müller, Eugène Benoist, L. Havet, E. Ritter, Maspéro, George Smith.

Littérature ancienne. — MM. Egger, Havet, George Perrot, Gaston Boissier, Geffroy.

Littérature française. — MM. Ch. Nisard, Lenient, Bersier, Gidel, Jules Claretie, Paul Albert, H. Lemaître.

Littérature étrangère. — MM. Mézières, Büchner, P. Stapfer, A. Barine.

Histoire. — MM. Alf. Maury, Littré, Alf. Rambaud, G. Monod.

Géographie, Economie politique. — MM. Levasseur, Himly, Vidal-Lablache, Gaidoz, Debidour, Alglave.

Instruction publique. — Madame C. Coignet, MM. Buisson, Em. Beaussire.

Beaux-arts. — MM. Gebhart, Justi, Schnaase, Vischer, Ch. Bigot.

Critique littéraire. — MM. Maxime Gaucher, Paul Albert.

Notes et impressions. — MM. Louis Ulbach, Pierre et Jean.

Nouvelle et romans. — MM. Gustave Flaubert, Jules de Glouvet, Abraham Dreyfus, Ludovic Halévy, Francisque Sarcey, Tourgueneff, Arthur Baignières, Quatrelles.

Ainsi la *Revue politique* embrasse tous les sujets. Elle consacre à chacun une place proportionnée à son importance. Elle est, pour ainsi dire, une image vivante, animée et fidèle de tout le mouvement contemporain.

REVUE SCIENTIFIQUE

Mettre la science à la portée de tous les gens éclairés sans l'abaisser ni la fausser, et, pour cela, exposer les grandes découvertes et les grandes théories scientifiques par leurs auteurs mêmes ;

Suivre le mouvement des idées philosophiques dans le monde savant de tous les pays ;

Tel est le double but que la *Revue scientifique* poursuit depuis plus de dix ans avec un succès qui l'a placée au premier rang des publications scientifiques d'Europe et d'Amérique.

Pour réaliser ce programme, elle devait s'adresser d'abord aux Facultés françaises et aux Universités étrangères qui comptent dans leur sein presque tous les hommes de science éminents. Mais, depuis deux années déjà, elle a élargi son cadre afin d'y faire entrer de nouvelles matières.

En laissant toujours la première place à l'enseignement supérieur proprement dit, la *Revue scientifique* ne se restreint plus désormais aux leçons et aux conférences. Elle poursuit tous les développements de la science sur le terrain économique, industriel, militaire et politique.

Comme la *Revue politique et littéraire*, la *Revue scientifique* a élargi son cadre depuis le 1er janvier 1881, en présence de la nécessité de donner une plus large place à chacune des sciences en particulier.

Parmi les collaborateurs nous citerons :

Astronomie, météorologie. — MM. Faye, Balfour-Stewart, Janssen, Normann Lockyer, Vogel, Laussedat, Thomson, Rayet, Briot, A. Herschel, Callandreau, Trépied, etc.

Physique. — MM. Helmholtz, Tyndall, Desains, Mascart, Carpenter, Gladstone, Fernet, Bertin, Breguet, Lippmann.

Chimie. — MM. Wurtz, Berthelot, H. Sainte-Claire Deville, Pasteur, Grimaux, Jungfleisch, Odling, Dumas, Troost, Peligot, Cahours, Friedel, Frankland.

Géologie. — MM. Hébert, Bleicher, Fouqué, Gaudry, Ramsay, Sterry-Hunt, Contejean, Zittel, Wallace, Lory, Lyell, Daubrée, Vélain

Zoologie. — MM. Agassiz, Darwin, Haeckel, Milne Edwards, Perrier, P. Bert, Van Beneden, Lacaze-Duthiers, Giard, A. Moreau, E. Blanchard.

Anthropologie. — MM. de Quatrefages, Darwin, de Mortillet, Virchow, Lubbock, K. Vogt, Joly.

Botanique. — MM. Baillon, Cornu, Faivre, Spring, Chatin, Van Tieghem, Duchartre, Gaston Bonnier.

Physiologie, anatomie. — MM. Chauveau, Charcot, Moleschott, Onimus, Ritter, Rosenthal, Wundt, Pouchet, Ch. Robin, Vulpian, Virchow, P. Bert, du Bois-Reymond, Helmholtz, Marey, Brücke, Ch. Richet.

Médecine. — MM. Chauveau, Cornil, Le Fort, Verneuil, Liebreich, Lasègue, G. Sée, Bouley, Giraud-Teulon, Bouchardat, Lépine, L. H. Petit.

Sciences militaires. — MM. Laussedat, Le Fort, Abel, Jervois, Morin, Noble, Reed, Usquin, X***.

Philosophie scientifique. — MM. Alglave, Bagehot, Carpenter, Hartmann, Herbert Spencer, Lubbock, Tyndall, Gavarret, Ludwig, Th. Ribot.

Prix d'abonnement :

Une seule Revue séparément	Six mois.	Un an.	Les deux Revues ensemble	Six mois.	Un an.
Paris.......	15f	25f	Paris.......	25f	45
Départements.	18	30	Départements.	30	50
Étranger....	20	35	Etranger....	35	55

L'abonnement part du 1er juillet, du 1er octobre, du 1er janvier et du 1er avril de chaque année.

Chaque volume de la première série se vend : broché...... 15 fr.
relié........ 20 fr.

Chaque année de la 2e série, formant 2 volumes, se vend :
broché...... 20 fr.
relié........ 25 fr.

Chaque année de la 3e série, formant 2 volumes, se vend :
broché...... 25 fr.
relié....... 30 fr.

Port des volumes à la charge du destinataire.

Prix de la collection de la première série :

Prix de la collection complète de la *Revue des cours littéraires* ou de la *Revue des cours scientifiques* (1864-1870), 7 vol. in-4. 105 fr.

Prix de la collection complète des deux *Revues* prises en même temps. 14 vol. in-4.............................. 182 fr.

Prix de la collection complète des deux premières séries :

Revue des cours littéraires et *Revue politique et littéraire*, ou *Revue des cours scientifiques* et *Revue scientifique* (décembre 1863 — janvier 1881), 26 vol. in-4........................ 295 fr.

La *Revue des cours littéraires* et la *Revue politique et littéraire*, avec la *Revue des cours scientifiques* et la *Revue scientifique*, 52 volumes in-4 .. .. 524 fr.

La troisième série a commencé *le* 1er *janvier* 1881.

www.ingramcontent.com/pod-product-compliance
Lightning Source LLC
Chambersburg PA
CBHW060952280326
41935CB00009B/692